O SEMINÁRIO
DE JACQUES LACAN

Campo Freudiano no Brasil

Coleção dirigida por Judith (*in memoriam*) e Jacques-Alain Miller

Assessoria brasileira: Angelina Harari

Jacques Lacan

O SEMINÁRIO

livro 14
a lógica do fantasma

Texto estabelecido por
Jacques-Alain Miller

Copyright © 2023 by Éditions du Seuil et Le Champ Freudian Éditeur

Grafia atualizada segundo o Acordo Ortográfico da Língua Portuguesa de 1990, que entrou em vigor no Brasil em 2009.

Título original
Le Séminaire de Jacques Lacan
Livre XIV: La logique du fantasme (1966-1967)

Ilustração de capa
DR/ Chuk Vinson

Todos os esforços foram feitos para reconhecer os direitos autorais das imagens. A editora agradece qualquer informação relativa à autoria, titularidade e/ou outros dados, se comprometendo a incluí-los em edições futuras.

Preparação
Tati Assis
Claudio Figueiredo

Índice onomástico
Gabriella Russano

Revisão
Adriana Bairrada
Luís Eduardo Gonçalves

Dados Internacionais de Catalogação na Publicação (CIP)
(Câmara Brasileira do Livro, SP, Brasil)

Lacan, Jacques, 1901-1981

O Seminário, Livro 14 : A lógica do fantasma / Jacques Lacan ; tradução Teresinha N. Meirelles do Prado ; texto estabelecido por Jacques-Alain Miller. — 1ª ed. — Rio de Janeiro : Zahar, 2024. — (Campo Freudiano no Brasil)

Título original : Le Séminaire de Jacques Lacan : Livre XIV : La logique du fantasme (1966-1967).
ISBN 978-65-5979-172-9

1. Psicanálise I. Miller, Jacques-Alain. II. Título. III. Série.

24-207733   CDD-150.195

Índice para catálogo sistemático:
1. Psicanálise 150.195

Cibele Maria Dias – Bibliotecária – CRB-8/9427

Todos os direitos desta edição reservados à
EDITORA SCHWARCZ S.A.
Praça Floriano, 19, sala 3001 — Cinelândia
20031-050 — Rio de Janeiro — RJ
Telefone: (21) 3993-7510
www.companhiadasletras.com.br
www.blogdacompanhia.com.br
facebook.com/editorazahar
instagram.com/editorazahar
x.com/editorazahar

livro 14

a lógica do fantasma
1966-1967

Tradução:
Teresinha N. Meirelles do Prado

Versão final:
Angelina Harari

Sumário

Elementos de Lógica

   i. Promessa de uma lógica 11

   ii. O paradoxo de Russell 27

  iii. Freud lógico 48

  iv. Do grupo de Klein ao *cogito* 64

   v. Interlúdio 82

Construção do Grupo de Lacan

  vi. O inconsciente e o isso 93

  vii. Do pensamento ao impensável 109

viii. O [*Eu*] e o *a* 125

  ix. Alienação e repetição 147

A Subjetivação do Sexo

   x. Da sublimação ao ato sexual 165

  xi. Da estrutura da satisfação sexual
       na sua relação com o sujeito 178

  xii. Satisfação sexual e sublimação 192

xiii. Não existe ato sexual 213

xiv. Sobre o valor de gozo 228

A Economia do Fantasma

xv. Da verdade ao gozo 245

xvi. O Outro é o corpo 262

xvii. Da castração ao objeto 280

xviii. Só existe gozo do corpo 293

xix. A questão do gozo 307

xx. O sádico e o masoquista 322

xxi. O axioma do fantasma 337

Índice onomástico 355

Elementos de Lógica

I

Promessa de uma Lógica

Existência lógica e existência de fato
O pronto para vestir [prêt-à-porter] o fantasma
O desejo é a essência de realidade
O significante não pode significar a si mesmo
Não existe universo do discurso

Lançarei hoje alguns pontos que tomarão parte sobretudo na promessa.

Lógica do fantasma, é como intitulei o que pretendo ser capaz de apresentar-lhes este ano, disto que se impõe no ponto de certo caminho em que estamos.

Esse caminho implica, lembrarei isto enfaticamente hoje, essa espécie de retorno bastante especial que já vimos no ano passado inscrever-se na estrutura, e que é propriamente fundamental em tudo o que o pensamento freudiano descobre. Esse retorno se chama *repetição*. Repetir não é reencontrar a mesma coisa. E, contrariamente ao que se acredita, não é necessariamente repetir indefinidamente, tal como articularemos daqui a pouco.

Portanto, voltaremos este ano a temas que, de certo modo, já situei há bastante tempo.

É também porque estamos no tempo da função desse retorno que acreditei não poder mais adiar entregar-lhes esta coletânea disto que acreditei necessário até aqui como delimitação mínima desse percurso — a saber, esse volume, intitulado *Escritos*, ao qual vocês têm acesso. Essa relação com o escrito, pode-se dizer, afinal de contas, que de certo modo eu me esforçava até agora, se não em evitar, pelo menos em adiar. Se acreditei dever dar esse passo, foi porque este ano sem dúvida será possível para nós aprofundar sua função.

Escolhi cinco pontos para enunciar diante de vocês hoje.

O primeiro consiste em lhes lembrar o ponto em que estamos com relação à articulação lógica do fantasma, o que será o meu tema deste ano.

O segundo será dedicado a lembrar a relação dessa estrutura do fantasma com a estrutura do significante como tal.

O terceiro lhes trará uma observação essencial, realmente fundamental, relativa ao que devemos chamar este ano de universo do discurso, se colocarmos em primeiro plano a lógica em questão.

O quarto ponto lhes dará alguma indicação relativa à relação disto com a escrita como tal.

Enfim, terminarei com o lembrete a propósito do que Freud articula para nós acerca da relação do pensamento com a linguagem e com o inconsciente.

Lógica do fantasma, então.

1

Partiremos da escrita que já estabeleci acerca disto, a saber a fórmula ($\$ \lozenge a$), a ser lida como "S" barrado, punção, *a* minúsculo.

Lembro que nessa fórmula o $\$$ representa — ocupa o lugar de — isto que ele devolve em relação à divisão do sujeito, que se encontra no princípio de toda a descoberta freudiana. Ela consiste no fato de que o sujeito está por um lado barrado do que o constitui propriamente como função do inconsciente.

Essa fórmula estabelece um laço, uma conexão entre o sujeito constituído deste modo e algo mais que se chama *a*. Trata-se aí de um objeto acerca do qual isto que denomino lógica do fantasma consistirá em determinar o estatuto, em uma relação que é uma relação lógica propriamente dita.

Sem dúvida, coisa estranha e sobre a qual permitam-me não me estender — isto que o termo *fantasma* sugere de relação com a *fantasia*,* com a imaginação, não me agradaria, nem por um instante,

---

* Aqui o termo *fantasme* foi traduzido por fantasma e *fantaisie* por fantasia. (N. T.)

marcar o contraste disto com o termo *lógica,* a partir do qual pretendo estruturá-lo. Sem dúvida é porque o fantasma, tal como pretendemos instaurar seu estatuto, não é tão radicalmente antinômico que se possa pensá-lo primeiramente nessa caracterização lógica que, falando propriamente, o desconsidera.

Da mesma forma, em detrimento de seu traço imaginário, o objeto *a* lhes parece muito menos aparentado ao domínio do imaginário do que parece à primeira vista. Isto ficará mais evidente à medida que marcarmos o que permite caracterizar esse objeto como valor lógico. O imaginário se agarra muito mais a ele, o envolve e soma-se a ele. O objeto *a* tem outro estatuto.

Seguramente é desejável que aqueles que me escutam este ano tenham tido a ocasião de formar, no ano passado, algum entendimento, alguma ideia disto. Mas, claro, para todos, e bem mais para aqueles para os quais ele é o centro da experiência, os psicanalistas, esse objeto *a* não é algo que tenha ainda, como se diz, familiaridade suficiente para que seja sem temor, e até sem angústia, que lhes seja presentificado. *Então o que o senhor fez,* me dizia um deles, *por que o senhor precisou inventar esse objeto* a?

Na verdade, tomando as coisas em um horizonte um pouco mais amplo, penso que já estava mais do que na hora. De fato, sem esse objeto *a* cujas incidências se fizeram sentir muito amplamente, me parece, para as pessoas de nossa geração, muitas análises que poderiam ser feitas — tanto no plano da subjetividade quanto no da história e de sua interpretação — ficam deficitárias em relação ao que vivemos como história contemporânea. É precisamente o caso das análises disto que batizamos, utilizando um termo inapropriado, com o nome de totalitarismo. É surpreendente que nos falte ainda em relação a isto uma interpretação satisfatória. Bem, aqueles que, depois de terem entendido a função da categoria do objeto *a,* fizerem o esforço de tentar aplicá-la a isto talvez consigam esclarecer do que se tratava.

Na fórmula escrita no quadro-negro, o sujeito barrado está ligado ao objeto *a* por meio disto que se apresenta como um losango e que chamei há pouco de punção. Trata-se, na verdade, de um signo forjado intencionalmente para conjugar o que pode ser isolado, dependendo se vocês o separam por um traço vertical ou horizontal.

Separado por um traço vertical, ele representa uma dupla relação. Este pode ser lido primeiramente como *maior* ou *menor.* Ele também pode ser lido como *incluído* ou *excluído.* S barrado menor ou, da mesma forma, maior do que *a.* S barrado incluído no *a* ou excluído de *a.*

$$\mathcal{S} \Diamond a \qquad \mathcal{S} < a \qquad \mathcal{S} > a$$

Separação vertical do losango

O que mais a dizer? O que se sugere no primeiro plano dessa conjunção (logo ∧) é o que se chama logicamente de relação de inclusão, ou ainda de implicação, com a condição de que a façamos reversível. Essa relação se situa na articulação lógica que se enuncia — *se e somente se...* Sem dúvida estou indo rápido, mas teremos todo o tempo de nos estender e retomar estas coisas. Por hoje, basta que situemos alguns marcos sugestivos.

Nesse sentido, ⇒, o sujeito barrado tem uma relação de *se e somente se* com o *a*. Isto nos detém. *Existe*, portanto, um sujeito — eis o que, logicamente, somos forçados a escrever no princípio de tal fórmula. Algo se propõe para nós ali, que é a divisão entre a existência de fato e a existência lógica.

A existência de fato nos remete à existência de seres — essa palavra deve ser colocada entre barras, /seres/, pois eles existem ou não — falantes. Estes seres, geralmente, são vivos — geralmente, pois não se trata de modo algum de uma obrigação. Temos o Conviva de pedra, que não existe apenas no palco, onde Mozart lhe dá vida; ele circula entre nós com muita frequência.

A existência lógica é outra coisa e, como tal, tem outro estatuto. Há sujeito a partir do momento em que fazemos lógica, ou seja, quando temos que lidar com significantes.

A existência de fato, a saber, que algo resulte do fato de que há sujeito no âmbito dos seres que falam, é coisa que, como toda existência de fato, requer que uma certa articulação já esteja estabelecida. Ora, nada prova que essa articulação se faça de modo direto, que diretamente pelo fato de haver seres, vivos ou outros, que falam, eles sejam, por conseguinte e de modo imediato, determinados como sujeitos. O *se e somente se* está aí para nos lembrar disto.

Forneço aqui articulações pelas quais teremos de passar novamente. Elas são em si mesmas suficientemente incomuns para que eu acredite dever indicar-lhes a linha geral de meu propósito nisto que devo explicar diante de vocês.

2

Esse *a* resulta de uma operação de estrutura lógica.

Essa operação se efetua não *in vivo*, nem mesmo no vivo, e nem propriamente falando no sentido vago que o termo "corpo" tem para nós — não é necessariamente a libra de carne, ainda que possa ser, e afinal de contas, quando é, as coisas não se arranjam tão mal assim — mas, enfim, fica evidente que, nessa entidade tão pouco apreendida que é o corpo, existe algo que se presta a essa operação de estrutura lógica e que ainda precisamos determinar. Como vocês sabem, o seio, as fezes, o olhar, a voz, essas partes destacáveis e, entretanto, fundamentalmente ligadas ao corpo, é disto que se trata no objeto *a*.

Já que nos obrigaremos a algum rigor lógico, limitemo-nos então a destacar que, para produzir *a*, é preciso haver o *pronto-para-fornecê-lo* [*prêt-à-le-fournir*].

Isto pode nos bastar por ora, mas não ajuda em nada com relação ao que temos que apresentar. Assumamos então que, para constituir o fantasma, é preciso haver algo *pronto-para-portá-lo* [*prêt-à-le-porter*].

Permitam-me articular aqui algumas teses em sua forma a mais provocativa, uma vez que isto de que se trata, também, é de descolar esse domínio dos campos de captura que nos fazem retornar às ilusões mais fundamentais disto que se chama de experiência psicológica. O que vou propor é muito precisamente o que sustentará, o que fundará, isto que a consistência mostrará, tudo o que desenvolverei para vocês este ano.

Desenvolver: faz tempo que isto já está feito, conforme já mencionei. Quando, no quarto ano de meu Seminário, tratei da relação de objeto, tudo já estava dito quanto à estrutura da relação do *a* com o Outro. Tudo já está suficientemente lançado na indicação de que é do imaginário da mãe que vai depender a estrutura subjetiva da criança. O que se trata de indicar agora é em que essa relação se articula em termos propriamente lógicos, ou seja, vindo radicalmente da função do significante.

Contudo, deve-se notar a consequência, naquele que resumia então o que eu podia indicar nesse sentido, do mínimo erro, quero dizer, falha, relativo ao pertencimento de cada um dos termos das três funções então designadas como *sujeito, objeto* — no sentido de objeto de amor — e *o para-além deste*, nosso atual objeto *a*. A saber, a referência que ele fazia à imaginação do sujeito só podia obscurecer, nele, a relação que se tratava de situar. Foi assim que, por não poder situar a noção de objeto *a* no campo do Outro como tal, ele foi levado a escrever que, no estatuto do perverso, a função do falo e a teoria sádica do coito são determinantes ao mesmo tempo, quando na verdade não se trata disso — é no âmbito da mãe que essas duas incidências funcionam.

Proponho, portanto, no que se trata de enunciar aqui, que: para fazer um fantasma é preciso um *pronto-para-portá-lo* [*prêt-à-le-porter*]. O que é que porta o fantasma? O que o fantasma porta tem dois nomes que dizem respeito a uma substância só, se quiserem reduzir esse termo à função da superfície, tal como articulei no ano passado. Essa superfície primordial de que precisamos para fazer funcionar nossa articulação lógica, vocês já conhecem algumas de suas formas — são superfícies fechadas, que fazem parte da bolha [*bulle*], exceto pelo fato de que são esféricas. Vamos chamá-las de *bolha*, veremos o que motiva, a que se liga, a existência de bolhas no real.

Essa superfície que chamo de *bolha* tem propriamente dois nomes — desejo e realidade. É inútil se esforçar para articular a realidade do desejo, pois, primordialmente, desejo e realidade estão em uma relação de textura sem corte. Portanto eles não precisam de costura, não precisam ser recosturados. Não existe mais *realidade do desejo*, diremos, acerca da qual seria correto falar em *avesso do direito*. Existe um só e mesmo estofo que tem um avesso e um direito. E ainda, esse estofo é aqui tecido de tal modo que se passa de uma a outra de suas faces sem se dar conta, já que ele é sem corte e sem costura.

É por essa razão que destaquei tanto diante de vocês uma estrutura como essa chamada de plano projetivo, figurado no que se chama de mitra ou cross-cap. O fato de passarmos de um lado a outro sem perceber mostra muito bem que há apenas um, apenas um lado.

Não obstante, como nas superfícies que acabo de mencionar, das quais uma forma parcial é a banda de Moebius, há um direito e um avesso. Isto deve ser colocado de modo originário para lembrar como se estabelece a distinção entre direito e avesso de algo que já está ali antes de qualquer corte. Contudo, é claro que quem estiver implicado nessa superfície, como os animálculos aos quais os matemáticos fazem referência, não perceberá de modo algum a diferenciação entre o direito e o avesso, que, no entanto, é evidente.

Nas superfícies que descrevi diante de vocês, desde o plano projetivo até a garrafa de Klein, tudo o que se refere ao que podemos chamar de suas propriedades extrínsecas vai muito longe. A maior parte disto que lhes parece o mais evidente quando figuro essas superfícies para vocês, não são as propriedades da superfície — é numa terceira dimensão que isto adquire a sua função. O furo que está no meio do toro, não pensem que um ser puramente tórico perceba sequer a sua função. Contudo, essa função não deixa de ter consequências, dado que é a partir dela que, meu Deus, já faz quase seis anos, tentei articular, para aqueles que me ouviam naquela época, as relações do sujeito com o Outro na neurose. Com efeito, nessa terceira dimensão, é do Outro como tal que se trata. É com relação ao Outro, na medida em que existe esse outro termo, que pode ser o caso de distinguir um direito de um avesso.

Só que isto ainda não é distinguir realidade e desejo, o que é primitivamente direito ou avesso no lugar do Outro, no discurso do Outro, e que se joga como cara ou coroa. Isto não concerne ao sujeito de nenhum modo, pela simples razão de que ele ainda não existe. O sujeito começa com o corte.

Consideremos a mais exemplar dessas superfícies, por ser a mais simples de manejar, a saber, o cross-cap, ou plano projetivo. O que desenho no quadro representa-o para vocês de um modo apenas figurado, no entanto ele nos é necessário. Representamos assim a estrutura disto de que se trata sob a forma dessa bolha, cujas paredes, digamos, anteriores e posteriores vêm se cruzar aqui, neste traço não menos imaginário.

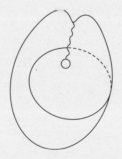

Imagem do plano projetivo

Pratiquemos agora um corte, mas não qualquer um. Todo corte que atravessa essa linha imaginária instaura uma mudança total da superfície.

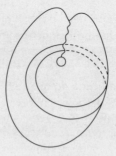

Corte moebiano

Toda a superfície torna-se então o que aprendemos a recortar aí com o nome de objeto *a*, a saber, inteiramente, um disco passível de ser achatado, com um direito e um avesso, de tal modo que não se pode passar de um a outro sem se atravessar uma borda. Essa borda é precisamente o que impossibilita essa passagem, ou pelo menos podemos articular deste modo sua função *in initio*. Com esse primeiro corte, rico de uma implicação que não salta aos olhos imediatamente, a bolha se torna, portanto, um objeto *a*. Destino esta observação àqueles para quem essas imagens ainda têm alguma presença.

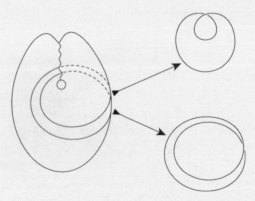

Transformação estrutural do plano projetivo

O objeto em questão possui uma relação fundamental com o Outro — ou, melhor dizendo, ele a mantém, porque esta relação, desde a origem ele a tem, sem que nada possa explicar isto. De fato, apenas com o corte por onde essa bolha que instaura o significante no real deixa cair primeiramente esse objeto estranho que é o objeto *a*, o sujeito ainda não apareceu.

Na estrutura aqui indicada no quadro, basta perceber o que está em jogo nesse corte para perceber também que ele tem a propriedade de se juntar simplesmente se duplicando. Em outras palavras, fazer um só corte ou fazer dois é a mesma coisa. A abertura do que está aqui, entre as duas ações que constituem apenas uma, posso, portanto, considerá-la equivalente ao primeiro corte.

Contudo, se no tecido no qual se fará o corte, eu fizer um corte duplo, e não simples, restituirei o que se havia perdido com o primeiro corte, a saber, uma superfície na qual o direito está em continuidade com o avesso. Deste modo restituo a não-separação primitiva entre realidade e desejo.

A partir disto, como definiremos *realidade*? Como o que chamei há pouco de *pronto-para-portar-o-fantasma* [*prêt-à-porter-le-fantasme*] — ou seja, o que constitui sua ordem.

Veremos então que a realidade, toda a realidade humana, não passa de uma montagem entre simbólico e imaginário. O desejo, que está no centro desse aparelho, desse quadro que havíamos chamado de *realidade*, conforme articulei desde sempre, é igualmente o que recobre o que é o real propriamente dito. O real, é importante distingui-lo da realidade humana. Ele nunca é mais do que vislumbrado — vislumbrado quando a máscara, que é a do fantasma, vacila. É a mesma coisa que Spinoza percebeu quando disse que o desejo é a essência do homem.

Na verdade, esta palavra, *homem*, é um termo de transição que é impossível manter em um sistema ateológico, o que não é o caso de Spinoza. A fórmula spinoziana, devemos simplesmente substituí-la por esta, cujo desconhecimento leva a psicanálise às mais grosseiras aberrações, a saber, que o desejo é a essência da realidade.

3

O jogo real da relação entre realidade e desejo, nada pode ser aproximado a respeito sem se referir à relação com o Outro — que tentei desenhar para vocês recorrendo ao velho suporte dos círculos de Euler.

Esta representação decerto é insuficiente, mas talvez possa servir se a acompanharmos com o que a sustenta na lógica.

O que resulta da relação do sujeito com o objeto *a* se define da seguinte forma — como um primeiro círculo, o do sujeito, ao qual outro círculo, o do Outro, vem se sobrepor, sendo *a* sua interseção.

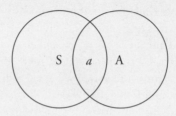

Interseção de dois círculos de Euler

Essa relação é originalmente estruturada por um *vel*, aquele com o qual tentei articular para vocês a alienação, já faz três anos. Ocorre que, para sempre, o sujeito só se institui como uma relação de falta, quanto a esse *a*, no que diz respeito ao Outro — a menos que queira se situar no Outro, caso em que igualmente será amputado desse objeto *a*.

A relação do sujeito com o objeto *a* inclui o sentido que a imagem de Euler adquire quando é levada ao nível de mera representação de um conjunto de duas operações lógicas chamadas *união* e *intersecção*. A união nos apresenta a ligação do sujeito com o Outro; a intersecção nos define o objeto *a*. Trata-se aí das mesmas operações que coloquei como originais quando disse que o *a* é o resultado de operações lógicas e que elas devem ser duas.

O que isto quer dizer? Que é essencialmente na representação de uma falta, na medida em que ela corre, que se institui a estrutura fundamental da bolha, aquela que chamamos inicialmente de tecido do desejo.

Instaura-se aqui, no plano da relação imaginária, uma relação exatamente inversa àquela que liga o eu à imagem do Outro. O eu é duplamente ilusório. Ele é ilusório pelo fato de que está submetido aos destinos da imagem, ou seja, igualmente entregue à função do falso-semblante. Ele também é ilusório pelo fato de que instaura uma ordem lógica pervertida, cuja fórmula veremos na teoria psicanalítica.

Com efeito, esta atravessa imprudentemente uma fronteira lógica quando supõe que, em um dado momento qualquer, suposto primordial, da estrutura, o que é rejeitado pode se chamar *não-eu*. Isto é exatamente o que contestamos. A ordem de que se trata — e que implica, sem que se saiba, ou pelo menos sem que se diga, a entrada no [eu] da linguagem — de modo algum admite tal complementaridade. É precisamente isto que nos fará colocar no primeiro plano de nossa articulação o debate em torno da função da negação.

Todo mundo sabe, ou poderá perceber nessa coletânea agora ao alcance de vocês, que o primeiro ano de meu Seminário em Sainte-Anne foi dominado por uma discussão sobre a *Verneinung*, em que o sr. Jean Hippolyte, cuja intervenção é reproduzida no apêndice do volume em questão, escandiu de modo excelente o que o termo era para Freud. A secundariedade da *Verneinung* é articulada ali muito precisamente para que, desde já, não se possa admitir de modo algum que ela ocorreria imediatamente no âmbito dessa primeira cisão entre o que chamamos de *prazer e desprazer*.

É por isto que, nessa falta instaurada pela estrutura da bolha que constitui o tecido do sujeito, não se trata de modo algum de limitarmo-nos ao termo "negatividade", agora em desuso, pelas confusões que implica.

O significante não é só o que traz o que não está — mesmo que, de modo propedêutico, tenha sido necessário, durante certo tempo, repetir sua função para os ouvidos que me escutam. O *Fort-Da*, na medida em que se relaciona à presença ou à ausência materna, não é a articulação exaustiva da entrada em jogo do significante. O significante não designa o que não está ali, ele o engendra. O que não está ali, na origem, é o próprio sujeito. Em outras palavras, na origem não existe *Dasein* a não ser no objeto *a*, ou seja, sob uma forma alienada que continua a marcar até o fim toda enunciação relacionada ao *Dasein*.

Será que é preciso lembrar aqui as minhas fórmulas, tal como a de que não existe sujeito senão por um significante e para outro significante? É o algoritmo —

$$\frac{S}{\textrm{\cancel{S}}} \longrightarrow S'$$

O *Urverdrängung*, ou recalcamento originário, é isto — o que um significante representa para outro significante. Isso não pega em nada, não constitui absolutamente nada, isso se acomoda a uma ausência absoluta de *Dasein*. Durante cerca de dezesseis séculos, no mínimo, os hieróglifos egípcios permaneceram tão solitários quanto incompreendidos na areia do deserto. É claro, sempre foi claro para todo mundo, que isto queria dizer que cada um dos significantes gravados na pedra de mínio representava um sujeito para os outros significantes. Se não fosse assim, nunca ninguém teria considerado isto uma escrita. Para ser uma escrita, não é de modo algum necessário o que ela queira dizer algo para quem quer que seja e para que, como tal, manifeste que cada signo representa um sujeito para aquele que o segue.

Se chamamos isto de *Urverdrängung* é porque admitimos que nos parece conforme à experiência pensar o que se passa, a saber, que um sujeito emerge no estado de sujeito barrado deste modo — algo vem de um lugar em que ele é suposto inscrito, e vai para outro lugar, onde ele vai se inscrever novamente, isto é, da mesma forma que estruturei outrora a função da metáfora, na medida em que ela é o modelo do que se passa quanto ao retorno do recalcado.

$$\frac{S'}{S} \nearrow \frac{S}{s}$$

Abolido por esse significante primeiro que veremos qual é, o sujeito barrado vem a surgir em um lugar acerca do qual hoje poderemos igualmente dar uma fórmula que ainda não foi dada. O sujeito barrado como tal é o que representa para um significante — o significante do qual ele surgiu — um sentido.

Entendo por sentido exatamente isto que os fiz ouvir no início de um ano com a fórmula *Colorless green ideas sleep furiously* [*Ideias verdes incolores dormem furiosamente*], o que pode ser traduzido em francês deste modo, *Des idées vertement fuligineuses s'assoupissent avec fureur*, que retrata admiravelmente a ordem ordinária das suas cogitações — isto precisamente por não saber que todas elas se dirigem a esse significante da falta do sujeito que se torna um certo primeiro significante assim que o sujeito articula seu discurso. O que se torna esse primeiro significante, exceto isto que, mesmo assim, todos os psicanalistas perceberam muito bem, ainda que não soubessem dizer a respeito nada que o valha, a saber, o objeto *a*?

Nesse âmbito, de fato, o objeto *a* preenche precisamente a função que Frege diferencia do *Sinn* com o nome de *Bedeutung*. O objeto *a* é a primeira *Bedeutung*, o primeiro referente, a primeira realidade, a *Bedeutung* que fica. Ela fica porque, apesar de tudo, ela é o que resta do pensamento no final de todos os discursos. A saber, o que o poeta pode escrever sem saber o que diz quando se dirige à sua *mère Intelligence,/ De qui la douceur coulait,/ Quelle est cette négligence/ Qui laisse tarir son lait?*.* Ou seja, um olhar capturado, que é aquele que se transmite ao nascimento da clínica. Isto é, o que um de meus alunos recentemente chamou, em um colóquio da Universidade Johns Hopkins, de *a voz no mito literário*.

A saber, igualmente, o que, de tantos pensamentos dispendidos, permanece sob a forma de uma miscelânea pseudocientífica e que também se pode bem chamar por seu nome, eu o fiz há muito tempo em relação à literatura analítica — é chamado de merda, de confissão dos próprios autores, aliás. Quero dizer que em um pequeno enfraquecimento do raciocínio mais ou menos relativo ao objeto *a*, alguém dentre eles pode muito bem articular que não existe outro suporte para o complexo de castração além do que se chama pudicamente de objeto anal.

Não se trata aí de um apontamento de pura e simples apreciação, tem mais a ver com a necessidade de uma articulação que o simples enunciado deve reter, já que, afinal de contas, ele não é formulado por penas das menos qualificadas. Da mesma forma, este será nosso método este ano, em que devemos formular a lógica do fantasma, mostrar onde ela vem tropeçar na teoria analítica. Afinal de contas, não mencionei o nome desse autor que muitos conhecem. Que fique bem claro — até mesmo o erro de raciocínio aqui é arrazoado, isto é, razoável. Não é obrigatório. Assim, em um determinado artigo o objeto *a* em questão pode se mostrar absolutamente nu, sem, contudo, apreciar a si mesmo. Teremos a oportunidade de mostrar isto em certos textos — acerca dos quais, afinal de contas, não vejo por que não lhes faria logo uma distribuição bem geral, como trabalhos práticos. Para isto, seria preciso que eu tivesse à minha disposição uma

---

* Em português: "mãe Inteligência,/ Fonte de doce deleite,/ Qual é essa negligência/ Que deixa secar seu leite?". (N. T.)

quantidade suficiente, mas é mais ou menos o caso. Isto virá a seu tempo, quando tivermos que lidar com certo registro.

4

Desde já, ainda assim, quero destacar o que impede que se admitam certas interpretações de minha função da metáfora, daquela acerca da qual acabo de lhes dar o exemplo menos ambíguo. Não se poderia, particularmente, confundi-la com qualquer coisa que faça disso uma espécie de relação proporcional.

O que articulei ao escrever que a substituição, o fato de enxertar um significante em substituição a outro na cadeia significante, está na fonte, na origem de toda significação. Interpreta-se corretamente da maneira cuja fórmula lhes dei hoje com o surgimento do sujeito barrado. Cabe a ele dar um estatuto lógico, tarefa cujo exemplo a seguir lhes permitirá perceber, imediatamente, toda exigência e urgência, ou apenas a necessidade.

$$\frac{S'}{S} \nearrow \frac{S}{s}$$

A metáfora

Observem que a confusão foi feita dessa relação a quatro — o S', os dois S e o s do significado — com a relação de proporção em que se articula a metáfora de um de meus interlocutores, o sr. Perelman, autor de uma *Teoria da argumentação*, que promove uma retórica abandonada. Por ver aí a função da analogia, ele funda a função da metáfora a partir da relação de um significante com outro, enquanto um terceiro o reproduz, fazendo surgir um significado ideal. Respondi a isso na época. Foi somente dessa concepção analógica da metáfora que pôde surgir a fórmula que foi dada erroneamente como procedendo da minha.

$$\frac{\dfrac{S'}{s}}{\dfrac{S}{S}}$$

Esquema incorreto

S' sobre o *s* se destaca no topo de um primeiro registro de inscrição. O *Underdrawn*, o *Unterdrückt*, o outro registro, substantificando o inconsciente, seria constituído pela relação estranha de um significante com outro — e nos acrescentam que seria dali que a linguagem tiraria seu lastro. Essa fórmula, chamada de linguagem reduzida, repousa sobre um erro — acredito que vocês o percebam agora —, que é o de induzir, na relação a quatro, a estrutura de uma proporcionalidade. Da mesma forma, vemos com dificuldade o que pode sair disto, pois a relação do S/S torna-se então especialmente difícil de interpretar. Na verdade, essa referência a uma linguagem reduzida não responde a nenhum outro desígnio, inclusive confessado, senão o de reduzir nossa fórmula de que *o inconsciente é estruturado como uma linguagem* — que, mais do que nunca, deve ser tomada ao pé da letra.

Se acontecer de eu não completar hoje os cinco pontos anunciados, pelo menos conseguirei escandir para vocês o que está em jogo em toda a estrutura — e que torna insustentável a empreitada anunciada, aquela que se encontrava também articulada no início da pequena coletânea, que diz respeito a essa virada de minhas relações com minha audiência que constituiu o Congresso de Bonneval. É errôneo estruturar qualquer dedução do inconsciente sobre um mito de linguagem reduzida, pela seguinte razão: é da natureza de todo significante não poder, em nenhum caso, significar a si mesmo.

A hora já está bastante avançada para que eu não lhes imponha a escrita na pressa desse ponto inaugural de toda teoria dos conjuntos, o chamado axioma de especificação, sem o qual essa teoria não pode funcionar. Isto é, só existe interesse em fazer funcionar um conjunto se houver outro conjunto que possa se definir a partir de uma proposição que especifique alguns elementos *x* do primeiro conjunto como satisfazendo livremente a uma certa proposição — *livremente* quer dizer *independente de qualquer quantificação*. Ao definir essa proposição como sendo simplesmente que *x* não é membro de si mesmo, o que resulta daí? Começarei a próxima lição por essas fórmulas.

Para o que nos interessa aqui, digamos que, desde que se queira introduzir o mito de uma linguagem reduzida, impõe-se que exista uma linguagem que não o seja. O que é próprio de uma linguagem constituída, por exemplo, pelo conjunto dos significantes? Mostrarei isto a vocês em detalhe, se admitirmos apenas que o significante não poderia significar a si mesmo, o conjunto dos significantes pressupõe necessariamente o seguinte: que haja algo que não pertence a esse conjunto. Não é possível reduzir a linguagem, pela simples razão de que a linguagem não conseguiria constituir um conjunto fechado. Em outras palavras, não existe universo do discurso.

Para aqueles que teriam alguma dificuldade de compreender o que formulo aqui, lembrarei apenas que as verdades que acabo de enunciar apareceram confusamente, conforme eu havia mencionado, no período ingênuo da instauração da teoria dos conjuntos, sob a forma falsamente chamada de paradoxo de Russell, pois não é um paradoxo, é uma imagem. O catálogo de todos os catálogos que não contêm a si mesmos, o que isto quer dizer? Ou ele contém a si mesmo, e escapa à sua definição, ou não contém a si mesmo, e então falha em sua missão. Isto não é de forma alguma um paradoxo, basta declarar que, ao fazer um catálogo assim, não é possível ir até o fim, e por uma boa razão.

Isto cujo enunciado lhes dei há pouco nessa fórmula de que no universo do discurso não existe nada que contenha tudo, eis o que nos incita a ser muito especialmente prudentes no mínimo quanto a isto que se chama de *todo* e *parte*, e que exige que distingamos na origem o *Um da totalidade* (que acabo justamente de refutar ao dizer que no âmbito do discurso não existe universo, o que deixa ainda mais em suspenso que possamos supô-lo em qualquer outro lugar) e o *Um contável*, na medida em que, por natureza, ele se furta, escorrega.

Esse Um contável só pode ser o Um ao se repetir pelo menos uma vez. Se, pelo contrário, ele se fecha em si mesmo, então instaura a falta pela qual se trata de instituir o sujeito.

16 de novembro de 1966

II

O Paradoxo de Russell

Não existe metalinguagem
A escrita e a lógica
O um a mais
O sucesso dos Escritos

Vou tentar traçar, para uso de vocês, algumas relações essenciais, fundamentais, eu diria, para assegurar nosso tema desde o início do que constitui este ano.

Espero que ninguém faça objeção à abstração. Esse seria um termo impróprio. Como vocês verão, nada mais concreto do que o que vou lhes apresentar, mesmo que esse termo não corresponda à qualidade de profundidade que muitos lhe atribuem.

Trata-se de tornar sensível a vocês essa proposição como aquela que só apresentei até aqui sob a aparência de uma espécie de aforismo que teria desempenhado, em determinado momento de nosso discurso, o papel de axioma — não há metalinguagem.

1

Essa fórmula parece ir na direção contrária de tudo o que está dado, se não pela experiência, ao menos pelos escritos daqueles que tentam fundar a função da linguagem.

No mínimo, em muitos casos eles mostram na linguagem alguma diferenciação que consideram ser um bom ponto de partida. Partem, por exemplo, de uma linguagem-objeto, para edificar sobre essa base um certo número de diferenciações. O próprio ato de uma operação assim parece implicar que, para falar da linguagem, utiliza-se de algo que não é linguagem, ou que a envolveria com outra ordem disto que a faz funcionar.

Acredito que a solução dessas contradições aparentes que se manifestam no discurso, nisto que se diz, deve ser encontrada em uma função que me parece essencial isolar, especialmente para nossa finalidade, pelo menos pela vertente que tentarei inaugurar hoje. De fato, a lógica do fantasma não poderia de modo algum ser articulada, me parece, sem a referência a algo que, pelo menos para anunciá-lo, fixo com o termo "escrita".

Isto não significa dizer, contudo, que se trata do que vocês conhecem sob as conotações usuais dessa palavra. Mas se a escolho é porque deve haver alguma relação com isto que temos a enunciar.

Vamos justamente ter que jogar hoje sem cessar com o seguinte ponto: depois que dizemos, não é a mesma coisa escrevê-lo, ou então escrever o que se diz. Com efeito, essa segunda operação essencial à função da escrita — precisamente pelo ângulo, pela vertente segundo a qual quero valorizá-la para vocês, pelas nossas referências mais apropriadas no tema deste ano — se apresenta com consequências paradoxais.

Para despertá-los, por que não retomar do ponto que já apresentei diante de vocês? A meu ver, sem que se possa dizer que me repito. É bem da natureza das coisas em pauta aqui que elas emerjam — sob algum ângulo, alguma inclinação, alguma aresta que perfura a superfície em que, pelo simples fato de falar, somos forçados a nos manter — antes que assumam realmente a sua função.

Aqui está, então, o que um dia escrevi no quadro. Alguém poderia me fazer o favor de escrever no meu lugar, para que eu não fique na frente das suas queridas cabeças. Senhora, pegue este pedaço de giz, faça um grande retângulo, mais ou menos do tamanho do quadro, escreva 1 2 3 4 na primeira linha, no interior da figura. Depois escreva abaixo a frase *O menor número inteiro que não está inscrito neste quadro*.

> 1 2 3 4
> O menor número inteiro que
> não está inscrito neste quadro

O PARADOXO DE RUSSELL

Agradeço à pessoa que teve a bondade de escrever esta frase. Isto poderia ter sido apresentado de forma diferente. Eu poderia, por exemplo, ter desenhado um pequeno personagem de cuja boca sairia o que se chama nos quadrinhos de balão [*bulle*] contendo a mesma frase, e todos vocês estariam de acordo, e eu não os teria contradito, que o número é 5.

Então vocês só precisam procurar se o menor número inteiro que não está inscrito no quadro não seria por acaso o número 6. Mas vocês encontrariam a mesma dificuldade. Uma vez que vocês colocam a questão de saber se o número 6 não seria o *menor número inteiro que não está inscrito no quadro*, ele está escrito ali. E assim por diante.

Isso, como vários paradoxos, só tem interesse a partir do que vamos fazer com ele. É a sequência que vai nos mostrar, pelo menos, que não seria inútil introduzir a função da escrita por um ângulo que ela possa nos apresentar algum enigma. É um enigma propriamente lógico, e não é um modo pior que outro de lhes mostrar que existe uma relação estreita entre o aparelho da escrita e o que se pode chamar de lógica.

Isso merece também ser lembrado no momento em que os novos passos da lógica — seguramente novos no sentido de que eles não podem de modo algum se conter, sendo absorvidos no âmbito da lógica chamada de clássica ou ainda tradicional — em que esses novos desenvolvimentos, digo eu, estão inteiramente ligados a jogos de escrita.

A maior parte dos que estão aqui tem, me parece, uma noção suficiente disto; para aqueles que não têm, isto poderia servir de gancho.

2

Coloquemos agora uma questão.

Desde que comecei a falar da função da linguagem, construí, para articular o que está em jogo no sujeito do inconsciente, um grafo. Tive que construí-lo andar por andar, e diante de uma plateia que, ao me ouvir, hesitava. Esse grafo é feito para organizar precisamente o que na função da fala é definido pelo que se chama de caminhos do discurso, ou ainda o que chamei de desfiladeiros do significante.

Em alguma parte desse grafo está inscrita a letra A, à direita, na linha inferior. Esse A, em certo sentido, pode ser identificado no lugar do Outro. É também o lugar em que se produz tudo o que pode se chamar de *enunciado*, no sentido mais amplo do termo, ou seja, tudo o que constitui o que chamei incidentalmente de tesouro do significante.

Em princípio, isso não se limita às palavras do dicionário. É assim que, correlativamente à construção desse grafo, comecei a falar do chiste que toma as coisas pela via do traço *nonsensical* nele incluído. *Nonsensical* não quer dizer *insensato*, é próximo desse jogo de palavras que o inglês faz ressoar com o termo *nonsense*. Esse ângulo talvez tenha parecido ser o mais surpreendente e mais difícil para meus ouvintes de então, mas era indispensável para evitar qualquer confusão. Para fazer ouvir a dimensão que se trataria de liberar, mostrei o parentesco, pelo menos no plano da recepção timpânica, do chiste com o que foi para nós, em um tempo de provação, a mensagem pessoal. A mensagem pessoal é igualmente todo enunciado, na medida em que ele se recorta *nonsensicalmente*. Fiz alusão a isso da última vez ao lembrar o célebre *Colorless green ideas* etc.

O conjunto dos enunciados — não digo *proposições* — também faz parte desse universo do discurso que está situado no A.

A questão que se coloca agora é propriamente uma questão de estrutura. Entendo por *estrutura* o que dá seu sentido ao fato de que o inconsciente é estruturado como uma linguagem — o que é um pleonasmo em minha enunciação, já que identifico *estrutura* com este *como uma linguagem*, na estrutura, precisamente, que tentarei hoje fazer funcionar diante de vocês. A questão é a seguinte — o que aconteceu com o universo do discurso na medida em que ele implica o jogo do significante, as duas dimensões: da metáfora e da metonímia?

A cadeia significante, vocês sabem, sempre pode ser enxertada [*e.n.t.e.r*] — en-xer-ta-da — em outra cadeia por meio de uma operação de substituição. De um lado, ela significa essencialmente esse deslizamento que diz respeito ao fato de que nenhum significante pertence propriamente a nenhuma significação. É a interdependência do universo do discurso, que permite um mar de variações do que constitui as significações, ordem essencialmente interdependente e transitória, em que nada pode se assegurar senão da função do que metaforicamente chamei, a seu tempo, de pontos de basta [*points de capiton*]. É esse universo do discurso que se trata hoje de interrogar.

O significante, até aqui havíamos definido a partir de sua função de representar um sujeito para outro significante. Esse significante, o que ele representa em face de si mesmo, de sua repetição de unidade significante? A resposta é dada pelo axioma que apresentei da última vez, de que nenhum significante poderia significar a si mesmo — ainda que reduzido à sua forma mínima, aquela que chamamos de letra, e muito precisamente quando ele o é. Trata-se de saber o que esse axioma pode especificar no interior do universo do discurso.

Sei bem que o uso matemático se deve precisamente ao fato de que, quando colocamos uma letra A em algum lugar, e não somente em um exercício de álgebra, nós a retomamos em seguida, como se a segunda vez em que nos servimos dela fosse ainda a mesma. Mas não façam essa objeção. Não será hoje que terei de lhes dar um curso de matemática. Saibam apenas que não há nenhuma enunciação correta de um uso qualquer de letra — nem mesmo nisto que está mais perto de nós, por exemplo o uso de uma cadeia de Markov — que não necessitará nenhum professor, e o próprio Markov fazia isso, a etapa propedêutica de fazer sentir o que há de impasse, de arbitrário, de absolutamente injustificável no emprego, pela segunda vez, do A — emprego inclusive aparente — para representar o primeiro A como se ainda fosse o mesmo. Essa é uma dificuldade que está no princípio do uso matemático dessa pretensa identidade. Não estamos falando especificamente disso hoje, já que não é de matemática que se trata. Quero apenas lembrar-lhes que o princípio fundamental, isto é, de que o significante não foi criado para significar a sim mesmo, é admitido por aqueles mesmos que podem, ocasionalmente, fazer dele um uso contraditório com esse princípio, pelo menos na aparência. Seria fácil ver por qual artifício isto é possível, mas não tenho tempo de me desviar nisto.

Sem me delongar mais, quero apenas prosseguir com meu argumento, que é o seguinte: qual é a consequência, no universo do discurso, do princípio segundo o qual o significante não significa a si mesmo? O que esse axioma especifica no universo do discurso, uma vez que ele se constitui de tudo o que se pode dizer? A especificação que esse axioma determina faz parte do universo do discurso?

Se não faz parte dele, seguramente isto é para nós um problema. O enunciado axiomático de que o significante não poderia significar a si mesmo teria por consequência especificar algo que não estaria no universo do discurso — ao passo que acabamos de dizer exatamente que este engloba no seu cerne tudo que se pode dizer. Encontrar-nos-íamos diante de uma dedução que significaria que o que assim não pode fazer parte do universo do discurso, não poderia ser dito de modo algum? Já que falamos disto, evidentemente não é para lhes dizer que isto é inefável. Essa temática eu considero, como se sabe, por pura coerência e sem por isto pertencer à escola do sr. Wittgenstein, para a qual isso significa que é inútil falar dela.

Antes de chegar a uma formulação desse tipo, acerca da qual vocês veem bem que não lhes poupo a ênfase, nem a dificuldade que apresenta, já que também teremos que voltar a isto, tomemos primeiramente o cuidado de colocar à prova a outra vertente da alternativa, propondo que o que especifica o axioma de que o significante não poderia significar a si mesmo, continua sendo parte do universo do discurso. Eu realmente faço tudo para que lhes sejam abertos os caminhos pelos quais estou tentando fazê-los me acompanhar.

Tomemos arbitrariamente um pequeno sinal que serve nessa lógica que se baseia na escrita, esse *w*. Vocês reconhecerão — essas ações talvez não sejam acidentais — a forma de minha punção cujo acento teria sido virado, que teria sido aberta como uma pequena caixa. Esse sinal serve para designar na lógica dos conjuntos a exclusão, em outras palavras o que se designa pelo *ou* latino, que se exprime pelo *aut* — ou um ou outro. O significante, em sua função repetida, só opera como funcionou na primeira vez ou como funcionou na segunda. Entre uma e outra, há um abismo radical. É o que *O significante não poderia significar a si mesmo* quer dizer.

S w S

Supomos que o que determina como especificação o axioma aqui abordado permanece no universo do discurso, e vamos designá-lo por um significante, B. Significante essencial acerca do qual vocês notarão que pode se apropriar disto, conforme o axioma especifica, que, em certa relação, e de certa maneira, ele não poderia gerar nenhuma significação. B é precisamente esse significante ao qual não se pode fazer objeção a que seja especificado deste modo, marcando, por assim dizer, essa esterilidade. De fato, o significante em si mesmo é justamente caracterizado deste modo, que não tem nada de obrigatório, que está longe de ser o primeiro esboço, que engendra uma significação. É isto que me permite simbolizar legitimamente, através do significante B, essa característica de que a relação do significante consigo mesmo não engendra nenhuma significação.

Mas, para começar, partamos disto que, afinal de contas, parece se impor — é que algo que estou tentando lhes dizer, isto é, que B faz parte do universo do discurso. Vejamos o que resulta disto.

B ◊ A

Não me parece inapropriado me servir momentaneamente da minha pequena punção para dizer que B faz parte de A. Além disso, ele tem relações cuja riqueza eu certamente teria que apresentar a vocês, e cuja complexidade indiquei da última vez ao decompor esse pequeno sinal de todas as formas binárias possíveis.

Há que saber se não existe alguma contradição que resulta do fato de B fazer parte de A. Podemos escrever que esse B não significa a si mesmo, mas, ao fazer parte do universo do discurso, tem uma especificação que se pode escrever como: *B faz parte de si mesmo*? Está claro que se coloca a questão. B faz parte de si mesmo?

Espero que haja aqui muitos que saibam que o funcionamento do conjunto não é rigorosamente sobreponível ao da classe, mas que tudo isso, em sua origem, deve se enraizar no princípio de uma especificação. E a noção de especificação, aprendemos a distingui-la em muitas variedades lógicas. É deste modo que nos encontramos aqui diante de algo cuja afinidade com o que lembrei da última vez, a saber, o paradoxo de Russell, deve ressoar em seus ouvidos.

Se enuncio aqui, nos termos que nos interessam, a função dos conjuntos, é na medida em que ela faz algo que eu ainda não fiz. Mas não estou aqui para introduzir isto. Trata-se, para mim, de mantê-los em um campo que logicamente está aquém disso. Contudo, essa ideia nos dá precisamente a ocasião de tentar apreender o que a mobilização do aparelho chamado de teoria dos conjuntos estabelece. Não apenas essa teoria se apresenta hoje como absolutamente original em relação a qualquer enunciado matemático, como também a lógica, na sua visão, nada mais é do que aquilo que o simbolismo matemático pode apreender. Em suma, a função dos conjuntos seria também o princípio do fundamento da lógica. É exatamente isto que coloco em questão. Se existe uma lógica do fantasma, é porque ela é mais fundamental que qualquer lógica que aflui nos cortejos formalizadores em que ela se revelou tão fecunda na época moderna.

Tentemos ver o que o paradoxo de Russell quer dizer quando encobre algo que não fica longe disto que está ali no quadro. Simplesmente, ele promove esse fato como envolvendo por inteiro um tipo de significante, que ele toma, aliás, como uma classe — um erro estranho. Por exemplo, sob o pretexto de que a palavra *obsoleta* é obsoleta, dizer que a palavra *obsoleta* representa uma classe em que ela própria estaria incluída é um pequeno truque cujo único interesse é o de permitir, mais adiante, fundar como classe os significantes que não significam a si mesmos. Em contrapartida, colocamos como axioma que em nenhum caso o significante poderia significar a si mesmo, e que é daí que é preciso partir e se virar com isso, nem que seja para perceber que é necessário explicar de outro modo que a palavra *obsoleta* possa ser qualificada como obsoleta. É absolutamente indispensável inserir aí o que introduz a divisão do sujeito.

Mas deixemos *obsoleta*, e partamos do argumento que oporia um Russell a uma fórmula que poderia ser enunciada deste modo: B ◊ A/S w S. Russell marcaria aí algo como uma contradição. Segundo ele, seria de fato impossível assegurar o estatuto de um subconjunto B especificado em outro conjunto, A, por uma característica tal que um elemento de A não conteria a si mesmo.

Para mostrar claramente a contradição que existe em postular a existência do subconjunto B que conteria os elementos de A que não contêm a si mesmos, basta tomar um elemento γ que faça parte de B para percebermos as consequências de fazer com que seja elemento de B e não seja elemento de si mesmo.

$$(\gamma \in B)(\gamma \in A/\gamma \notin \gamma)$$

A contradição se revela ao se colocar B no lugar de γ:

$$(B \in B) \text{ e } (B \in A/B \notin B)$$

A fórmula opera na medida em que, a cada vez que fazemos B ser um elemento de B, por causa da solidariedade da fórmula, disso decorre que, se B faz parte de B, então não deve fazer parte de si mesmo, e que se, por outro lado, não faz parte de si mesmo, por conseguinte faz parte de si mesmo.

Esta é a contradição na qual o paradoxo de Russell nos coloca. Trata-se de saber se em nosso registro nós podemos nos deter aí. No mínimo, podemos perceber de passagem o que significa a contradição evidenciada na teoria dos conjuntos — o que talvez nos permita dizer como essa é especificada na lógica, ou seja, que avanço apresenta em relação àquela, mais radical, que tentamos instituir. A contradição em questão, no ponto em que se articula ao paradoxo de Russell, tal como o simples uso das palavras nos fornece, decorre precisamente disto que lhes *digo*. Se eu não digo, nada impede que essa fórmula, mais precisamente a segunda, se mantenha como está, *escrita*. E nada nos diz que seu uso vá se interromper aí.

O que digo aqui não é de maneira nenhuma um jogo de palavras, pois a teoria dos conjuntos não tem absolutamente nenhum outro suporte além do que se escreve como tal. Trata-se de escrever e de manipular o jogo literal que constitui a teoria dos conjuntos. Tudo o que se pode dizer acerca de uma diferença entre os elementos está fora do jogo. Um conjunto pode perfeitamente ser formado, por exemplo, da simpática pessoa que datilografa o meu discurso, da névoa que embaça esse vidro e de uma ideia que me passou pela cabeça há pouco. Isto constitui um conjunto de três elementos, pelo fato de que digo expressamente que não existe nenhuma outra diferença além desta formada pelo simples fato de que posso aplicar um traço unário a cada um dos objetos que nomeei e cujo caráter heteróclito vocês podem bem ver.

Nós não estamos à altura de uma especificação assim, uma vez que coloco em jogo o universo do discurso. Eis o que afasta a minha questão do paradoxo de Russell. É, a saber, que não se deduz nenhum impasse, nenhuma impossibilidade da existência de B. E comecei por supor que esse B pode fazer parte do universo do discurso, ainda que seja feito da especificação de que o significante não poderia significar a si mesmo. Talvez ele tenha consigo mesmo uma espécie de relação que escapa ao paradoxo de Russell. Pode ser que ele nos demonstre algo que seria a sua própria dimensão.

Nós vamos ver em que condição ele faz parte ou não do universo do discurso.

3

Se tomei o cuidado de lembrar-lhes a existência do paradoxo de Russell, é provavelmente porque vou poder me servir disso para transmitir-lhes alguma coisa.

Vou transmitir-lhes isto da maneira mais simples e em seguida de um modo um pouco mais elaborado.

Transmitirei da maneira mais simples porque já há algum tempo estou disposto a todas as concessões. Querem que eu diga coisas simples? Pois bem, direi coisas simples. Não é um caminho tão direto entender — vocês já estão suficientemente formados, graças aos meus cuidados, para saber disso. Mesmo que o que lhes digo pareça simples, talvez ainda assim permaneça em vocês uma desconfiança.

Um catálogo dos catálogos: aí está, à primeira vista, o que são significantes. O que nos surpreenderia no fato de que ele não contivesse a si mesmo? Isto nos parece uma exigência desde o princípio. Contudo, nada impediria que o catálogo de todos os catálogos que não contêm a si mesmos se imprima em si mesmo, em seu interior, nem mesmo a contradição que dele deduziria Lord Russell. Mas consideremos a possibilidade de que, para não se contradizer, ele não se inscreva em si mesmo.

Suponhamos que existam apenas quatro catálogos que não contêm a si mesmos: A, B, C e D. Suponhamos que apareça um outro catálogo que não contém a si mesmo. Acrescentemos — E. O que há de inconcebível em pensar que haja um primeiro catálogo que contenha A B C D e um segundo catálogo que contenha B C D E? Não há com que se espantar com o fato de que a cada catálogo falta a letra que é propriamente aquela que o designaria. Com efeito, a partir do momento em que vocês engendram essa sucessão, vocês só têm que organizá-la em torno de um disco. Não é porque a cada catálogo faltará um, talvez até mais, que o círculo desses catálogos não será algo que responda precisamente ao catálogo de todos os catálogos que não contêm a si mesmos. Simplesmente, o que constituirá essa cadeia terá essa propriedade de ser um significante a mais, que é constituído pelo fechamento da cadeia, um significante incontável e que, em vista desse fato, poderá ser designado por um significante. Com efeito, como esse significante incontável não está em parte alguma, não há nenhum inconveniente no fato de surgir um significante que seja designado como significante a mais, aquele que não se captura na cadeia.

O PARADOXO DE RUSSELL 37

Darei outro exemplo. A princípio, os catálogos não são feitos para catalogar catálogos. Eles catalogam objetos que estão ali a qualquer título — a palavra *título* tem aqui toda a sua importância. Seria fácil eu me envolver nesse caminho para reabrir a dialética do catálogo de todos os catálogos, mas como é preciso deixar que vocês exercitem a sua própria imaginação, irei por um caminho mais vivo, e falarei do livro. Aqui nós entramos aparentemente no universo do discurso. Contudo, na medida em que esse livro inclui algumas referências e pode ter que abarcar uma certa superfície, o registro de alguns títulos, isto incluirá uma bibliografia. É o que se apresenta para nós ao imaginarmos o que resulta do fato de um catálogo existir ou não no universo do discurso. Se eu fizer o catálogo de todos os livros que contêm uma bibliografia, naturalmente não é de bibliografias que faço o catálogo. Contudo, ao catalogar esses livros, na medida em que eles remetem uns aos outros nas suas bibliografias, posso muito bem abarcar o conjunto de todas as bibliografias.

É exatamente aí que se pode situar o fantasma que é propriamente o fantasma poético por excelência, aquele que obcecava Mallarmé: o do Livro Absoluto. Sua possibilidade, vejo-a se desenhar no âmbito do uso, não do puro significante, mas do significante purificado — na medida em que eu digo e escrevo o que digo, o significante está articulado aqui como distinto de qualquer significado. A característica própria desse livro absoluto seria o fato de efetivamente englobar toda a cadeia significante de modo que ela possa não significar mais nada.

Nisto há então algo que se evidencia como estabelecido na existência, no plano do universo do discurso, mas nós temos que suspender essa existência à lógica própria que pode constituir aquela do fantasma, pois é a única que pode nos dizer de que modo essa região se liga ao universo do discurso. Evidentemente, não está excluído que ele entre aí, mas por outro lado não há dúvida de que ele não se especifica, aí, por essa purificação da qual eu falava há pouco, pois não é possível a purificação disto que é essencial ao universo no discurso, ou seja, a significação. Eu poderia ainda falar-lhes durante quatro horas sobre esse livro absoluto, que ainda assim tudo o que dissesse teria um sentido.

O que caracteriza a estrutura desse B, na medida em que não sabemos onde situá-lo no universo do discurso, dentro ou fora, é esse traço do *um a mais* que lhes enunciei há pouco ao fazer o círculo desses A B C D E, no qual cada grupo de quatro deixa de fora o significante alheio que pode servir para representá-lo. E é precisamente por essa única razão que ele não está representado ali. A cadeia total será formada pelo conjunto de todos esses significantes. Mas basta fechá-la para fazer surgir essa unidade a mais, incontável como tal, que é essencial a toda uma série de estruturas.

Foi precisamente nelas que baseei, desde 1960, toda a minha operação da identificação. Vocês podem encontrar isto, por exemplo, na estrutura do toro. Pode-se fazer no toro uma série de voltas completas com um corte, pode-se até fazê-las na quantidade que se queira — quanto mais voltas, mais satisfatório, mas também mais obscuro. Basta fazer duas delas para lhes aparecer a terceira, que é necessária para que as duas se fechem e para que, por assim dizer, a linha morda a sua cauda. Essa terceira volta é assegurada pelo fechamento do furo central. Na verdade, para que as duas primeiras voltas se cruzem é impossível não passar por ali.

Se não faço o desenho no quadro hoje é porque, na verdade, já disse o suficiente para que vocês me entendessem, e também muito pouco para lhes mostrar que há pelo menos dois caminhos na origem pelos quais isto pode se efetuar. Nos dois casos o resultado não é de modo algum o mesmo no que diz respeito ao surgimento desse *um a mais* do qual lhes falo.

Essa indicação sugestiva não tem nada que esgote a riqueza disto que o mínimo estudo topológico nos fornece.

Contentar-me-ei hoje em lhes indicar o que o mundo da escrita tem de específico, e que o diferencia do universo do discurso. É o fato de que ele pode fechar-se em si mesmo. É desse fechamento que surge a possibilidade de um *um* que tem um estatuto completamente diferente daquele do *Um* que unifica e engloba. Nada além de seu simples fechamento, e sem que haja necessidade de entrar no estatuto da repetição que todavia está estreitamente ligada a ele, o mundo da escrita faz surgir o que tem estatuto de *um a mais*. Este só se sustenta pela escrita, no entanto, na sua possibilidade, é aberto ao universo do discurso. Conforme já destaquei, na verdade basta que eu escreva — mas é necessário que essa escrita aconteça — o que digo acerca da exclusão desse *um a mais* para engendrar esse outro plano que é aquele no qual, falando propriamente, se desenvolve toda a função da lógica. A coisa nos foi suficientemente indicada pelo estímulo que a lógica recebeu ao se submeter ao simples jogo da escrita, exceto que lhe falta sempre lembrar-se que isto repousa apenas na função de uma falta, nisto mesmo que é escrito e que constitui o estatuto da função da escrita.

O fato de hoje eu lhes dizer coisas simples arrisca fazer com que esse discurso lhes pareça decepcionante, mas vocês estariam enganados de não ver que ele se insere em um registro de questões que confere à função da escrita uma ressonância que só poderia repercutir no âmago de toda concepção possível de estrutura.

Se a escrita de que falo tem como único suporte o retorno sobre si mesma, em fechamento, de um corte, tal como ilustrei sobre a função do toro, somos levados a falar da função da borda — que os estudos mais fundamentais, ligados ao progresso da matemática analítica, nos deram a oportunidade de isolar. A partir do momento em que falamos de borda, não há nada que nos faça dar substância a essa função. Não seria apropriado que vocês deduzissem que a função da escrita é limitar aquilo de que lhes falei, o que se move em nossos pensamentos ou do universo do discurso. Longe disso, em se tratando de algo que se estrutura como borda, o que o limita está em posição de, por sua vez, entrar na função de borda. É com isto que temos que lidar.

Há ainda outro aspecto, com o qual pretendo encerrar. É a função do traço unário.

Evocarei o capítulo 5, versículo 26 do *Livro de Daniel*, para lembrar-lhes o que é conhecido desde sempre. Ressalto que já me servi outrora desse livro para começar a explicar o que está em jogo na função do significante — isto a respeito de uma história de calças de tipo zuavo que são designadas com uma palavra que é um hápax e que é impossível de traduzir, a não ser que sejam as sandálias que os personagens em questão usavam.

No *Livro de Daniel* vocês já têm a teoria que é a que lhes exponho, do sujeito que surge no limite do universo do discurso. É a história do festim dramático acerca do qual, inclusive, não encontramos mais o mínimo rastro nos anais, mas pouco importa. *Mene, Mene* — é o que diz o versículo 26 — *Mene, Tequel, Ufarsim*, que é transcrito habitualmente pelo famoso *Mene, Tequel, Peres*. Não me parece inútil perceber que *Mene, Mene* — que quer dizer *contado*, conforme observa Daniel ao interpretar o príncipe inquieto — é dito duas vezes, como que para mostrar a repetição mais simples do que constitui a contagem. Basta contar até dois para que se exerça tudo o que está em jogo nesse *um a mais* que é a verdadeira raiz da repetição em Freud — exceto pelo fato de que, contrariamente ao que está na teoria dos conjuntos, isto não é dito.

Também não se diz isto: que aquilo que a repetição busca repetir é precisamente o que escapa através da função da marca. A marca é original na função de repetição. A repetição só se exerce a partir disso: que a marca se repita. Mas por que a marca provoca a repetição buscada? Porque o que é buscado é o que a marca marcou da primeira vez. Ora, em relação ao que ela marcou, essa marca se apaga. A marca só poderia se duplicar apagando-se no que se repetirá a marca primeira — apagar, ou seja, deixar deslizar para fora de alcance. Eis por que isto que é buscado na repetição se furta por sua própria natureza.

Mene, Mene — no que é encontrado, algo falta no peso, *Tequel*. O profeta Daniel interpreta isto dizendo ao príncipe que de fato foi pesado, mas algo faltava ali, o que se diz *Ufarsin*. Essa falta radical, primeira, deriva da própria função de contar, como tal. O que de fato constitui essa falta à qual se trata de atribuir a função lógica é esse *um a mais* que não se pode contar. O *Peres* final faz precisamente revelar-se o que está em jogo no universo do discurso, na *bolha* no Império em questão, na suficiência do que se encerra no *todo* imaginário. Eis exatamente a via pela qual incide o efeito da entrada disto que estrutura o discurso no ponto mais radical.

Esse ponto é a letra. Eu sempre disse isso, e enfatizei empregando mesmo as imagens mais vulgares. Mas a letra de que se trata aqui é a letra na medida em que está excluída, em que ela falta.

Logo, refiz hoje uma irrupção nessa tradição judaica sobre a qual eu tinha várias coisas preparadas. Tinha chegado ao ponto de enredar em um pequeno trabalho de aprendizagem da leitura massorética. Todo esse trabalho me foi devolvido pelo fato de não ter conseguido apresentar-lhes a temática que pretendia desenvolver em torno do Nome-do-Pai. No entanto, de tudo isto algo permanece — que no âmbito da história da Criação, *Berechit Bara Elohim*, o Livro começa, ou seja, com um *beth*.

Também se diz que essa letra que empregamos hoje, o A, em outro termo o *Aleph*, não estava originalmente entre aquelas das quais se originou toda a Criação.

Isto nos indica, de algum modo voltado sobre si mesmo, que é na medida em que uma dessas letras está ausente que as outras funcionam — mas que sem dúvida é na sua falta que reside toda a fecundidade da operação.

23 de novembro de 1966

Sessão seguinte

REAFIRMAÇÃO DO SEMINÁRIO

Conforme lhes avisei da última vez, talvez um pouco tarde, pois uma parte da assembleia já havia se dispersado no momento em que fiz esse anúncio, hoje vocês ouvirão um trabalho, uma comunicação de Jacques-Alain Miller.

Isto marca que desejo que fique estabelecido esse nome curioso de *Seminário*, que esteve ligado ao meu ensino desde Sainte-Anne, onde, como vocês sabem, ele se manteve por dez anos.

Primeiramente, para falar apenas dos dois anos que precederam o presente momento, vocês sabem que eu quis que este Seminário se mantivesse de um modo efetivo. Para grande desgosto de alguns de vocês, pois acreditei que essa efetividade devia estar ligada a uma certa redução da plateia tão numerosa e tão simpática que vocês me oferecem, pela assiduidade e atenção. Tanta assiduidade e atenção merecem, meu Deus, muitos elogios, o que me tornou bem difícil a triagem que essa redução do público necessitava, de modo que, no total, o seu número, mesmo se conseguisse que fosse menor, não o seria a ponto de as coisas mudarem propriamente de escala sob o ponto de vista da quantidade, que tem um papel tão importante na comunicação. Foi isto que me fez deixar em suspenso este ano a solução desse difícil problema — ou seja, que até novo aviso, e sem me comprometer de modo algum, não fecharei nenhuma dessas quartas-feiras, sejam elas finais, semifinais ou outras.

Apenas esse nome de *Seminário* eu desejaria pelo menos que fosse mantido, e de um modo mais marcado do que foi no final de meu ensino em Sainte-Anne. Claro, até mesmo nos últimos anos, houve reuniões em que eu delegava a palavra a um ou outro daqueles que me seguiam então. Contudo, nessa atribuição do nome de *Seminário*, permanecia uma ambiguidade entre o uso adequado dessa categoria, que designa um lugar onde algo deve ser compartilhado, onde a transmissão, a disseminação de uma doutrina deve se manifestar como tal, ou seja, por meio da veiculação, e não sei qual outro uso, que não é estritamente o do nome próprio — toda a discussão sobre o nome próprio poderia se colocar aí —, mas, digamos, o de uma nomeação por excelência, nomeação que se tornaria, por excelência, uma nomeação por ironia.

A partir daí, para marcar que não são essas as condições em que pretendo que se estabilize o uso dessa atribuição de nome, acredito que vocês verão intervir periodicamente um certo número de pessoas que se mostrem dispostas a isto.

Certamente Jacques-Alain Miller dispõe de algum título este ano para inaugurar essa sequência, uma vez que ele lhes forneceu em meu livro esse *Índice ponderado dos principais conceitos* que, pelo que entendo, foi muito bem-vindo para muitos, que veem grande vantagem nesse fio de Ariadne que lhes permite passear através dessa sucessão de artigos em que uma certa noção, um certo conceito — como o termo é empregado de modo mais preciso —, se encontra em diferentes estágios.

Um pequeno detalhe. Para responder a uma pergunta que me foi feita por alguém, informo que nesse índice os números em itálico marcam passagens essenciais. Os números retos, em romano como se diz, marcam passagens em que o conceito é mencionado de modo mais breve — em uma página designada desse modo, acontece de a referência aparecer em apenas uma linha. Isto para mostrar o cuidado com o qual esse pequeno instrumento tão útil foi construído.

Nesse contexto, me anunciam que o livro, como se diz em *franglês*, que de minha parte não repudio, está *out of print*, o que significa *esgotado*. Acho *out of print* mais gentil. Com *esgotado* a gente se pergunta o que aconteceu com ele. Espero que esse *out of print* não durará muito tempo.

Isto é o que se chama de sucesso, mas um sucesso de vendas. Não antecipemos quanto a outro sucesso. Pode-se esperar tudo. Afinal de contas, é o que deixa sua questão em aberto. Puderam notar que, de fato, é um livro que eu não estava muito apressado para colocar em circulação. Se, então, demorei tanto a fazê-lo, pode-se perguntar: por que agora? O que espero disso? Está claro que a resposta *Que isto lhes sirva* não era menos válida há um ano ou dois, e até antes. Portanto, a questão não é simples. Ela diz respeito a tudo o que está em jogo nas minhas relações com algo que tem aí uma função de base, a saber, a psicanálise na sua forma *encarnada*, diríamos rapidamente, ou ainda *assujeitada* — em outras palavras, os próprios psicanalistas.

É certo que existem muitos elementos que me pareceram dar motivo para que o que eu tentava construir ficasse em um campo reservado, que permitisse de certo modo a seleção que se fez, daqueles que queriam se decidir a reconhecer o que o estudo de Freud implicava como consequências na sua prática.

Por fim, as coisas nunca se passam totalmente do modo como se calculou, nesses difíceis assuntos em que a resistência não está localizada naquilo que é preciso designar, no senso estrito desse termo, como práxis analítica. Ela tem aqui uma forma na qual o contexto social não é sem alcance. É isto que torna delicado, para mim, explicar essas coisas diante de uma audiência tão vasta.

Não é com bons olhos que me vejo associado a tudo o que se pode manifestar de zum-zum e de rebuliço ao redor de certo número de meus termos. Não vislumbro isto senão como proveniente do que eu chamava de relações externas ao meu ensino. O termo *estruturalismos*, que por ora se beneficia de certa voga, não é o que me inspira menos essa desconfiança. Contudo, a não ser que eu seja forçado por alguma circunstância como essa que eu chamava há pouco de sucesso do livro, não estou nem um pouco disposto a ocupar o tempo determinado deste Seminário para lhes dar as razões disso. É no âmbito da construção ao estilo que vocês me viram inaugurar em meu último Seminário que quero enunciar as coisas, retomando os pontos pelos quais entendi estabelecer o desencadeador dessa lógica que tenho a desenvolver diante de vocês este ano. Para fazê-lo, não tenho tempo a perder — como vocês devem perceber pouco a pouco, pela experiência destes últimos anos.

Ocorre que, seja como for, esse livro existe, com os primeiros movimentos que ele provoca, os quais serão seguidos de outros, de modo que, em resumo, os dois ou três pontos que acabo de levantar como principais — mas existem outros — correm o risco de permanecer em suspenso para vocês. A partir disso, a tal respeito, acredito dever adverti-los de que encontrarão a explicação — pelo menos uma explicação suficiente para lhes permitir responder a uma parte das questões que podem ficar em suspenso — em dois tipos de conversas, como se diz, ou de entrevistas, que serão publicadas esta semana, se minhas informações estiverem corretas, em lugares que, meu Deus, não têm nada de uma feira, e que se chamam, respectivamente, *Le Figaro littéraire* e *Les Lettres françaises*. Talvez, ao lê-las, vocês descubram um pouco mais sobre esses pontos. Por outro lado, como não posso evitar de, a cada vez que tenho um desses modos de relações externas, expor pelo menos um pouco disto que está acontecendo, é

44 ELEMENTOS DE LÓGICA

possível que vocês encontrem, aqui e ali, algo que se relaciona com nosso discurso deste ano.

Por exemplo da última vez lhes falei do traço unário como se instaurando, fundamentalmente, a partir da repetição. A repetição, pode-se dizer que isto só acontece uma vez, o que ainda assim quer dizer que ela é dupla, caso contrário não haveria repetição. Para qualquer um que queira se deter um pouco nesse ponto, em seu fundamento mais radical, isto instaura desde o início a divisão do sujeito. Bem, não posso deixar de ter um pouco de escrúpulos por tê-lo enunciado superficialmente diante de vocês, quando eu havia ruminado durante cerca de 45 minutos nesse congresso que se passou na Johns Hopkins no mês de outubro, como alguns entre vocês sabem. Talvez seja porque lhes dou maior crédito que aos ouvintes de então, algumas repercussões que me chegaram depois me mostraram que, meu Deus, o ouvido estruturalista, para retomar o termo de há pouco, o ouvido estruturalista, quaisquer que sejam os partidários da vez, é capaz de se mostrar um pouco surdo.

Há outros dois lugares, mais inusitados ainda, onde talvez vocês encontrem dessas pequenas indicações que nunca chegam cedo demais, meu Deus, sobre certos temas que eu teria a desenvolver posteriormente, como o pré-consciente, por exemplo. Coisa curiosa, há um bom tempo — desde que se mistura tudo acreditando-se manter distinto — não se tem dado muita atenção, afinal, às funções que Freud lhe reservava. Se bem me lembro, esse esboço é introduzido de passagem em uma dessas entrevistas, não sei mais qual, à qual convém acrescentar outras duas, inesperadas para vocês, me parece, que são entrevistas à ORTF.*

Na próxima sexta-feira haverá outra, às 10h45. É o que chamam, segundo me garantiram, de um horário nobre. Não acho que o seja para todos os que me escutam aqui, porque nesse horário de grande audiência estão no hospital. Enfim, não faz mal, vocês se arranjarão como puderem. Espero poder comunicar esse texto, se a rádio me der a autorização. Haverá outra na segunda-feira — vejam que estão apressados. A primeira foi Georges Charbonnier quem quis, não direi recolher, mas me dar espaço. A segunda será com o sr. Sipriot, graças a quem vocês talvez tenham algo mais animado que a primeira, já que

---

* Office de Radiodiffusion-Télévision française, antiga emissora de rádio e TV do governo francês. (N. T.)

dialogarei com a pessoa mais qualificada para isto, François Wahl, que está aqui, e que quis se entregar a esse exercício comigo. Não posso garantir nada, mas parece que isso passará entre as seis e quinze e as sete horas, só que não falamos apenas de meu livro, não posso lhes dizer em que ponto ele aparecerá, cada um terá o seu tempo. Enfim, veremos como tudo isso continua.

Antes de passar a palavra a Jacques-Alain Miller, eu lhes comunicarei uma pequena informação muito divertida que me foi trazida por um ouvinte fiel, proveniente de uma espécie de revista especial, ligada tanto às máquinas da IBM quanto ao que se faz com elas, em um plano experimental, no Massachusetts Institute of Technology, ou MIT, como se diz normalmente.

Trata-se de uma dessas máquinas bastante sofisticadas fabricadas atualmente, à qual deram, certamente não por acaso, o nome de Elisa. Se ela se chama Elisa, isso se deve ao uso que dela se faz, a propósito do qual vou lhes falar. Elisa é, de fato, em uma peça de teatro muito conhecida, *Pigmalião*, o nome de uma pequena vendedora de flores numa das ruas mais movimentadas de Londres, a quem ensinam a falar corretamente. Trata-se de adestrá-la de modo que possa se expressar na alta sociedade, quando percebem que ela não faz parte daquele meio. É algo desse tipo que surgiu com a pequena máquina do MIT.

Na verdade, não se trata propriamente de que uma máquina seja capaz de dar respostas articuladas quando alguém fala com ela, não direi quando alguém a questiona. Trata-se de algo que se revela um jogo, e que coloca em questão, pelo fato de se obter essas respostas, o que pode se produzir naquele que lhe fala. Essa situação é bastante aproveitável para nós, mesmo que a coisa ainda não esteja articulada de um modo que nos satisfaça completamente, em outras palavras que leve em conta o contexto em que poderíamos inseri-la. No entanto, isto nos dá uma referência bastante interessante no discurso que se segue aqui, porque afinal de contas sugeriu algo que poderia ser considerado como uma função terapêutica da máquina. Para dizer a verdade, a questão levantada não é nada menos que a do análogo a uma espécie de transferência que poderia se produzir nessa relação.

A coisa não me desagradou e não é sem relação com tudo o que eu deixo em aberto no tocante a como devo manejar a divulgação do que se chama de meu ensino. Ela lembra esse manejo de uma primeira cadeia simbólica que eu havia destinado, na época, a fornecer aos psicanalistas a noção à qual convinha que seu espírito se acomodasse para se centrar de um modo conveniente no que Freud chama de rememoração. Eu havia dado a eles uma espécie de modelo sugestivo na construção de uma cadeia simbólica e de seu tipo de memória, incontestavelmente consistente, e até insistente. Essa construção está articulada na minha Introdução à *Carta roubada*, que está agora em meu livro, no segundo capítulo, ou tempo. Esse texto que inicialmente precedia "A carta roubada" está, no livro, fixado em uma posição invertida, quer dizer, logo depois.

Lembro àqueles que não me acompanhavam na época que essa construção, como todas as outras, foi feita diante deles e para eles, passo a passo. Eu havia partido de uma passagem do texto de Poe, examinando o modo como o espírito trabalha esse tema — pode-se ganhar o jogo de par ou ímpar? Meu segundo passo foi imaginar uma máquina precisamente dessa natureza, e o que efetivamente se produziu hoje não difere em nada disto que eu havia articulado então, a saber, apenas uma máquina que o sujeito supõe estar munida de uma programação tal que não leva em conta ganhos e perdas. O sujeito questionaria a referida máquina, jogando com ela o jogo de par ou ímpar. A partir dessa única suposição de que ela tem, pelo menos durante certo número de lances, a memória de seus ganhos e perdas, pode-se construir uma sequência de mais e de menos. Englobá-los, reuni-los em um parêntese de uma extensão padrão e que se desloca um ponto a cada vez, nos permite estabelecer um trajeto que construí, e no qual baseio esse primeiro tipo, o mais elementar, como um modelo, destinado a mostrar que não precisamos considerar a memória no registro da impressão fisiológica, apenas no do memorial simbólico.

Era um jogo hipotético. Talvez ainda não estivesse em condição de funcionar nesse nível, foi bem antes de ocupar um lugar na agenda das preocupações dos engenheiros que se dedicam a esses aparelhos — que estão sempre progredindo, já que se espera deles nada menos que a tradução automática — mas mesmo assim isto existia como tal, como máquina eletrônica, ou seja, como algo que pode ser escrito no papel, que é a definição moderna da máquina. Foi a partir daí que, há quinze anos, construí um primeiro modelo para uso específico dos psicanalistas, com a finalidade de produzir nas suas *mentes,** *mind*, essa espécie de descolamento necessário da ideia de que o funcio-

---

* No original "*mens*", que é também a forma da primeira e da segunda pessoas do singular do verbo mentir no presente: *je mens, tu mens*; eu minto, tu mentes. (N. T.)

namento do significante é obrigatoriamente o auge da consciência — algo que iria introduzir, na época, um passo absolutamente sem precedentes.

É com você. [*Seguiu-se a apresentação de J.-A. Miller.*]

A perfeita fluência dessa exposição sustenta, estabelece o que introduzi da última vez como o ponto de partida absolutamente necessário a qualquer lógica exigida pelo terreno psicanalítico. Mas esse comentário não tem de modo algum o alcance de uma reduplicação, uma vez que ele confrontou o que é de certo modo o primeiro dos grupos no sentido lógico-matemático do termo, o grupo de Boole, com a lógica clássica, na medida em que ele se encontra aparentemente muito mais homogêneo. Assim vocês puderam ver como, a partir desse grupo mesmo, podemos construir a precedência lógica, a necessidade que distingue radicalmente o estatuto da significação e sua origem no significante. Vocês tiveram aí uma demonstração bastante elegante disso. Foi um tempo necessário para a assimilação do que consegui trazer diante de vocês da última vez, e vocês tiveram também o complemento, o controle, a configuração. Vocês terão a continuação disto na próxima quarta-feira.

30 de novembro de 1966

III

FREUD LÓGICO

A estrutura da rede
O camponês da Garona
Conjunção e implicação
Pluralidade das negações
Sobre a estrutura narcísica

Da última vez que nos encontramos aqui, vocês puderam entender o que lhes propôs Jacques-Alain Miller, ao que não pude acrescentar muitas observações em razão do tempo.

Essa exposição foi marcada por um conhecimento seguro do que se inaugurou como lógica moderna no conjunto, eu diria, pelo trabalho e pela obra de Boole.

Talvez não seja indiferente fazê-los saber que Jacques-Alain Miller estava ausente na minha última aula — vamos chamá-la assim —, à qual ele não teve acesso por escrito, pois eu mesmo só recebi o texto há dois dias, e que, no momento em que o havia anunciado, eu não estava muito atento ao tema que ele havia escolhido, como vocês puderam perceber. Essas observações têm a sua importância em razão da extraordinária convergência entre o que ele pôde enunciar diante de vocês e a minha intenção. Digamos que ele procedeu, com conhecimento de causa, claro, a uma reaplicação dos princípios e, por assim dizer, dos axiomas em torno dos quais giram minhas articulações atuais.

A lógica de Boole marca o momento de viragem no qual, tentando formalizar a lógica clássica, percebemos que essa formalização não só permite acrescentar-lhe extensões maiores, mas revela-se como essência oculta sobre a qual essa lógica poderia ter se orientado e construído, enquanto acreditava seguir algo que não era realmente o seu fundamento. Ou seja, o que vamos tentar circunscrever hoje, a fim de afastá-lo do campo que vamos explorar, na medida em que anunciamos a *Lógica do fantasma*.

A surpreendente facilidade com a qual Miller atingiu os campos deixados em branco na lógica de Boole — pois, é claro, essa articulação maior, de que nenhum significante poderia significar a si mesmo, está ausente nele — encontrou o lugar onde o significante, na sua função própria, é de certo modo elidido. É esse famoso (–1) do qual ele admiravelmente destacou a exclusão na lógica de Boole, indicando assim, nessa elisão mesma, o lugar em que se situa o que tento articular aqui.

Há aí algo que tem a sua importância — não que eu lhe faça elogios —, porque isto lhes permite apreender a coerência, a linha reta, na qual se insere a lógica que somos obrigados a instituir em nome dos fatos do inconsciente. O que se deve esperar, se somos o que somos, isto é, racionalistas, evidentemente não é que a lógica anterior seja derrubada, mas que encontre seus próprios fundamentos.

Vocês viram marcado na passagem o ponto que no passado tornou necessário para nós o emprego de certo símbolo que corresponde a esse (–1), que Boole não usa, ou cujo uso é proibido. No uso, justamente, não é certo que esse seja o melhor. Pois o próprio de uma lógica formal é que ela opere, e nós temos que extrair operadores novos, cuja sombra já se perfilou no que, na medida das orelhas às quais eu me dirigia, já tentei articular de modo manejável — manejável para o que há a ser manejado na ocasião e que nada mais é do que a práxis analítica.

Este ano, nós nos apoiamos em seus limites — nas suas bordas, falando propriamente —, o que nos impele a fornecer formulações mais rigorosas para cernir isto com que temos de nos haver, e que merece, sob certos aspectos, ser tomado, empreendido, na articulação mais geral disponível até o momento em matéria de lógica, ou seja, o que se centra na função dos conjuntos, com relação à qual o que Jacques-Alain Miller trouxe, e que estava centrado na lógica de Boole, vale menos como articulação com o que desenvolvo diante de vocês do que como confirmação, garantia, enquadre, à margem.

Saio agora desse tema, não sem destacar ainda que Miller lhes apontou também o modo como Sartre ocupa o lugar onde reside a articulação lógica que é este ano a nossa tarefa, e isto sob a denominação de *consciência não tética de si*. De fato, é esse o ponto fundamental em torno do qual gira o privilégio que Sartre procura manter, do sujeito. Não deixa de ter interesse apontar que se trata aí apenas disto que se chama propriamente de um substituto. Ele não pode me manter em nada, a não ser no registro de sua interpretação. Temos que nos ocupar disto, nós os analistas, de maneira equivalente aos outros substitutos quando manejamos o que é efeito do inconsciente.

Com base nisso pode-se dizer que de modo algum o que posso enunciar sobre a estrutura se situa em relação a Sartre.

1

Lógica do fantasma, então.

Nós só podemos fazer isso aqui muito rapidamente, da maneira como, ao tocar uma corda com a ponta do dedo, nós a fazemos vibrar por um instante. É preciso lembrar a vacilação não extinta disto que se liga à tradição que o termo *universitário* marcará aqui, se dermos a esse termo o sentido não de designar, ou de desqualificar, um ponto geográfico, mas antes o de *Universitas litterarum*, digamos, o lugar onde se situa um curso.

Sejam quais forem os outros sentidos que se possa dar ao termo *Universidade*, evidentemente muito mais históricos, não é supérfluo indicar que há aí alguma alusão ao que chamei de universo do discurso, ou pelo menos não será em vão aproximar os dois termos.

Do ano que vocês passaram pelo curso de filosofia, todos vocês, ou quase, me parece, se lembram da valsa-hesitação do professor em relação à lógica. Ou seja, de que se trata? Das leis do pensamento ou de suas normas? Do modo como isso funciona efetivamente e que vamos extrair cientificamente, ou do modo como é necessário que a coisa seja conduzida? O fato de que esse debate ainda esteja aí, sem se definir, nos faz retomar a suspeita de que a função da Universidade, no sentido em que eu articulava há pouco, talvez seja a de descartar a decisão. Uma decisão talvez mais interessada — eu falo de lógica — no que se passa no Vietnã do que no que está em jogo no pensamento, desde que ele permaneça assim, suspenso nesse dilema entre suas leis e normas.

Será que se trata das suas leis? Eis o que, a partir de então, nos leva a questionar se ela se aplica ao mundo, como se diz, melhor dizendo, ao real — em outras palavras, se ela não sonha. Falo de coisas que nos interessam, não me desvio aqui de minha corda psicanalítica. Para nós, analistas, saber se o homem que pensa sonha é uma questão que tem um dos sentidos os mais concretos. Para instigá-los, para mantê--los em suspense, saibam que tenho a intenção, este ano, de abordar a questão do despertar.

Trata-se, ao contrário, das normas do pensamento? Aí está uma questão que nos interessa também — com a condição de tomá-la na sua dimensão não reduzida pelo pequeno trabalho de polimento por meio do qual geralmente o professor, quando trata de lógica em sua aula de filosofia, acabará por fazer com que essas leis e normas se apresentem com a mesma suavidade que permite deslizar o dedo passando de umas às outras, em outras palavras, que permite manejar tudo isso às cegas. O que não perdeu o seu relevo para nós, analistas, foi a dimensão que se intitula o verdadeiro, e essa, em si mesma, não precisa, não implica o suporte do pensamento. É exatamente isto que nos instiga a questionar o que é esse verdadeiro em relação ao qual o fantasma de uma norma é suscitado, acerca do qual fica evidente que não é originário, imanente ao pensamento.

Trata-se, para nós, de manter esse relevo da verdade. É a isto que se liga nossa experiência, e é absolutamente impossível excluí-lo da articulação de Freud. Com efeito, Freud se viu imediatamente en-curralado — sem que tivesse que intervir para isto, pois ele próprio se colocou ali. Foi para apontar esse relevo e para tocar os ouvidos que era preciso fazer vibrar, que me permiti um dia, em um escrito, erigir uma figura que inclusive não me era tão difícil fazer viver, a da verdade, tirando-a do poço, como desde sempre foi retratada, e fazendo-a dizer: *Eu, a verdade, falo.*

O modo como o campo da interpretação é presumido e o modo pelo qual a técnica de Freud o enseja, em outros termos, a associação livre, nos situam no cerne de uma organização formal de onde se es-boçam os primeiros passos de uma lógica matematizada que tem um nome — que, mesmo assim, não é possível que as cócegas não tenham chegado aos seus ouvidos. Trata-se da lógica das *redes*.

Não é minha função hoje precisar o que se chama de *treliça*, ou *lattice* em inglês, mas sim ressaltar que é disto que se trata em Freud — tanto nos seus primeiros esboços de uma nova psicologia quanto no modo como, em seguida, ele organiza o manejo da sessão analítica como tal. Essas redes, ele as construiu *avant la lettre*, como se diz.

Em um ponto preciso da *Traumdeutung* — que eu não posso lhes indicar, pois ocorre que não trouxe o exemplar em que havia marcado a página — ele tem que responder à seguinte objeção: *Claro, com seu modo de proceder, em toda encruzilhada você tem a possibilidade de encontrar um significado que fará a ponte entre duas significações. Com esse modo de organizar as pontes, você irá sempre de algum lugar a outro.* Bem, não é por acaso que no passado, na capa de uma revista hoje evaporada que se chamava *La Psychanalyse*, eu havia colocado uma pequena etiqueta com um trecho extraído, como que por acaso, do *Horus Apollo*, coletânea do século XVI, onde aparecem interpretações imagéticas de hieróglifos egípcios. A que eu havia escolhido representava exatamente *A orelha e a ponte*. É justo disto que se trata em Freud, é assim que a coisa funciona. Cada ponto de convergência dessa rede, ou *lattice*, em que ele nos ensina a fundar o primeiro questionamento é, de fato, uma pequena ponte.

A objeção que se faz a ele é que, ao proceder desse modo, tudo explicará tudo. Em outras palavras, fundamentalmente, o que opõem à interpretação psicanalítica não é nenhuma espécie de *crítica científica* — como imaginam os espíritos que entram habitualmente no campo da medicina tendo como única bagagem o que lhe resta de seu ano de filosofia, ou seja, que o cientista se estabelece na experiência. Claro, ainda não se abriu um livro de Claude Bernard, mas um título dele é conhecido. Não se trata de uma objeção científica, é uma objeção que na verdade remonta à tradição medieval, em que se sabia o que era a lógica. Era muito mais difundida que em nosso tempo, apesar dos meios de divulgação atuais. Aliás, as coisas chegaram ao ponto em que, tendo soltado em uma das entrevistas mencionadas que meu gosto pelo comentário vem de uma velha prática dos escolásticos, rezei para que omitissem isto. Deus sabe o que as pessoas teriam deduzido daí.

Enfim, na Idade Média se sabia que *ex falso sequitur quodlibet*. Em outras palavras, que é uma característica do falso tornar tudo verdadeiro. A característica do falso é que se deduz paralelamente, no mesmo pé, o falso e o verdadeiro. Ele não exclui o verdadeiro. Se o excluísse, seria fácil demais reconhecê-lo. Só que, para perceber isto, é preciso ter feito uma quantidade mínima de exercícios de lógica, o que até agora, que eu saiba, não faz parte dos estudos de medicina, o que é bem lamentável.

O modo como Freud responde à objeção que lhe é feita nos leva imediatamente ao terreno da estrutura da rede. Seria inclusive interessante, a esse respeito, saber como ele pôde — ou não pôde — tirar proveito do ensino de Brentano — que certamente ele não ignorava, temos a prova disto em seu curso universitário. Evidentemente, ele não expressa a estrutura da rede em todos os detalhes, com todas as precisões modernas, mas já indica muito bem sua função quando mostra como as linhas de associação vêm se recobrir, se sobrepor, convergir em pontos escolhidos, a partir dos quais se fazem retomadas eletivas.

Por toda a sequência de sua obra, sabe-se bem a inquietude ou, para ser mais preciso, a verdadeira preocupação que Freud tinha com a dimensão da verdade — pois, pelo ponto de vista da realidade, estamos à vontade, mesmo sabendo que o trauma talvez não seja nada além do fantasma. De certo modo, é até mesmo mais seguro, um fantasma, conforme estou tentando lhes mostrar, é estrutural. No entanto, Freud, que foi capaz de inventar isto — tanto quanto eu, vocês pensarão — nem por isso ficou mais tranquilo. *Onde está o critério de verdade?*, pergunta. Ele não teria escrito *O Homem dos Lobos* se não estivesse nessa pista, levado por essa exigência que lhe era própria, a de saber: *Será que é verdade ou não?*

Freud sustenta essa questão a partir do que se descortina ao interrogar a figura fundamental que se manifesta no sonho de repetição do Homem dos Lobos. Esse *Será que é verdade?* não se reduz a saber se, e com que idade, ele viveu algo que foi reconstruído com a ajuda dessa figura. Freud não duvida da realidade da cena original, mas para ele o essencial está em outro lugar, basta lê-lo para perceber isto: é saber como o sujeito pôde verificar essa cena — verificá-la com todo o seu ser. O sujeito o fez através de seu sintoma. O que quer dizer que foi desse modo que ele pôde articular isto em termos de significante. Basta lembrar essa figura do v romano que reaparece por todo lado, nas pernas abertas de uma mulher ou no bater das asas de uma borboleta, para entender que se trata do significante.

O desvio pelo qual a experiência analítica encontra o processo mais moderno da lógica se mantém justamente na relação do significante com a verdade, na medida em que ele pode curto-circuitar todo o pensamento que o sustenta. Assim como no horizonte da lógica moderna uma espécie de visada se delineia — que é a de reduzir a lógica a um manejo correto do que é apenas escrita —, da mesma forma, para nós, a questão da verificação relativa a isto com que temos de nos haver passa pelo fio direto do jogo do significante, na medida em que somente nele permanece em suspenso a questão da verdade.

É fato de longa experiência que não é fácil enfatizar um termo como o verdadeiro, sem provocar todas as ressonâncias nas quais vêm se infiltrar intuições, entre aspas, as mais suspeitas, nem imediatamente gerar objeções. Aqueles que se aventuram nesse terreno sabem muito bem que, como gatos escaldados, devem ter medo de água fria. Mas quem pode afirmar que abro a porta para o retorno do tema do Ser, por exemplo, sob pretexto de que eu lhes faço dizer, por meio de uma figura, *Eu, a verdade, falo*? Olhemos para isto pelo menos duas vezes para saber. Não impliquei ali nenhuma pessoa, nem divina nem humana, senão aquela a quem faço dizer essas palavras, a única interessada. Logo, contentemo-nos com o nó bastante intencional que acabo de dar unindo a verdade e o significante, esse ponto de origem entre o significante e a verdade.

Qual é a relação entre isto e o ponto de onde parti? Quer dizer que ao levá-los ao campo da lógica mais formal me esqueci daquele em que se decide, como disse há pouco, o destino da lógica? É evidente que Bertrand Russell se interessa mais pelo que se passa no Vietnã do que o sr. Jacques Maritain. Isto, por si só, pode ser uma indicação para nós.

O camponês da Garona é a última indumentária de Jacques Maritain. Vocês não sabem que é um livro recém-lançado? Bem, procurem. É a última obra desse autor que se ocupou bastante dos autores escolásticos entre os quais se desenvolveu a influência da filosofia de São Tomás. Não há por que não evocar aqui essa filosofia, na medida em que um certo modo de colocar os princípios do Ser não deixa de ter incidência sobre o que se faz da lógica. Não se pode dizer que isto impede o manejo da lógica, mas em certos momentos pode lhe fazer obstáculo.

Peço desculpas por esse parêntese, mas como, pelo simples fato de evocar Jacques Maritain, eu lhes incito implicitamente a achar que sua leitura é, não desprezível, mas longe de ser sem interesse, gostaria, no entanto, de precisar com que espírito os convido a consultá-lo. É no espírito do paradoxo que ali se demonstra. De fato, esse autor, tendo alcançado uma idade avançada, conforme ele mesmo destaca, dá provas de uma espécie de rigor que permite empurrar até um impasse caricatural a persistência das esperanças as mais impensáveis em relação ao que, segundo ele, deveria se desenvolver no lugar, ou à margem, do desenvolvimento da ciência moderna — cujas características ele identifica com muita exatidão—, e isto para que possa se manter o que é sua aderência central, ou seja, o que ele chama de *intuição do Ser*. A esse respeito, ele fala de *Eros filosófico*, e considerando o que apresento a vocês sobre o desejo, não tenho por que repudiar o uso de um termo assim. Mas usá-lo para esperar, em nome da filosofia do Ser, o renascimento de uma filosofia da Natureza, correlativamente ao desenvolvimento da ciência moderna, participa de um Eros que a meu ver só pode ser situado no registro da Comédia italiana.

Evidentemente, isto não impede, absolutamente, que sejam apontadas ao longo da obra algumas observações agudas e pertinentes sobre a estrutura da ciência, nas quais o autor toma certa distância e até a repudia. Que nossa ciência não tenha nada em comum com a dimensão do conhecimento, aí está algo bastante forte e justo, mas não inclui em si mesmo a promessa de que possa renascer o conhecimento no sentido antigo, que é rejeitado em nossa perspectiva.

Depois desse parêntese, retomo o que nos cabe interrogar.

2

Não há nenhuma necessidade de recuarmos diante do uso desses quadros de verdade por onde acontece de os lógicos introduzirem certo número de funções fundamentais da lógica das proposições.

$\frac{p}{q}$	V	F
V	V	F
F	F	F

Quadro de verdade da conjunção

Está ao alcance de todos. Vocês encontrarão na linha de cima os dois valores da proposição p, que pode ser verdadeira ou falsa. Na primeira linha vertical estão os dois valores, verdadeiro ou falso, da proposição q. Quando reunimos p e q, trata-se de determinar o valor do que se chama de sua conjunção. O quadro lhes indica isto — sua conjunção só será verdadeira se as duas, *p* e *q*, forem proposições verdadeiras. Nos três outros casos a conjunção dará um resultado falso.

Aí está o tipo de quadro de que se trata. Não tenho que exibir vários dele diante de vocês, pois bastará abrir qualquer volume de lógica moderna para encontrar os diferentes quadros que definem a disjunção ou a implicação, ou ainda a equivalência.

Isto pode nos servir de suporte em nossa busca, mas não passa de suporte e apoio. O que temos que nos perguntar é: é lícito escrever o que manejamos, por assim dizer, pela fala, o que dizemos ao afirmar que existe verdade? Escrevê-lo será de fato o fundamento de nossa manipulação.

A lógica moderna pretende se instituir a partir de, não digo uma convenção, mas uma regra de escrita, a qual se baseia em quê? No fato de que, no momento de constituir o alfabeto de nossos significantes, nós colocamos certo número de regras, denominadas axiomas, relativas à sua manipulação correta. Isto é, de certo modo, uma fala que demos a nós mesmos. Temos o direito de inscrever entre esses significantes o v e o f do verdadeiro e do falso, como algo manuseável logicamente?

Qualquer que seja o caráter introdutório, *premissivo*, desses ditos quadros de verdade nos menores tratados de lógica que podem lhes cair nas mãos, é certo que todo o esforço dos lógicos vai para construir a lógica proposicional sem partir desses quadros, seria necessário inclusive retornar a eles depois de construir de outro modo as regras de dedutibilidade. Mas para nós, aqui, interessa especialmente saber o que quer dizer ter se servido deles na lógica estoica. O *ex falso sequitur quodlibet*, por exemplo, ao qual já aludi, se ele de fato surgiu há muito tempo, nunca foi mais bem articulado, com tamanha força, do que entre os estoicos.

Sobre o verdadeiro e o falso, os estoicos se questionaram por meio da lógica — o que é preciso para que o verdadeiro e o falso tenham uma relação com a lógica? E se tratava, para eles, da lógica no sentido próprio em que a situamos aqui, a saber, quando seu fundamento não deve ser tomado em nenhum outro lugar além da articulação da linguagem, na cadeia significante. É por isto que sua lógica incidia sobre as proposições e não sobre as classes. Para que haja uma lógica das proposições, para que isto possa mesmo operar, como as proposições devem se encadear em relação ao verdadeiro e ao falso?

Ou bem essa lógica não tem nada a ver com o verdadeiro e o falso, ou, se tem, o verdadeiro deve engendrar o verdadeiro. É o que se chama de relação de implicação. Ela não faz intervir nada além de dois tempos proporcionais. A primeira proposição é a *prótase* — para não dizer a *hipótese*, que vai imediatamente despertar em vocês a ideia de que alguém se põe a acreditar em algo, quando não se trata de acreditar, nem de acreditar que é verdadeiro, trata-se de apresentar, conforme indica a palavra *prótase*, e nada além disso. O que se afirma, afirma-se como verdadeiro. A segunda proposição se chama *apódose*. Definimos a implicação como a ligação de uma prótase com uma apódose, tomadas no mesmo parêntese.

Se ambas são verdadeiras, a ligação entre elas também é. Mas isto não quer dizer que basta que essa implicação seja verdadeira. Suponhamos a prótase falsa e a apódose verdadeira. Bem, os estoicos nos dirão que sua ligação é verdadeira porque, precisamente, o falso pode ser implicado tanto pelo verdadeiro quanto pelo falso. Consequentemente, se for o verdadeiro, não há objeção lógica.

Implicação não quer dizer a causa, implicação quer dizer essa ligação em que a prótase e apódose se unem conforme prescreve o quadro de verdade correspondente a essa função lógica. A única implicação errada — pelo menos segundo a doutrina de um sujeito chamado Fílon —, é que a prótase seja verdadeira e a apódose, falsa. O verdadeiro não poderia implicar o falso. É esse o fundamento mais radical de qualquer possibilidade de manejar a cadeia significante em uma certa relação com a verdade.

$$
\begin{array}{c|cc}
{}_q\backslash{}^p & V & F \\
\hline
V & V & V \\
F & F & V
\end{array}
$$

Quadro de verdade da implicação

O que tudo isto quer dizer? Vocês têm aí, conforme eu disse, as condições de existência as mais radicais de uma lógica. E o problema que se nos coloca torna-se absolutamente evidente: é que, para nós, trata-se do que se passa quando nós temos que falar disto que é escrito.

Em outros termos, temos que nos haver com o sujeito da enunciação, quando ele entra em jogo.

Para valorizar isto, basta observar o que se passa quando dizemos: *É verdadeiro que é falso que...* Isto não altera, permanece falso, mas talvez o falso adquira um não sei quê de brilho, de enquadramento, que o transforma em falso radiante, o que, afinal, é insignificante. Dizer *É falso que é verdadeiro que...* tem o mesmo resultado, quero dizer, que estabelecemos o falso, mas será que é totalmente a mesma coisa que no caso anterior? Se somos levados a empregar sobretudo o subjuntivo, *É falso que seja verdadeiro...*, é a indicação de que algo se passa. Dizer *É verdadeiro que é verdadeiro...* também funciona, e nos dá uma verdade assegurada, ainda que tautológica. Mas dizer *É falso que seja verdadeiro...* sem dúvida não assegura uma verdade da mesma ordem. Assim como dizer *Isto não é falso* não é o mesmo que dizer *É verdade*.

Em suma, a dimensão da enunciação recoloca em suspenso algo que apenas demandava funcionar de modo automático no âmbito da escrita. O ponto em que surge o drama, por assim dizer, tem um aspecto escorregadio que é digno de nota. Ele surge muito exatamente da duplicidade do sujeito.

Eu não hesitaria em ilustrar com uma pequena história à qual aludi várias vezes porque ela não foi sem incidência, digamos, na carreira de minha própria historinha. Trata-se dessa espécie de reclamação, e até mesmo exigência, que surgiu um dia da garganta de alguém bastante seduzido pelo que eu trazia como primeiras articulações de meu ensino: *Por que ele não diz a verdade sobre a verdade?* Tocante jaculação lançada ao céu.

Essa urgência, e até mesmo essa inquietude, já teria resposta o suficiente com a única condição de passar para o significante escrito. *A verdade sobre a verdade*, o v sobre o v... quando o significante não poderia significar a si mesmo — a menos que não seja ele que ele signifique, ou seja, se utilizar a metáfora, que substitui o F da verdade por outro significante. Então, nada impede a metáfora de fazer a verdade emergir, mas com o efeito usual das metáforas, ou seja, a criação de um significado falso.

Isto se dá o tempo todo. Em um discurso tão rigoroso como o que estou tentando fazer hoje, ainda pode — em muitos cantos do que é chamado, mais ou menos apropriadamente, de seus miolos — engendrar essas confusões que estão justamente ligadas à produção do significado na metáfora. Decerto não surpreende que me chegue aos ouvidos, pela mesma fonte em que se produziu essa invocação nostálgica, um enunciado recente visando ao que eu ensino de Freud: *Diluição conceitual,* articulou elegantemente essa boca.

Há aí uma certa espécie de confissão, em que se designa precisamente a relação estreita que o objeto parcial mantém com a estrutura do sujeito. A ideia, ou até simplesmente o fato de admitir que é possível comentar um texto de Freud diluindo seus conceitos, evoca de modo imbatível o que não poderia de modo algum satisfazer à função do objeto parcial, na medida em que esse deve poder ser extirpado. O pote de mostarda que defini, na época, como necessariamente vazio — vazio de mostarda, naturalmente — não poderia de modo algum ser preenchido de modo satisfatório com o que a diluição evoca suficientemente, a saber, a merda mole.

É essencial ver a coerência desses objetos primordiais com todo o manejo correto de uma dialética, como se diz, subjetiva.

3

Retomemos agora os primeiros passos que acabamos de dar com relação à implicação.

A questão que surge nessa junção entre a verdade e o manejo do escrito é a de saber o que pode ser escrito e o que não pode.

Esse *não pode*, o que quer dizer? No limite, sua definição permanece inteiramente arbitrária. Na lógica moderna, o único limite colocado ao funcionamento de um alfabeto em certo sistema é o da fala inicial, axiomática. Ali, o *não pode* sem dúvida tem um sentido de interdição. Mas o que se pode escrever? Esse é o problema da negação.

Esse problema deve ser colocado aqui no plano da própria escrita, na medida em que a negação a regula como funcionamento lógico, enquanto o uso da negação necessariamente surge em primeiro lugar nas imagens intuitivas, marcadas pelo primeiro desenho disto que, tomado como um limite, ainda não se sabia ser uma borda. Esse limite é aquele pelo qual a lógica primeira, aquela introduzida por Aristóteles, lógica do predicado, marcava o campo de uma classe caracterizada por um dado predicado — o fora desse campo sendo designado por esse mesmo predicado negado. Não está articulado, no âmbito de Aristóteles, que isto comporta a unidade do universo do discurso.

Para fazer sentir o absurdo dessa abordagem da negação, ocorreu-me escrever, a respeito do inconsciente, algo como: *Existe o negro e depois tudo o que não o é, o inegro*. Isto tem um sentido, é até o fundamento da lógica das classes ou dos predicados.

Não será hoje, mas certamente nas seções que virão tentarei enumerar para vocês de modo completo os níveis lógicos que a própria escrita nos impõe discernir em relação à negação. É por meio de pequenas letras muito claras, fixadas neste quadro-negro, que mostrarei que existem quatro escalas diferentes de negação. A negação clássica, aquela que invoca o princípio de contradição e parece estabelecer-se unicamente nele, é apenas uma entre elas.

Essa distinção técnica, quero dizer, que pode se formular estritamente em lógica formal, é essencial para nos permitir colocar em questão o que Freud diz — e que, desde que ele o disse, é repetido sem que nunca tenha havido o mínimo esboço de exame —, a saber, que o inconsciente não conhece a contradição. É bem triste que tais afirmações, lançadas feito flechas luminosas e capazes de nos pôr na pista de desenvolvimentos os mais radicais, tenham ficado suspensas, inalteradas — a tal ponto que uma senhora habitualmente qualificada por um título que ela de fato possuía, oficialmente, a Princesa, tenha podido repeti-las acreditando que dizia alguma coisa. Esse é precisamente o perigo da lógica: ela só se sustenta onde pode ser manejada no uso da escrita. Mas ninguém pode assegurar que alguém que fale dela diga mesmo alguma coisa. Isto é o que a torna suspeita. É também por essa razão que nos é tão necessário recorrer ao aparelho da escrita.

Contudo, temos também nosso próprio perigo. Devemos nos arriscar no terreno da negação a fim de perceber de que modo ela surge em outros lugares além da articulação escrita. De onde ela vem? Onde poderemos capturá-la? Seremos forçados a escrevê-la unicamente com os instrumentos que já produzi diante de vocês?

A proposição p implica a proposição q — tomemos essa implicação e tentemos ver o que acontece, partindo do q. O que podemos articular acerca da proposição p se a colocamos depois da proposição q? Então devemos escrever o sinal de negação antes do q, ou ao lado, ou acima, em algum lugar ligado a q — p implica que se não q, nada de p.

Isto é apenas um exemplo, porém um dos mais sensíveis, da necessidade do surgimento, no escrito, de uma negação acerca da qual nos enganaríamos ao acreditar que é a mesma que aquela que funcionava há pouco a título complementar, a saber, aquela que colocava a partir de si o universo do discurso como um. As duas coisas combinam tão pouco que basta decretar isto para desarticular uma da outra e fazer com que funcionem diferentemente.

A negação, onde vamos interrogá-la? Não no âmbito do que pode ser escrito, como os lógicos, mas no tempo anterior, ou seja, a partir do ponto em que se ilumina a duplicidade do sujeito da enunciação ao sujeito do enunciado. Essa duplicidade na qual o sujeito se mantém.

Dentre as variedades, portanto, dessa negação, teremos primeiramente aquela que rejeita em toda ordem do discurso aquilo de que fala, na medida em que o discurso a articula. Essa negação, devo destacar, é muito precisamente aquela da qual Freud se utiliza quando articula o primeiro passo da experiência como estruturada pelo princípio do prazer, que se organiza, diz ele, a partir de um eu [*moi*] e de um não-eu [*non-moi*]. Somos tão pouco lógicos, que não percebemos que nesse momento não poderia se tratar de nada que fosse da ordem da complementaridade exigida pelo universo do discurso. Essa leitura é tanto mais errônea porque, no texto de Freud, os estádios do eu e do não-eu de modo algum são definidos como complementares, e sim na base da oposição *Lust-Unlust*, e porque Freud colocou na primeira linha a oposição *Ich-Aussenwelt*, que não é do mesmo registro que a outra.

Se a distinção entre o eu e o não-eu correspondesse à apreensão do mundo em um universo do discurso — que é propriamente o que está implicado quando se considera que o narcisismo primário pode intervir na ciência analítica —, isto significaria que o sujeito infantil, no ponto em que Freud já o designa no primeiro funcionamento do princípio do prazer, seria capaz de fazer lógica. Não é disto que se trata, mas da identificação do eu no que lhe agrada, no *Lust* — o que quer dizer que o eu [*moi*] do sujeito se aliena aqui de modo imaginário, que é do lado de fora que aquilo que dá prazer é isolado como eu [*moi*].

Esse *não* inicial é fundador quanto à estrutura narcísica. Freud dará em seguida a essa noção um desenvolvimento que chegará a ser nada menos que uma espécie de negação do amor. Quando se encontra isso, tal como é feito, formulado claramente em meu discurso, não se dirá que eu digo a verdade sobre a verdade, mas, ainda assim, que digo a verdade sobre o que diz Freud. Que todo amor esteja fundado no narcisismo primário, eis um dos termos a partir dos quais Freud nos solicita saber o que se passa com a pretensa função universal do amor, na medida em que ela vem dar a mão à famosa *intuição do Ser*, denunciada há pouco.

A negação em foco aqui, nós a chamaremos *des*, da palavra desconhecimento. Ela já nos coloca uma questão.

E isto que se distingue do complemento — na medida em que essa palavra designa, no universo do discurso, a contrapartida —, como nomeá-lo? Se quiserem, nós o chamaremos aqui de *contra*, para não dizer *o contrário*, que é perfeitamente diferente disso, e no próprio Freud.

Em seguida vem algo mais manejável do que o é na escrita lógica da implicação, onde vocês o viram se revelar na aparição de negações absolutamente opacas nas suas reviravoltas — podemos chamar de *o não sem*.

A implicação, tal como definida na tradição estoica, não pode ser evitada, quaisquer que sejam os paradoxos que ela comporta. De fato, há algum paradoxo no fato de que quaisquer proposições *p* e *q* colocadas juntas constituam uma implicação. Por exemplo, na lógica estoica essa implicação é verdadeira: *Se a sra. Tal [Untel] tem os cabelos amarelos, a soma dos ângulos de um triângulo equilátero é igual a 90º*. Sem dúvida, há algum paradoxo nesse uso. Mas, ao proceder à inversão, voltando da segunda proposição para a primeira, isola-se a função do *não sem* — isto *não* vai *sem*… A sra. Tal pode ter cabelos amarelos, mas isto não tem ligação necessária com o fato de que o triângulo equilátero tem a propriedade referida. Em contrapartida, é verdade que o fato de ela ter ou não cabelos amarelos *não* vai *sem* coisa que, de todo modo, é verdadeira.

Em torno desse *não sem* que permanece em suspenso delineiam-se o lugar e o modo de surgimento disto que é chamado de causa. Podemos dar um sentido, uma substância ao ser fantasmagórico desse elo que nunca conseguimos exorcizar? Embora, manifestamente, todo o desenvolvimento da ciência tenda sempre a eliminá-lo, e só acaba em perfeição quando nem sequer temos algo a falar a respeito. Essa é a função do *não sem* e o lugar que ele ocupa, que nos permitirão desvendá-lo.

Terminarei com o que será tema de nosso próximo encontro: o que quer dizer o termo *não*?

Quando ele vier a se aplicar aos termos mais radicais em torno dos quais fiz girar para vocês a questão do fato do inconsciente, podemos fazê-lo surgir como forma do complementar? Como forma do *des* do desconhecimento? Em termos de *não sem*? Pode nos ocorrer a ideia de que, quando falamos de não-ser, trata-se de algo que estaria de certo modo ao redor da bolha do ser? Será que o não-ser é todo o espaço no exterior? Será mesmo possível sugerir que é isto que queremos dizer quando falamos, na verdade bem confusamente, sobre esse não-ser?

No caso, eu preferiria intitular isto, isto que o inconsciente coloca em questão, como *o lugar onde [eu] não sou*.

Quanto ao *não pensar*, quem irá dizer o que é aí algo que pode ser apreendido nisto ao redor do qual gira toda a lógica do predicado? A saber, a famosa distinção, que não o é, entre a extensão e a compreensão. Como se a compreensão fosse minimamente antinômica ao registro da extensão, enquanto é claro que tudo o que se caminhou, na lógica, no sentido da compreensão foi sempre e unicamente quando se tomou as coisas pelo ângulo da extensão. Será uma razão para que a negação permaneça ligada à extensão e não seja objeto de um questionamento primordial?

Não existe apenas para nós o *não ser*, já que igualmente a espécie de ser que nos importa em relação ao sujeito está ligada ao pensamento. Então, o que quer dizer *não pensar*? Entendo o que quer dizer isto a ponto de podermos escrevê-lo em nossa lógica?

A questão do *eu não sou* e do *eu não penso*, eis em torno do que girará nossa próxima conversa.

7 de dezembro de 1966

IV

Do Grupo de Klein ao *Cogito*

Diagramas
O penso, logo sou
Não existe voz média em francês
O cogito *é o dejeto*
Transformações do cogito

Enquanto aguardo o giz de que posso precisar e que não tardará a chegar, assim espero, falemos de pequenas novidades.

É uma coisa curiosa o modo como esse livro dos *Escritos* foi acolhido em certa esfera, esta que vocês representam, cada um de vocês, todos vocês. Não me parece alheio ao que nos reúne aqui falar disto.

Por exemplo, é curioso que, em universidades mais afastadas nas quais eu não tinha por que pensar que aquilo que eu me limitava a dizer em meus Seminários teria tantas ressonâncias, pois bem, que esse livro esteja requisitado. Como faço alusão aqui à Bélgica, chamo a atenção para o fato de que esta noite, às 22 horas, a terceira rede da Rádio-Bruxelas transmitirá uma pequena resposta que dei a uma pessoa das mais simpáticas que veio me entrevistar. Informo que o programa será em frequência modulada (FM), de tal modo que só poderão se beneficiar disto na França aqueles que moram perto de Lille, mas já sei que tenho ouvintes em Lille. É claro que há outros países ainda mais afastados onde não é certo que a coisa seja tão bem-sucedida.

Já que é preciso fazer uma transição, partirei de uma pergunta idiota que me foi feita. O que chamo de pergunta idiota não é o que se poderia acreditar, quero dizer, algo que me desagradaria. Adoro as perguntas idiotas. Adoro também as idiotas — e os idiotas também, inclusive, a idiotia não é um privilégio de sexo. Para ser franco, o que chamo de *idiota* é algo que, ocasionalmente, é simplesmente natural e próprio. Um idiotismo é muito rapidamente confundido com a singularidade, quando é algo natural, simples e, para falar a verdade, frequentemente está ligado ao contexto.

A pessoa em questão não tinha aberto o meu livro e me fez a seguinte pergunta: *Qual é a ligação entre os seus escritos?*

Devo dizer que essa pergunta não teria me ocorrido. Devo dizer também que é uma pergunta que não teria me passado pela cabeça que ocorreria a alguém. Mas na verdade é uma pergunta muito interessante, à qual fiz todos os meus esforços para responder, e responder, meu Deus, da forma como me foi feita. Quero dizer que, como ela me foi feita pela primeira vez, foi para mim fonte de uma verdadeira indagação.

Para ser rápido, direi que respondi nos seguintes termos: da maneira como eles podem se apresentar a alguém que vai abri-los, o que me parece estabelecer o laço entre meus escritos, desde "O estádio do espelho…" até as últimas anotações disto que pude inscrever sob a rubrica da "Subversão do sujeito…" — bem, é a identidade do sujeito, mais precisamente essa coisa da ordem disto que se chama de identidade, à qual cada um tem o direito de se referir para aplicar a si mesmo. No fim das contas, seria isso o laço.

Mesmo que não seja absolutamente a mesma coisa, não deixa de ter relação com *o significante não poderia significar a si mesmo* — observação da qual acreditei dever partir ao falar este ano da lógica do fantasma, e que inclusive não tem nada de novo para os que com isto estão familiarizados. Mas, enfim, para dizer as coisas de modo que elas ressoem, o ponto de partida dos meus escritos, que continua a ser um laço entre eles até o final dessa coletânea e que é uma questão profundamente discutida ao longo do livro, se expressa nessa fórmula que vem a todos e que se mantém aí, devo dizer, com uma lamentável certeza: *Eu, eu sou eu* [*Moi, je suis moi*].

Acredito que poucos de vocês não tenham lutado para abalar essa convicção, e mesmo que muitos a tenham riscado de seus papéis, grandes e pequenos, ainda assim ela continua muito perigosa. O caminho por onde se desliza imediatamente e da maneira mais natural é o que eu assinalei novamente este ano: aqueles para quem é tão fortemente estabelecida a certeza de ser eu mesmo não hesitam em julgar tão levianamente o que não é d'eles. Dizer *isto não sou eu* [*ça, c'est pas moi*] não é privilégio dos bebês.

O professor de psicologia não ensina outra coisa na sua teoria da gênese do mundo, na qual se vê o ser *infans*, depois, em seguida, infantil, fazer tudo de maneira uniforme, desde os primeiros passos da experiência, o início entre o eu e o não-eu. Uma vez inserido nesse caminho, a questão não poderia avançar um passo, pois manter como separável a oposição entre o eu e não-eu tendo por único limite uma negação, e com base, suponho, no terceiro excluído, coloca absolutamente fora de campo, fora de jogo, o que no entanto é a única questão importante, que é saber se eu, [eu] sou eu.

Certamente que, só de abrir meu livro, todo leitor estará envolvido nessa ligação, e muito rapidamente — mas nem por isso essa será uma razão para que se restrinja a ela. De fato, o que está enlaçado por essa ligação lhe dá muitas, várias ocasiões de se ocupar de outra coisa, de coisas que precisamente se esclarecem por estarem envolvidas nessa ligação — o que significa que elas deslizam ainda para fora do campo dessa ligação. É desse modo que se pode conseguir conceber que não é no terreno da identificação em si que a questão pode ser realmente resolvida, mas no campo da estrutura.

Aí está para onde se trata justamente de remeter, não só a questão da identificação, mas tudo o que lhe diz respeito, especialmente a questão do inconsciente — que apresenta dificuldades, devo dizer, muito imediatamente evidentes, quanto a saber com o que convém identificá-la.

Se empregamos a referência à estrutura, é porque é preciso partir de algo externo ao que está dado imediatamente, de maneira intuitiva, no campo da identificação. Ou seja, é, por exemplo, a observação de que nenhum significante poderia significar a si mesmo.

1

Uma vez que se trata de estrutura, partirei hoje do motivo pelo qual pedi giz.

A dificuldade que encontro, às vezes, aqui, por um lado tem sua origem na obrigação em que me vejo de fazer longos desvios para lhes explicar alguns elementos que certamente não é culpa minha se não estão ao alcance de vocês, em uma circulação bastante comum para que verdades fundamentais, por assim dizer, sejam consideradas como dadas quando falo com vocês.

Farei o esquema disto que em matemática é chamado de grupo.

Várias vezes fiz alusão ao que significa um grupo, partindo da teoria dos conjuntos, por exemplo, e não vou recomeçar hoje, sobretudo considerando o caminho que temos que percorrer.

Trata-se aqui do grupo de Klein — o mesmo Félix Klein, aquele da garrafa à qual fiz referência. Ele se define por três operações, não mais, que se organizam em uma rede. O que resulta da efetuação de cada uma se define, como vocês verão, por duas séries muito simples de igualdades. Esse grupo, vamos simbolizar da forma seguinte.

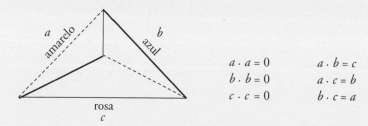

Diagrama do grupo de Klein

Cada traço de cor — rosa, azul, amarelo — corresponde a uma só e mesma operação. Vocês verão que cada uma dessas operações, *a*, *b* e *c*, cuja natureza, por ora, posso deixar em uma completa indeterminação, encontra-se em dois lugares diferentes na rede.

Vamos agora definir cada uma dessas três operações como *involutiva*. De que se trata? O exemplo mais simples desse tipo de operações é a negação. Você começa por negar, por colocar o sinal de negação em alguma coisa, predicado ou proposição, como *não é verdade que...* Em seguida, você refaz uma negação sobre o que acaba de obter. Bem, de onde quer que tenhamos partido, o resultado é zero. É como se não tivéssemos feito nada. Eis o que define uma operação como involutiva.

Notem bem que não se trata do que alguém lhes ensina, que duas negações valem uma afirmação, pois aqui nós não sabemos do que partimos, talvez não tenhamos partido de uma afirmação. Trata-se do fato de que a mesma operação repetida — escrevamos isto como *aa* — tem por resultado zero. Em outras palavras, reencontramos o que tínhamos no início. Outras operações além da negação têm o mesmo funcionamento quanto a esse ponto — a inversão de sinal, por exemplo. Tenho 1 no começo, teria em seguida –1 e enfim, fazendo funcionar o *menos* sobre o *menos*, eu teria novamente o 1 do início.

Escrevo então que nossas três operações são involutivas:

$$aa = 0$$
$$bb = 0$$
$$cc = 0$$

Isso não basta para definir o grupo de Klein. É preciso ainda acrescentar que a efetuação sucessiva de duas operações distintas dá o mesmo resultado que a efetuação simples da terceira. Basta considerar esse diagrama: passar de uma aresta amarela para uma aresta azul os leva ao mesmo ponto que se percorrerem uma aresta rosa. Escrevo então:

$$ab = c$$
$$ac = b$$
$$cb = a$$

Conforme algumas exigências intuitivas, que podem ser as de vocês — que adorariam, sem dúvida, ter aí um pouco mais para saborear —, chamo a atenção para algo que, ali, esta semana, está realmente ao alcance de todos, em todas as bancas: o número, inclusive bastante delgado, de uma revista — vocês sabem o que penso das revistas, não vou me entregar hoje à repetição de alguns jogos de palavras que me são habituais —, uma revista na qual não há grande coisa, mas que tem um artigo sobre a estrutura em matemática, que poderia ser mais extenso, evidentemente, mas que, na curta superfície que o autor escolheu (justificadamente, já que se trata justo do grupo de Klein) mastiga as coisas para vocês com, devo dizer, um cuidado extremo, procedendo, pode-se dizer, passo a passo, em 24 páginas, acho — de tal modo que isto constitui, apesar de tudo, pelo menos para aqueles que apreciam as abundâncias, um exercício muito útil e suscetível de lhes aliviar, em relação a esse grupo de Klein que escolhi lhes apresentar primeiramente, porque ele vai nos prestar alguns serviços — pelo menos é o que espero.

Recomecemos pela estrutura. Se vocês quiserem se lembrar de alguns dos passos que acabo de dar, poderia lhes ocorrer que um grupo assim estruturado pode se contentar em funcionar com quatro elementos, os quais são representados aqui no diagrama que o sustenta pelos pontos do topo em que se encontram os vértices da figura que lhes desenhei.

Observem que esta não tem nenhuma diferença com relação àquela que traço aqui rapidamente com giz branco.

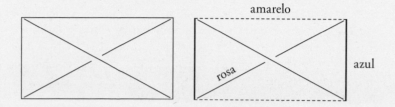

Essa segunda figura apresenta quatro vértices, cada um com a propriedade de estar ligado a três outros. Pelo ponto de vista da estrutura, é a mesma. Bastará colorir dois a dois os traços que ligam os vértices para que vocês percebam que é exatamente a mesma estrutura. Equivale a dizer que o ponto mediano da figura não tem nenhum privilégio, conforme o diagrama anterior tem a vantagem de marcar.

Esse diagrama tem também a vantagem de mostrar que o grupo de Klein é uma estrutura que a noção de relação proporcional, entre outras, pode eventualmente recobrir. Quero dizer que a proporção é apenas uma das estruturas que funcionam segundo a lei do grupo de Klein, uma vez que várias dessas estruturas não têm nada a ver com a proporção. É isto que nos motiva agora a colocar em jogo a função da metáfora, tal como já a representei por uma estrutura, não proporcional, com quatro termos.

$$\frac{S \text{ (significante)}}{S' \text{ (significante)}} \times \frac{S'}{S \text{ (efeito de significado)}} \longrightarrow S\frac{1}{(s)}$$

A estrutura da metáfora

S, no alto à esquerda, é um significante em posição metafórica, ou de substituição, em relação a outro significante. Ele vem então substituir S', assim colocado abaixo dele. Na medida em que o laço de S' com S permanece passível de ser revelado, disso resulta que algo se produz; algo que é a emergência de uma nova significação, em outras palavras, um efeito de significado. Dois significantes estão em jogo, S e S'. Há duas posições de S. E há um quarto elemento, um elemento heterogêneo, *s*, efeito de significado. O resultado da metáfora eu escrevo com S, que veio substituir o S' como fator de 1 sobre *s*, entre parênteses, que chamo de efeito metafórico de significação.

A essa estrutura, como vocês sabem, eu dou uma grande importância. Ela é fundamental para explicar a estrutura do inconsciente, na medida em que o recalque é, na origem, um efeito de substituição significante. É o meu modo particular de apresentar o momento que considero como o primeiro disto que é o recalque — entendendo-se que se trata aí de uma origem lógica e não de outra coisa.

Em francês, as inclinações da língua, pode-se dizer, nos permitem expressar de modo muito vivo o efeito produzido por uma substituição, ao dizer que o substituto tem como efeito *sub-situar* [*sub-situer*]* o que ele substitui. Pois, contrariamente ao que se acredita, ao que se imagina, ao que até se doutrina — muito erroneamente, no caso —, o que é substituído não é apagado, mas simplesmente deslocado para baixo. Parece-me particularmente prático hoje traduzir o *Unterdrückt* de Freud como *sub-situado.*

Nessa teoria, o que é o recalcado? Bem, por mais paradoxal que pareça, o recalcado só se fundamenta, só se escreve, no âmbito de seu retorno. Ao nos referirmos à fórmula da metáfora, é na medida em que o significante S' extraído, substituído, vem à cadeia vinculado ao seu substituto, S, que tocamos com a ponta do dedo o recalcado, em outras palavras o representante da representação primeira, na medida em que ela está ligada ao fato, lógico, do recalcado.

Imediatamente percebemos — não é mesmo? — que isto não deixa de ter relação com a fórmula que diz que *o significante é o que representa um sujeito para outro significante*. Não é idêntico, mas paralelo. E é exatamente isto que nos incita a reconhecer na metáfora o funcionamento do inconsciente. O S, significante que ressurge para permitir o retorno do S' recalcado, encontra-se em posição de representar o sujeito — o sujeito do inconsciente — no âmbito de outra coisa cujo efeito devemos determinar como efeito

---

* *Sub-situer* é homófono de *substituer*, substituir, e evidencia, nesse jogo de palavras, que se trata de um significante que é situado no lugar de outro, além de indicar "situar abaixo da barra" o significante recalcado, substituído. (N. T.)

de significação, ou seja, o sintoma, que é com o que temos de nos haver como analistas.

É nisto que nossa fórmula de quatro termos é a célula, o núcleo em que nos aparece que a dificuldade intrínseca que nosso esforço encontra de estabelecer uma lógica primordial do sujeito está ligada à existência do recalque. Isto vem ao encontro do que se evidenciou em outras disciplinas que alcançaram um ponto de rigor muito superior à nossa, particularmente a lógica matemática, a saber, que já não é sustentável considerar que exista um universo do discurso.

Essa falha no universo do discurso, nada implica que o grupo de Klein a contenha. Mas nada implica também que não esteja ali. De fato, se ela se manifestou em alguns pontos de paradoxos que nem sempre são tão paradoxais assim — como eu disse, o paradoxo de Russell não é um deles —, o específico dessa falha é que o universo do discurso não se fecha.

Portanto, nada diz previamente que uma estrutura tão fundamental na ordem das referências estruturantes como é o grupo de Klein não possa oferecer seu suporte à nossa exigência de dar ao inconsciente o seu estatuto estrutural, e precisamente na sua relação com o *cogito* cartesiano — evidentemente, com a condição de captar de modo apropriado as nossas operações.

2

Nem é preciso dizer que não escolhi por acaso o *cogito* cartesiano.

Se o fiz, foi porque ele se apresenta como uma aporia, uma contradição radical ao estatuto do inconsciente, e porque exaustivos debates giraram em torno do estatuto pretensamente fundamental da consciência de si. E se acontecesse de, no final das contas, esse *cogito* ser o melhor avesso que se possa encontrar, sob certo ponto de vista, para o estatuto do inconsciente? Haveria aí, talvez, algum ganho.

Já podemos presumir que isto não é inverossímil, uma vez que já lhes indiquei no passado que nenhuma descoberta disto que se passa no inconsciente poderia sequer ser concebida antes da promoção inaugural do sujeito do *cogito*, na medida em que esta é coextensiva ao advento da ciência, que constitui uma era estruturante para o pensamento, e fora da qual não poderia haver psicanálise. Foi inclusive nesse ponto que terminamos, há dois anos.

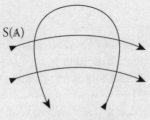

Grafo simplificado

A maioria de vocês conhece esse grafo, ao qual agora podem se reportar em meu livro, especialmente como ele está desenvolvido no artigo intitulado "Subversão do sujeito e dialética do desejo...". O que significa o sinal que se encontra na altura da cadeia superior, à esquerda? Encontramos ali a marca ou o índice S (A̶). Há anos ele existe, não fiz muitos comentários sobre isso, pelo menos não o suficiente para que não precise hoje fazer a observação de que se trata aqui do S do significante, na medida em que ele seria o equivalente da presença disto que chamei de *Um Demais* [*un en trop*], que é também o que falta na cadeia significante, na medida em que não existe universo do discurso.

Esse *Um Demais*, que é ao mesmo tempo o significante da falta no plano do significante, eis que ele deve ser mantido como essencial e preservado na função da estrutura — na medida em que seguimos o rastro ao qual eu mais ou menos os conduzi até agora, já que vocês estão aí, a saber, que o inconsciente é estruturado como uma linguagem.

Há uma historinha que alguém me relatou e de cuja exatidão não vejo por que duvidar. Em certo lugar, parece, alguém que não me desagradaria que um dia viesse se apresentar aqui começou um de seus cursos sobre o inconsciente dizendo: *Se há aqui alguém para quem o inconsciente é estruturado como uma linguagem, pode sair imediatamente.*

Como podemos descansar um pouquinho, vou também lhes contar como as coisas são comentadas pelos bebês, porque, desde o lançamento do meu livro, até os bebês o leem. Alguém me relatou uma que não posso deixar de lhes contar. As pessoas discutem um pouco sobre uma coisa e outra, e sobre os que não estão de acordo, e há um que diz o seguinte, que eu não teria inventado: *Aqui, como alhures, há os affreuds.**

Notem que isto não está fora do lugar. Pouco antes da transmissão de uma entrevista minha na rádio, fui pego de surpresa pela voz de um psicanalista anônimo — de modo que não vou perturbar ninguém citando seu nome — a quem haviam perguntado se era preciso ler Freud. *Ler Freud?*, respondeu esse psicanalista apresentado como figura eminente, *Ler Freud? Que nada! Nenhuma necessidade, apenas a técnica, a técnica. Não é preciso se preocupar com Freud.* De modo que não tive realmente muito trabalho para demonstrar que há lugares em que, *affreuds* ou não, pouco se importam com Freud.

Vamos voltar. Qual é o nosso fio condutor neste começo de ano?

É o tratamento, por meio da escrita, da linguagem e da ordem que ela nos propõe como estrutura — disso resulta a demonstração, no plano escrito, da não-existência desse universo do discurso, do qual o necessário *Um Demais* da cadeia significante, como escrita, é para nós o substituto.

Com a lógica moderna, a lógica tomou, de fato, o caminho de tratar os problemas lógicos purificando-os, ao máximo, do elemento intuitivo que havia tornado tão satisfatória durante séculos a lógica de Aristóteles, que retinha uma grande parte desse elemento intuitivo. Isto a tornava mesmo tão sedutora que o próprio Kant, que certamente não era um idiota, considerava que não havia nada a acrescentar a ela — ao passo que bastou se passarem alguns anos para repentinamente vermos os problemas da lógica rotacionarem, mudarem de sentido na estrutura, serem transformados, colocados de maneira completamente diferente. E isto se passou desde que alguém se pôs a tratar esses problemas, ou mesmo apenas foi tentado a tratá-los, pelo uso da escrita, tal como ela já havia se espalhado e nos havia submetido as fórmulas por meio da álgebra. Isto teve como efeito dar à lógica todo o seu valor, alcançando o que nela é *pura estrutura*, o que significa efeito de linguagem.

E o que significa esse S com o Ⱥ entre parênteses senão que se trata, no âmbito em que estamos, da designação, por um significante, disto que está em jogo no *Um Demais*?

Uma objeção pode lhes ocorrer, assim como ela vem muito naturalmente à boca de uma pessoa ingênua que vocês começam a dou-

---

* Lacan faz aqui um trocadilho entre *affreux* (horríveis, terríveis, apavorantes) e *a-freud*. (N. T.)

trinar sobre a identificação — já que, claro, estamos sempre nesse fio, nesse recorte. Eu, [eu] não sou eu, vocês lhe dizem. E a pessoa responde — *Então, quem é eu?* Invencível renascimento da miragem da identidade do sujeito, pode-se dizer. Da mesma forma, vocês me dirão — ou melhor, espero que se abstenham de dizer — *Mas então será que ao fazer funcionar o significante do "Um Demais" nós não operamos como se o obstáculo fosse, por assim dizer, vencível? Na verdade, deixamos circular na cadeia o que não pode entrar nela, ou seja, o catálogo de todos os catálogos que não contêm a si mesmos, mas impresso no catálogo e, consequentemente, desvalorizado.* Não é disto que se trata.

Tomemos por exemplo uma cadeia significante feita da série de todas as letras que existem em francês. Para que qualquer uma dessas letras possa tomar o lugar de todas as outras, é preciso a cada instante que ela seja barrada da série, que uma barra giratória atinja virtualmente cada uma das letras. Aí está como inserimos a função do *Um Demais* na cadeia, entre os significantes.

Objeção — *Mas esse Um Demais, o senhor o evoca assim, colocando-o sob a forma do significante S, fora do parêntese em que, na série A de todos os significantes, funciona a barra, sempre prestes a suspender o uso de todo significante quando se trataria de ele significar a si mesmo.* Respondo a isto dizendo que a indicação significante da função do *Um Demais* como tal é possível — que não só ela é possível, mas que evidencia que uma intervenção direta no sujeito é possível, pois, na medida em que o significante é o que representa um sujeito para outro significante, tudo o que faremos de semelhante a esse S (A̶) não responde a nada menos que à função da interpretação.

Conforme o sistema da metáfora, a interpretação funciona pela intervenção, na cadeia, do significante que lhe é imanente como *um a mais* [*un en plus*] — o *um a mais* suscetível de produzir aí um efeito de metáfora. Mas, aqui, esse efeito de metáfora será o que, precisamente? A interpretação opera por um efeito de significado, como parece indicar nossa fórmula da metáfora? A fórmula indica seguramente que é por um efeito de significação, mas ele deve ser especificado no âmbito de sua estrutura lógica, no sentido técnico do termo.

Da mesma forma isto é apenas um marco na estrada. Será a sequência do discurso que mantenho para vocês que esclarecerá as razões pelas quais esse efeito de significação se especifica e delimita a interpretação, como um efeito de verdade.

Depois disso abro um parêntese para lhes dar todos os motivos que me permitem precisar assim o efeito da interpretação. Essas coisas que introduzirei como puder, uma por vez, como se conduz um rebanho de ovelhas.

Entendam bem que digo *efeito de verdade* e que isto não poderia de modo algum ser um pressuposto [*préjugé*] da verdade da interpretação. O índice verdadeiro ou falso pode ou não ser atribuído ao significante da própria interpretação? Nada aqui permite dizê-lo.

Esse significante era, como tal, apenas um significante *a mais*, até mesmo *demais*, significante de alguma falta, como falta ao universo do discurso, até que ele venha a produzir um efeito de verdade. O que eu digo é apenas isto, nada mais.

Da última vez fiz uma observação sobre a implicação como implicação material, ou seja, na medida em que existe na cadeia significante algo que chamamos de *consequência*, o que não quer dizer nada além de uma relação de antecedente a consequente, de prótase a apódase. Apenas destaco que não há nenhum obstáculo a que uma premissa seja falsa, desde que a conclusão seja verdadeira. Sua conexão é marcada pelo índice de verdade.

Portanto, façam uma pausa em seu pensamento em relação ao que chamei de efeito de verdade, até que saibamos um pouco mais sobre a função da interpretação.

Seremos agora levados a produzir o que diz respeito ao *cogito*.

3

O *cogito* cartesiano não é tão simples, pois mesmo entre as pessoas que dedicam sua vida à obra de Descartes permanecem muitas divergências com relação ao modo de interpretá-lo, de comentá-lo.

Eu, que não sou especialista, vou me intrometer nesse debate? Claro, afinal de contas tenho tanto direito a isto como todo mundo. Quero dizer que o *Discurso do método* ou as *Meditações* foram dirigidas a mim tanto quanto a todos os outros destinatários.

Posso me perguntar, por exemplo, sobre a função do *ergo*, no *Cogito ergo sum*.

Como qualquer outra pessoa, posso destacar que, na tradução latina que Descartes dá do *Discurso do método*, em 1644, que nessa tradução latina o *Penso, logo sou* traduz-se por, se minhas anotações estão corretas, *Ergo sum, sive existo.*

Por outro lado, na segunda *Meditação*, ele formula *Ergo sum, ergo existo.* É inclusive no mesmo texto que, tomado por algum entusiasmo, ele compara o *cogito* ao ponto de Arquimedes, esse ponto acerca do qual se pode esperar tanto, diz ele: *Se não toquei, não inventei (invenero) senão este (minimum), que inclui algo de certo e inabalável (certum et inconcussum).* Nesse mesmo texto ele formula (essa fórmula que não é absolutamente idêntica): *Ergo sum, ego existo.*

Enfim, nos *Princípios da busca da verdade pela luz natural*, é *Dubito ergo sum*. Essa formulação tem para o psicanalista uma ressonância absolutamente diferente, mas não me envolverei hoje nesse terreno, que é escorregadio demais, dados os costumes atuais, que permitem aplicar ao sr. Robbe-Grillet as grelhas [*grilles*] da neurose obsessiva. Há aqui, para os psicanalistas, um risco muito grande de tropeço, até mesmo de ridículo, para que eu siga adiante nessa direção.

Após esta breve recolocação, quero destacar que o que está em questão nos oferece uma certa escolha, e que, no momento, faço a opção de não decidir aqui a respeito de tudo o que o lógico pode levantar de questões em torno da implicação do que se trata no *Cogito ergo sum*.

Se for apenas uma implicação material, vejam ao que isto nos conduz. Significaria que a relação de implicação entre as duas proposições só poderia ser rejeitada no caso em que a segunda proposição, *Eu sou*, fosse falsa. Em outras palavras, o importante é saber se *Eu sou* é verdadeiro, pois não haverá nenhum inconveniente no fato de que o *Eu penso* o seja — isto para que a fórmula seja aceitável como implicação. E por que não? *Eu penso*, sou eu quem diz. Afinal de contas, pode acontecer de eu acreditar que penso e não pensar — isto acontece diariamente, e com muita gente. A implicação pura e simples que se chama de implicação material exige apenas uma coisa: que a conclusão seja verdadeira.

Em outras palavras, a partir do momento em que faz referência às funções de verdade e que se estabelece com elas um quadro em certo número de matrizes, a lógica, para manter a coerência consigo mesma, só pode definir operações como implicação se as admitir como funções que seriam mais bem nomeadas como *consequências*. Tal como entendo aqui, a palavra vem da cadeia significante e nela indica a amplitude do campo em que nós podemos situar a conotação de verdade. Desse modo, na implicação trata-se de que possamos colocar essa conotação de verdade na relação que vai de um falso a um verdadeiro, e não no sentido oposto.

Quem não vê que isto nos deixa longe do que há a dizer do *cogito* cartesiano como tal, na sua própria ordem?

Certamente, tomado em sua própria ordem, o *cogito* diz respeito à constituição do sujeito como tal, o que complica a questão da escrita como reguladora do funcionamento da operação lógica. Devemos então supor que essa escrita nada mais faz aqui do que representar um funcionamento mais primordial, que a ultrapassa. Mas, precisamente nesse contexto, esse funcionamento merece ser escrito por nós, colocado em termos de escrita.

É desse funcionamento que depende o verdadeiro estatuto do sujeito, e não de sua intuição de ser aquele que pensa. O que justifica essa intuição, senão algo que nesse momento está absolutamente escondido dele? Ou seja, é o que ele quer, quando busca a certeza de seu ser no terreno da evacuação progressiva de todo saber, da limpeza de tudo o que é colocado ao seu alcance com relação à função do saber.

E depois, afinal de contas, o que é esse *cogito*? A palavra é feita de *ago* e *cogo*. *Ago*, eu empurro — como há pouco eu empurrava minhas ovelhas, o que faz parte do meu trabalho quando estou aqui, não é necessariamente a mesma coisa quando estou sozinho, nem quando estou em minha poltrona de analista. *Cogo*, empurro junto. *Cogito*, tudo isso, isso remexe. No fim das contas, se não houvesse o desejo de Descartes que orienta de modo tão decisivo essa cogitação, nós poderíamos traduzir *cogito* por *remexo*. É isto que se faz, afinal de contas, por todo lado onde isso cogita.

Por que *cogito* e não *puto*, que tem também o seu sentido em latim? Isto até quer dizer *podar*, o que para nós analistas tem ressonanciazinhas. *Puto ergo sum* teria talvez outro nervo, outro estilo, e outras consequências, não se sabe. Se ele tivesse realmente começado por podar, teria talvez acabado por podar Deus. Ao passo que com o *cogito* é outra coisa.

E então, *cogito*, está escrito, primeiro. Se percebemos que a fórmula pode ser escrita *Cogito: "ergo sum"*, é aí que podemos retomar a intuição e fazer compreender que algum conteúdo, esse líquido que preenche, deriva disso propriamente, de estrutura, do aparelho da linguagem.

Talvez — *talvez*, porque começo apenas a trazer isso, e terei que retomar depois —, talvez seja preciso, a esse respeito, não esquecer algumas funções, que são aquelas em que o sujeito não se encontra apenas em posição de ser-agente, mas na posição de sujeito, na medida em que o sujeito é, mais do que interessado, fundamentalmente determinado pelo ato de que se trata. As línguas antigas tinham um registro próprio para dizer isto, a voz média, que aqueles que têm o vocabulário que convém chamam de *diátese* média. É assim que, em latim, *falar* se diz *loquor*, na voz média. Isto reflete bem que, o sujeito como ser falante, é a linguagem que determina a sua constituição.

Não é de ontem que tento explicar essas coisas àqueles que vêm me ouvir, quaisquer que sejam as preocupações que os tornam mais ou menos surdos. Que se lembrem do tempo em que eu lhes explicava a diferença entre *Eu sou aquele que te seguirei* e *Eu sou aquele que te seguirá*. Não têm o mesmo sentido. Se existem esses dois modos de dizer, que se reconhecem pela diferença da pessoa do verbo depois da opacidade do relativo e do *aquele*, que designa o sujeito, é porque não existe voz média em francês. Por isso, *seguir* não pode ser dito *sequor*, como em latim. Aí vemos que, pelo simples fato de seguir, não se é o mesmo que se não tivesse seguido.

Não são coisas complicadas. São coisas que merecem interessar um pensamento que seria um, um verdadeiro pensamento de verdade. Isso, como se diria em latim pela voz média? O melhor seria encontrar um verbo que só exista na voz média, como os dois que acabo de citar, que fazem parte do que se chama de *media tantum*. É uma charada. Quem levanta a mão para propor alguma coisa?

Ninguém. Lamento isso. Vou lhes dizer o que encontrei, pois seria talvez um pouco precipitado contar isso a vocês agora.

Talvez eu seja levado a lhes dizer isso por ocasião do que faz o psicanalista quando interpreta, mas precisamos avançar mais, como estamos fazendo, passo a passo.

Ainda assim, para lhes dar uma pequena indicação sobre essa voz média, e para que não pensem que tudo isso vem unicamente de mim, remeto-os ao artigo de Benveniste sobre a voz ativa e a voz média, que felizmente todos nós lemos há muito tempo no *Journal de Psychologie* e que é retomado na recente coletânea que ele fez, também ele.

Ali ele explica uma coisa que, talvez, pensando nisso agora, pode nos abrir um pouco as ideias. Parece que em sânscrito se diz *Eu sacrifico* de duas formas. Emprega-se o verbo na voz ativa quando o sacerdote realiza o sacrifício a Brahma, ou a qualquer coisa que vocês queiram, para um cliente. Ele lhe diz *Venham, é preciso fazer um sacrifício ao deus*, e o camarada responde *Muito bem, muito bem*, e ele lhe entrega a sua coisa e pronto, um sacrifício. Mas, uma nuance, usa-se a voz média quando o sacerdote oficia em nome próprio. Isto não só faz intervir a falha entre o sujeito da enunciação e o sujeito do enunciado, que seria preciso colocar em algum lugar. Isto vai imediatamente para *loquor*. Aí, é um pouco mais complicado, porque há também o Outro, que é pego em uma emboscada. Aparentemente não é a mesma coisa pegar o Outro em uma emboscada em seu próprio nome ou para o cliente que precisa entregar um trabalho à divindade e vai buscar o técnico.

Agora, uma charada. Sinto que vou de enigma em enigma. Na relação chamada de situação analítica, quem oficia, e para quem? Pode-se perguntar — onde estão os equivalentes? Só proponho isso para lhes mostrar que há um declínio da fala no interior da técnica analítica. Quero dizer que um artifício técnico ali submete a fala exclusivamente às leis da consequência. Não confiamos em nada mais, isto deve ser encadeado. Apenas isto não é lá muito natural. Sabemos, por experiência, que as pessoas não aprendem essa profissão assim de cara, ou então é preciso realmente que elas tenham mesmo ganas de oficiar isto. Isto se assemelha muito a um serviço que lhe pedem para fazer, como deve fazer o bravo brâmane, brahmin, quando tem um pouco de trabalho e recita suas pequenas preces pensando em outra coisa.

Cogito ergo sum — o que é que *soma* nesse *sum*? Não se trata, evidentemente, de reduzir o passo cartesiano — vocês sabem que já lhe dou o devido lugar sob o ponto de vista histórico — trata-se de utilizá-lo e de que esse uso continue a ser pertinente. Se o que eu disse for verdade, foi a partir do momento do *cogito* que se começou a tratar o pensamento como lixo. Ele era alguma coisa, tinha seu passado, seus títulos de nobreza. Antes, ninguém nunca imaginou fazer a relação com o mundo girar em torno do Eu, [eu] sou eu. A oposição do eu e do não-eu, aí está algo que não tinha vindo à mente de ninguém. É o resgate, o preço que se paga pelo quê? — talvez por ter jogado o pensamento na lixeira. O *cogito*, afinal de contas, no próprio Descartes, é o dejeto — já que, efetivamente, ele joga no cesto tudo o que examinou em seu *cogito*.

Penso que aqueles que me acompanham veem um pouco o interesse que isto pode ter e a relação disso tudo com o que estou tentando trazer este ano.

A formulação escrita da nova lógica permitiu enunciar certo número de coisas que até então não tinham aparecido com evidência — por exemplo o que se passa se vocês quiserem negar juntos *A e B*. Isto se escreve assim, embaixo da barra que por convenção representa a negação.

$$\overline{A \cap B}$$

A vantagem desses procedimentos escritos é bastante conhecida, é preciso que funcione como molinete, não é preciso refletir. Portanto, o que acontece é o seguinte — *não A ou não B*. Escrevemos isso assim:

$$\overline{A \cap B} = \overline{A} \cup \overline{B}$$

Procurem em De Morgan, que encontrou a coisa, ou em Boole, que a reencontrou, a que isto corresponde.

Bom, mesmo assim, para meu grande pesar, vou representar isto em imagem [*imager*] para vocês, pois sei que há pessoas que ficariam irritadas se eu não o fizesse. Mas lamento isto, porque essas pessoas vão ficar satisfeitas e acreditar que entenderam alguma coisa. É, inclusive, para isto que vou lhes mostrar. Mas nesse momento elas estarão definitivamente enfiadas no erro.

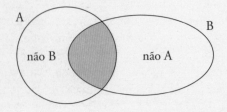

Aí estão dois conjuntos, A e B. Como vocês veem, eles têm uma área em comum, que representa o que escrevemos A ∩ B. O que designamos ao negar isto — o que se chama de *diferença simétrica* — são as duas outras áreas, indiferentemente, que estão excluídas da parte hachurada, a saber — ou não-A, ou não-B. Esse *ou um, ou outro*, é chamado de *complementar de* A ∩ B. Esta é a interpretação, no plano dos conjuntos, da função da negação.

Para fins de retomada na próxima vez, pois já são duas horas, anuncio que teremos de construir um aparelho que seja a melhor tradução que pudermos dar ao nosso uso do *cogito* cartesiano, a fim de que ele possa servir de ponto de cristalização no sujeito do inconsciente.

Isto nos conduzirá a examinar todas as maneiras de operar no *Penso, logo sou*, diferentes transformações dessa fórmula. Em primeiro lugar, a contestação da implicação — *Penso e não sou*. Outra transformação é também possível, e vocês verão seu interesse ardente quando eu disser que é a posição aristotélica: *Ou não penso, ou sou*. A quarta é sustentada muito exatamente por isto que está no quadro, pois fiz disto o meu ponto de partida hoje para que vocês retenham alguma coisa: *Ou não penso, ou não sou* — que é o inverso do *cogito*.

Esse inverso — obtido ao fazer funcionar a negação sobre o conjunto da fórmula, *Cogito ergo sum* — teremos de interrogá-lo de maneira a descobrir o sentido do *vel* que o une e o alcance exato que a negação pode assumir aqui. Isto, a fim de compreender aquilo de que se trata no sujeito do inconsciente.

É isto que farei então no dia 21 de dezembro e que fechará este ano, assim espero, se eu aguentar até lá, o que nos dará o exato ponto de partida para a sequência que teremos que percorrer a título da lógica do fantasma.

14 de dezembro de 1966

V

INTERLÚDIO

Ou não penso, ou não sou
A resistência dos psicanalistas
O Wo Es war

Penso ter lhes dado da última vez a prova de que posso suportar bem pequenas provações, a lamparina que se acende e se apaga. Antigamente, nas histórias de bichos-papões, explicava-se por que pessoas eram levadas para certos cantos, para sua autocrítica. As lamparinas serviam para isso. Enfim, era menos desagradável para mim do que para vocês, devo dizer, pois eu as tinha acima de mim, e vocês nos olhos.

Vocês puderam constatar que não são pequenos inconvenientes desse tipo que são capazes de influenciar o meu discurso.

É exatamente por isso que espero que vocês não tentarão fazer nenhuma piadinha de mau gosto sobre se hoje não seria período de festas, apesar de ser época. Aviso-lhes de cara — não farei o Seminário que havia preparado para vocês. Peço desculpas àqueles que, talvez, tenham adiado alguns de seus projetos de férias para se beneficiar dele. Pelo menos ninguém se terá incomodado absolutamente em vão, uma vez que, espero eu, cada um de vocês tem o pequeno exemplar da minha contribuição ao Colóquio de Bonneval, com o qual lhes rendo homenagem como presente de fim de ano.

Chegamos ao momento em que vou compartilhar com vocês, acerca do inconsciente, fórmulas que considero decisivas, fórmulas lógicas que da última vez vocês viram aparecer no quadro-negro, inscritas na fórmula: *ou não penso, ou não sou*, com a ressalva de que este *ou* não é nem um *vel* — o *ou* da reunião, um ou outro, ou ambos —,

INTERLÚDIO

nem um *out* — pelo menos um, mas não mais, é preciso escolher. Não se trata nem de um nem de outro, e isto será para mim a ocasião de introduzir, espero que de um modo que será recebido no cálculo lógico, uma outra função, que poderia ser chamada por um termo novo, ainda que haja um do qual me servi e que poderia ter outras aplicações. Ele pode produzir ambiguidade, mas não importa, farei a aproximação — não se trata de nada além disto que lhes indiquei com o termo "alienação". Que importa? Chamemos essa operação de Ω, ômega. Na tabela verdade, ela corresponde a isto: se são verdadeiras ambas as proposições sobre as quais ela opera, o resultado da operação é falso. Vocês consultarão as tabelas verdade e verão que, das que estão em uso — conjunção, disjunção, implicação —, nenhuma preenche essa condição. Quando digo que a operação de conjunção do verdadeiro com o verdadeiro tem como decorrência o falso, quero dizer que qualquer outra conjunção é verdadeira: a do falso com o falso, do falso com o verdadeiro e do verdadeiro com o falso.

A relação disto com o que é da natureza do inconsciente, é isto que espero poder articular diante de vocês no dia 11 de janeiro, quando nos reencontraremos.

Considerem que, se não o faço hoje, imagino que confiam em mim, não é porque minha formulação não esteja pronta, nem aquilo ao que eu poderia hoje limitá-la.

Contudo, tenho efetivamente um certo receio de apresentá-la a vocês em toda a sua profundidade, em um dia em que estou em certo incômodo. É que passei as últimas horas a me perguntar sobre nada menos que a oportunidade ou não da continuação disto em que estamos todos juntos por ora e que é chamado de meu Seminário. Se me faço essa pergunta, é porque vale a pena fazê-la, em razão de um pequeno livro que lhes enviei, que me parece merecer a sua atenção logo antes de eu trazer uma fórmula lógica que permite garantir de modo seguro e certeiro o que está envolvido na reação do sujeito tomado nessa realidade do inconsciente. Não por acaso esse livro lhes mostra o que está em jogo nas dificuldades dessa permanência para aqueles que têm a práxis e a função de estar aí. Talvez seja por falta de mensurar a relação entre esse *estar aí* com um certo *não estar aí* necessário.

Esse livro lhes transmitirá algo do que foi um encontro sobre esse tema do inconsciente. Dois de meus alunos mais próximos participaram dele e ali tiveram uma acolhida importante, além de alguns outros. Todos estavam lá, até os marxistas do CNRS. Vocês verão na primeira página, em caracteres minúsculos, certa manifestação bastante singular. Qualquer um aqui que seja analista reconhecerá ali algo a que Freud alude em um ponto das "Cinco lições…" — deixo a vocês a tarefa de encontrar, isto lhes permitirá folheá-lo um pouco. Trata-se disto que Freud e a polícia, em uníssono, chamam de presente, ou cartão de visita. Se acontecer de seu apartamento receber uma visita algum dia na sua ausência, vocês poderão constatar que o rastro que o visitante pode deixar é um "presentinho" [*une petite merde*].

Estamos aí no plano do objeto *a*. Nenhuma surpresa no fato de que essas coisas se produzem nas relações com sujeitos que vocês rastreiam por meio de seus discursos a respeito dos caminhos do inconsciente. Na verdade, existem grandes e fortes desculpas para a carência que os psicanalistas de hoje demonstram, em termos de se manter à altura teórica que sua práxis exige. Basta ver o lugar que dão à função das resistências. O importante é que, no dia em que eu tentar transmitir minhas fórmulas na sua essencial e verdadeira instância, vocês vejam a urgência que está ligada à resistência e que não poderia se limitar ao não-psicanalisado.

O esquema que tentarei lhes transmitir acerca da relação, não do não-pensado e do não-ser — não pensem que enveredo por um terreno da mística —, mas do *eu penso* e do *eu não sou*, lhes permitirá pela primeira vez, e de um modo substancial, marcar não só a diferença, o não recobrimento entre o que se chama resistência e o que se chama defesa, mas marcar até mesmo, de uma forma essencial, ainda que inédita, o que diz respeito à defesa, que é propriamente o que circunscreve, o que preserva exatamente o *eu não sou*. É por não saber que tudo está deslocado, fora do convencional pela perspectiva em que cada um fantasia o que pode ser a realidade do inconsciente.

Esse algo que nos falta constitui o escabroso disto com que somos confrontados, e não por alguma contingência, qual seja, essa nova conjunção entre o ser e o saber. Essa abordagem diferente do termo "verdade" faz da descoberta de Freud algo que não é de modo algum criticável por meio de uma redução a qualquer ideologia que seja.

Se me sobrar algum tempo, eu lhes indicarei em que vocês não perderiam nada reabrindo Descartes, primeiramente. Se lhes anuncio isto, não é pela vaidade de agitar um ouropel destinado a aliciá-los, uma vez que é também o pivô em torno do qual faço girar essa volta necessária às origens do sujeito, graças à qual podemos retomar o *cogito*

INTERLÚDIO

nesses termos. Por quê? Porque é precisamente nos mesmos termos que Freud articula seu aforismo essencial em torno do qual aprendi a girar, não só para mim, mas para aqueles que me escutam. *Wo Es war, soll Ich werden*. O *Ich* nessa fórmula, na data em que foi articulado nas "Novas conferências introdutórias…", não poderia de modo algum ser tomado pela função *das Ich*, tal como se articula na segunda tópica. Conforme escrevi: "Lá onde isso era, ali devo advir", acrescentei: como sujeito, mas é um pleonasmo. O *Ich* alemão é, aqui, o sujeito.

Da mesma forma que reavivei diante de vocês o sentido do *cogito* ao colocar em torno do [*eu*] *sou* as aspas que o elucidam, no aforismo de Freud irei até onde encontramos uma fórmula mais digna da inscrição na pedra com o qual ele havia sonhado: *Aqui foi descoberto o segredo do sonho*. O *Wo Es war, soll Ich werden*, se vocês gravarem isto, não esqueçam de explodir a vírgula — é *aí onde isso era* que deve advir *Ich*. Isto quer dizer — no lugar em que Freud situa essa fórmula, a conclusão em um de seus artigos —, que essa indicação não trata da esperança de que, de repente, em todos os seres humanos, como alguém se expressa em uma linguagem pejorativa, *O eu* [moi] *deve desalojar o isso*. Mas isto quer dizer que Freud indica aí nada menos que essa revolução do pensamento que sua obra exige.

Ora, é claro que há aí um desafio, e perigoso para quem quer que se apresente, como é o meu caso, para sustentar isto em seu lugar. *Odiosum mundo me fecit logica* — um certo Abelardo, como talvez alguns de vocês ainda se lembrem, certo dia escreveu nestes termos: *A lógica me tornou odioso ao mundo*, e é nesse terreno que pretendo estender termos decisivos que não permitem mais confundir aquilo de que se trata quando se trata do inconsciente. Veremos ou não se alguém pode articular que nesse ponto estou deslizando para fora ou se tento contornar isto.

Para apreender o que está em jogo no inconsciente, quero marcar, para que de certo modo vocês possam preparar seu espírito para algum exercício, que o que nos é proibido aí é exatamente essa espécie de movimento do pensamento que é propriamente o do *cogito*, que tanto quanto a análise requer o Outro — com O maiúsculo [*grand A*]. O que de modo nenhum exige a presença de algum imbecil.

Quando Descartes publica seu *cogito*, que ele articula nesse movimento do *Discurso do método* que desenvolve por escrito, ele se dirige a alguém, conduzindo-o pelos caminhos de uma articulação cada vez mais premente. Em seguida, de repente, algo se passa, que consiste em se descolar desse caminho traçado, para dele fazer surgir essa outra coisa que é o *[eu] sou*.

Há aí essa espécie de movimento que tentarei qualificar para vocês de maneira mais precisa, que é aquele que só se encontra ocasionalmente ao longo da história, o qual eu também poderia indicar para vocês no livro VII de Euclides, na demonstração da qual ainda somos servos por não encontrarmos outra, e ela é da mesma ordem: precisamente a de demonstrar que, qualquer que seja a fórmula que vocês poderiam dar para a gênese dos números primos, se conseguissem (ninguém encontrou ainda essa fórmula, mas a encontraríamos!), necessariamente se deduziria haver outras que essa fórmula não pode nomear. É nesse tipo de nó que se marca o ponto essencial disto de que se trata em uma certa relação que é a do sujeito com o pensamento.

Se no ano passado mencionei a aposta de Pascal, foi com o mesmo propósito. Se vocês se referirem ao que aparece nas matemáticas modernas, como isto que se chama de apreensão *diagonal*, em outras palavras, o que permite a Cantor instaurar uma diferença entre os infinitos, vocês têm sempre o mesmo movimento. E, mais simplesmente, se quiserem, até a próxima vez, se conseguirem encontrá-lo sob essa forma ou alguma outra, *Fides quaerens intellectum*, de santo Anselmo, no capítulo II — para que eu não seja forçado a lê-lo aqui. Vocês o lerão se, com algum esforço, conseguirem encontrar esse livrinho — este aqui está na tradução de Koyré, que foi editado pela Vrin, não sei se ainda está por aí, mas, com certeza, logo vai desaparecer! Vocês podem ler o capítulo II, para percorrer novamente, a título de exercício, o que acontece com isto que a imbecilidade universitária fez cair no descrédito sob o nome de *argumento ontológico*. Acreditava-se que santo Anselmo não sabia que não é porque se pode pensar o mais perfeito que ele existe. Vocês verão nesse capítulo que ele sabia muito bem, mas que o argumento é de um alcance totalmente diferente, e do alcance dessa abordagem que tento designar para vocês, que consiste em conduzir o adversário por um caminho tal que seja a partir de seu brusco desapego que surja uma dimensão até então imperceptível.

Este é o horror da relação com a dimensão do inconsciente que torna esse movimento rapidamente impossível: tudo é permitido ao inconsciente... exceto articular: *logo sou*. É isto que exige outras abordagens e propriamente abordagens lógicas, que tentarei traçar diante

INTERLÚDIO

de vocês, disto que relega ao seu nada e à sua futilidade tudo que foi articulado em termos confusos de psicólogo em torno da *autoanálise*.

Mas se, com certeza, toda a dificuldade da abordagem teórica do inconsciente que eu possa ter para reanimar, em um campo cuja função justamente se afirma e cristaliza a partir das dificuldades — chamemos de noéticas, se lhes convier —, ponto demasiado compreensível, isto não exclui que nesse meio a minha conexão se dê no plano da técnica e de questionamentos precisos, exatamente, por exemplo, o de poder exigir que aí se encontrem os termos pelos quais a psicanálise didática se justifica.

A questão, para mim, pode ser colocada a partir das consequências de um discurso sobre Freud que inclui as circunstâncias e também o propósito de fazer uso do desvio imposto por essas circunstâncias que me levaram a abrir esse discurso para um público mais amplo.

O homem galante cuja assinatura está embaixo disto que chamei de *presente* escreve: *Convém, sob pretexto de liberdade, tolerar que o fórum se transforme em circo?*. Aqui, o presente me é precioso: a verdade surge, até mesmo da incontinência…

Seria eu que, precisamente nesse livro, substituiria o circo pelo fórum. Deus me abençoe se eu tivesse realmente conseguido! Claro! Nesse pequeno artigo sobre "O inconsciente", de fato tive, ao redigi-lo, o sentimento de que praticava algo ao mesmo tempo rigoroso e que ultrapassava os limites — se não os da tenda do circo, pelo menos os da acrobacia e, por que não?, o da palhaçada, se quiserem, para substituir algo que não tem de fato nenhuma relação com o que pude dizer nesse fórum de Bonneval, que, como todos os fóruns, era uma feira!

A precisão de um exercício circense é ainda menos acessível quanto ao que estou tentando lhes demonstrar quando falo do *cogito*, é algo que, de fato, tem a forma de um circo, exceto que o circo não se fecha, que tem em algum lugar essa pequena revolta que faz passar desse *eu penso* para esse *eu sou*, que também faz ultrapassar em uma ou outra data — quão raras! — as revoluções do sujeito, um passo essencial.

Aquele que tomei por último foi o de Cantor. Saibam que cuspiram o bastante nele para que tenha terminado seus dias em um asilo. Fiquem tranquilos, esse não será o meu caso! [*risos*] Sou um pouco menos sensível do que ele às articulações dos colegas e dos outros. Mas a questão que me coloco é saber, agora que articulo isto — em uma dimensão que é veiculada pela venda bastante surpreendente desses *Escritos* —, que articulo, portanto, esse discurso, se terei ou não que me ocupar da feira. Pois, é claro, não se pode contar com aqueles cuja profissão é se promover, capturando, de passagem, qualquer coisinha que se pendure no discurso de Lacan, ou no discurso de qualquer outra pessoa, para fazer um artigo no qual demonstram sua originalidade.

Entre o congresso de Bonneval e o momento em que estive aqui, vivi no meio de uma feira. Uma feira em que eu era o animal — era eu que estava à venda no mercado. Isto não me incomodou. Primeiro porque essas operações não me diziam respeito — quero dizer, em meu discurso — e depois porque isto não impedia essas mesmas pessoas que se ocupavam desse serviço de virem ao meu Seminário e coletar tudo o que eu dizia — quero dizer, de o escrever com cuidado, e com ainda mais cuidado quando sabiam muito bem que não teriam mais muito tempo, dados os seus propósitos. Então, não se trata de uma feira qualquer.

O que vai acontecer agora na feira será todo tipo de outras coisas, que consistirão — como já aconteceu antes da publicação dos *Escritos* —, que consistirão em se apropriar de qualquer uma de minhas fórmulas para fazê-la servir sabe-se lá para quê! Como tentar me demonstrar que não sei ler Freud! Há trinta anos que só faço isso!

E então, o que terei de responder? Ou fazer responder? Que dor de cabeça! Talvez eu tenha coisas mais úteis a fazer. Especialmente me ocupar do ponto em que as coisas podem dar frutos, ou seja, com aqueles que me seguem na práxis.

De qualquer forma, como vocês veem, essa questão não me deixa indiferente. Exatamente porque não me deixa indiferente é que me vi me deparando com ela com a maior acuidade. Devo dizer que uma única coisa me impede de resolvê-la da maneira como vocês veem que ela se delineia aqui: não a sua qualidade, senhoras e senhores, ainda que eu esteja longe de não me sentir honrado por ter entre meus ouvintes, hoje ou em outros dias, algumas das pessoas mais capazes e também algumas daquelas para as quais não me é indiferente me submeter ao julgamento.

Contudo, isto por si só bastaria para justificar o que pode muito bem ser transmitido por meio do escrito? Apesar de tudo, no âmbito do escrito ocorre que o que vale alguma coisa se destaca, ainda que, é claro, em uma universidade como a francesa, em que há quase cem anos se é kantiano, os responsáveis — como já observei em uma de minhas anotações — não tenham conseguido, ao longo dos cem anos em que confinaram e empurraram diante de si multidões de estudantes, encontrar um meio de lançar uma edição completa de Kant!

O que me faz hesitar, o que faz com que talvez — talvez, se me agradar — eu continue esse discurso, não é, portanto, a qualidade de vocês, mas seu número. Pois afinal de contas, é isto que me impressiona. Foi por isto que este ano desisti do fechamento do Seminário que aconteceu nos anos anteriores, seu tempo de experiência, e a ocasião de manifestar sua ineficácia. É por causa desse número, dessa coisa inacreditável que faz com que pessoas, uma boa parte das que estão aí, pessoas — a quem saúdo, pois elas também estão aí para me provar que há no que digo algo que ressoa, que ressoa o suficiente para que venham me ouvir, mais do que o discurso deste ou daquele professor, com relação às coisas que lhes interessam, pois isto faz parte de seu programa — que vêm me ouvir, a mim, que não faço parte disso. Ainda assim isto me indica que através do que digo, que certamente não pode passar por demagogia, deve haver algo em relação a que se sentem interessadas.

É certamente por aí que posso me justificar para prosseguir, se isso vier a acontecer, com esse discurso público. Esse discurso, é claro que, como durante os quinze anos que já durou, é um discurso em que seguramente nem tudo está dado de antemão, mas que construí e do qual partes inteiras permanecem ainda dispersas nas memórias e que delas será feito, caramba, o que bem entenderem. Contudo, há partes que mereceriam mais e melhor.

Farei referência a "Os chistes…" nisto que lhes direi sobre a fórmula que há pouco chamei de operação ômega. Durante três meses, diante das pessoas que não acreditavam no que ouviam, que se perguntavam se eu estava fazendo piada, falei de "Os chistes…". Convido-os a adquiri-lo, se por acaso for possível, já que vão entrar de férias — pois nunca se sabe, as obras de Freud também estão desaparecidas! —, a comprar "Os chistes…" e a mergulhar nele. Se me acontecer de ter que tirar férias, é a primeira coisa dos meus Seminários do passado à qual eu tentaria dar um equivalente por escrito.

Com isso vocês estão providos, para esse *tempo* intermediário, com o que eu queria dizer — nem sempre é uma festa. Pelo menos, nem sempre para mim.

Da última vez que fiz alusão à festa, foi em um pequeno escrito, que não era de modo algum um escrito, já que mantive o que restou em estado de discurso, tal como apresentei diante de um público médico bastante amplo. A acolhida desse discurso foi uma das experiências da minha vida. Inclusive não foi uma experiência que me surpreendeu. Se não a renovo, é porque conheço os resultados de antemão. Devo dizer-lhes que não pude resistir a acrescentar a ele uma modificação que não tem realmente nada a ver com o discurso — essa alusão à festa, à festa do *Banquete*, se fosse uma alusão. O público reconhecerá melhor a alusão à festa do *Banquete* no boletim de minha pequena Escola, sem dúvida, do que no boletim do Colégio de Medicina, no qual, todavia, ele será publicado. Trata-se daquela em que vêm, mendigando, perdidos, dois personagens alegóricos que vocês conhecem, chamados *Poros* e *Pênia* — o *Poros* da psicanálise e a *Pênia* universitária. Pergunto-me até onde posso deixar ir a obscenidade. Seja qual for o desafio, a coisa vale quando a olhamos por duas vezes, quero dizer, mesmo que o desafio seja isto que o outro chama, de modo bastante cômico, de Eros filosófico.

Boas festas!

21 de dezembro de 1966

Construção do Grupo de Lacan

VI

O Inconsciente e o Isso

A reunião, a interseção e sua negação
Do ser ao [Eu]
O detrito, ser de homem
O fantasma, suporte da pulsão
Os dois não-[eu]

Eu deixei para vocês a operação definida por mim como *alienação*, sob a forma de uma escolha forçada em que ela se mostra incidindo em uma alterativa que tem como saldo uma falta essencial.

Pelo menos eu lhes anunciei que essa forma, vou retomá-la em relação à alternativa pela qual traduzo o *cogito* cartesiano e que é esta: *Ou não penso, ou não sou.*

1

A transformação do *cogito* nessa alternativa, um lógico formado na lógica simbólica a reconhecerá para responder à fórmula atualizada pela primeira vez por De Morgan, na metade do século passado.

O que ela enunciava representava uma verdadeira descoberta, e ela nunca tinha sido produzida até então dessa forma no registro da lógica.

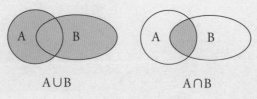

A reunião e a intersecção

Representamos aqui duas proposições, A e B. O campo disto que é emitido em cada uma é figurado por um círculo que cobre uma área. Essa, à esquerda, representa a reunião de A e B. Como vocês veem, não é a adição, pois aí pode haver uma parte comum aos dois, o que é o caso aqui. Se vocês disserem, por exemplo, que não é verdade que A e B sejam conjuntos suportáveis, isto equivale a negar a sua reunião. A *intersecção* é outra coisa, que é representada à direita.

Bem, o enunciado de Morgan exprime que a negação da intersecção é a reunião da negação de A — é a parte direita de B no esquema da esquerda [abaixo] — e da negação de B — é a parte esquerda de A no esquema do meio. O terceiro esquema representa propriamente a reunião como tal dessas duas partes.

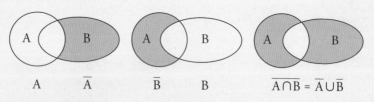

A negação da intersecção

Vejam no último esquema que resta um setor que está excluído — é o complemento da reunião das duas negações. Isto corresponde ao que foi negado inicialmente, a saber, o campo da intersecção A e B.

Essa fórmula tão simples acabou tendo um alcance tal nos desenvolvimentos da lógica simbólica que ali ela é considerada fundamental no âmbito do que é chamado de princípio da dualidade. Eu lhes indicarei como ela se exprime da maneira mais geral quando, para além da simples literalização que inclui o manejo da lógica proposicional, nós a levamos para o campo da teoria dos conjuntos.

O que permitiu à teoria dos conjuntos tornar-se o fundamento do desenvolvimento do pensamento matemático? Foi que ela introduziu, de modo mascarado, pode-se dizer, o que lhes ensinei a distinguir do sujeito do enunciado como sendo o sujeito da enunciação. Nos enunciados primários, na definição do conjunto como tal, esse sujeito da enunciação encontra-se de certo modo congelado. Ele nem mesmo cai fora, permanece implicado ali. E é isto que permite à teoria dos conjuntos desdobrar a exposição do desenvolvimento do pensamento matemático e assegurar a sua coerência.

Outra coisa, evidentemente, é o progresso da intervenção, o procedimento próprio ao raciocínio matemático, que não é o de uma tautologia, apesar do que se diz. O raciocínio matemático tem sua própria fecundidade, ele se desvincula do plano puramente dedutivo por meio desse recurso, dessa articulação, que lhe é essencial e que chamamos de raciocínio por indução, ou ainda, para empregar o termo de Poincaré: *a indução completa*. Isto, para ser destacado, exige o recurso à temporalidade, pois o que é constitutivo do raciocínio por indução é que ele se fundamenta em um processo marcado e indefinidamente repetível.

O que se busca no âmbito da teoria dos conjuntos é apenas um dispositivo que permita simbolizar o que está garantido pelo desenvolvimento matemático. E isto requer que esteja assegurada a existência disto que, no ato da enunciação, se isola como sujeito — o sujeito da enunciação, na medida em que ele é diferente dessa vertente em que podemos reconhecê-lo no enunciado. A existência do sujeito da enunciação é assegurada de modo velado na noção de conjunto, e muito precisamente na medida em que ela se fundamenta na possibilidade do conjunto vazio como tal.

Voltemos à transformação de De Morgan e ao modo como ela se expressa no âmbito da teoria dos conjuntos. Em toda fórmula na qual temos um conjunto, o conjunto vazio, o sinal da reunião e o da intersecção, e os substituímos dois a dois — isto é, se substituímos o conjunto pelo conjunto vazio, a intersecção pela reunião e a reunião pela intersecção —, conservamos o valor de verdade que pôde ser estabelecido na fórmula inicial.

Isto é o que significa, fundamentalmente, o fato de que substituímos o *Penso, logo sou* por uma fórmula que une um *Não penso* com um *Não sou*. Em um primeiro momento, isto pode se articular assim, de forma abrupta, massiva, cegamente, eu diria. Ocorre que isto exige ser visto de mais perto quanto ao seu manejo, quanto ao *ou* da reunião e quanto ao valor dessas duas negações. De fato, somos forçados a reexaminar o valor da função da negação a partir do momento em que introduzimos a dimensão do conjunto vazio, que representa o sujeito da enunciação — a que, seguramente, nada responde, mas que é estabelecido como tal.

Sem dúvida, a ambiguidade da negação em seu uso gramatical é absolutamente evidente desde sempre e ao simples exame do enunciado. Na expressão *[Eu] não desejo*, sobre o que incide a negação? Se esse *[Eu] não desejo* é transitivo, ele implica que, por minha causa, há o indesejável, algo que propositalmente eu não desejo. Mas esse *[Eu] não desejo* pode igualmente querer dizer que não sou eu quem deseja, que me desincumbo de um desejo, que pode igualmente ser o que me conduz, ao mesmo tempo em que não sou eu. E ocorre também que essa negação pode querer dizer: *Não é verdade que [eu] desejo*, onde o fato de que o desejo seja de mim [*de moi*] ou de não-eu [*pas moi*] não tem nada a ver com a questão.

Tentar ordenar, delinear essa dialética entre sujeito do enunciado e sujeito da enunciação, aí está a manobra que é bastante útil e, especialmente, na dimensão em que retomamos hoje o questionamento do *cogito* de Descartes, na medida em que é isto que nos permitirá dar um sentido verdadeiro, situação exata, ao que é modificado por Freud nesse campo.

Para dizer logo, à luz da interrogação que hoje fazemos a partir do exame do *cogito*, vocês verão se distinguir essas duas formas muito facilmente superpostas e confundidas, que se chamam: o inconsciente e o isso.

2

Que o *cogito* seja discutido, isto é um fato no discurso filosófico.

Uma certa flutuação que pode permanecer a esse respeito é o que ao mesmo tempo permite que nós próprios entremos nisto para fazê-lo servir ao nosso uso e demonstra em si mesmo algo em que deveria se completar.

Por que o *cogito* é uma data na história da filosofia? De modo sintético, podemos dizer que na relação patética, difícil, entre o pensamento e o Ser, que constituiu toda a tradição da interrogação filosófica, ele substitui, pura e simplesmente, a instauração do ser do *[Eu]*.

Abram a *Metafísica* de Aristóteles, não através dos comentadores, mas diretamente, em grego. Será mais fácil para vocês, quer saibam, quer não. Existem boas traduções, comentários bastante abrangentes em inglês.

Existe uma tradução francesa, que é a de Tricot, que na verdade não deixa de acrescentar o véu e a máscara de um perpétuo comentário tomista. Mas na medida em que, através dessas distorções, vocês poderão tentar encontrar o movimento original do que Aristóteles nos comunica, vocês perceberão, mas a posteriori, o quanto tudo o que pôde se acumular de críticas ou de exegeses em torno desse texto — acerca do qual esse ou aquele escoliasta nos diz que certa passagem é discutível, ou que a ordem dos livros foi alterada —, o quanto, para uma primeira leitura, todas essas questões se mostram realmente secundárias em relação a um não sei quê de direto e fresco, que faz dessa leitura, com a única condição de que vocês a extraiam da atmosfera da Escola, uma coisa que chama a atenção de vocês, algo do registro do que chamei há pouco de patético, quando virem, a todo instante, renovar-se e jorrar, essa interrogação acerca da relação entre o pensamento e o ser, em alguma coisa que parece ainda ter um rastro do discurso mesmo em que foi formulado. E quando vocês virem surgir um determinado termo, como o de *semnon*, o que há de digno, a dignidade, que é aquela que se deve preservar do pensar, em relação ao que deve deixá-la à altura do que se quer apreender — ou seja, não é apenas o *ente* ou *o que é*, mas aquilo por meio do qual o ser se manifesta. Isso foi traduzido de modo diferente: *o ser como ser*, disseram. Uma tradução bem ruim para esses três termos (que tomei o cuidado de anotar acima à esquerda neste quadro).

O primeiro, *to ti esti* não quer dizer nada além de: *O que é?* Parece-me que é uma tradução tão válida quanto à do *quid*, ao qual normalmente se acredita dever se limitar.

O *to ti ên einai*, caramba, é bem um dos traços mais marcantes da vivacidade dessa linguagem que é a de Aristóteles, pois certamente — aqui menos ainda — não é pela fórmula *o ser como ser* que conviria traduzir. Pois, por menos que vocês saibam de grego, vocês podem ler essa coisa — que é um jeito de se expressar comum no grego, e não só o literário, que é indiscutivelmente esse traço de origem do verbo grego e que tem precisamente em comum com o que o imperfeito quer dizer em francês — à qual muito frequentemente eu me detenho ao longo disto cujo rastro pude deixar nos meus *Escritos* —, esse *era*, que quer dizer: *Isto acaba de desaparecer*, ao mesmo tempo que pode querer dizer *mais um pouco e isto seria*; esse *to ti ên einai* que é a mesma coisa que é dita no *Hipólito* de Eurípides, quando se diz: *Kupris ouk ne theos*, ou seja, *Cipris-Afrodite, para você*, não era *uma deusa*. O que significa que, para ter agido como acaba de fazer, certamente o que ela era nos foge e nos escapa, que também é preciso que recoloquemos em questão tudo o que diz respeito ao fato de se ser uma deusa ou um deus. Esse *to ti ên einai*, isto *o que era* ser — *isto que era* ser quando? Antes que eu falasse disso, propriamente dito. É essa espécie de sentimento que existe na própria linguagem de Aristóteles, de ser ainda inviolada e, na medida em que ele já tocava, com esse *noein*, com esse pensar, pelo qual tudo se agita, é saber até que grau pode ser digno disso, quer dizer, se elevar à altura do ser. Aí está em qual traçado de origem, cuja raiz vocês não podem deixar de sentir de algum modo — da ordem do sagrado, aí está o ponto a que se apega a primeira articulação do filósofo no âmbito daquilo que introduziu, pode-se dizer, o primeiro passo de uma ciência positiva.

Para o *to on ê on*, é bem efetivamente, também — esse último termo — *o ente por onde, ê, ele é ente*, ou seja, ainda algo que aponta para o ser e cada um sabe que o livre movimento da tradição filosófica não representa outra coisa além do distanciamento progressivo dessa fonte de achados, dessa primeira invenção, que, através das escolas que se sucedem, leva cada vez mais a se fechar em torno da articulação lógica, aquilo que pode ser retido por essa primeira interrogação.

Ora, se o *cogito* de Descartes tem um sentido, é, como eu havia dito, o de substituir a instauração do ser do *[Eu]* pela relação do pensamento com o ser, e ele constitui desse modo uma verdadeira transposição do pensamento, que representa algo que pode ser chamado de recusa da questão do Ser. Essa recusa engendrou uma sequência, o surgimento de uma nova abordagem sobre o mundo, que é a ciência. Ora, dentre os efeitos dessa transposição, convém incluir a descoberta de Freud, ou ainda seu pensamento sobre o pensamento. O ponto essencial é que isto não quer dizer de modo algum retorno ao pensamento do Ser. Nada nisto que Freud traz, quer se trate do inconsciente ou do isso, permite retornar à interrogação do ser, nada nos situa novamente nesse plano do pensamento. A contribuição de Freud só ganha sentido ao se inscrever nas decorrências dessa quebra por meio da qual a única afirmação do ser do *[Eu]* é substituída, e sob a forma de uma recusa, pela questão que o pensamento coloca para o ser. É para lhes mostrar a articulação disto que entro este ano nesse domínio da lógica.

O que aconteceu com o ser do *[Eu]*? Existe um ser do *[Eu]* fora do discurso? O *cogito* cartesiano define a questão. É preciso ver ainda como ele o faz. É por isto que ele merece agora ser percorrido novamente, e nós encontraremos as origens do paradoxo introduzido pelo recurso à fórmula de Morgan, tal como a produzi para vocês inicialmente.

Foi para colocar a questão do ser do *[Eu]* que introduzimos as aspas ao redor do *ergo sum*. Elas o subvertem no seu alcance ingênuo, por assim dizer, fazendo dele um *ergo sum* apenas cogitado. Seu único ser reside, em suma, nesse *ergo* que, por sua vez, no interior do pensamento, é apresentado sob a égide da necessidade. O próprio Descartes, várias vezes, tanto no *Discurso sobre o método* quanto nas *Meditações* ou nos *Princípios*, articula-o como um *ergo* necessário.

Mas se esse *ergo* é o único a representar a necessidade, o que acontece com o *ergo sum*? Será que não vemos que ele é apenas a recusa do duro caminho desde o pensar até o ser, e recusa do saber que deve percorrer esse caminho? Esse *ergo sum* toma o atalho de ser aquele que pensa. Dizer diretamente *ergo sum* é pensar que não é preciso se colocar a questão do ser e interrogar o ente sobre o percurso de onde se sustenta o seu ser, pois o *ego*, em curto-circuito, se assegura por meio de sua própria existência. Não seria aí se situar como *ego*, fora do alcance pelo qual o ser pode estreitar o pensamento, colocar-se como puro *pen-ser* [*pense-être*], como se subsistisse de ser o *[Eu]* de um *não sou* em bloco?

Isto quer dizer: *Não sou até que a questão do ser esteja eludida, prescindo de ser, não sou, exceto ali onde, necessariamente, sou para poder dizê-lo* — ou, para dizer melhor: *onde estou para poder fazê-los dizer isto* — ou, mais exatamente, *para fazer com que o Outro o diga*. É exatamente esse o procedimento de Descartes quando vocês o seguem de perto.

De resto, é nisto que ele é fecundo. Ele tem, propriamente dito, o mesmo perfil que o raciocínio por recorrência, uma vez que consiste em levar o outro ao longo caminho de renunciar a uma das vias do saber, e depois à outra, e a mais outra, e, em breve, a todas. Então, em uma virada, nós o surpreendemos nessa confissão que, ali, pelo menos, é preciso que *[Eu]* seja.

A dimensão desse Outro é aqui tão essencial que se pode dizer que ela está no nervo do *cogito*. É ela que constitui propriamente o limite desse conjunto vazio em que o [*Eu*], na medida em que *sou*, se constitui de não conter nenhum elemento. Esse quadro vale apenas na medida em que o *penso*, eu o penso, isto é, que argumento o *cogito* com o Outro. *Não sou* significa que não existe, nesse conjunto, elemento que exista sob o termo do [*Eu*]. *Ego sum, sive ego cogito*, mas sem que haja nada que o preencha. *Sou, quer dizer, penso* — o encontro dessa formulação de Descartes deixa claro que o *penso* não passa de uma vestimenta semelhante ao *sou*.

O que a confissão do conjunto vazio prepara não se dá no âmbito do *penso*, mas de outro conjunto, o do saber. Foi depois de ter colocado à prova e recusado todos os acessos ao saber que Descartes, para ser ávido apenas de certezas, funda o pensamento do esvaziamento do ser, do qual resulta o que já chamamos de um esvaziamento — operação que, como tal, bastaria para fornecer a única e verdadeira substância do *ego*.

Somente a partir daí se torna pensável, como que por um fio condutor, aquilo de que se trata quando Freud nos traz o que resulta disto, com o termo *psychische Geschehen* — não o *funcionamento mental*, como se traduz erroneamente do alemão para o inglês, mas o *acontecimento psíquico*. Não há nada na interrogação de Freud, vamos ver isto, que possa reanimar, reavivar o pensamento do ser para além do que o *cogito* designou a partir de então como limite. De fato, o ser está tão bem excluído de tudo de que possa se tratar que eu poderia dizer, ao retomar uma das minhas fórmulas familiares, que temos aí uma *Verwerfung*. É exatamente algo dessa ordem.

Se algo pode ser articulado atualmente como o fim de um humanismo — e isto não data de ontem, nem de anteontem, nem do momento em que o sr. Michel Foucault pode articular isto, nem mesmo eu, o que está estabelecido há muito tempo — é muito precisamente porque a dimensão nos é aberta, que nos permite descobrir como age essa *Verwerfung*, essa rejeição, do ser. Segundo essa fórmula que forneci desde o início de meu ensino, o que é rejeitado do simbólico reaparece no real. Se algo que se chama o ser do homem foi de fato rejeitado a partir de certa data, nós o vemos reaparecer no real e de uma forma absolutamente clara.

O ser do homem, na medida em que é fundamental em nossa antropologia, tem um nome. A palavra "ser" encontra-se em seu meio. Para encontrar esse nome e igualmente o que ele designa, basta sair de casa um dia, em direção ao campo, para um passeio e, ao atravessar a estrada, vocês encontrarão um camping. E no camping, ou mais

O INCONSCIENTE E O ISSO

exatamente ao redor dele, marcando-o com o círculo de uma escória, vocês encontrarão esse ser *verworfen* do homem que reaparece no real. Isto se chama *detrito*.

Não é de hoje que sabemos que o ser do homem como rejeitado está ali, o que aparece sob a forma desses pequenos círculos de ferro retorcido dos quais não se sabe por que encontramos um certo acúmulo ao redor do local habitual dos campistas. Por menos pré-historiadores ou arqueólogos que sejamos, devemos presumir que a rejeição do ser não apareceu pela primeira vez com Descartes, nem com a origem da ciência, mas talvez tenha marcado cada uma das transposições essenciais que permitiram constituir de formas destacadas, mas perecíveis e sempre precárias, as etapas da humanidade.

Não preciso rearticular diante de vocês, em uma língua que não pratico e que tornaria isto impronunciável para mim, o que se fixa como sinal dessa ou daquela fase do desenvolvimento tecnológico, sob a forma desses amontoados de conchas que se encontram em certas áreas, zonas, disso que nos resta de civilizações pré-históricas.

O detrito é o ponto a ser retido, não só como sinal, mas como algo essencial, pois é em torno disso que vai girar o que interrogaremos acerca da alienação.

3

A alienação tem um lado patente, que não é que somos o outro, ou que *os outros*, como se diz, nos retomam, nos desfiguram ou nos deformam.

O fato da alienação não é que sejamos retomados, representados no outro, mas, pelo contrário, que ele está essencialmente fundado na rejeição do Outro, na medida em que o Outro é o que veio ao lugar dessa interrogação do ser em torno do qual faço girar hoje o limite e o franqueamento do *cogito*.

Graças aos céus, portanto, a alienação consistiu em nos encontrarmos à vontade no lugar do Outro.

Certamente é o que alegra o procedimento de Descartes. Em sua obra original, sua obra de juventude, as primeiras *Regulae* — cujo manuscrito foi posteriormente encontrado e do qual uma parte continua ainda hoje perdida entre os papéis de Leibniz — o *Sum ergo Deus* é o exato prolongamento do *Cogito ergo sum*.

A operação, claro, é vantajosa, pois deixa toda a verdade a cargo de um Outro cuja existência não se assegura de nada senão da instauração do ser do [*Eu*], mas que o Deus da tradição judaico-cristã facilita por ser aquele que apresentou a si mesmo como um: *Sou aquele que sou*. Esse fundamento fideísta, que permanece ainda tão profundamente ancorado no pensamento do século XVII, não é mais tão sustentável para nós.

Para nós, pelo contrário, é pelo fato de ser apagado subjetivamente que ele nos aliena realmente. É isto que já ilustrei com essa fórmula: *a liberdade ou a morte*. Maravilhosa intimação, sem dúvida — quem não recusaria esse Outro por excelência que é a morte? Com a condição que lhes observei de que resta a liberdade de morrer. O mesmo vale para o que os estoicos já enunciaram pela fórmula que convidava a não perder suas razões de viver, a preservar sua vida: *et proper vitam, vivendi perdere causas* — mas para não as perder, será que vocês perderão a vida? A alienação já pode ser lida aqui claramente.

Agora, o que interessa para nós é saber o que vai acontecer com essa escolha alienante: *Ou não penso, ou não sou* — quero dizer, [*Eu*], *como não sou*. A partir do momento em que foi o [*Eu*] que foi escolhido como instauração do ser, não temos escolha — é preciso ir em direção ao *não penso*.

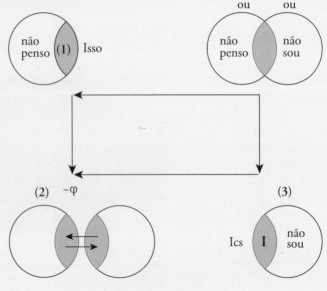

Ou não penso, ou não sou

O INCONSCIENTE E O ISSO

103

De fato, a instauração do [*Eu*] como puro e único fundamento do ser é precisamente o que coloca um ponto final em qualquer interrogação sobre o *noïen*, em qualquer procedimento que faria do pensamento outra coisa além do que Freud fez dele, com seu tempo e com a ciência — a saber, esse *Das Denken*, que não é nada mais que uma formulação experimental, de desbravamento, sempre prestes a se haver com o mínimo investimento psíquico, que nos permite igualmente interrogar, medir, traçar o caminho pelo qual temos de encontrar satisfação para o que nos pressiona e estimula, por meio de alguma abordagem traçada no real. Isto está escrito em "Formulações sobre os dois princípios do funcionamento psíquico".

O *não penso* é essencial, mas devemos também questionar o que está em jogo na perda que resulta da escolha, esse *não sou* que há pouco estabelecemos como essência do próprio [*Eu*].

Será que a perda da alienação se resume ao *não sou*? Certamente não. Conexa à escolha do *não penso* aparece algo que tem a forma de negação. Só que essa negação não incide sobre o ser e sim sobre o próprio [*Eu*], como fundado no *não sou*. A essência desse algo é de não ser [*Eu*]. Vejam-no surgir no lugar mesmo onde estava o *ergo*, na medida em que este deve ser colocado na intersecção entre o *penso* e o *sou* que é suportado como ser de cogitação. No lugar mesmo onde estava o *ergo*, aparece o que se sustenta pelo fato de não ser *não-[eu]*. Esse *não-[eu]* tão essencial a articular para ser assim na sua essência é o que Freud nos traz — no âmbito do segundo passo de seu pensamento, que é chamado de segunda tópica — como sendo o isso.

Aí está o maior risco de erro. Eu mesmo, ao abordar a questão do isso quando falei do *Wo Es war...*, não pude, por falta de articulação lógica adequada, manifestar onde gira a essência desse *não-[eu]* que constitui o isso.

Qualquer um que a esse respeito permaneça nas sendas psicológicas, na medida em que são herdeiras da tradição filosófica antiga, parece-me inevitavelmente cair no ridículo. Assim como essa tradição fazia da alma, da *psyché*, algo que é, assim eles professam, tal como um desses imbecis me repetiu incessantemente durante dez anos de vizinhança, que o isso é um eu ruim. Para esses aí o isso nunca será outra coisa. Não se poderia de modo algum formular algo parecido.

Trata-se de conceber o isso na estranha anomalia positivada que ele assume de ser o *não* desse [*Eu*] que, por essência, é *não sou*. De que estranho complemento pode se tratar nesse *não*-[*eu*]? Todos os delineamentos em questão no isso nos são articulados efetivamente.

O isso em questão seguramente não é a primeira pessoa. Ter sido levado a criar que toda a psicologia de Freud era uma psicologia em primeira pessoa é um verdadeiro erro, que será relegado à categoria do grotesco, é preciso dizer, seja qual for o respeito que tenhamos, em nome da história, por seu autor. Que um de meus alunos — ao longo de seu pequeno relatório, que faz parte do opúsculo que distribuí da última vez — tenha se acreditado obrigado a passar novamente por isso para ter, por um instante, a ilusão de que este era um caminho pelo qual eu os teria conduzido — para em seguida formular o contrário, como é inevitável — é em si mesmo uma espécie de blefe ou de embuste. Isto não tem nada a ver com essa questão. O isso não é nem a primeira nem a segunda pessoa, nem mesmo a terceira, aquela de quem se fala, se seguirmos Benveniste.

Do isso nos aproximamos um pouco mais com enunciados tais como *Ça brille, Ça pleut, Ça bouge*.* Mas é também incorrer em erro acreditar que o isso seria algo que enuncia a si mesmo. Isto não dá muito destaque ao isso freudiano. O isso é tudo o que no discurso, como estrutura lógica, não é [*eu*], ou seja, todo o resto da estrutura. E quando digo *estrutura*, estrutura *lógica*, entendam *gramatical*. Pois não é pouca coisa que o suporte da pulsão, ou seja, o fantasma, possa se expressar assim: *Ein Kind wird geschlagen*.

Uma criança é espancada. Nenhum comentário, nenhuma metalinguagem, explicará o que se introduz no mundo em uma construção dessas. Nada poderia duplicar ou explicar isto. A estrutura da frase *uma criança é espancada* não se comenta, ela se mostra. Não há nenhuma *physis* que possa explicar isto. Pode haver na *physis* algo que exija que ela bata a cabeça, mas que seja espancada, é outra coisa.

O fato de que o fantasma seja um elemento tão essencial do funcionamento da pulsão serve para nos lembrar isto que, acerca da pulsão, demonstrei diante de vocês em relação à pulsão escopofílica ou à

---

* Uma particularidade do francês é que, com exceção do imperativo, todo verbo tem um sujeito, e nos casos em que não se aplica um sujeito determinado — como estes, que em português ficam apenas: Brilha, Chove, Mexe —, há essa espécie de pronome impessoal, *ça*, que para entendermos o que Lacan diz aqui poderia ser traduzido literalmente como "isso", ou "a coisa". (N. T.)

O INCONSCIENTE E O ISSO

pulsão sadomasoquista — ou seja, que é traçado, montagem, gramatical, cujas inversões, reversões, complexificações não se ordenam de outro modo na aplicação de diversas operações, parciais e escolhidas, de reversão, *Verkehrung*, e de negação. Não existe outra maneira de fazer o [*Eu*] funcionar como ser no mundo, sua relação com o mundo, a não ser passando pela estrutura gramatical, que não é outra coisa senão a essência do isso.

Tenho um campo suficiente a percorrer hoje para não querer lhes repetir uma aula sobre o isso. Vou me contentar em destacar uma observação de Freud em sua análise de *Uma criança é espancada*, que não é casual, e que vai exatamente no sentido da definição que lhes dou, ou seja, de que a essência do isso, na medida em que ele não é *não-[eu]*, é todo o resto da estrutura gramatical. Freud observa que o sujeito, o *Ich*, o [*Eu*] está sempre excluído como tal do fantasma. No entanto, ele assume um lugar na reconstrução que fazemos do fantasma, na *Bedeutung* que atribuímos a ele, e na interpretação necessária, ou seja, que em dado momento é preciso que seja ele, o sujeito, o espancado. Mas no enunciado do fantasma, nos diz Freud, esse tempo, por razões óbvias, nunca é confessado.

Isto só podemos explicar marcando a linha divisória de dois complementos: o [*Eu*] do *bato*, por um lado, esse puro ser que ele é como recusa do Ser, e, por outro lado, o que permanece como articulação do pensamento e que é a estrutura gramatical da frase. Isto, é claro, só tem alcance e interesse ao ser aproximado do outro elemento da alternativa, ou seja, o que vai ser perdido aí. A verdade da alienação só se mostra na parte perdida — que, se vocês me acompanham, não é outra senão o *não sou*.

O *não sou* é o essencial do que está em questão no inconsciente. De fato, tudo o que vem do inconsciente se caracteriza por um traço que apenas um discípulo de Freud, sem dúvida, soube manter como essencial, ou seja, a surpresa. Essa surpresa que aparece no âmbito de qualquer interpretação verdadeira e que é um traço revelador essencial a ser preservado na sua fenomenologia, não tem outro fundamento senão a dimensão do *não sou*.

É também por isto que o chiste é o mais revelador e característico desses efeitos que chamei de *formações do inconsciente*. O riso de que se trata se produz no âmbito do *não sou*. Tomem qualquer exemplo, peguem o primeiro que se oferece ao abrir o livro de Freud sobre o chiste: o do *familionário*. Não é evidente que o efeito de troça disto que diz Hirsch-Hyacinthe ao afirmar que com Salomon de Rothschild ele está em uma relação *absolutamente familionária* vem de uma dupla existência? A da posição do rico, que não passa de ficção, e a daquele que fala, reduzido a uma espécie de ser para o qual não existe lugar em parte alguma. Aí reside o efeito de troça.

Quando definimos o isso a partir da estrutura gramatical, vocês puderam reconhecer que se trata de um efeito de sentido, *Sinn*. Aqui, é o contrário — com o chiste, estamos lidando com a *Bedeutung*. Em outras palavras, ali onde não sou, o que acontece deve ser identificado com a mesma espécie de inversão que nos guiou há pouco — o [*Eu*] do *não penso* se inverte, se aliena também, em alguma coisa que é um *pensa-coisa*.

É isto que confere seu verdadeiro sentido ao que Freud diz do inconsciente, que ele é constituído pelas representações de coisas, *Sachvorstellungen*. Isto não é de modo algum obstáculo a que ele seja estruturado como uma linguagem, pois não se trata de *das Ding*, a coisa indizível, mas de *die Sache*, a coisa como *questão*, esta perfeitamente articulada, mas na medida em que tem precedência, como *Bedeutung*, sobre o que quer que possa ordená-la.

Então, como designar aquilo de que se trata no inconsciente quanto ao registro da existência e de sua relação com o [*Eu*]? Assim como vimos que o isso é um pensamento ávido, não um retorno do ser, mas como que de um *des-ser*, também a inexistência no âmbito do inconsciente é ávida de um *penso* que não é *não-[eu]*.

Ao reunir com o isso esse *penso* que não é *não-[eu]*, eu o indiquei, outrora, como um *isso fala*. É, no entanto, um curto-circuito e um erro. O modelo do inconsciente é um *isso fala*, sem dúvida, mas desde que se perceba que não se trata aí de nenhum ser. O inconsciente não tem nada a ver com o que souberam conservar como sendo o plano do entusiasmo — ver Platão, e ainda mais depois dele. Pode haver algo de divino nesse *isso fala*, mas o que caracteriza a função do inconsciente é muito precisamente que não há. A poesia de nosso século não tem mais nada a ver com o que foi a poesia de um Píndaro, por exemplo, e é com base nesse fato que temos que cernir, situar, definir o inconsciente. Se ele teve semelhante papel de referência em tudo o que se delineou de uma nova poesia, foi precisamente em razão da relação desse pensamento — que não é nada, por ser apenas o *não-[eu]* do *não penso* — com o campo que ele vem abarcar e que é aquele do [*Eu*] na medida em que *não sou*.

O INCONSCIENTE E O ISSO

De saída, acima e à direita, vocês encontrarão os dois círculos que adotamos como representando os dois termos do *não penso* e do *não sou*, que se opõem como constituindo as diferentes relações do *[Eu]* no pensamento e na existência.

Só um desses dois chega ao acesso no real da alienação — aqui, no alto, à esquerda. É o primeiro tempo. O segundo tempo é representado embaixo à direita. E, no terceiro tempo, a operação se conclui em um quarto termo, que vem se inscrever embaixo à esquerda.

Detalhemos esse termo quadrático. Os círculos do *não penso* e do *não sou* vão se sobrepor, de modo a eclipsar, a ocultar um ao outro, mas com uma torção. O *não penso* como correlato do isso não é convocado a se conjugar diretamente com o *não sou* como correlato do inconsciente. É o isso que virá ocupar o lugar do *não sou*, positivando-o em um *sou isso*. Da mesma forma, no sentido inverso, é o inconsciente que ocupa o lugar do *não penso*.

O *sou isso* é apenas puro imperativo. É o imperativo que Freud formulou no *Wo Es war, soll Ich werden*. Se esse *Wo Es war* é alguma coisa, ele é o que dissemos há pouco. Se *Ich soll*, se o *deve aí werden*, advir — direi eu *aí verdear* [*verdir*]? — é porque ele não é, aí.

Não foi por acaso que destaquei há pouco o caráter exemplar do sadomasoquismo. Basta lembrar a aproximação que fiz da ideologia sadiana com o imperativo de Kant. O *soll Ich werden* é talvez tão impraticável quanto o dever kantiano. É justamente porque o *[Eu]* não está aí que ele é convocado, não "para desalojar o isso", como ridiculamente escreveram, mas para se alojar nele — e, se vocês me permitem essa equivocidade, convocado a se alojar na sua lógica. Em suma, é certo que o ano não passará sem que tenhamos questionado mais de perto aquilo de que se trata na posição do *[Eu]* como essencial na estrutura do masoquismo.

Inversamente, pode acontecer também que a ocultação, o eclipse de um círculo pelo outro, se produza no sentido inverso. É então o inconsciente, na sua essência poética de *Bedeutung*, que vem no lugar do *[Eu] não penso*. O que ele nos revela, então, é o que da *Bedeutung* do inconsciente é afetado por não sei que caducidade no pensamento.

Na primeira ocultação, ali onde havia o *[Eu] não sou*, se produzia a revelação de algo que é a verdade da estrutura. Esse fator, veremos qual é — é o objeto *a*. Da mesma forma, no outro tipo de ocultação uma falha se produz, um defeito do pensamento, um furo na *Bedeutung* — ao qual só pudemos ter acesso após o caminho, inteiramente traçado por Freud, do processo de alienação cujo sentido, a revelação, é a incapacidade de toda *Bedeutung* de cobrir o que diz respeito ao sexo. O que se manifesta aí, nada mais é do que a essência da castração, ou seja, que a diferença sexual tem como único suporte a *Bedeutung* de algo que falta sob o aspecto do falo (Φ).

Eu terei fornecido a vocês hoje o esboço, o aparato em torno do qual poderemos situar novamente um certo número de questões. Espero que possam ter vislumbrado o papel privilegiado que o objeto *a* desempenha aí como operador — único elemento que nossa explicação ainda deixou oculto.

11 de janeiro de 1967

VII

DO PENSAMENTO AO IMPENSÁVEL

O recurso ao Outro funda a verdade matemática
O não penso e o isso
O inconsciente e o não sou
A aparição da significação fálica
A operação verdade

Retornarei hoje à operação que introduzi da última vez com o nome de alienação, para articulá-la novamente — e com maior insistência, pois o uso que faço disso transforma o que foi feito até aqui.

Trata-se, nisto que lhes exponho, da instauração freudiana do sujeito e de manter o seu valor. A operação dita de alienação é, para isto, o ponto-pivô.

Em uma primeira abordagem vaga, o inconsciente se apresenta como um pensamento que não é [*Eu*]. Ainda que certamente insuficiente, essa fórmula tem o mérito de colocar o termo [*Eu*] como o pivô do que Freud, seu pensamento e mais ainda a práxis que se mantém, sob sua orientação, com o nome de psicanálise produziram para nós de decisivo.

Isto não quer dizer, contudo, que possamos nos contentar com essa fórmula vaga, ainda que poética — e que há, inclusive, sempre um pouco de abuso em extraí-la de seu contexto poético. Afirmar que *[Eu] é um outro* não nos dispensa de fornecer uma articulação lógica mais precisa disto.

1

A função do Outro, tal como a escrevo, vocês sabem disto, com um O [A] maiúsculo, é a função determinante sem a qual é impossível articular a lógica do pensamento tal como a experiência freudiana o estabelece.

Sem fazer entrar em jogo o Outro, é igualmente impossível entender o que quer que seja sobre o passo que constitui, na tradição filosófica antes de Freud, tal como chegou até nós, o fato de colocar a função do sujeito no centro da reflexão.

Marcado por esse O [A] maiúsculo, o Outro se define como o que tem a função de ser o lugar da fala. O que isto quer dizer? Nunca retornaremos a isto o suficiente, ainda que eu acredite já tê-lo martelado um pouco.

Quando ele nos fala desse pensamento que não é [*Eu*], por exemplo no âmbito disto que ele chama de pensamentos do sonho, *Traumgedanken*, Freud parece nos dizer que esses pensamentos permanecem singularmente independentes de toda lógica. Ele destaca, primeiramente, que seu sistema não se embaraça com a contradição. Ele acrescenta aí mais de um traço — que a negação como tal não poderia ser representada ali, nem a articulação causal, a subordinação, a condicional. Tudo isso parece fugir do que aparentemente se encadeia em seus pensamentos, e só pode ser encontrado em seu fio pelas vias da mais livre associação. Eu só lembro isso aqui porque, para muitos, é ainda essa a ideia preconcebida que prevalece quando se trata na ordem do inconsciente.

Na verdade, é apenas à primeira vista que só se vê um laço desfeito. Dizer que os pensamentos que identificamos no âmbito do inconsciente — que são os de um sujeito ou devem ser — não seguem as leis da lógica apenas demonstra a antinomia desses pensamentos com certa preconcepção do que devem ser as relações de todo pensamento com o real. Estima-se que é o real que confere a justa e boa ordem de toda eficácia do pensamento, e que deveria se impor a ele. Na verdade, isso enfatiza demais o pressuposto de uma lógica pedagógica fundada em um esquema de adaptação para não pensar que Freud só fez referência a isso em relação ao fato de que ele se dirigia a espíritos que não tinham uma formação diferente das pessoas que compunham habitualmente seu auditório. Qualquer reflexão que reconheça que as relações de um sujeito com o real são diferentes, e que o sujeito só emerge na medida em que já existem, no real, e se exercendo como tais, os poderes da linguagem, se obriga a levar sua investigação adiante.

O passo que Freud nos faz dar certamente não é menos surpreendente e, para falar a verdade, adquire seu valor a partir do espanto que convém que seja o nosso ao apreender e ao articular mais precisamente o que ele renova das relações do pensamento com o Ser — tema que veio à baila pelo discurso de certos filósofos contemporâneos, com destaque para Heidegger.

Não falta ruído em torno do que ele articula sobre não sei qual lembrete que deveria, nesta virada em que estamos, vir do Ser em si para o pensamento, para que este rompa o fio que seguiu por cerca de 3 mil anos e que o conduziu a não sei que impasse, no qual o pensamento não apreenderia mais a si mesmo na sua essência, e onde se poderia questionar, como faz Heidegger, *Was heisst Denken?* — de tal modo que só se poderia esperar a renovação do sentido dessa palavra, *pensar*, a partir de não sei qual acidente transmetafísico que resultaria em uma mudança total de tudo o que o pensamento delineou.

Poderíamos evocar a esse respeito a metáfora humorística, ou ridícula, da moça que não sabe se oferecer de outro modo senão esparramando-se em uma cama, os membros desengonçados, esperando que a iniciativa venha daquele a quem ela pensa assim se oferecer. Não é uma iniciativa tão rara em um tempo de medíocre civilização, e cada um sabe que o personagem que se encontra ali confrontado não é de modo algum estimulado a intervir como seria apropriado.

Esse é o modo mais ingênuo de traduzir isto a que Heidegger convoca, e não está aí o sentido de seu texto. Contudo, para que o pensamento não mereça uma imagem dessa ordem, conviria que ele consentisse em se lembrar que as verdadeiras conjurações nem sempre se fazem sem um pouco de sofrimento.

Se isso que o caminho traçado por Freud nos traz tem alguma contribuição a dar ao problema do Ser, é na medida em que ele se inscreve entre as consequências, a avaliar, que para o pensamento, resultam disto que, por uma espécie de convenção historicamente sustentada, nós chamamos de passo cartesiano. Esse passo decisivo, nítido, limita a instauração do Ser àquele do *sou* do *cogito*, e isto sobre o puro fundamento do sujeito do *penso*, na medida em que este aparenta ser transparente para si mesmo — de ser isto que poderíamos chamar de um *sou-pensamento*.

Permitam-me sustentar com esse neologismo o que é caricaturalmente chamado de *consciência de si*, termo que ressoa mal e de modo insuficiente em face do uso que a composição germânica *Selbstbewusstsein* permite. Mas no âmbito do *cogito* é de um *sou-pensamento* que se trata no *[Eu] penso*, que não situa senão o momento em que não se sustenta mais ao articular *[Eu] sou*. A descoberta de Freud se inscreve em um pensamento determinado por esse passo inaugural.

Falei do Outro. Está claro que no âmbito do *cogito* cartesiano há a devolução, ao Outro, da carga pelas consequências desse passo. O *Cogito ergo sum* só é sustentável se ele se completa por um *sum ergo Deus est* que seguramente torna as coisas bem mais fáceis. Encontra-se isto inscrito com todas as letras nessas *Regulae*, nas quais se leem tão bem as condições que determinaram Descartes como pensamento. E no entanto, mesmo que a articulação do *cogito* não seja filosoficamente sustentável, não deixa de ser verdade que o benefício é adquirido pela abordagem que reduz o ser a essa fina margem na qual o ser pensante pensa poder, apenas por esse pensamento, fundamentar-se como *sou*.

Algo é adquirido, cujas consequências se leem inclusive rapidamente em uma série de contradições. É o caso de destacar, por exemplo, que a característica da extensão como sendo *partes extra partes*, constituída pela exterioridade de uma em relação à outra das suas partes, o que distinguiria radicalmente a coisa extensa da coisa pensante sob o pretenso fundamento da simples intuição, é em um prazo muito curto aniquilada pela descoberta newtoniana — acerca da qual não se sublinha o bastante que a característica que ela dá à extensão é precisamente que, em cada um desses pontos, massa alguma ignora o que se passa, naquele mesmo instante, em todos os outros pontos. Os contemporâneos, e mais especialmente os cartesianos, tiveram muita dificuldade de admitir esse paradoxo evidente.

O que se demonstra nessa reticência que não se esgota decerto completa-se, para nós, com o fato de que, tal como se impõe a nós a partir da experiência freudiana, a *coisa pensante* não apresenta essa unificação indefectível que sempre lhe foi atribuída. Pelo contrário, ela se caracteriza por ser fragmentada, e até mesmo fragmentadora. Ela traz em si essa marca que de certo modo se demonstra em todo o desenvolvimento da lógica moderna, ou seja, que o que chamamos de máquina é, no seu funcionamento essencial, o que há de mais próximo de uma combinatória de notações — combinatória que é

DO PENSAMENTO AO IMPENSÁVEL

para nós o fruto mais precioso, o mais indicativo do desenvolvimento do pensamento.

Aqui, Freud dá a sua contribuição ao demonstrar o que resulta do funcionamento efetivo dessa faceta do pensamento em suas relações não com o sujeito da demonstração matemática, do qual lembraremos em seguida qual é a essência, mas com o sujeito que Kant chamava de *patológico*, ou seja, aquele que pode padecer dessa espécie de pensamento. O sujeito sofre do pensamento na medida em que, diz Freud, ele o recalca. O caráter fragmentado e fragmentador do pensamento recalcado é o que a nossa experiência de cada dia na psicanálise nos ensina.

Disso decorre uma mitologia grosseira e desonesta que presentifica como fundo de nossa experiência uma espécie de nostalgia de uma unidade primitiva, de uma pura e simples pulsação da satisfação na relação com um Outro que é aqui o único que conta e que é imaginado, apresentado como o Outro de uma relação nutridora. Daí o passo seguinte — que, pode-se dizer, é ainda mais escandaloso que o primeiro e se articula necessariamente na teoria psicanalítica moderna, exaustivamente — é a confusão desse Outro que nutre com o Outro sexual.

Não há escapatória para o pensamento de Freud, nem preservação possível da verdade que ele introduz, nem mesmo honestidade técnica, a não ser afastando-se desse engodo grosseiro e do abuso escandaloso que ele representa. Há aí uma espécie de pedagogia pelo avesso, o uso deliberado de uma captura por uma espécie de ilusão especialmente insustentável por quem quer que lance um olhar direto sobre isto que é a experiência psicanalítica. Restabelecer o Outro em seu único estatuto que importa, o de lugar da fala, é o ponto de partida necessário para que algo em nossa experiência analítica possa retomar seu legítimo posto.

Definir o Outro como lugar da fala é dizer que ele não é nada além do que o lugar no qual a asserção se coloca como verídica. Isto quer dizer, ao mesmo tempo, que ele não tem nenhuma outra espécie de existência. Mas dizê-lo é ainda recorrer a ele para situar essa verdade, é fazê-lo ressurgir a cada vez que falo. É por isto que esse dizer — que o Outro não tem nenhuma espécie de existência — não pode ser dito, mas pode-se escrevê-lo. E é por isto que escrevo S, significante de A barrado, S (Ⱥ), como constituindo um dos pontos nodais dessa rede em torno da qual se articula toda a dialética do desejo, na medida em que ela se aprofunda no intervalo entre o enunciado e a enunciação.

Não existe nenhuma insuficiência, nenhuma redução a não sei que gesto gratuito, na afirmação de que essa escrita, S (Ⱥ), desempenha para nosso pensamento um papel essencial. De fato, o que se chama de verdade matemática não tem nenhum outro fundamento além do recurso ao Outro, na medida em que aqueles a quem falo são solicitados a se referir a ele para verem se inscrever os signos de nossas convenções iniciais quanto ao que está em jogo nisto que manipulo.

Contudo, o sr. Bertrand Russell, expert no assunto, chega ao ponto de ousar afirmar em termos próprios que em matemática não sabemos do que falamos, nem se o que dizemos é verdade. E, de fato, por que não? Simplesmente, em certo campo, correspondente a um uso limitado de certos signos, é incontestável que, tendo falado, eu possa escrever e sustentar o que disse. O recurso ao Outro em nada difere disso.

Se em cada tempo do raciocínio matemático não posso fazer esse movimento de vaivém entre o que articulo por meu discurso e o que inscrevo como estabelecido, não acontece nenhuma progressão possível disto que se chama de verdade matemática. Aí está toda a essência disto que nas matemáticas é chamado de demonstração, e o recurso ao Outro é precisamente da mesma ordem.

Em todo efeito do pensamento, o recurso ao Outro é absolutamente determinante. Não só o *sou* deduzido do *penso* cartesiano não evita isto, como ele se estabelece aí antes mesmo de ser forçado, esse Outro, a situá-lo em um plano de essência divina. Esse Outro é diretamente convocado apenas para obter do interlocutor o *logo sou*. É a ele, ao lugar da fala, que Descartes necessariamente faz referência, e conta com ele, para seu discurso que convoca o consentimento para fazer o que estou fazendo diante de vocês, ou seja, me exortar à dúvida. Vocês duvidam e, no entanto, não negarão que *[Eu] sou*. A partir daqui, o argumento é ontológico.

Se o raciocínio de Descartes não tem a nitidez do argumento de santo Anselmo, se ele é mais sóbrio, ainda assim não deixa de ter consequências que são as que resultam de ter que escrever, por meio de um significante, que esse Outro não é outra coisa que o lugar da fala.

Chegaremos a esse ponto agora.

2

Eu havia pedido a vocês que se reportassem durante as férias a um determinado capítulo de santo Anselmo. Para que a coisa não fique no ar, lembrarei de que ordem é seu famoso argumento, injustamente depreciado, que é perfeito para destacar a função do Outro.

Contrariamente ao que dizem os manuais, o argumento não é de modo algum sobre o fato de que a essência mais perfeita implicaria a existência.

Vejam o capítulo II do *Fides quaerens intellectum*. Ele articula o argumento de se dirigir ao *insensato*, aquele que, segundo as Escrituras, disse em seu coração: *Não existe nenhum Deus*. O argumento consiste em lhe dizer mais ou menos: *Insensato, tudo depende do que você chama de Deus. Como está claro que chamou de Deus o ser mais perfeito, você não sabe o que diz. Eu, santo Anselmo, sei muito bem que não basta a ideia de que o ser mais perfeito exista como ideia para que esse ser exista. Mas se você se considera no direito de ter essa ideia e diz que esse ser não existe, com o que você se pareceria, se por acaso ele existisse? A ideia que você formou do ser mais perfeito é inadequada, pois está separada da ideia de que esse ser possa existir. Ora, ele é mais perfeito na ideia de que ele seja existente do que é na ideia que não implica sua existência.*

Em resumo, é por uma vertente crítica, uma demonstração de impotência, de inoperância do pensamento naquele que articula algo sobre o pensamento. É demonstrar que ele não sabe o que diz. É por isto que o que deve ser revisto está em outro lugar, no estatuto desse Outro em que não posso senão me estabelecer, a cada vez que se articula algo que é do campo da fala.

Ninguém acredita nesse Outro, conforme escreveu recentemente um de meus amigos. Em nossa época, dos mais devotos aos mais libertinos — se é que esse termo ainda tem algum sentido —, todo mundo é ateu. Filosoficamente, qualquer coisa que se fundamente em alguma forma de existência desse Outro é insustentável. É por isto que o alcance do *sou* que segue o *penso* se reduz a isto: que esse *penso* faz sentido, mas tanto quanto qualquer sem-sentido faz sentido.

Já lhes ensinei tudo o que vocês articulam, com uma única condição: que seja mantida uma certa forma gramatical — será que preciso voltar ao *Colorless green ideas…*? Tudo o que tem simplesmente uma forma gramatical faz sentido. Isto quer dizer apenas que a partir daí não posso ir mais longe. Em outras palavras, a estrita consideração do alcance lógico que qualquer operação de linguagem inclui afirma-se no que é o efeito fundamental e certo da alienação. Isto não quer dizer de modo algum que confiamos no Outro. Pelo contrário, percebemos a caducidade de tudo o que se fundamenta apenas nesse recurso ao Outro.

Só o que estabelece o curso da demonstração matemática pode subsistir, o raciocínio por indução. É um raciocínio desse tipo: se podemos demonstrar que algo que é verdadeiro para o número inteiro n também o é para $n+1$, basta que saibamos o que está em jogo para $n+1$ e podemos afirmar que a mesma coisa é verdadeira para a série dos números inteiros. E depois? Isto não tem em si nenhuma consequência além da que destaquei na apreciação de Bertrand Russell, ou seja, que não sabemos se é verdade.

Para nós, a situação é diferente, na medida em que algo vem nos revelar a verdade que se oculta por trás dessa consequência. Não podemos recuar diante desse ponto essencial, de que o estatuto do pensamento, na medida em que nele se realiza a alienação como queda do Outro, é composto disto que, no campo branco, no alto à esquerda do retângulo, corresponde ao estatuto do *[Eu]* que se articula ao *[Eu] não penso*, não só orgulhoso dessa afirmação mas glorioso. De modo que aquilo que o completa é o que designo por isso, o *Es* freudiano. Da última vez eu o articulei como sendo um complemento, mas que surge no *[Eu] não penso*, da parte caída da alienação, ou seja, do lugar do Outro como desaparecido. O que resta disto é o *não-[eu]*, que designei como estrutura gramatical.

O não penso / O isso

Certamente não é privilégio de um freudiano conceber a coisa desse modo. Leiam o *Tractatus logico-philosophicus*. Não acreditem que o passo do sr. Wittgenstein seja insignificante, sob o pretexto de que toda uma escola que se chama lógico-positivista nos bombardeia com uma série de considerações antifilosóficas das mais insípidas e medíocres. Essa tentativa de articular o que resulta de uma consideração lógica tal que possa prescindir de qualquer existência do sujeito merece ser acompanhada em todos os seus detalhes, e recomendo a vocês a leitura.

Para nós, freudianos, em contrapartida, o que a estrutura gramatical da linguagem representa é outra coisa. É o que faz com que, quando Freud quis articular a pulsão, ele não pudesse fazê-lo de outro modo que não passando por essa estrutura gramatical. Essa é a única a fornecer seu campo completo e ordenado ao que vem de fato dominar quando Freud fala da pulsão — quero dizer, a constituir os dois únicos exemplos de pulsões que funcionam como tais, isto é, a pulsão escopofílica e a pulsão sadomasoquista.

Somente em um mundo de linguagem o *[Eu] quero ver* pode adquirir sua função dominante — deixando aberta a questão de saber de onde e por que sou olhado. Somente em um mundo de linguagem, conforme apontei da última vez, *uma criança é espancada* tem seu valor pivô. Somente em um mundo de linguagem o sujeito da ação faz surgir a questão que o sustenta, qual seja, para quem ele age?

Sem dúvida, nada pode ser dito sobre o que está em jogo nessas estruturas, acerca das quais nossa experiência afirma, contudo, que são elas que impõem sua lei à função do desejo, e não o que vagueia em algum corredor da assembleia analítica, ou seja, uma pulsão dita genital que alguém seria incapaz de definir como tal. Nada pode ser dito a respeito, a não ser repetindo as articulações gramaticais em que essas estruturas se constituem, isto é, ao exibir nas frases que as sustentam o que poderá ser deduzido das diversas maneiras que o sujeito teria de se alojar ali. Nada pode ser dito, senão isto que escutamos de fato, a saber, o sujeito na sua queixa.

Na medida em que o sujeito não se encontra aí, o desejo que o funda ao se queixar tem para ele o valor ambíguo de ser um desejo que ele não assume, que ele só quer apesar dele. E é para voltar a esse ponto que articulamos tudo o que temos a desenrolar aqui, diante de vocês. É porque as coisas são assim, e porque alguém ousou dizê-lo, que é preciso examinar de onde esse discurso pôde partir.

Bem, ele pôde partir disto — que é um ponto de experiência de onde podemos ver a verdade disto que chamarei de obscurecimentos, estrangulamentos, impasses da situação subjetiva, sob essa incidência estranha cujo último impulso deve ser fundado no estatuto da linguagem. Ele se encontra em um ponto no qual o pensamento existe como: não sou [*Eu*] que penso.

O inconsciente / O não sou

Esse pensamento que tem o estatuto dos pensamentos do inconsciente é aí sustentado pela pequena seta embaixo e à esquerda do esquema. O estatuto que lhe é próprio implica que ele não pode dizer *logo sou* — nem mesmo esse *logo não sou*, que no entanto o completa e expressa seu estatuto virtual no plano do Outro. É apenas onde o [*Eu*] só vem se inscrever efetivamente a partir do *não sou*, que esse Outro mantém sua instância.

O [*Eu*] do *não sou* se sustenta dos tantos outros que há para constituir um sonho. Com efeito, nos diz Freud, o sonho é essencialmente egoístico e, nisto que ele nos apresenta, devemos reconhecer a instância do *Ich* sob uma máscara, o que significa igualmente que ele está presente ali apenas na medida em que não se articula como *Ich*. É por isto que o lugar de todos os pensamentos do sonho é marcado por essa área cinza à esquerda, do *não sou*, onde se designa que o *Ich* como tal, o [*Eu*], deve ser encontrado, como nos indica Freud, em cada um de seus pensamentos.

Como é que o *Ich* pode estar presente em tudo o que Freud chama de *Trauminhalt*, ou seja, esse conjunto de significantes que constituem um sonho e no qual operam os diversos mecanismos do inconsciente, tais como condensação ou deslocamento? Dizer que ele está em todos é precisamente afirmar que ele está absolutamente disperso aí. O que isto quer dizer? Qual é então o estatuto dos pensamentos que constituem o inconsciente? Resta-lhes ser o que Freud nos diz, ou seja, esses signos por onde as coisas — no sentido em que eu disse da última vez, assuntos, encontros — atuam umas em relação às outras, cada uma delas, remetem umas às outras — função que, durante a operação psicanalítica, nos faz perder um tempo na sua proliferação como em um mundo desordenado.

DO PENSAMENTO AO IMPENSÁVEL 119

O que quer que digam as pessoas que me leem nesses tempos pela primeira vez e que se surpreendem, no início do capítulo da *Traumdeutung* intitulado "*Die Traumarbeit*", o trabalho do sonho, Freud articula da maneira mais clara, com todas as letras, o que há tantos anos eu articulo, ou seja, que o inconsciente é estruturado como uma linguagem. *Der Trauminhalt*, o conteúdo do sonho, é dado como em uma escrita feita de imagens, o que designa os hieróglifos. Esses signos são apenas *zu übertragen*, a traduzir, *in die Sprache*, na língua dos pensamentos do sonho. Toda a sequência — sobre os *Zeichenbeziehungen*, sobre a comparação com um rébus, sobre o fato de que só se entende um rébus ao lê-lo e articulá-lo, pois é absurdo ver uma imagem composta de uma casa sobre a qual há um navio, ou de uma pessoa que corre com uma vírgula no lugar da cabeça — tudo isso tem sentido apenas em uma língua.

Eis o que Freud articula, e isto depois de dizer que o mundo dos pensamentos do sonho é de natureza ilógica. Se eu lhes peço para se reportar a seu texto, não é apenas para demonstrar o que é patente e grosseiramente ilustrado a cada página, isto é, que se fala sempre apenas de linguagem. É para que vocês possam ver que ali ele articula todos os modos como as funções gramaticais são preservadas no mundo do sonho. São coisas, sem dúvida, mas que querem dizer algo — são *Bedeutungen*. Um rébus tem um sentido. O que Freud faz das imagens que o constituem senão nos mostrar como suas diversas alterações designam os índices que nos permitem justamente encontrar na sua sequência todas as funções gramaticais inicialmente eliminadas?

Leiam esse capítulo enorme da *Traumdeutung*, o VI. Ali vocês verão, por exemplo, como pode se expressar a relação de uma subordinada com uma principal, ou uma relação causal. A forma da negação também reaparece. Vocês encontrarão ali coisas cujo parentesco evidente com as referências que lhes entreguei aqui lhes parecerá, como a função do *ou... ou...*, que serve, diz ele, para expressar uma conjunção, porque não se pode fazer de outro jeito. Olhando de perto, vocês encontrarão ali exatamente o que eu lhes disse — o *ou... ou...*, suspenso entre duas negações, tem o mesmo valor que a negação da conjunção.

As coisas que lhes trago parecerão, nos resultados, certamente um pouco mais avançadas do que aquelas que Freud lhes entrega, mas ele diz o suficiente para incitá-los a seguir no mesmo caminho. Quando vocês observarem o sonho Sezerno, ou aquele em que é preciso fechar um olho, ou então os dois olhos, vocês perceberão o que isto significa. Isto quer dizer que não se pode ao mesmo tempo ter um olho aberto e dois olhos abertos, o que não é a mesma coisa.

Em suma, Freud traça aqui o caminho de uma lógica dos pensamentos inconscientes do sonho.

Como tal, ela exige apoiar-se no lugar do Outro. Ora, precisamente, esse lugar do Outro não pode se articular aqui senão por um *logo não sou*.

É assim que todo este capítulo, para falar apenas dele, nos prepara para a lógica do fantasma e estabelece a sua legitimidade.

3

Pequeno parêntese que o *logo não sou* me inspira.

No âmbito dessa função, cá estamos suspensos em *Você não é, logo [eu] não sou*. Isto não faz cócegas em seus ouvidos de certo modo? Deveríamos forçar o sentido até mais longe? Até isto que revela a sua verdade: *Você não é senão o que sou*.

Você não é, logo [eu] não sou. Se é de fato essa fórmula, essa verdade, que dá o sentido de Eros, cada um sabe e pode reconhecer que o amor — também em seu desassossego [*émoi*], em seu ímpeto ingênuo, como em muitos de seus discursos — não se recomenda como função do pensamento.

Essa verdade, se é dela que sai o monstro cujos efeitos conhecemos muito bem na vida cotidiana, é na medida em que ela é no amor rejeitada. Como enuncio acerca de toda *Verwerfung*, e essa é mais uma demonstração disto, o amor se manifesta no real por meio de efeitos os mais incômodos e deprimentes. Em nenhum lugar pode-se dizer que os caminhos do amor são facilmente traçados.

Na época de Descartes, esses caminhos não eram, evidentemente, ignorados por ninguém. Estávamos na época de Angelus Silesius, que ousava dizer a Deus: *Se eu não estivesse aqui, você, Deus, como Deus existente, também não estaria aqui*. Podemos nos ressituar em uma época assim para julgar o que coloca um impasse na nossa.

Voltemos agora ao que diz Freud ao levar mais adiante o exame de sua lógica.

DO PENSAMENTO AO IMPENSÁVEL 121

Se vocês tivessem mantido a menor dúvida em relação à natureza dessa subversão que faz da *Bedeutung* — na medida em que a apreendemos no momento de sua alteração, torsão, amputação e até ablação — a mola que nos permite reconhecer no sonho a função da lógica e restabelecê-la, vocês veriam essa dúvida se evanescer ao ver como Freud reintegra no sonho tudo o que ali aparece como julgamentos — também quando esses julgamentos são internos à vivência do sonho, e mais ainda quando aparentemente eles se apresentam no despertar.

Quando um momento de hesitação, uma interrupção, uma *Lücke*, uma lacuna — como eu dizia outrora, no tempo em que eu salientava algumas lacunas — uma ruptura, *Unterbrechung*, é indicada no relato que eu, o sonhador, posso lhes dar de meu sonho, mesmo isso deve ser restabelecido, nos diz Freud, como fazendo parte do texto do sonho. Para fazê-los captar o que isto designa, bastará eu retomar o exemplo que Freud nos dá disto.

Eu vou, diz o sonhador, *com Fräulein K.* in das Volksgartenrestaurant, *no restaurante do Volksgarten...* — e aí, é a *dunkle Stelle*, a passagem em que não há nada a dizer, ele não sabe mais, e a coisa continua: *Então, eu me encontro na sala de um bordel,* in dem ich zwei, drei Frauen sehe, *no qual vejo duas ou três mulheres, uma de camisola e outra de calcinha.*

Análise. A Fräulein K. é a filha de seu antigo chefe. A circunstância em que ele teve de falar com ela é bastante característica. Ele a descreve nestes termos: *Nós nos reconhecemos em uma espécie de igualdade,* man erkannte sich gleichsam, *na sua qualificação de sexo*, in seine Geschlechtigkeit, *como se quiséssemos dizer* Ich bin ein Mann, und du ein Weib, *Eu sou um homem e tu uma mulher.*

Aí está muito precisamente por que a Fräulein K. é escolhida para constituir o ponto de entrada do sonho, e também, sem dúvida, para determinar a síncope. De fato, o que se segue vem perturbar essa bela relação, cheia de certeza, entre o homem e a mulher. Ou seja, que as três pessoas que estão ligadas por ele à lembrança do restaurante, e que também representam aquelas que ele encontra na sala do bordel, são a sua irmã, a mulher de seu cunhado e uma amiga de uma ou outra, pouco importa, de qualquer forma as três mulheres com as quais não se pode dizer que suas relações sejam marcadas por uma abordagem sexual franca e direta.

Em outras palavras, Freud nos demonstra a seguinte correlação estrita: uma síncope do *Trauminhalt*, uma carência de significantes sempre se produz quando se aborda o que quer que seja que, na linguagem, e não apenas na miragem de olhar nos olhos, colocaria em jogo o que diz respeito às relações do sexo como tal. O sentido lógico original da castração, na medida em que a análise descobriu a sua dimensão, repousa nisto: que no âmbito das *Bedeutungen*, das significações, a linguagem como aquilo que estrutura o sujeito muito matematicamente falta quanto à relação entre os sexos e reduz a polaridade sexual a um *ter ou não ter* a conotação fálica.

É muito precisamente isto que representa, e representa apenas, o efeito da análise.

Nenhuma abordagem da castração como tal é possível para um sujeito humano, a não ser no fato de que a função da alienação, onde intervém a função do Outro barrado, seja renovada em outro patamar, separado daquele do *não sou* de toda a diagonal do retângulo desenhado.

É aí que entra em jogo o trabalho da análise. Pelo efeito desse trabalho, o campo vazio em que o sujeito estava não identificável em seu *não sou* vai se preencher e vai aparecer o $(-\varphi)$, que marca o fracasso da articulação da *Bedeutung* sexual. Lembro-lhes, a esse respeito, a conferência que fiz em alemão sobre a significação do falo, que intitulei *Die Bedeutung des Phallus*.

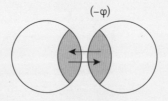

A significação do falo aparece

A aparição do falo se produz no canto abaixo à esquerda do retângulo. Por uma inversão de posição, é o *não-[eu]* do *não penso* que ela positiva.

O que distancia essas duas operações igualmente alienantes? Ou seja, a da alienação pura e simples, lógica, e esta, que constitui a releitura da mesma necessidade alienante no âmbito da *Bedeutung* dos pensamentos inconscientes. Toda a distância entre uma e outra dessas operações diz respeito ao seu campo de partida.

DO PENSAMENTO AO IMPENSÁVEL 123

A primeira tem como campo de partida, no alto, à direita, a escolha oferecida do *Ou não penso, ou não sou*, que reconstruo e onde designo o fundamento de todo esse funcionamento lógico. Forneço-o para ser o sentido verídico do *cogito* cartesiano. Essa operação desemboca no *não penso* e no isso, fundamento de tudo o que submete o sujeito, especialmente, às duas pulsões que designei como escopofílica e sadomasoquista.

Pelo efeito da segunda operação, que parte, embaixo e à direita, do *não sou* e do inconsciente, algo mais, relacionado à sexualidade, se manifesta a partir dos pensamentos do inconsciente. É o sentido disso que Freud descobriu. Mas é também isto pelo que se designa a radical inadequação do pensamento à realidade do sexo.

Não convém ultrapassar o que há aí de impensável — impensável e no entanto salutar. Eis o cerne do porquê Freud se agarrava tão essencialmente à teoria sexual da libido. É preciso ler sob a pluma xamânica de Jung qual foi o seu estupor, a sua indignação, ao ouvir da boca de Freud essa fala que lhe parecia demonstrar não sei que tomada de partido anticientífica — *Sobretudo, você, Jung, não esqueça disto, é preciso cuidar dessa teoria. — Mas por quê?* perguntou Jung. — *Para impedir o* Schlammflut, *o afluxo de lama do ocultismo,* diz Freud. É porque ele sabia muito bem tudo o que implicava o fato de não ter transposto o limite precisamente designado deste modo. Esse limite constitui, sem dúvida, a essência da linguagem — no sentido de que a linguagem não domina o fundamento do sexo uma vez que ele talvez esteja mais profundamente ligado à essência da morte, não domina o que está em jogo na realidade sexual. Esse é o ensinamento de sobriedade que Freud nos dá.

Mas então por que existem dois caminhos, dois acessos? É, sem dúvida, porque existe uma operação da qual falamos e que merece um nome — aquela que faz passar do plano do pensamento inconsciente para seu estatuto lógico, teórico, e que, inversamente, faz passar do estatuto do sujeito como sujeito das pulsões escopofílica e sadomasoquista para o estatuto do sujeito analisado, para quem a função da castração tem um sentido. Essa operação, nós a chamaremos de *operação verdade*, porque, assim como a própria verdade, ela se realiza onde ela quer quando ela fala.

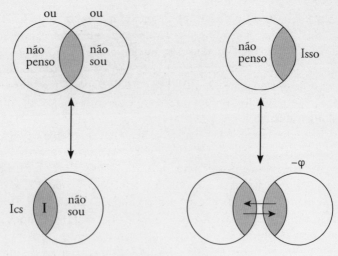

A operação verdade

Isto, que esteve ligado à irrupção do inconsciente, ao retorno do recalcado, permite-nos conceber que possamos encontrar a instância da castração no objeto-núcleo, objeto-*core*, para dizê-lo em inglês, em torno do qual gira o estatuto do sujeito gramatical.

Isto pode ser designado e traduzido a partir dessa quina obtida que faz com que a linguagem seja, por seu próprio estatuto, antipática, por assim dizer, à realidade sexual. Isto não é nada além do lugar da operação que vai nos permitir definir a função do objeto *a* no seu estatuto lógico.

18 de janeiro de 1967

VIII

O [*Eu*] e o *a*

> *O Outro é marcado*
> *Crítica da representação*
> *A instância vigília do sonho*
> *O [Eu] é mancha e quadro*
> Cogito ergo Es

Da última vez eu os deixei após um primeiro percurso do retângulo ao qual devemos sempre nos reportar, como suporte evocador para vocês do fundamento disso que tentamos construir, este ano, de uma lógica do fantasma.

A escolha feita no princípio do desenvolvimento dessas operações lógicas é essa espécie de alternativa muito especial que tento articular propriamente com o nome de alienação.

A escolha aqui está entre um *não penso* e um *não sou*, com o que ela inclui de forçado, pois ela vai de encontro ao *não penso*.

A descoberta do inconsciente, tal como referido na análise, revela a verdade dessa alienação, e nós percorremos bastante esse caminho para que já tenha sido suficientemente indicado o que sustenta essa verdade, sob o termo, várias vezes repetido diante de vocês, do objeto *a minúsculo*.

Tudo o que desenvolvo diante de vocês só é possível porque lhes falo desse objeto há bastante tempo para que ele já possa representar para vocês algum suporte.

Ainda assim, a articulação especial que ele tem com essa lógica ainda não foi levada até seu termo, longe disso.

Simplesmente eu quis indicar-lhes no final de nosso último encontro que a castração certamente não é sem relação com esse objeto.

1

A castração representa isto, a saber: que o objeto *a* como causa do desejo domina o que é possível ao sujeito cingir como campo, tomada, apreensão, disto que se chama propriamente, na essência do homem, o desejo, desde que se lembre que a *essência do homem* é uma referência spinoziana e não dê a esse termo "homem" mais destaque do que lhe dou normalmente; que a causação do desejo pelo objeto *a* é precisamente o que torna necessário que, no plano da sexualidade, o desejo seja representado pela marca de uma falta; que tudo na relação sexual, tal como ela se produz no ser falante, se origina da castração e se ordena em torno de seu signo, ou seja, o falo, na medida em que ele representa a possibilidade de uma falta de objeto.

A castração é, portanto, como despertar para o fato de que a sexualidade — quero dizer, tudo o que se realiza no acontecimento psíquico — é marcada pelo signo de uma falta.

Pode ser em razão disso, por exemplo, que o Outro, aquele da vivência inaugural da criança, deve em certo momento aparecer como castrado.

Esse Outro que designamos na linguagem analítica como *a Mãe*, e que sustenta a primeira apreensão da castração, não deve ser tomado pura e simplesmente como um personagem encarregado de diversas funções em certa relação tipificada no registro da vida do pequeno humano, pois ele também tem a relação mais profunda com o Outro posta em questão na origem de toda operação lógica que lhes exponho. O correlativo horror habitual que se produz na descoberta de que o Outro é castrado nos coloca no cerne do que se trata quanto à relação do sujeito com o Outro, na medida em que ela se funda ali.

Nesse ponto, tudo o que identificamos na experiência analítica nos permite enunciar que, tal como é vivida, tal como ela opera, a sexualidade representa fundamentalmente um *defender-se* de dar sequência a essa verdade de que não há Outro.

Isto é o que tenho a comentar com vocês hoje. Se optei pela abordagem da tradição filosófica para pronunciar que esse Outro não existe e evocar, a esse respeito, a correlação ateísta que essa afirmação comporta, não quer dizer, evidentemente, que podemos parar por aí. Temos que ir mais longe e colocar a questão de saber o que quer dizer a queda do A, designada por esse S de A barrado, $S(\cancel{A})$, que tomamos como o termo logicamente equivalente à escolha inaugural da alienação. Nada pode cair, a não ser o que é — se A não é, como pode cair?

Afirmamos que não há nenhum lugar no qual se assegure a verdade constituída pela fala. Trata-se apenas de dizer que as palavras são vazias? Ou, antes, que as palavras não têm nenhum lugar legítimo, o que sempre justificaria que elas fossem questionadas pela consciência comum, segundo a expressão *são apenas palavras*? O que acrescenta a isto o S(Ⱥ) — esta formulação que lhes dou para ser a chave que nos permite partir de um passo justo e que poderíamos sustentar por bastante tempo na elaboração da lógica do fantasma? Mesmo assim, se me sirvo de um algoritmo de tipo matemático para embasar esse S(Ⱥ), é para afirmar que há outro sentido, mais profundo, a descobrir. Mas se realmente, como digo, a consciência moderna, seja a dos religiosos ou a daqueles que não o são, é ateia no seu conjunto, será que afirmar a não-existência de A não seria lançar uma sombra? Será que não se trata de outra coisa por trás disso?

Há muitas maneiras de perceber que de fato se trata de outra coisa. O que quer dizer o A ser marcado por uma barra? Bem, acabo de dizer, não preciso ir buscar mais longe — está marcado. O Outro ao qual era tão essencial a Descartes se referir, o que nos permitiu partir disso para assegurar nosso primeiro passo, o Outro que Pascal chamava de *Deus dos filósofos*, o Outro de fato necessário à edificação de toda filosofia, e que se encontra até nos místicos contemporâneos, a mesma etapa da reflexão sobre o tema do Outro, esse Outro não é essencialmente caracterizado por não ser marcado? Teologia negativa. E o que quer dizer essa perfeição do Outro invocada no argumento ontológico senão, justamente, que marca nenhuma o abala?

Nesse sentido, o símbolo S(Ⱥ) quer dizer que não podemos raciocinar nossa experiência a partir disto: que o Outro está marcado. De fato, é exatamente disso que se trata desde o início dessa castração primitiva que atinge o ser materno. O Outro está marcado, nós percebemos isto muito rapidamente, por pequenos sinais, como os que se manifestam quando traduzimos. Antes de proferir aqui de modo magistral — o que é sempre abusar um pouco da reputação do papel daquele que ensina — o que acontece com essa marca do Outro, poderíamos tentar vê-lo nesses pequenos sinais nas traduções.

Vocês poderiam colocar a questão de saber como, se eu falasse em alemão, eu traduziria *o Outro*, sobre o qual tenho lhes falado repetidamente há tantos anos: *das Anderes* ou *der Andere*? Vejam a dificuldade que se coloca. Não é pelo fato, como se diz, de que o alemão é uma dessas línguas em que o neutro constituiria o não-marcado quanto ao gênero, o que é absolutamente absurdo, a noção de gênero não se confunde com a bipolaridade masculino-feminino. O neutro aí é um gênero marcado. O próprio das línguas em que ele não está marcado é que pode haver não-marcado que vai regularmente se abrigar sob o masculino. É isto que, em francês, me permite falar-lhes do Outro sem que vocês tenham que se perguntar, como em alemão, sobre uma alternativa.

Eu precisaria falar com algum anglófono — e não faltam representantes em minha plateia, mas não tive tempo — sobre a questão de saber por que, em inglês, é problemático traduzir o *Outro* por *the Other*, como pude perceber recentemente em minha fala em Baltimore. Eu traduzi assim, mas a coisa não flui muito facilmente. Imagino que seja em razão do valor absolutamente diferente do artigo definido. Foi preciso que, para falar de meu Outro, eu passasse por *the Otherness*. Tratar-se-ia sempre de ir no sentido do não-marcado, tomou-se o caminho que se pôde. Passou-se por uma qualidade — uma qualidade incerta. O *Otherness* é algo que essencialmente se furta. Será que isso representa o sentido que quero dar ao Outro? Não posso realmente dizer que estou muito à vontade para afirmar isso, e aqueles que me propuseram essa tradução também. Mas isto em si mesmo é bastante significativo do que está em questão, e muito precisamente da repugnância que existe em introduzir na categoria do Outro a função da marca.

Quando vocês lidam com o *Deus de Abraão, de Isaac e de Jacó*, então aí a marca, vocês não estão privados dela. É exatamente por isso que a coisa não flui tão facilmente e que, da mesma forma, aqueles que têm de se haver muito diretamente, pessoalmente, coletivamente, em corpo, com essa espécie de Outro, têm, eles também, um destino bastante marcado.

Para alguns pequenos dessa tribo que me cercam, eu havia sonhado em lhes prestar o serviço de elucidar um pouco a questão relativa à sua relação com o Nome, o Deus de nome impronunciável, aquele que se expressou no registro do [*Eu*], enunciando não o *Sou aquele que sou*, pálida transposição de um pensamento plotiniano, mas *Sou o que sou*, pura e simplesmente. Como eu disse, e voltarei a isso, havia pensado em lhes prestar esse serviço, mas nós estaremos ainda ali, enquanto não tiver retomado a questão do Nome-do-pai. Falo dos

O [EU] E O a

pequenos, seguramente há os grandes. Os grandes judeus não precisam de mim para afrontar seu Deus.

Nós, aqui, temos de lidar com o Outro como campo da verdade, e com o fato de que ele está marcado, quer queiramos ou não, como filósofo — inicialmente pela castração.

Aí está, hoje, isto com que temos de nos haver, e isto contra o que, desde que a análise existe, nada poderia prevalecer.

2

É por isso que considero que, em certo terreno, é conveniente romper.

No tocante a certas especulações, não se deve sucumbir às inclinações, nem mesmo de julgar, como me atribuíram a responsabilidade, mas ir buscar aquilo que elas demonstram involuntariamente, ou seja, a verdade que lhes falta.

De que serve observar isso no pensamento de tal filósofo contemporâneo? Não há realmente nada a dizer sobre o fato de que em determinado ponto algo vem tomar o lugar de uma falta, a qual se expressa por exemplo de modo mais ou menos embaraçado como *consciência não-tética* de si, isso, a não ser que não se trata de um *Unsinn*, pois um *Unsinn* não é nada em relação ao *Sinn* — é, falando propriamente, *sinnlos*.

É ainda dizer muito a respeito, pois é conceder que esse ponto poderia ser a marca do próprio lugar que faria disso algo indicado como faltante. Ora, não é de modo algum nessa anterioridade impensável disso que se instaura como ponto de *Selbstbewusstsein*, nem em nada semelhante, que devemos buscar o ponto nodal que seria para nós, na posição em que fomos colocados, o ponto de virada em que se encontra o lugar do *cogito*. É preciso definir esse ponto, e isso porque ele é passível de ser encontrado, vocês verão.

Contudo, não deixa de ter importância que o Outro reapareça nessa especulação do mesmo filósofo. Se falo disso, é para mostrar que até nos detalhes seguidos continuados só a ruptura pode responder à pesquisa inteiramente delimitada. Esse pensamento que invoco aqui, se não quero lhe dar um rótulo é precisamente para marcar que isso que devemos decidir nesse caminho do pensamento não poderia de modo algum se autorizar por um rótulo, e pelo meu menos do que pelo de qualquer outro.

Observem aonde esse pensamento o conduz quando se trata da confusão do voyeur, por exemplo — ou seja, ao colocar a ênfase na surpresa do voyeur para justificá-la, no momento em que ele é flagrado pelo olhar de um outro, justamente o olhar de alguém que chega, de um inesperado, enquanto ele está com o olho na porta — olhar já suficientemente evocado pelo barulhinho que anuncia a chegada do outro.

O que está em questão no ato do voyeur é realmente algo que também precisamos nomear como olhar, mas que deve ser buscado bem longe — a saber, nisto que o voyeur quer ver. Ele desconhece que o que quer ver é o que o olha mais intimamente, o que o captura em seu fascínio de voyeur, a ponto de torná-lo tão inerte quanto um quadro.

Sem retomar o traçado do que já desenvolvi amplamente, direi que a errância radical do filósofo é aqui a mesma que se expressa — em *Entre quatro paredes* — na fórmula de que o inferno é nossa imagem fixada para sempre no Outro. É falso. Se o inferno está em algum lugar, é no [*Eu*].

E em toda essa errância, não há nem um pouco de *má-fé* a invocar. A má-fé também é desculpável, assim como a artimanha cristã apologética da boa-fé, feita para capturar o narcisismo do pecador. Há o caminho justo e o caminho falso, não existe transição. Os tropeços do caminho falso não têm nenhum valor enquanto não são analisados, e só podem ser analisados a partir de um ponto de partida radicalmente diferente — ou seja, a admissão, na base e no princípio, do inconsciente, e a investigação do que constitui seu estatuto.

O que faz suplência ao defeito da *Selbstbewusstsein* não poderia de modo algum ser situado como sua própria impossibilidade. É em outro lugar que temos que buscar a função, como se diz, pois não será sequer a mesma função.

Se precisei me deter nesse rastro do qual vou agora me afastar, foi em razão de alguma confusão em que é quase necessário, parece, encontrar-se implicado, pois ouvi da boca de analistas que havia ainda assim alguma coisa a reter na aproximação que, de fora, tentava-se instaurar, do surgimento de certo pensamento sobre o suposto fundo de uma pretensa filosofia por ela atacada, e até subvertida. É surpreendente que a possibilidade de uma referência assim possa ser admitida, e por alguém que é analista, como um dos efeitos possíveis do que nesta ocasião se chama alienação. Ouvi tal coisa vinda da boca de alguém que certamente não comete sempre erros, em uma data na qual eu não tinha talvez, ainda, enfatizado suficientemente o que é preciso pensar sobre o termo *alienação*.

A alienação não tem absolutamente nada a ver com o que resulta de deformações e de perdas na comunicação de um pensamento que chamamos de marxista, mesmo quando essa comunicação se dá do modo mais tradicional — pode-se empregar esse termo a partir do momento em que tal pensamento está suficientemente estabelecido. Está claro que a alienação no sentido marxista não tem nada a ver com o que, propriamente, não passa de confusão. Inclusive, ela não supõe de modo algum em si mesma a existência do Outro, ela consiste simplesmente no fato de que, por exemplo, eu não reconheça meu trabalho nesta coisa que produzi. É porque meu trabalho, o meu próprio, pertence a mim mesmo que é preciso que seja pago com um certo preço, eis uma coisa que não tem nada a ver com a opinião, que nenhuma persuasão sociológica modificará em caso algum, que não se resolve por nenhuma dialética direta e que supõe o jogo de todo tipo de elos bem reais, se quiserem modificar, não a cadeia nem o mecanismo, que é impossível de romper, mas as consequências mais nocivas.

O mesmo acontece com relação à alienação, e é por isso que o importante do que enuncio aqui a esse respeito adquire seu contorno não a partir desse ou daquele que permanece mais ou menos surdo ao sentido do que articulo, mas de seus efeitos sobre aqueles que o compreendem perfeitamente, com essa única condição de que eles estejam aí concernidos de maneira primordial.

Essa é a razão pela qual às vezes colho entre os analistas, com relação ao que enuncio de mais avançado, os sinais de uma angústia, que pode chegar à impaciência.

Por exemplo, pude articular da última vez — de forma secundária, feita para fornecer seu verdadeiro esclarecimento ao que eu definia como a posição do *Não sou* como correlativa da função do inconsciente —, eu articulava sobre esse ponto a seguinte formulação, tomando-a pela verdade do que o amor aqui se permite afirmar: *Se você não é, eu morro*, diz o amor. Conhecemos esse grito, e eu o traduzi: *Você não é senão o que eu sou*.

Enquanto Freud articula, pura e simplesmente, que o fundamento do amor é o *Lust-Ich*, que o amor não é — isso é afirmado por Freud — senão o efeito do narcisismo, e quando ele convida a buscar no mais secreto de si mesmo a fonte do amor ao próximo que implica um certo mandamento que não é desconhecido de vocês — uma formulação como a minha vai muito além no que ela traça de abertura ao amor, pelo simples fato de que ela indica que a *Verwerfung* em questão decorre precisamente do seguinte: que o amor não pensa.

Não é estranho que uma afirmação dessas, infinitamente mais aberta ao amor, possa, em uma escuta analítica, evocar não sei que alarme? Como se o que eu tivesse dito ali fosse depreciativo e eu cometesse — chegaram a me dizer isso — alguma imprudência ao me permitir afirmar diante dos ouvintes de 25 anos uma ideia que *reduziria o amor a nada*. Coisa singular, entre os de 25 anos só recebi reações singularmente vigorosas — que eu saiba, claro; alguns deles vieram me fazer confidências na semana seguinte ao Seminário. Por mais austera que seja a formulação, ela pareceu salutar a muitos.

O que pode, então, condicionar assim a inquietude de um analista se não isto, que marquei nessa afirmação, ao deslocar quase nada o *nada*? *Você não é senão esse nada que [eu] sou.* Ela não é menos verdadeira que a afirmação anterior, na medida em que nos remete à função-chave que retorna, no estatuto do [*Eu*] do *Sou*, para esse *a* que faz dele toda a questão, de fato, e eis no que pretendo me deter ainda um pouco.

Concebe-se de fato que a função do *a* interessa ao analista, pois na operação da análise — onde o *a* deve ser arrematado por um apêndice significante — ela é a única que nos permite ir longe o suficiente na relação do pensamento com o ser no âmbito do [*Eu*] para que aí seja introduzida a função da castração. O *a*, no caminho traçado pela análise, é o analista. É porque o analista tem de ocupar a posição do *a* que de fato, para ele, a proposição levanta muito legitimamente a angústia que convém — se alguém se lembra do que afirmei sobre a angústia, que ela não é sem objeto. Aqui ela está ainda mais fundamentada no analista, que é convocado pela operação significante que é a análise a se encontrar no lugar desse objeto, e provocado a pelo menos se interessar em saber como o assume.

São coisas que estão ainda muito distantes da consideração a respeito delas que poderíamos trazer aqui. Mas não há nisso nada que deva nos desviar mais do que aquilo que há muito tempo havia sido formulado, pelas vias de curto-circuito aforístico de uma sabedoria certamente perdida mas não totalmente sem ressonância, sob a forma do *Tat twam asi* — *Reconhece-te. Tu és isto.*

A partir de certa tendência da tradição filosófica, essa afirmação só poderia ficar opaca. Nada é mais vazio se o *isto* não pode ser identificado ao correlato da representação em que, nessa tradição, se instaura cada vez mais o sujeito. Que eu seja a minha representação, eis um preconceito acerca do qual é fácil demais mostrar que corrompe todo o desenvolvimento moderno de um pensamento sob o nome de idealismo. O estatuto da representação como tal, para nós, deve ser retomado. Se essas palavras têm um sentido, aqueles que se chamam estruturalistas — não quero dar outros nomes, vejam a nova crítica — devem, evidentemente, começar por algo que diz respeito à representação.

Só de abrir *Do mel às cinzas*, último volume lançado das *Mitológicas* de Claude Lévi-Strauss, não fica claro que a análise dos mitos tal como nos é apresentada desarticula completamente a função da representação? Certamente estamos lidando aqui com matéria morta, com a qual não temos nenhuma relação de [*Eu*], mas cuja análise é um jogo [*jeu*], e um jogo fascinante, em que vemos desde as primeiras páginas se articularem as relações entre o mel — concebido como substância nutritiva preparada por outros que não o homem, e datando, de certa forma, de antes da distinção entre a natureza e a cultura — e isto que opera para além do cru e do cozido da cozinha e que se reduz à fumaça, ou seja, o tabaco.

Encontramos sob a pena do autor essa observação, de que antes mesmo que o tabaco nos chegasse seu lugar já estava preparado pela oposição entre as cinzas e o mel — notação singular que ele engancha em certos textos, por exemplo medievais. De certa forma, a coisa-mel esperava desde sempre a coisa-tabaco. Sigam vocês ou não esse caminho, não é essa análise feita para sugerir o que conhecemos na prática do inconsciente? E também para nos incitar a levar mais longe a crítica do que Freud articula com o termo *Sachvorstellungen*?

Na perspectiva idealista, pensa-se que *representação de coisas* quer dizer que são as coisas que são representadas — e, afinal de contas, por que Freud não teria escrito nesse sentido? Mas por que relutar em pensar as relações das coisas como alicerçando algumas representações que pertencem às próprias coisas? As coisas se tornam sinais, com toda a ambiguidade que vocês possam colocar nesse último termo, se fazem sinal entre si, elas podem se chamar, se ouvir, se ordenar, como ordem das coisas. É sem dúvida alguma aí que nós atuamos na interpretação analítica, a cada vez que fazemos algo funcionar como *Bedeutung*.

No entanto, por mais divertido que seja o jogo, é uma armadilha, e também não é trabalho analítico encontrar no inconsciente a rede, a trama dos antigos mitos. Aí estaremos sempre bem servidos. A partir do momento em que se trata da *Bedeutung*, nós encontraremos tudo o que quisermos como estruturas da era mítica.

É exatamente por isso que, ao final de certo tempo, o jogo cansou os analistas. Eles perceberam que era fácil demais. O jogo não é fácil quando se trata de textos recolhidos e atestados de mitos existentes que não são qualquer um, mas no âmbito do inconsciente, do sujeito em análise, a coisa é muito mais leve e desembaraçada. E por quê? Precisamente porque vem se conjugar com o *não sou*. Isto é bastante manifesto no âmbito do sonho, disse eu da última vez, nessas formas que tornam a função do [*Eu*] onipresente e nunca completamente identificável.

Outra coisa é isto que deve nos reter, ou seja, os furos no jogo da *Bedeutung*. Como se dá que não se tenha notado isto, que no entanto é uma presença ofuscante? É o lado *Bedeutung* obturada, como se diz, no qual se manifesta tudo o que se relaciona ao objeto *a*.

Claro, os analistas fazem tudo para ligá-lo a alguma função primordial que eles imaginam ter fundado no organismo, como dizer, por exemplo, que se trata de um objeto da pulsão oral ou, da mesma forma, falar de modo absolutamente incorreto, de leite bom ou mau — quando não se trata de nada parecido, já que se trata do seio. Ora, é impossível fazer a ligação do leite com um objeto erótico, o que no entanto é essencial para o estatuto do objeto *a*, ao passo que, quanto ao seio, a objeção não é a mesma. Mas quem não vê que um seio é alguma coisa que não é representável? Vocês pensaram nisso?

Não penso que haja aqui uma grande minoria para quem um seio possa representar um objeto erótico, mas vocês são capazes, em termos de representação, de definir em nome do quê? O que é *um belo seio*? Ainda que o termo seja pronunciado, desafio quem quer que seja a lhe dar um suporte qualquer. Seriam necessárias aí aquelas palavras, um dia articuladas por um aprendiz de poeta que não está longe, no final de um dos medíocres quartetos que ele cometeu: *A nuvem deslumbrante dos seios*. Só jogando com o registro do nublado, acrescentando a ele algo da ordem do reflexo, ou seja, do menos tangível, é possível suportar a *Vorstellung* do que está em questão nesse objeto, que não tem outro estatuto senão o que podemos chamar, com toda a opacidade, por esses termos: *um ponto de gozo*.

o [EU] E O a   135

Mas o que isto quer dizer? Enquanto eu me esforçava por centrar o que chamo ocasionalmente de síncope da *Bedeutung*, para lhes mostrar e fazê-los sentir que está aí o ponto que vem cumular o *Sinn* — de repente isto me apareceu. Para suportar, no fantasma, o papel do objeto seio, na medida em que ele é realmente o suporte específico do jogo da pulsão oral, nada mais adequado do que a fórmula que lhes servi cem vezes para ilustrar o caráter puramente estrutural do *Sinn*: *Colorless green ideas* — essas ideias sem cor, e verdes também, por que não? — *sleep furiously*. Aí estão os seios. Nada, me parece, pode expressar o privilégio desse objeto de modo mais adequado, quer dizer, poético — elas dormem furiosamente, na ocasião, e não é tarefa simples acordá-las. É disso que se trata quando se trata de seios.

Isto serve para nos colocar na pista que vai nos aproximar da questão deixada em suspenso, disto que pode nos permitir fazer suplência à *Selbstbewusstsein*.

Evidentemente, não é nada além do objeto *a*. Só que é preciso saber encontrá-lo onde ele está.

Não é porque se sabe seu nome previamente que o encontramos, e aliás encontrá-lo não significa nada além de alguma ocasião de diversão.

3

Tomemos agora o que Freud vem nos dizer sobre o sonho.

Ficamos espantados com o que ele solta, como se diz, sobre certo aspecto vigília do sujeito no sonho.

Se esse *erro de Outro* [*faute d'Autre*] é fundamental para o que caracterizo como alienação, se o [*Eu*] não é nada mais que a opacidade da estrutura lógica, se o estilo da descoberta freudiana está dado pela falta de transparência da verdade, não é estranho ver Freud enunciar que determinado sonho que contradiz sua teoria do desejo não significa ali nada mais que o desejo de provar que está errado?

Será que isso não é suficiente para mostrar ao mesmo tempo a justeza da formulação que articulo, de que o desejo é o desejo do Outro, e o suspense no qual o estatuto do desejo é deixado, caso se possa dizer que esse Outro não existe?

Não é ainda mais notável ver Freud, no final de uma das seções desse capítulo vi que destaquei da última vez, precisar, de modo bastante seguro, que o sonhador se arma e se defende disso: de que o que ele sonha seja apenas um sonho? Nesse ponto, ele vai longe o suficiente para sustentar com insistência que existe uma instância que sabe sempre — ele diz: *que sabe [qui sait]* — que o sujeito dorme e que, mesmo que isto possa nos surpreender, essa instância não é o inconsciente, mas o pré-consciente, que representa nessa ocasião, diz ele, o desejo de dormir.

Isso nos fará refletir sobre o que se passa no despertar. De fato, se por intermédio do sono o desejo de dormir se encontra tão cúmplice da função do desejo na medida em que ela se opõe à realidade, o que nos garante que, ao sair do sono, o sujeito esteja mais protegido contra o desejo, na medida em que ele enquadra a realidade, ou o que costumamos chamar assim? O momento do despertar talvez nunca seja mais do que um curto instante, aquele em que se troca de cortina. Mas deixemos isso em suspenso por enquanto. Antes de voltar a isso, contudo, eu quis hoje tocar nessa questão, foi por isso que escrevi no quadro: *O despertar.*

Sigamos Freud. Para que possamos dizer com certeza que sonhar que se está sonhando designa a aproximação iminente da realidade, é preciso que se trate aí de uma função de erro, claro, pela qual o sujeito se protege para não descobrir a realidade — via de interpretação exatamente contrária à asserção de que uma ideia é transparente para si mesma. Como não perceber que há aí o rastro de algo, e que ele merece ser seguido?

Para mostrar-lhes como entender isto, não posso fazer melhor do que tomar o caminho que me abre uma fábula bastante conhecida, por ter sido tirada de um velho texto chinês, de Chuang-Tsé — Deus sabe o que o fizeram dizer, coitado. Ela trata especialmente do que ele teria dito a respeito de um sonho em que ele teria visto a si mesmo como uma borboleta: ele teria questionado seus discípulos sobre como saber distinguir Chuang-Tsé sonhando ser uma borboleta de uma borboleta que, acreditando-se acordada, apenas sonhasse ser Chuang-Tsé.

Nem é preciso dizer que essa historieta não tem absolutamente o sentido que habitualmente se dá a ela. No texto de Chuang-Tsé, as frases seguintes mostram com clareza o que está em questão, pois elas tratam sobre nada menos que a formação dos seres, isto é, de coisas e de vias que, em grande medida, nos escapam há muito tempo — me refiro exatamente ao que era pensado a esse propósito por aqueles que deixaram as marcas escritas.

O [EU] E O a

Esse sonho, vou me permitir supor que ele foi relatado de maneira inexata, e substituir a versão tradicional por essa outra que é de minha lavra, a saber: quando sonhou ser uma borboleta, Chuang-Tsé disse — *Isso é apenas um sonho*.

Isso quer dizer que ele não duvida nem um instante de superar o pequeno problema de sua identidade quanto a ser Chuang-Tsé, o que, lhes asseguro, é absolutamente conforme à sua mentalidade. Ora, é precisamente ao se dizer que o sonho em que ele se vê borboleta é apenas um sonho que ele perde a realidade, pois o [*Eu*] de Chuang-Tsé repousa nisso que é essencial a qualquer condição do sujeito, ou seja, que ele é visto.

Essa formulação é preciosa, pois não há nada que nos permita superar melhor o que há de traiçoeiro no mundo da visão, supondo-se que suporta essa espécie de semelhança — como quer que o chamemos, *mundo* ou *extensão* — da qual o sujeito seria o único suporte e o único modo de existência. O que faz a consistência do sujeito, na medida em que ele vê? Ou seja, na medida em que ele só tem a geometria da visão, na medida em que pode dizer ao Outro: *Isso é à direita, isso é à esquerda, isso é dentro, isso é fora*. O que permite ao sujeito situar-se como [*Eu*] senão isso que já sublinhei, que é o quadro no mundo visível?

A borboleta do sonho não é nada além daquilo que designa o próprio sujeito como mancha no mundo. E já destaquei para vocês então o que a mancha tem de original no surgimento, no âmbito do organismo, de algo que constituirá visão. É na medida em que o próprio [*Eu*] é mancha sobre um fundo que isto acerca do que vai questionar o que vê é também o que ele não pode encontrar e que se furta, ou seja, essa origem do olhar — para inaugurar o que é da ordem do [*Eu*] na relação escopofílica, nada mais sensível e manifesto a ser articulado do que a luz do sol. O *[Eu] sonho apenas* é precisamente isto que mascara a realidade do olhar, na medida em que ela está por ser descoberta.

Ao lembrar-lhes a função do objeto *a*, é a esse ponto que gostaria de levá-los hoje: a saber, sua estreita correlação com o [*Eu*].

No entanto, qualquer que seja o laço que suporte, que indique, como moldura, o [*Eu*] de todos os fantasmas, não podemos ainda captar, em uma multiplicidade desses objetos *a*, o que dá ao objeto *a* um privilégio tal no estatuto do [*Eu*], na medida em que ele se coloca como desejo. Somente ao invocar a repetição e ao fazê-la entrar em jogo é que poderemos desenhá-lo, inscrevê-lo de maneira mais precisa.

O traço pelo qual o sujeito se assegura delineia-se no campo da repetição. Se, com relação a esse campo, ele pode se inscrever em certa relação de perda, é porque esse campo tem, digamos, uma estrutura que dissemos topológica. O que o objeto *a* quer dizer em relação a uma superfície, nós o aproximamos de maneira rigorosa na imagem desse algo que se destaca em certas superfícies privilegiadas e que estas deixam cair. Esse objeto de queda nos reteve, e acreditamos dever ilustrá-lo em um pequeno fragmento de superfície. Mas ainda é uma representação grosseira e inadequada.

Não devemos rejeitar nem a noção de superfície, nem a de efeito do traço e do corte. Mas, quanto a identificar o objeto de que se trata na forma desse ou daquele fragmento de superfície, não poderíamos, claro, nos contentar com isso, por mais propícia que nos pareça essa imagem a ser aproximada disso que é usual no discurso analítico, com o termo objeto parcial.

As superfícies que definimos não devem ser consideradas sob o ângulo espacial, e sim na medida em que cada ponto demonstra ali uma estrutura que não pode ser excluída — quero dizer, em cada ponto. Articular ali alguns efeitos de corte nos permitirá conhecer algo desses pontos evanescentes que podemos descrever como objeto *a*.

25 de janeiro de 1967

Seção seguinte

UMA QUESTÃO PARA JAKOBSON

Agradeço por terem vindo em tão grande número hoje, quando estamos, como todos sabem, em um dia de greve. Agradeço ainda mais porque devo também pedir desculpas para alguns, já que no anúncio que fiz, até uma hora recente, eu faria o que se chama de meu Seminário, que certamente é o motivo de uma parte das pessoas estarem aqui.

De fato eu tinha a intenção de fazê-lo, e de fazê-lo sobre o tema humorístico acerca do qual já escrevi, esse *cogito ergo Es* que vocês veem no alto das páginas brancas das quais me sirvo para suprir a pouca iluminação do quadro. Como vocês suspeitam pela mudança de tinta, esse *Es* é um jogo de palavras. Ele joga com a homofonia aproximativa do *es* latino e do *Es* alemão, que designa o que vocês sabem em Freud: o que se traduziu em francês pela função do isso.

Cogito ergo ES

Uma lógica — que não é uma lógica, que é uma lógica totalmente inédita, uma lógica à qual eu não quis dar, antes que fosse instaurada, uma denominação, embora por acaso haja uma que me parece válida, ainda assim me pareceu apropriado aguardar ter lhe dado um desenvolvimento suficiente para nomeá-la — uma lógica, portanto — cujo início, curioso, se dá por essa escolha, alienante, ressalto, que lhes é oferecida, de um *não penso* a um *não sou* —, pode nos levar a nos perguntarmos qual é o lugar do fato de estarmos aqui para algo que poderia muito bem se chamar um *Nós pensamos*.

Isso já nos levaria longe, pois nos caminhos pelos quais enveredo, que são os do Outro barrado, esse *nós*, certamente vocês percebem, coloca uma questão. Seja como for, certamente não deixa de ser pelo fato de estar diante de uma audiência tão grande que faço algo que se parece muito com exercitá-los nos caminhos do pensamento. O estatuto do pensamento, aí está algo que merece ser pelo menos indicado como colocando uma questão a partir dessas premissas. Mas hoje eu me limitarei a destacar que, como todo homem que se aplica, ou que pelo menos imagina se aplicar, nessa operação do pensamento, eu sou muito amigo da ordem. Ora, um dos fundamentos mais essenciais de nossa ordem, da ordem existente — é sempre a única à qual podemos nos referir — é a greve. Sendo esta greve seguida, infelizmente eu soube disso um pouco tarde, por todo o serviço público, não tenho a intenção de ser exceção. É por esse motivo que não darei hoje a aula que talvez vocês estivessem esperando, nem particularmente sobre esse *cogito ergo Es*, a menos que eu o anuncie como tal.

No entanto, não me arrependo de estar aqui, precisamente pela causa que me cegou, um pouco mais tarde do que deveria: o fato de que era melhor que eu não desse a minha aula. Refiro-me à presença entre nós, hoje, do professor Roman Jakobson, em relação a quem todos vocês sabem qual é nossa dívida, considerando o que se dá aqui como ensino.

Ele chegou a Paris ontem à noite, me deu a honra de ser seu anfitrião, e eu me regozijava de poder dar minha aula normal na sua presença. Ele está plenamente de acordo comigo a respeito de que é melhor eu não dar essa aula. Pelo menos ele veio até aqui, e se alguém tiver alguma pergunta a lhe fazer ele está pronto para responder — um ato de cortesia que não tem nenhuma relação com a manutenção de nossa reunião de hoje.

Vou ainda dizer algumas palavras para lhes dar tempo de se situar. Se alguém teve a iniciativa de trazer preparada uma pergunta para fazer especificamente para ele, professor Roman Jakobson, que está aqui na primeira fileira, ele terá tempo, enquanto eu falo algumas palavras para animar a discussão, de se aquecer para ela. Se essa pergunta for uma verdadeira questão, a resposta dada nesta ocasião pode ser de grande interesse para todo mundo.

Para mantê-los intrigados, indicarei então por qual caminho nos leva esse *cogito ergo Es*. Acredito que vocês já tenham percebido isso. Por que seriam tão assíduos se não previssem a que momento mais ou menos fervilhante a sequência de nossa fala nos conduz?

Eu já havia previsto que na próxima quarta-feira não faria meu Seminário, por razões de conveniência pessoal, ligadas ao recesso da terça-feira de Carnaval, transformada este ano em férias mais amplas. Saibam de antemão que o próximo encontro será no dia 15 de fevereiro. Espero que o fio do que nos reúne este ano em uma linha de atenção não seja distendido demais.

Para apontar o que está em questão nesse *cogito ergo Es*, direi que é um modo de recolocar a questão do que é esse famoso *Es* que de todo modo não é tão evidente assim, já que me permiti também qualificar de imbecis aqueles que acham fácil demais se situar aí, vendo nisto uma espécie de outro sujeito e, para resumir, um *eu* [*moi*] constituído de outro modo, de qualidade suspeita, um *outlaw* do eu, ou, como alguns disseram claramente, um eu ruim.

O [EU] E O a 141

Evidentemente não é fácil dar um estatuto a uma entidade assim. Pensar que convém substancializar *Es* apenas a partir do que nos vem de uma obscura pressão interna não permite de modo algum descartar o problema de seu estatuto. Na verdade, se fosse assim, não seria nada além daquilo que, desde sempre e muito legitimamente, constituiu essa espécie de sujeito que é chamado de eu. Vocês percebem que é a partir do Outro barrado que teremos, não que repensar esse *Es*, mas pura e simplesmente pensá-lo. Ora, esse Outro barrado, na medida em que partimos dele como sendo o lugar em que se situa a afirmação da fala, coloca em questão o estatuto da segunda pessoa.

Desde sempre, uma espécie de ambiguidade se instaurou a partir da necessidade mesma do desenvolvimento que me fez introduzir, através de "Função e campo da fala e da linguagem…", o que está em jogo em relação ao inconsciente. O termo "intersubjetividade" certamente ainda paira, e vai pairar por muito tempo, já que está escrito com todas as letras no que foi o percurso de meu ensino. No entanto, se me servi desse termo, nunca foi sem acrescentar algumas reservas, mas essas reservas não eram inteligíveis para o público que eu tinha na época. Todos sabem que esse termo é aceito com excessiva facilidade. Permanecerá sendo, claro, a fortaleza de tudo o que combato da maneira mais precisa.

O termo "intersubjetividade" mantém na ordem psicológica equívocos, dentre os quais um dos mais perigosos, e que desde sempre designei como tal, é precisamente o estatuto da reciprocidade. É o baluarte de tudo o que, na psicologia, é feito para assentar todos os desconhecimentos relativos ao desenvolvimento psíquico.

O estatuto da reciprocidade lhes é dado para marcar o limite estatutário em que a maturidade do sujeito se instauraria no desenvolvimento. Bem, para ilustrar isso com uma imagem ao mesmo tempo brilhante e grosseira, vou me referir a *O jovem Törless*. Há na plateia quantidade suficiente de pessoas que o viram no cinema para que minhas palavras tenham alcance — os outros podem se informar. Direi que o estatuto da reciprocidade é o que sustenta o quadro dos professores, que supervisiona e que não quer saber de nada, não tocar em nada dessa história atroz. Isso só torna mais manifesto que, no que diz respeito à formação de um indivíduo, e muito especialmente de uma criança, os educadores, antes de procurar perceber em que etapa, em que estádio ele seria capaz de considerar que o [*eu*] e o *tu* são recíprocos, fariam melhor investigando quais são os melhores caminhos que lhe permitem situar-se como sendo, por sua própria existência, a presa dos fantasmas de seus coleguinhas.

Eis, evidentemente, o que está em jogo nisso em que prosseguiremos este ano sob o nome de *lógica do fantasma*, e que traz consigo interesses de peso. Claro, esta observação não vai de modo algum na direção de um solipsismo, mas justamente no sentido de saber do que se trata em relação a esse Outro cujo lugar foi sustentado na tradição filosófica pela imagem de um Outro divino, vazio, que Pascal designa pelo nome de *Deus dos filósofos*, e com o qual não conseguiríamos nos contentar de modo algum, e não por razões de pensamento ou de livre pensar — o livre pensar é como a associação livre, não falemos disso.

Aproveito a oportunidade para dizer isso e afastar qualquer tipo de mosca que pudesse me escolher como vítima — o pensamento de Freud cujo fio e cujas pistas estamos aqui para seguir não é o pensamento no sentido em que, mesmo com a ajuda da crítica mais atenta do texto, o historiador da filosofia pode defini-la para afinal de contas a minimizar, observando que nesse ou naquele ponto Freud não avançou. Inclusive não se poderia imputar-lhe senão, em algum momento crítico do que ele enunciou, não sei qual falha, furo, retomada malfeita. Não, se Freud nos detém, não é porque ele pensou como indivíduo em determinada variante da sua vida eficiente — o que nos interessa é o objeto que ele descobriu.

A importância que tem para nós o pensamento de Freud está relacionada ao fato de que constatamos que não há caminho melhor para encontrar as arestas desse objeto senão seguir seus rastros nesse pensamento. O que legitima o lugar que lhe damos é que a todo instante esses rastros só fazem nos indicar de qual objeto se trata, e de modo tão mais dilacerante quanto mais são eles fragmentados. Esses rastros nos remetem a isso, ou seja, que se trata de não ignorar isso. Ignorar seria certamente a tendência irresistível, e natural na etapa atual das coisas, de toda subjetividade constituída.

É o que redobra o drama do que é chamado de *pesquisa*, cujo estatuto vocês sabem também que não deixa de ser suspeito para mim. Estamos bem perto de voltar a isto e pretendo, da próxima vez, recolocar a questão do estatuto que podemos dar a essa palavra, por trás da qual se refugia normalmente entre nós a maior má-fé. O que é a pesquisa? Nada mais do que aquilo que podemos estabelecer como origem radical da abordagem de Freud em relação a seu objeto. Nada nos dará o estatuto da pesquisa, a não ser o que aparece como ponto de partida irredutível da novidade freudiana, ou seja, a repetição. Bem, essa pesquisa é de certo modo repetida pela questão que suscita o que chamarei de nossas relações, para vocês e para mim, a saber, o que se passa com este ensino.

Este ensino pressupõe, de fato, que haja sujeitos para quem o novo estatuto do sujeito que implica o objeto freudiano se realiza, em outras palavras que haja analistas, isto é, sujeitos que sustentariam neles mesmos algo que se aproxima tanto quanto possível desse novo estatuto do sujeito comandado pela existência e descoberta do objeto freudiano. Seriam sujeitos à altura do fato de que o Outro, o grande Outro tradicional, não existe e que, no entanto, há uma *Bedeutung*. Essa não tem outro nome senão aquele que pinço aqui, e com o qual se darão por satisfeitos todos aqueles que me seguiram o suficiente para que as palavras que emprego tenham um sentido, a saber, a estrutura na medida em que é real.

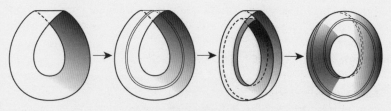

Da banda de Moebius ao toro

Minha aula de hoje devia percorrer essas imagens que exponho. Nelas vocês reconhecerão uma vez mais a banda de Moebius. Uma vez cortada em dois, ela não se divide e sim, como vocês podem constatar se sabem copiar o que me dei ao trabalho de desenhar, desliza de certo modo sobre si mesma para tornar a se dobrar da maneira mais fácil. No final, obtém-se algo que é perfeitamente fechado, que tem um dentro e um fora e que é um toro — é a quarta figura. A estrutura é algo que é real assim.

Não digo que isso por si só seja a estrutura. Digo que o que é real sob o nome de estrutura tem exatamente da natureza disso que está aí desenhado, que existe, de certo modo, uma substância estrutural, que isso não é uma metáfora. É na medida em que, através disso, é possível essa coisa que podemos reunir como um conjunto de nossos cortes que isso com que temos que nos haver é existente.

E quanto a um ensino que supõe, também ele, a existência disso que certamente não existe? Pois ainda não existe, aparentemente, nenhum analista que possa dizer suportar em si mesmo essa posição do sujeito. E isso não faz senão colocar a questão: o que me autoriza a tomar a palavra, dirigindo-me a esses sujeitos ainda não existentes? Vejam que as coisas não são isentas de suporte, como se observa zombando de algumas suposições acerca das quais o mínimo que se pode dizer é que são dramáticas. Entretanto, não é para fazer disso um psicodrama — temos de encerrá-lo com um fechamento lógico. Esse é nosso objeto este ano.

Seja como for, o que quer que seja o que me autoriza — e talvez possamos falar um pouco mais sobre isso —, é claro que não estou sozinho.

Se eu mesmo tivesse que fazer uma pergunta ao professor Roman Jakobson — dou minha palavra de que nem sequer a insinuei no caminho de carro para cá, não é que ela me venha agora, mas foi agora que me ocorreu fazê-la —, eu perguntaria se ele, cujo ensino sobre a linguagem tem para nós enormes consequências, se ele também pensa que esse ensino é capaz de exigir uma mudança radical no âmbito do que constitui, digamos, o tema para aqueles que o seguem.

Também lhe perguntaria se — mas esta é uma questão muito *ad hominem* — o que o faz ser linguista inclui inflexões. Não quero usar palavras rebuscadas. Reservo-me as palavras que podem sugerir a ambiguidade que se liga à palavra *ascese*, e até mesmo à palavra que se perpetua nos romances de ficção científica: *mutação*. Certamente não estamos lidando com essas tolices. Trata-se do sujeito lógico e do que ele implica de disciplina de pensamento para aqueles que, nessa posição, são introduzidos por seu pensamento. Para ele, em termos das consequências disto que ensina, as coisas vão tão longe? Será que para ele a palavra *discípulo* tem um sentido?

Para mim, digo que não tem. Por direito, está literalmente dissolvido, evaporado pelo modo de relação que esse pensamento inaugura. *Discípulo* pode ser diferenciado da palavra disciplina. Se instauramos uma disciplina que é também uma nova era no pensamento, algo nos diferencia daqueles que nos precederam, pelo fato de que nossa fala não exige discípulos.

Se Roman quiser começar por me responder, se lhe parecer uma boa ideia, pode fazê-lo.

R. Jakobson — *Você acha melhor, talvez, que sejam feitas primeiro várias perguntas? E então eu respondo-as ao mesmo tempo?*

J. Lacan — Está bem. Quem tem uma pergunta a fazer a Roman Jakobson? *[Foram feitas cinco perguntas, às quais o professor respondeu.]*

Sobra a questão de meu amigo que tanto admiro e cujos trabalhos são para mim sempre uma fonte de instrução. Para utilizar as palavras do dr. Lacan, eu me sinto seu discípulo. Devo dizer que tenho grandes dificuldades para responder à sua pergunta. Gostaria que ele me perguntasse de modo mais breve, senão eu peço, para responder, um livro tão volumoso quanto seu último livro. Prometo-lhe responder a essa pergunta em minha próxima viagem a Paris.

Você acha que, por ser formado na disciplina linguística, isso engendra em um linguista uma tal marca que seu modo de abordar todos os problemas tem um selo absolutamente original? Você é quem transmite o tipo de disciplina que é o mais próximo da nossa — dado o tipo de relações que faz com que você seja aquele que transmite essa disciplina, a dimensão do que é ser um discípulo é algo essencial, exigível e que conta para você?

Responderei a essa pergunta da mesma forma que respondi àquela sobre a diferença entre as estruturas gramaticais das diversas línguas. É possível para um linguista tentar parar, em certos momentos, de ser somente linguista e ver os problemas sob a ótica de um psicólogo, de um antropólogo etc. Tudo isso é possível, mas a pressão da disciplina é enorme.
Qual é o tipo mental do linguista? É curioso, isso quase não existe, que alguém se torne linguista. Os psicólogos mostraram que as matemáticas, a música, são preocupações, capacidades que aparecem na idade infantil. Se vocês lerem as biografias de linguistas, verão que são vistos como já predispostos a se tornar linguistas aos seis, sete, oito anos. É a vida de Saussure e de uma grande quantidade de linguistas. O que isso quer dizer? Eu me permito dizer que a grande maioria das crianças sabe muito bem pintar e desenhar, mas em certa idade a maioria perde essa capacidade, enquanto aqueles que se tornam pintores mantêm uma certa aquisição infantil, um certo traço infan-

til. O linguista é um homem que mantém uma atitude infantil em relação à língua. A própria língua interessa ao linguista, assim como interessa à criança, ela se torna para ele o fenômeno mais essencial em uma complexidade, e isso permite ao linguista ver as relações internas, as leis estruturais da língua. Mas há também o risco de que a relação entre o que é a linguagem e os outros fenômenos possa ser facilmente deformada por causa da tendência um pouco unilateral posta na língua. É aí que está a grande necessidade do trabalho que chamamos por esse termo bastante ambíguo, bastante vago, mas ao mesmo tempo importante, o de interdisciplinar.

Minhas experiências em Nova York, meus encontros com psicanalistas, com um antropólogo como Lévi-Strauss, eu e alguns outros linguistas, quando discutimos nossos problemas, vi que era importante me tornar por um instante o discípulo dessas outras disciplinas para ver a língua a partir de fora, como se viu a Terra de fora ao voar em um Sputnik.

1º de fevereiro de 1967

IX

Alienação e Repetição

Repetição, memória, recorrência
Perda, regressão, demanda
Alienação, passagem ao ato, acting-out
Topologia do ato

É preciso que eu avance e demonstre pelo movimento de que natureza é o saber analítico — muito exatamente, como se dá que esse saber passe para o real.

Afirmamos que isso se produz sempre na medida da pretensão sempre crescente do [*Eu*] de se afirmar como *fons et origo* do ser.

Foi o que dissemos. Mas, evidentemente, isso não elucida nada do que acabo de chamar de passagem desse saber para o real. Faço aqui precisamente alusão à definição que dei da *Verwerfung*, ou rejeição, a saber, que tudo o que é rejeitado no simbólico reaparece no real.

Há prevalência do [*Eu*] no topo de algo que é bem difícil de designar sem dar margem a mal-entendido. Dizer *a época*, ou mesmo, como fizemos, *a era da ciência*, é abrir sempre alguma tendência a uma nota que se poderia muito bem fixar, por exemplo, com o termo *spenglerismo*,* quando a ideia de *fases humanas* decerto não nos contenta e se presta a muitos mal-entendidos. Já que é verdade que o discurso tem seu império, digamos — *o discurso da ciência*.

Partamos apenas disso, que acredito ter-lhes demonstrado: a psicanálise só é pensável se considerarmos em seus precedentes o discurso

---

* Lacan joga com *épingler* (fixar, alfinetar) e o nome de Oswald Spengler, defensor da ideia de que a história e a cultura humanas têm um ciclo de fases. (N. T.)

da ciência. Trata-se de saber onde ela se situa nos efeitos desse discurso — dentro, fora?

Estamos tentando, vocês sabem, apreendê-la como uma espécie de margem que tremula, algo análogo a essas formas as mais sensíveis nas quais o organismo se revela. Há, contudo, um passo a dar antes de reconhecermos aí o traço do animado, pois o pensamento, tal como o entendemos, não é animado. Ele é o efeito do significante, ou seja, em última instância, o rastro. O que se chama estrutura é isto: seguimos o pensamento pelo rastro e nada mais, porque o rastro sempre causou o pensamento.

A relação desse procedimento com a psicanálise é imediatamente percebida, por menos que se possa imaginar, e mesmo que tenhamos disso a experiência. Freud, ao inventar a psicanálise, introduziu um método para detectar um rastro de pensamento ali onde o próprio pensamento o mascara e impede que seja reconhecido de outro modo — diferente do modo como o rastro o designa. Aí está o que promovi, e contra o que nenhuma derivação do freudismo como ideologia prevalecerá — ideologia naturalista, por exemplo.

Que um ponto de vista assim, que é um ponto de vista da história da filosofia, seja colocado em destaque nos tempos atuais, por pessoas que se autorizam na qualidade de psicanalista, eis o que vai dar mais precisão à resposta de que a pergunta que fiz inicialmente necessita: saber como se dá que o saber analítico venha a passar para o real.

Estranhamente, o caminho pelo qual o que eu ensino passa para o real não é nenhum outro senão a *Verwerfung*, a rejeição efetiva da posição do psicanalista, que vemos se produzir em certo âmbito das gerações. Uma geração não quer saber nada disto que, no entanto, é seu único saber. Contudo, o que é rejeitado no simbólico deve ser localizado em algum lugar em um campo subjetivo, para reaparecer em um âmbito correlativo no real. Onde reaparece? Aqui, sem dúvida. Isso quer dizer: nisso que aqui os toca. O que o demonstra é o que os jornalistas já situaram com o rótulo de *estruturalismo*. Não se trata de nada além de seu interesse, interesse que vocês têm pelo que se diz aqui, interesse que é real.

Naturalmente, há psicanalistas entre vocês. Há — ela já está aí — essa geração de psicanalistas na qual encarnará a exata posição do sujeito, na medida em que ela é requerida pelo ato analítico. Quando o tempo da maturidade dessa geração chegar, a distância percorrida será mensurada — ao ler coisas inimagináveis, felizmente impressas, a fim de que possam testemunhar, para quem sabe ler, os preconceitos dos quais terá sido necessário extrair o traçado que a realização da análise exige.

Dentre esses preconceitos e essas coisas inimagináveis, haverá também o estruturalismo. Quero dizer, o que se intitula agora por esse termo, com certo valor cotado na Bolsa da cogitação.

Se aqueles entre vocês que viveram o que terá caracterizado a primeira parte deste século, as tormentas que temos atravessado, de manifestações estranhas na civilização, não tivessem em seguida sido adormecidos por uma filosofia que simplesmente continuou matraqueando, eu não teria agora a minha diversão de tentar marcar os traços necessários para que vocês não fiquem absolutamente perdidos na fase deste século que se seguirá imediatamente.

1

Foi no seu próprio *Jenzeits*, no *Além do princípio de prazer*, que Freud introduziu pela primeira vez os conceitos de repetição, *Wiederholung* e de compulsão, *Zwang*, que se combinam na compulsão à repetição, *Wiederholungszwang*.

Quando ele a introduz para dar seu estado definitivo ao estatuto do sujeito, será que medimos adequadamente o alcance dessa intrusão conceitual?

Se ela se inscreve em um para-além do princípio de prazer, é precisamente porque rompe com o que até então fornecia o módulo da função psíquica, ou seja, essa homeostase que Freud define pela lei da mínima tensão no aparelho nervoso isolado como tal, e que ressoa com aquela que requer a substância do organismo, que a duplica, repete.

O que a *Wiederholungszwang* introduz está puramente em contradição com essa lei primitiva que havia sido enunciada no princípio do prazer, e é desse modo que Freud a apresenta a nós. Nós, que lemos esse texto, suponho, podemos ir diretamente ao seu extremo, que Freud articula como *Todestrieb*, que se traduz por *pulsão de morte*. É importante notar que Freud não pode se deter e deve estender a *Zwang*, a compulsão à repetição, a um campo que não envolve apenas o da manifestação viva, mas que o transborda e que ele inclui no parêntese de um retorno ao inanimado. Ele nos solicita então a fazer existir como "viva" — é preciso colocar aqui esse termo entre aspas — uma tendência que estende sua lei para além da duração do vivo.

Vamos olhar isso bem de perto, pois, até que a coisa seja entendida, está aí o que faz objeção e obstáculo diante do que se rebela à primeira vista um pensamento habituado a dar ao termo *tendência* um certo suporte que é este que acabo de evocar ao colocar a palavra *vivo* entre aspas. No pensamento de Freud, em contrapartida, a vida não é mais, para citar Bichat, *o conjunto de forças que resistem à morte*, mas o conjunto das forças em que se significa que a morte é, para a vida, o seu trilho.

Na verdade, isso não iria muito longe se o que estivesse em questão fosse outra coisa que não o ente da vida. Trata-se, de fato, disso que podemos, à primeira vista, chamar de seu sentido. Em outras palavras, trata-se de algo que podemos ler nos sinais que são de uma aparente espontaneidade vital e nos quais o sujeito não se reconhece. Contudo, é preciso que haja ali um sujeito, pois isso de que se trata não poderia ser um simples efeito da recaída da bolha vital que estoura, deixando o lugar onde ele estava antes — por todo lado onde seguimos seu rastro, isto de que se trata deve ser formulado não como um simples retorno mas como um pensamento de retorno, um pensamento de repetição.

Para onde Freud vai direcioná-la, dentre tudo o que pôde discernir a partir desses rastros na sua experiência clínica? Para isso que ele chama de *reação terapêutica negativa*, ou ainda, para o que ele aborda a esse respeito como um fato de *masoquismo primordial* — aqui, sem interrogação —, ou seja, como o que, em uma vida, insiste em permanecer — coloquemos os pingos nos "is" — em certo médium, digamos, de doença ou de fracasso. É isso que devemos apreender como um pensamento de repetição.

Um pensamento de repetição diz respeito a um domínio diferente daquele da memória. A memória evoca, sem dúvida, também o rastro, mas como reconhecemos um rastro da memória senão pelo fato de que ele tem justamente por efeito a não-repetição? Se buscamos determinar na experiência no que um micro-organismo é dotado de memória, nós o veremos sob esse aspecto: da segunda vez ele não reagirá a um estímulo da mesma forma que da primeira. Do mesmo modo, é isso que nos fará às vezes falar de memória — certamente com prudência, interesse, suspeita — em certas organizações inanimadas. A repetição é outra coisa.

Se fizermos da repetição o fio condutor de um campo estritamente subjetivo, não podemos deixar de formular o que, ao modo de uma cópula, une o idêntico ao diferente. Para isso, precisamos reintroduzir esse traço unário, cuja função eletiva em relação à identificação reconhecemos.

Recordarei o essencial disso em termos simples, por ter podido experimentar que uma função tão simples parece surpreendente em um contexto de filósofos, ou de pretensos filósofos, como me aconteceu de ter uma experiência recentemente. Pode-se achar obscura, até mesmo opaca, essa simples observação de que, se o traço unário pode desempenhar o papel de referência simbólica, é precisamente porque nem a similitude, nem qualquer diferença qualitativa poderiam estar no princípio da diferenciação como tal.

Já destaquei suficientemente aqui que a função do que chamo de *um* contável deve ser distinguida daquela do *um* unificador. O *um* contável funciona ao poder designar tanto objetos tão heteróclitos quanto um pensamento, um véu, ou qualquer outro objeto que esteja aqui ao nosso alcance. Já que enumerei três deles, vamos contá-los como 3. Isto supõe considerar nulas até as suas mais extremas diferenças, não levar em conta nenhuma diferenciação entre eles que se instaure sobre outra coisa que não a simples operação da recorrência que a função do número nos dá. A demonstração da recorrência se apoia, como vocês sabem, nesse único módulo — se sabemos que o que é verdadeiro para $n + 1$ é verdadeiro para n, basta-nos saber o que acontece quando $n = 1$ para que a verdade de um teorema esteja assegurada. Isso estabelece um ser de verdade que é inteiramente de deslizamento. Essa espécie de verdade é, como se diz, a sombra de uma sombra e permanece sem conexão com nenhum real.

Agora, se voltarmos ao funcionamento do esquema identificatório da alienação, notaremos que ele nos obriga a, por assim dizer, descer no tempo, pois já não encontramos ali o 1 basal da operação da recorrência. Isto só se instaura a partir da própria repetição.

2

Retomemos. A repetição não poderia ser deduzida dinamicamente da manutenção da menor tensão como princípio do prazer.

Observamos isso apenas para fazê-los sentir a relevância do que está em questão, a saber, que o princípio de prazer não implica de modo algum a repetição. Pelo contrário, o reencontro de uma situação de prazer na sua mesmidade só pode ser a fonte de operações que são sempre mais dispendiosas do que seguir simplesmente a inclinação da menor tensão.

Ao segui-la como uma linha isotérmica, por assim dizer, ela conduzirá de situação de prazer em situação de prazer até a manutenção desejada da menor tensão. Se ela implica algum encerramento, algum retorno, isto só pode se dar, por assim dizer, por meio de uma estrutura externa — que não é de modo algum impensável, uma vez que há pouco eu evocava a existência de uma linha isotérmica.

Mas não é de modo algum assim, de fora, que a existência do *Zwang* se implica na *Wiederholung*, a repetição freudiana.

Quais coordenadas uma situação repetida de fracasso, por exemplo, implica? Não o mais ou menos de tensão, mas as coordenadas de identidade significante, o mais ou o menos como sinais do que deve ser repetido. Contudo notem bem que a situação original não estava marcada com esse sinal, o sinal da repetição, sem o qual ela não seria a primeira. E mais, é preciso dizer que, quando a situação se torna repetida, por causa disso ela é perdida como situação de origem. Há algo que é perdido pelo próprio fato da repetição.

Não só isso está perfeitamente articulado em Freud, como ele o articulou muito antes de ter sido levado ao enunciado de *Além do princípio de prazer*. Desde os *Três ensaios sobre a teoria da sexualidade* vemos surgir como impossível o princípio do reencontro. A simples abordagem da experiência clínica já havia sugerido a Freud que o metabolismo das pulsões inclui como tal a função do objeto perdido. Ela fornece o sentido mesmo do que surge sob a rubrica do *Urverdrängung*. É por isso que é preciso reconhecer que, longe de haver aí um salto ou uma ruptura no pensamento de Freud, há antes uma continuidade. Uma significação inicialmente vislumbrada preparou uma noção que encontra enfim o seu estatuto lógico definitivo na forma de uma lei constituinte — ainda que ela não seja reflexiva — do próprio sujeito, e que é a repetição.

O grafo dessa função, por assim dizer, acredito que todos vocês viram passar na forma tal como forneci.

Nele vocês encontrarão o suporte intuitivo, imaginativo, dessa topologia de retorno que une a marca, em seu efeito diretivo, com seu efeito retroativo, igualmente importante. Trata-se, como acabei de dizer, disso que ocorre quando, pelo efeito do repetente, o que deveria ser repetido se torna o repetido. Isso quer dizer que, como repetente, o traço no qual se sustenta o que é repetido deve se fechar para reencontrar, na origem, o traço que por sua vez marca a partir de então o repetido como tal.

Esse esquema não é outro senão o do anelado duplo. Da primeira vez que o trouxe, eu o nomeei como 8 invertido.

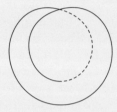

O 8 invertido

Vejam o seu traçado. Aí está ele retornando sobre o que repete. A operação primordial, fundamental, iniciadora, como tal, da repetição inclui necessariamente esse efeito retroativo e não podemos separá-la disso.

Esse efeito nos força a situar aqui uma relação terceira. O 1 vai para o 2, que retorna ao 1, fechando-se, para dar um terceiro elemento, não enumerável, que chamo de *Um A Mais*. Por não ser, justamente, redutível à série dos números naturais, nem passível de ser adicionado ou subtraído desse 1 e desse 2 que se sucedem, ele merece ainda ser chamado de *Um Demais*. Eu o designei como essencial a toda determinação significante. Inclusive, assim que o sujeito que conta tem que se contar entre outros, a função do *Um Demais* está sempre perto não só de aparecer no vivido mas de fazer-se apreender nele. Ela é fugidia, mas detectável.

Observemos que está aí a forma topológica mais radical, e que ela é necessária para introduzir o que se efetua em Freud nas formas polimorfas disso que conhecemos pelo termo *regressão* — quer essa regressão seja tópica, temporal ou formal, pois não se trata de uma regressão homogênea. A raiz comum dessas formas deve ser encontrada no efeito de retorno da repetição.

Certamente não é casual que eu tenha podido adiar tanto tempo o exame dessas funções de regressão. Bastaria ir-se a um artigo sobre a regressão recentemente publicado em um terreno neutro, médico, para ver o verdadeiro abismo que se abre quando um pensamento habituado a pouca luz tenta conjugar a teoria com o que lhe sugere a prática psicanalítica. A espécie de valorização curiosa cuja regressão é objeto de certos estudos teóricos mais recentes sem dúvida responde a algo na experiência da análise e nos indica que de fato cabe questionar o que pode haver de efeito progressivo na regressão que, como todos sabem, é essencial no processo de análise.

Consultem esse artigo, que está no último número de *L'Évolution psychiatrique*, para ver a distância entre tudo o que é evocado novamente a respeito das formulações de Freud e o que se deduz ali quanto ao uso da prática. Ele chega ao ponto de se perguntar se a regressão em questão não seria apenas uma regressão teórica. Na verdade, está aí o principal modo de rejeição que designo como essencial a essa posição presente do psicanalista. Ao retomar essas questões na sua origem, como se elas não tivessem ainda sido esclarecidas em algum lugar, prolonga-se o prazer — prazer que seguramente não é, no caso, o daqueles que estão sob nossa responsabilidade. Formulações assim legitimam uma finalidade do tratamento que encobre as ilusões mais grosseiras do eu [*moi*], ou seja, o que é mais oposto à renovação analítica. Dizer que há em todos esses efeitos algo de desajeitado não suspende, contudo, todas as referências possíveis a algo da ordem da desonestidade. Voltarei a isso em momento oportuno.

O que trouxemos com o termo alienação, começamos então a elucidar por meio desse aparelho de involução significante, se posso chamá-lo assim, da repetição. O que isto quer dizer?

Dissemos inicialmente que a alienação é o S($\bar{A}$), o significante do Outro barrado, na medida em que ele faz do Outro um campo marcado pela mesma finitude que o próprio sujeito. De que finitude se trata? Daquela que define no sujeito o fato de depender dos efeitos do significante. O Outro como tal, digo, esse lugar do Outro, na medida em que evoco a necessidade de garantia de uma verdade, é — se permitirem essa palavra em minha improvisação — fraturado, e o sujeito o é da mesma forma, na medida em que ele é marcado pela dupla volta topológica da repetição. O Outro encontra-se, portanto, sob o golpe dessa finitude.

Desse modo a divisão se encontra no cerne das condições da verdade, de onde resulta uma complicação trazida a qualquer exigência leibniziana de reserva dessa verdade — especialmente a essa *salva veritate* tão essencial a toda a ordem do pensamento filosófico, e que se manifesta em todos os pontos da elaboração que se faz no âmbito da lógica matemática. É um pouco mais complicado para nós, e não só por causa da psicanálise. Isso exclui ao menos toda forma de integridade intuitiva e, por exemplo, a atribuição ao campo do Outro da dimensão também qualificada, de modo tão espinoziano quanto queiram, de Eterno.

A degradação permanente do Outro é inextirpável dos dados da experiência subjetiva, o que situa no cerne dessa experiência o fenômeno da crença na sua ambiguidade. Essa ambiguidade consiste no fato de que não é por acidente ou por ignorância que a verdade se apresenta na dimensão do contestável. Isso não deve ser considerado como fato padrão, mas como fato de estrutura.

É aí que somos instados a prosseguir num passo o mais prudente, o mais discreto, quero dizer, o mais discernente, para designar o ponto substancial dessa estrutura. Trata-se, de fato, de não se prestar à confusão na qual nos precipitamos, decerto não inocentemente, sugerindo que o pensamento da estrutura constitui uma forma redobrada de positivismo. Sobretudo, deveríamos encontrar modelos nisso que continua tão incompreendido e, no entanto, tão vivo, de tudo que a tradição nos legou de fragmentar desses exercícios do ceticismo, que não eram apenas malabarismos cintilantes entre doutrinas opostas, mas, pelo contrário, verdadeiros exercícios espirituais, certamente correspondentes a uma práxis ética que confere sua verdadeira densidade ao que resta de teórico nessa doutrina e nessa rubrica.

Digamos que se trata agora para nós de compreender, nos termos de nossa lógica, o surgimento necessário desse lugar do Outro, na medida em que ele é assim dividido.

O que nós devemos situar no lugar do Outro não é apenas o correspondente perfeito do fato de que a verdade não é enganosa, mas muito precisamente a função da demanda. De fato, a clínica nos impõe determinar como é possível que instâncias que não são articuláveis senão como demandas do Outro se inserem na experiência subjetiva em seus diferentes níveis. É o que se passa na neurose.

Não podemos aqui deixar de denunciar a que ponto é abusivo o uso de certos termos que introduzimos e valorizamos, como por exemplo o de demanda, quando o vemos retomado sob a pena de novatos a se exercitar no plano da teoria da análise, sustentando-se sobre o fato de marcar o quanto é essencial — o novato mostra aqui sua perspicácia — colocar no centro e no início da aventura *uma demanda*, diz ele, *de exigência atual*. Na verdade, é isto que se afirmou desde sempre ao fazer a análise girar em torno do par frustração-gratificação. O termo *demanda*, que tomaram emprestado de mim, está aí apenas para embaralhar os rastros do que de fato é essencial, ou seja, que o sujeito não vem à análise para demandar o que quer que seja de uma exigência atual, mas para saber o que demanda, o que o conduz precisamente a demandar que o Outro lhe demande algo.

O desejo do neurótico gira em torno da demanda do Outro. O problema lógico é saber como podemos situar uma função assim no âmbito do Outro, no suporte de que o Outro puro e simples, como tal, é A barrado, Ⱥ. Vários outros termos devem ser evocados também como devendo encontrar no Outro o seu lugar, como a angústia do Outro, por exemplo, verdadeira raiz da posição do sujeito como posição masoquista. Digamos ainda que um ponto de gozo é essencialmente discernível como gozo do Outro.

Sem esse ponto é impossível entender o que está em questão na perversão. É igualmente o ponto que constitui o único referente estrutural que pode explicar o que, na tradição, se apreende como *Selbstbewusstsein*. Nada mais no sujeito atravessa realmente a si mesmo, não se perfura como tal, a não ser esse ponto que, do gozo, constitui o gozo do Outro. Um dia tentarei desenhar para vocês algo como um modelo infantil disso.

Não será de imediato que avançaremos nestes problemas, pois precisamos traçar hoje a consequência a se extrair da relação que o grafo da repetição mantém com o que escandimos como escolha fundamental da alienação.

3

É fácil perceber que, quanto mais a dupla volta adere a si mesma, maior a tendência a se dividir. Supondo-se que se reduza a distância de uma borda à outra, são dois discos que serão mantidos.

Qual a relação entre a passagem ao ato da alienação e a repetição propriamente dita? Muito precisamente, o que devemos chamar de ato? Quero adiantar hoje duas premissas de uma situação lógica do ato como tal.

A dupla volta do traçado da repetição nos impõe uma topologia, pois não é em qualquer superfície que ela pode ter função de borda. Tentem um pouco, para ver, traçá-la na superfície de uma esfera, de modo que ela seja uma borda, isto é, que ela não se sobreponha, e vocês me dirão algumas novidades. Como lhes mostrei há muito tempo, é impossível. Só se pode fechá-la em determinados tipos de superfície, tais como o toro, o cross-cap ou plano projetivo, a terceira garrafa de Klein. O importante é saber o que em cada uma dessas superfícies resulta do corte constituído pela dupla volta, e qual é a estrutura das superfícies instauradas assim. No toro, esse corte dará uma superfície de duas bordas. No cross-cap, um corte com uma só borda. Na superfície mais característica para ilustrar a função que daremos à dupla volta, é a banda de Moebius. É, vocês sabem, uma superfície de uma só borda e é a dupla volta que é a borda em questão.

Se tomamos essa superfície como o simbólico do sujeito, é porque só sua borda a constitui. Com efeito, se vocês fizerem um corte pelo meio da banda, vocês constatarão que esse corte mediano único se volta sobre si mesmo, concentrando nele a essência da dupla volta. É fácil demonstrar que ele é, por si só, a superfície de Moebius, pois uma vez que vocês o fizeram, esse corte, não existe mais nenhuma superfície de Moebius, o corte a retirou daquilo que vocês acreditavam ver.

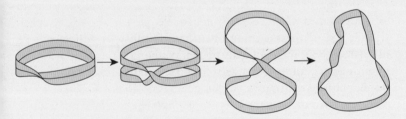

Desaparecimento da banda de Moebius pelo corte mediano

A figura lhes mostra: uma vez cortada pelo meio, essa superfície que antes não tinha nem direito nem avesso, que tinha só uma face, assim como apenas uma borda, agora tem um direito e um avesso. Basta vocês imaginarem que cada uma das duas cores indicadas no esquema passa ao avesso da outra, ali onde, pelo corte, elas se constituem. Em outras palavras, depois do corte não existe mais superfície de Moebius. Em contrapartida há uma superfície que é aplicável a um toro.

Essa superfície obtida pelo corte, se vocês a fazem deslizar para o avesso de si mesma, vocês podem, se me permitem dizer, ao costurar de certo modo as suas bordas, constituir uma nova superfície, que é a de um toro — na qual está ainda marcado o mesmo corte, constituído pela dupla volta fundamental da repetição.

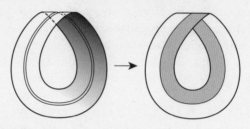

Toro obtido depois de um corte mediano da banda de Moebius

Esses fatos topológicos são extremamente favoráveis para ilustrar as relações entre alienação e repetição.

A alienação é uma alternativa que se distribui em duas direções distintas nas quais se efetuam duas operações diferentes e que conduzem a dois elementos. O primeiro, que representa a escolha necessariamente feita, é constituído pelo *não penso*, reduzido pelo *Es* da estrutura lógica. O outro elemento, aquele que não se pode escolher, se opõe e se conjuga ao núcleo do inconsciente — onde se trata de um pensamento que não pode de modo algum ser atribuído ao [*Eu*] instituído pela unidade subjetiva — um *não sou*, marcado por isso que defini na estrutura dos sonhos como imisção dos sujeitos e representando o caráter indeterminável, não fixável, do sujeito que assume o pensamento do inconsciente.

Quanto à repetição, ela nos permite correlacionar dois modos diferentes sob os quais o sujeito pode se manifestar em seu condicionamento temporal, e que correspondem a dois estatutos do sujeito, o do [*Eu*] da alienação e aquele que revela a posição do inconsciente em condições específicas que não são outras que a da análise. No âmbito do esquema temporal, encontramos a passagem ao ato que corresponde ao termo necessariamente escolhido na alternativa alienante e, correspondendo ao outro termo, em princípio impossível de escolher, o acting-out.

Ato, o que isso quer dizer?

Certa manifestação de movimento, o movimento, *a descarga motora*, como nos expressamos na teoria, eis o que não basta de nenhum modo para constituir um ato. Se me permitem uma imagem grosseira, um reflexo não é um ato. Mas é muito além disso que é preciso prolongar a errância do... *não é um ato*. O que é solicitado no estudo da inteligência de um animal superior, a conduta de desvio, por exemplo, ou seja, o fato de que um macaco perceba o que é preciso fazer para pegar uma banana quando um vidro o separa dela, isto não tem absolutamente nada a ver com um ato. Na verdade, um enorme número de movimentos que vocês executarão daqui até o fim do dia, não tenham dúvida, não tem nada a ver com o ato.

Como definir o que é um ato? É impossível fazê-lo de outro modo que não o fundamento da dupla volta, ou seja, da repetição.

É precisamente nisso que o ato é fundador do sujeito. O ato é por si mesmo o equivalente da repetição. Ele é essa repetição em um único traço que designei há pouco pelo corte que é possível fazer no centro da banda de Moebius. Ele é em si mesmo dupla volta do significante. Poderíamos até dizer — mas isso seria se enganar — que no seu caso o significante significa a si mesmo. Sabemos que é impossível, mas não é menos verdade que está tão próximo quanto possível dessa operação. Digamos que, no ato, o sujeito é equivalente ao seu significante. No entanto, permanece dividido.

Vamos tentar esclarecer um pouco isto, e coloquemos no plano dessa alienação em que o [*Eu*] se funda a partir de um *não penso*, ainda mais favorável a deixar todo o campo para o *Es* da estrutura lógica — o traço em que podem se conjugar esses dois termos, o médium, é o *Ajo*.

Como eu lhes disse, esse *Ajo* não é efetuação motora. Para que *Ando* seja um ato, é preciso que Ando ao mesmo tempo em que ando, que de fato eu o diga como tal. Uma repetição é intrínseca a todo ato. Ela só é permitida pelo efeito de retroação que, pela incidência significante colocada em seu cerne, se exerce sobre o que se chama de *o caso* em questão, seja ele qual for.

É claro, o fato de proclamar que ando já é um começo de ação, mas não basta. É uma ação de opereta, do gênero "*Marchons, mar-*

chons". É também o que se chama, em certa ideologia, de *engajamento* — o que lhe confere seu caráter cômico bastante conhecido.

O que importa detectar a respeito do que está em jogo no ato é buscar ali onde a estrutura lógica como tal nos entrega a possibilidade de transformar em ato o que, à primeira vista, não poderia ser outra coisa que não uma pura e simples paixão, *caio no chão*, por exemplo, ou *tropeço*.

Reflitam sobre esse fato de duplicação significante. No meu *caio no chão* há duas coisas — a afirmação da minha queda, de que eu caio no chão, e também o enunciado *caio no chão*, que transforma essa queda em algo de significante. Ao dizer *caio no chão*, faço o ato em que demonstro que estou, como se diz, *aterrado*. Da mesma forma, o fato de eu tropeçar, que carrega consigo tão manifestamente a passividade da falha, pode ser, se for retomado e duplicado pelo enunciado *tropeço*, a indicação de um ato, na medida em que eu assumo o sentido como tal desse tropeço.

Não há nada ali que vá contra a inspiração de Freud, se vocês se lembrarem da *Traumdeutung* em que ele nos designa os primeiros delineamentos de sua pesquisa sobre a identificação. Sua observação de que *Ich* tem dois sentidos diferentes na frase *Ich denke was gesundes Kind ich war* — ou seja, *penso*, ou *medito, reflito, me delicio com o pensamento de como eu era uma criança saudável* — legitima de antemão a intrusão que faço da fórmula cartesiana na teoria do inconsciente.

Eis o que nos permite conjugar de modo original o caráter essencialmente significante do ato e a incidência intrínseca da repetição no ato. Esse modo de definir o ato poderá em seguida satisfazer a análise de todas as suas variedades.

Só posso indicar aqui de passagem, pois teremos de retornar a isso, que o importante não está tanto na definição do ato quanto nas suas consequências. Eu lhes mostrei há pouco o que resultava da incidência do corte mediano na superfície topológica da banda de Moebius, ou seja, uma mudança de estrutura da superfície inicial. De modo geral, depois de um ato de corte, a superfície assume alguma outra estrutura em um caso, uma estrutura diferente em outro, ou até mesmo, em alguns casos, não muda de estrutura. Eis o que nos proporá os modelos a distinguir quanto ao efeito da incidência de um ato, e isso não tanto na determinação do sujeito quanto em suas mutações.

Deixei para as tentativas de frustração daqueles que me cercam sem nunca responder francamente a isto a objeção que me foi feita há bastante tempo, de que a *Verleugnung* é o termo ao qual deveriam se referir os efeitos que dei à *Verwerfung*. A respeito desta eu falei o suficiente hoje para não precisar retornar a isso. Quanto ao que é da ordem da *Verleugnung*, aponto aqui apenas que é sempre o que está relacionado à ambiguidade que resulta dos efeitos do ato como tal.

Eu atravesso o Rubicão. Pode-se fazer isso sozinho, basta pegar o trem para Sarraceno na direção correta e, uma vez no trem, não há mais nada a fazer, vocês atravessarão o Rubicão — mas isso não é um ato. Também não é um ato quando vocês atravessam o Rubicão pensando em César, pois é só uma imitação do ato de César. Vocês veem que, na dimensão do ato, a imitação assume uma estrutura totalmente diferente daquela que normalmente lhe é suposta — não é um ato, mas ainda assim pode ser um. Não se pode definir de outro modo sugestões tão exorbitantes quanto aquela que é intitulada, por exemplo, *Imitação de Cristo*.

Se o ato é imitação ou se é o ato original, como a travessia do Rubicão por César — que precede um sonho cujo sentido os historiadores nos dizem que não é outro senão o do incesto —, trata-se de saber qual é o efeito do ato, e em cada um de seus níveis. Há um labirinto próprio ao reconhecimento dos efeitos do ato pelo sujeito, pois ele mesmo é inteiramente transformado pelo ato. Eis o que designo pelo termo *Verleugnung*, em todo lugar em que ele é justamente utilizado.

O ato é, portanto, o único lugar onde o significante tem a aparência e, em todo caso, a função de significar a si mesmo, ou seja, de funcionar fora das suas possibilidades.

No ato, o sujeito é representado como pura divisão. A divisão, diremos, é seu *Repräsentanz*. O verdadeiro sentido desse termo deve ser buscado nesse âmbito. É a partir daí que se pode perceber como a função que ele designa pode afetar a representação e, inversamente, a *Vorstellung* se liberar de um efeito de *Repräsentanz*.

A hora nos detém. Da próxima vez, será abordado o elemento da alienação impossível de escolher, ou seja, o vértice correspondente à conjunção *Inconsciente — não sou*, e saber como é possível que ele seja presentificado. A coisa vale a pena ser relegada a um discurso que lhe seja reservado, pois não será nada além do estatuto do Outro, ali onde é evocado por nós da maneira mais urgente para não dar margem a precipitação e erro, ou seja, na situação analítica.

Digamos antes de ir embora e entre parênteses: o modelo que o ato nos fornece como divisão e último suporte do sujeito é o ponto de verdade que motiva a ascensão ao ápice da filosofia da existência. Essa não é nada mais que a forma velada sob a qual se apresenta, para o pensamento, o caráter original da instância do ato na função do sujeito.

Mas por que, então, esse ato permaneceu velado? E isso entre aqueles que souberam marcar sua autonomia da melhor forma — penso em São Tomás — contra Aristóteles, que não fazia a menor ideia disso, e não por acaso. Sem dúvida porque a outra possibilidade de corte nos é dada nessa partida impossível de escolher que é a alienação, que só a vertente da análise coloca a nosso alcance.

Quando o corte intervém aí, é então que se dá o que chamamos de acting-out, cujo estatuto tentaremos definir da próxima vez.

15 de fevereiro de 1967

A Subjetivação
do Sexo

X

Da Sublimação ao Ato Sexual

O gozo do corpo é meu único bem
Repetição, passagem ao ato, acting-out, sublimação
A Verleugnung *do ato*
A divisão harmônica
O par e a castração

Prosseguiremos lembrando de onde partimos — a alienação.

Resumamos o ponto em que estamos, para aqueles que já nos ouviram e sobretudo para os outros.

A alienação, na medida em que a tomamos como início do caminho lógico que tentamos traçar este ano, é a eliminação, a ser tomada no sentido próprio de *rejeição para fora do limiar*, eliminação ordinária do Outro. Fora de que limiar? O limiar em questão é aquele que determina o corte em que consiste a essência da linguagem. Se a linguística nos serve, é essencialmente nisso, ela nos forneceu o módulo desse corte.

É por isso que nos encontramos posicionados do lado da linguística qualificado aproximativamente como estruturalista. Todos os desenvolvimentos da linguística, e em particular isso que recentemente se designou de modo curioso como semiologia, não nos interessam em um mesmo grau, o que pode parecer surpreendente à primeira vista.

Eliminação, então, do Outro. O que isso quer dizer, o Outro, na medida em que é eliminado? Ele é eliminado como campo fechado e unificado. Isso quer dizer que afirmamos, com as melhores razões para fazê-lo, que não existe universo do discurso, que não existe nada passível de ser assumido sob esse termo.

A linguagem, na sua prática radical, que é a psicanálise... Notem que eu poderia dizer também *na sua prática médica*. Alguém que me surpreende que não esteja aqui hoje, no seu lugar habitual, me perguntou qual era o termo mais estrito que eu poderia ter dado em latim para o *penso*, e que eu havia deixado como enigma [*en devinette*]. Se ninguém chegou a ele ainda, eu o direi hoje. Eu havia indicado que isso só podia ser concebido como um verbo na voz média — é *medeor*, de onde vêm, ao mesmo tempo, a *medicina*, que evoquei há pouco, e a *meditação*.

A linguagem, na sua prática radical que é a psicanálise, é solidária de algo que agora precisaremos reintegrar, conceber de alguma forma, como uma emanação do campo do Outro, uma vez que tivemos que considerá-lo como disjunto. Esse algo não é difícil de nomear, é aquilo pelo que se autoriza precariamente o campo do Outro — chama-se dimensão própria da linguagem, a verdade. Para situar a psicanálise, poderíamos dizer que ela vem a ser constituída onde quer que a verdade se faça reconhecer apenas no fato de que nos surpreende e se impõe.

Exemplo para ilustrar o que acabo de dizer.

Não me é dado, nem é passível de o ser outro gozo que não o de meu corpo. Isso não se impõe imediatamente, mas suspeitamos. Por conseguinte, esse gozo é meu único bem e, para protegê-lo, instaura-se ao seu redor a grade de uma lei dita universal, que se chama os direitos do homem. Ninguém poderia me impedir de dispor de meu corpo como eu bem entender. O resultado do limite — nós o tocamos com o dedo, com o pé, nós, psicanalistas — é que o gozo esmorece para todo mundo. Isso é o avesso de um pequeno artigo que produzi com o título "Kant com Sade". Evidentemente, não está dito ali de forma clara, mas pelo avesso. Apesar disso, não era menos perigoso dizê-lo como fez Sade, e ele é a prova disso. Mas como ali eu apenas explicava Sade, é menos perigoso para mim.

A verdade se manifesta de modo enigmático no sintoma — que é o quê? Uma opacidade subjetiva. Deixemos de lado o que está claro, ou seja, que o enigma já tem algo de resolvido, que ele é apenas um *rébus*. E nos apoiemos por um instante sobre isto — que o sujeito pode ser *intransparente*. É também que a evidência pode ser oca e que mais vale, sem dúvida, conectar a palavra ao particípio passado *vazado*.

O sujeito é perfeitamente *côisico*, e da pior espécie de coisa — a Coisa freudiana, precisamente. Quanto à evidência, sabemos que ela é bolha, e que pode ser estourada.* Já tivemos essa experiência várias vezes. Esse é o plano para o qual se encaminha o pensamento moderno cujo tom foi dado por Marx, de início, e depois por Freud. Se a contribuição de Freud tem um estatuto menos evidentemente triunfante, é talvez justamente porque ele foi mais longe.

Isto se manifesta, por exemplo, na temática que vocês encontrarão desenvolvida nos dois artigos que proponho à sua atenção, ao seu estudo, se vocês dispuserem de tempo suficiente para isso, pois eles formam a base sobre a qual terá lugar o que tenho a apresentar aqui.

1

Retomarei as coisas no ponto em que as deixei da última vez.

Vou completar o quadrângulo, articulando nele o que comecei a traçar sobre a repetição.

Repetição, laço temporal em que se encontra o que inicialmente apresentei como os termos puramente lógicos da alienação, nos quatro polos que pontuei deste modo: a escolha alienante, para começar; a instauração, em dois desses polos, do *Es*, o isso, e do inconsciente; e no quarto desses polos, a castração. Esses quatro termos, que podem tê-los deixado em suspenso, têm seus correspondentes no que comecei, da última vez, a articular da estrutura fundamental da repetição.

A repetição, eu a situo no alto e à direita. Coloco em frente esse modo privilegiado e exemplar de instauração do sujeito que é a passagem ao ato. No terceiro polo, coloco o acting-out, que se situa nesse lugar elidido em que algo se manifesta do campo do Outro eliminado, que acabo de lembrar, sob a forma da manifestação verídica. Esse é fundamentalmente o sentido do acting-out.

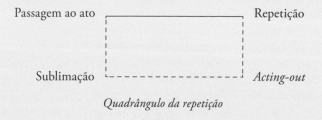

Quadrângulo da repetição

---

* No original *crevée*, do verbo *crever*, com várias acepções, como esvaziado, estourado, mas também esgotado, quebrado e morto. (N. T.)

Peço apenas que tenham a paciência de me acompanhar, porque só posso trazer esses termos, e a estrutura à qual eles se referem, mergulhando de cabeça, por assim dizer. Ao caminhar por progressão, e até procedendo por meio da crítica do que foi esboçado nas teorias já expressas, só poderíamos literalmente nos perder no mesmo labirinto de tais teorias. Isso não quer dizer, evidentemente, que rejeitamos suas explicações nem suas experiências, mas que partimos de novas fórmulas, que trazemos para submetê-las à prova de definir não só a legitimidade, mas o sentido do que já foi iniciado.

O acting-out, então, vocês já percebem a pertinência que há em introduzi-lo nessa situação do campo do Outro, que se trata, para nós, de reestruturar — nem que seja nesse ponto: que a história da análise, assim como sua experiência, tal como ela prossegue, indica-nos, no mínimo, uma certa correspondência global desse termo com o que se institui pela experiência analítica.

Não digo que só haja acting-out no decorrer de uma análise. Digo que foi das análises, e do que nelas se produz, que surgiu a distinção fundamental que isola o ato que é o da passagem ao ato — de modo que ele pode nos colocar problemas como psiquiatras, suscitar problemas e se instituir como categoria autônoma — e que se destaca do acting-out — que já associei ao sintoma como manifestação da verdade, mas certamente não é seu correlato e são necessárias outras condições. Destaco, nesse sentido, a fórmula do acting-out proposta por Otto Fenichel e espero que, paralelamente aos enunciados que serei levado a colocar à sua disposição, alguns de vocês queiram pelo menos percorrer o artigo em que ele se encontra, surgido em 1945, quando o *Yearbook of Psychoanalysis* começou a ser publicado, depois da guerra.

Qual termo vocês verão se inscrever no quarto ponto de escolha das funções operatórias que determinam o que articulamos com base na repetição? A coisa deve tê-los surpreendido, acredito poder sustentá-la tão amplamente quanto possível diante de vocês, para fazê-los apreciar a pertinência disso. É uma noção que ficou singularmente em suspenso na teoria analítica, o que certamente faz dela o ponto conceitual ao redor do qual mais se acumularam névoas e falsos semblantes. Seu nome já está escrito no quadro-negro — é a sublimação, fruto típico da situação analítica.

Peço-lhes que se reportem à *Note on sublimation*, de Hartmann, em *Psychoanalytic Study of the Child*, 1955. Não direi da sublimação

DA SUBLIMAÇÃO AO ATO SEXUAL

que se trata de um termo mediador, pois não é, mas que conjuga dois termos relativos à base subjetiva: a repetição, que é sua estrutura fundamental, por um lado, e por outro essa dimensão essencial que ela contém e que tudo o que se formulou até agora sobre a análise, deixa na maior obscuridade, a saber, a satisfação — *Befriedigung*, diz Freud. Sintam aí a presença de *Fried*, *Frieden*, cuja acepção corrente é *paz* — palavra que não lhes parecerá trazer uma evidência, dada a época em que vivemos.

A repetição que Freud conjuga com a satisfação é a mais radical forma da repetição, tal como ele a produziu diante de nós como *Wiederholungszwang*.

À diferença do princípio de prazer, essa função não engloba apenas esse funcionamento vital bem localizável, mas sustenta a própria vida. Podemos agora admitir tudo da vida, até mesmo isso que se tornou verdade palpável: que não há nada do material que ela agita que, no fim das contas, não esteja morto — que não seja, por sua natureza, inanimado. Contudo, o material que ela reúne, a vida não devolverá ao domínio do inanimado que, diz Freud, *à sua maneira* — isto é, passando sempre pelos mesmos caminhos que edificou, como?, para sua satisfação. Sua essência é certamente tornar a percorrê-los até a morte.

Sejamos bastante modestos: desse relâmpago teórico à sua verificação, há um mundo. Freud não é um biólogo. Não basta, na sua reflexão, dar um lugar de protagonista às forças da vida para fazer de sua obra qualquer coisa que se pareça com a edificação de uma ciência que se chamaria de biologia. E é um fato que os analistas não têm nada a contribuir com qualquer coisa que se assemelhe à biologia. É impressionante, e até, aos olhos de alguns, decepcionante.

Então, por que nos mantemos tão firmes em designar como *sexual* a satisfação com a qual temos que lidar na repetição, com toda a falta de jeito, toda a imprudência que esse termo pode ter no ponto em que estamos da pesquisa biológica? Bem, designá-la como sexual, aí está o ponto de discórdia — que chegarei ao ponto de chamar de fideísta — de Freud para descartar *o rio de lama* do pensamento que ele designa como recurso ao ocultismo. Segundo ele, é inevitável desembocarmos nisso se não nos mantemos firmes quanto ao caráter sexual da satisfação. Essa é a razão pela qual ele disse isso, diante de um Jung perplexo.

Isso quer dizer que tudo caminha tão simplesmente? Quero dizer, tantas afirmações bastam para fazer uma articulação admissível? Essa é a pergunta que estou tentando trazer hoje diante de vocês e que me faz apresentar a sublimação como o lugar que, deixado até agora baldio ou coberto de vulgares rabiscos, vai, no entanto, nos permitir compreender o que está em questão nessa satisfação fundamental que Freud articula como uma opacidade subjetiva, ou seja, a satisfação da repetição, conjunção basal para toda a lógica que está em causa.

Se, nesse lugar marginal do pensamento em que se desenvolve a ação analítica, esse lugar de penumbra, lugar de véu, lugar de *twilight*, se seguimos por aí com nossas exigências da lógica, o que somos levados a inaugurar este ano merece enfim que o reconheçamos como o que julgo ser o melhor nome para ele, a saber, uma *sublógica*.

2

Pronuncio esse termo no exato momento em que será necessário se situar em relação ao que está em jogo na sublimação. Ainda que ele não a tenha desenvolvido de nenhuma forma, e pelas mesmas razões que acrescentei, Freud procedeu segundo o modo habitual de seu pensamento, que consiste em, conforme dizia um certo Bossuet, de nome Jacques-Benigne, segurar firmemente as duas pontas da corrente.

Ele afirma, primeiramente, que a sublimação é *zielgehemmt* e, naturalmente, não nos explica o que isso quer dizer.

Já tentei marcar para vocês a distinção inerente a esse termo, recorrendo ao inglês como mais acessível, especialmente à diferença que existe entre *aim* e *goal*. Digam isso em francês (em que é menos claro, porque somos forçados a utilizar uma palavra que já está em uso pela filosofia), é *finalidade* [*fin*] que é a palavra mais frágil, pois é preciso reintegrar aí todo o encadeamento que é o que está em questão em *aim* — e *alvo* [*cible*]. É a mesma distância que existe, em alemão, entre *Zweck* e *Ziel*. A *Zweckmässigkeit*, finalidade sexual, não nos foi dito que ela não seja de modo algum *gehemmt*, inibida, na sublimação. O pretenso objeto da santa pulsão genital, do qual nos vangloriamos, pode precisamente ser extraído da pulsão sexual sem nenhum inconveniente. Ele pode estar totalmente inibido, ausente, sem que essa pulsão perca nada de sua capacidade de satisfação, *Befriedigung*.

Zielgehemmt, este é então o termo sem equívoco por meio do qual Freud definiu inicialmente a *Sublimierung*, desde o surgimento desta palavra. Mas há outra ponta da corrente. Em segundo lugar, nos diz ele, a satisfação que a sublimação contém é encontrada sem nenhuma transformação, deslocamento, álibi, repressão, reação ou defesa.

O artigo que mencionei, de Heinz Hartmann, sobre a sublimação é exemplar disso que não está de modo algum caduco aos nossos olhos, na posição do psicanalista, é, a saber, que a abordagem daquilo que ele tem que enfrentar como responsabilidade do pensamento sempre o encurrala, por algum lado, na direção do que designarei da maneira mais branda como evitação, em relação à qual todos sabem que há muito tempo designei como seu representante mais eminente o sr. Fenichel — que a paz esteja com sua memória —, cujos escritos têm para nós o grande valor de ser o conjunto mais escrupuloso de tudo o que pode surgir como furos na experiência, faltando apenas os pontos de interrogação necessários nesses furos.

Quanto a Hartmann e ao modo como ele sustenta, durante catorze, quinze páginas o problema da sublimação, penso que não pode escapar a quem quer que venha, com um espírito novo, que um discurso assim — que lhes peço que julguem por si mesmos, vou indicar onde podem encontrá-lo — é propriamente um discurso de mentira.

Esse discurso mobiliza todo o aparelho de um pretenso energetismo para inverter a abordagem do problema, apresentando a sublimação como sendo idêntica e não deslocada em relação a algo que ainda é chamado de *pulsão sexual* — termo cujo uso aqui merece aspas — e como ligado às funções do eu [*moi*], que, da maneira mais indevida, colocaram como sendo autônomas, ou seja, não provenientes de nenhuma fonte que é chamada, nessa linguagem confusional, de fonte instintual. Isso esteve em questão alguma vez em Freud? Todo o pensamento analítico rejeita a noção de que as funções puríssimas do eu [*moi*] estejam ligadas à realidade dada como tal e adaptadas à sua medida, e que haja um pensamento puro com uma relação isolada, autônoma, identificável a um mundo que ela abordaria sem ser atravessada pela função do desejo. Por conseguinte, nos perguntamos como é possível que, do núcleo instintual, possa vir não sei que coloração que no texto é chamada de *sexualização das funções do ego*. Uma vez introduzida assim, a questão se torna insolúvel. Ela é, em todo caso, excluída para sempre de tudo o que se propõe à práxis da análise.

É impossível nos orientarmos no problema da sublimação sem introduzir esse termo primordial — o ato.

3

O ato, comecei a defini-lo da última vez nos seguintes termos.

O ato é significante.

O ato é um significante que se repete, ainda que se passe em um único gesto por razões topológicas, que tornam possível a existência da dupla volta criada por um só corte.

É a instauração do sujeito como tal, isto é, de um ato verdadeiro, o sujeito surge diferente. Em razão do corte, sua estrutura é modificada.

Em quarto lugar, o correlato de desconhecimento do ato, ou mais exatamente o limite imposto ao seu reconhecimento no sujeito — ou, se quiserem ainda, seu *Repräsentanz* na *Vorstellung* — é a *Verleugnung*, a saber, que o sujeito, mesmo quando é capaz, por assim dizer, de ter cometido tal ato, nunca o reconhece no seu verdadeiro alcance inaugural.

É aí que convém que nos lembremos disso que a língua nos dá, ou seja, que falemos de *ato* sexual. Esse termo é essencial a qualquer compreensão do papel que Freud confere à sexualidade no inconsciente. Ele poderia nos sugerir, ao menos, o que inclusive é evidente, que o ato sexual não é a copulação pura e simples. O ato sexual tem todas as características do ato que acabo de lembrar. Tal como o manipulamos, tal como se apresenta a nós com seus sedimentos sintomáticos, e tudo o que o faz grudar e tropeçar, o ato sexual se apresenta como um significante, e um significante que repete algo, porque é a primeira coisa que foi introduzida em psicanálise. Ele repete o quê? A cena edipiana, é claro. É curioso que seja necessário lembrar essas coisas que constituem o cerne do que propus perceber na experiência analítica.

Que ele possa ser a instauração de algo que é sem volta para o sujeito é o que alguns atos sexuais privilegiados, precisamente aqueles que chamamos de incestos, nos fazem literalmente tocar com a mão. Tenho experiência analítica suficiente para afirmar que um garoto que se deitou com sua mãe não é de modo algum na análise um sujeito como os outros. E, mesmo que ele próprio não saiba nada a respeito, isto não muda em nada o fato de que é analiticamente tão concreto quanto a mesa que está ali. Sua *Verleugnung* pessoal, o desmentido que ele pode dar ao que é um valor de transposição decisivo, não muda nada.

Claro, tudo isso mereceria ser fundamentado. Minha garantia é que tenho aqui ouvintes que têm experiência analítica e que, se eu dis-

DA SUBLIMAÇÃO AO ATO SEXUAL 173

sesse algo de muito absurdo, dariam gritos. Acreditem, eles não dirão o contrário, pois sabem disso tanto quanto eu. Isso não quer dizer que saibamos extrair-lhe as consequências, por não saber articulá-las. Seja como for, isso nos leva a tentar produzir aí um pouco de rigor lógico.

O ato está fundado sobre a repetição. O que, em uma primeira abordagem, é mais acolhedor no que diz respeito ao ato sexual? Lembremos os ensinamentos de nossa santa madre, a Igreja. Em princípio, não se faz isso junto, não se dá uma bimbada, a não ser para fazer vir ao mundo uma nova alma. Deve haver pessoas que pensam nisso ao fazer. É uma suposição. Ela não está demonstrada. Poderia ser que, ali onde esse pensamento se produz, em conformidade com o dogma católico, não seja senão um sintoma. Isto vem nos sugerir que talvez seja oportuno tentar seguir mais de perto a função da reprodução que está aí, por detrás do ato sexual, para ver por que lado isto é reconhecido.

Quando tratamos do tema da repetição, vimos os significantes na medida em que eles são pré-condições para outro pensamento. Do trem no qual viaja essa biologia que deixamos muito bem com seus próprios recursos, é curioso ver que o significante anuncia aí a sua aparição, na raiz — nos cromossomos, há uma profusão de significantes, veiculadores de caracteres. Afirmam-nos que os genes, quer se trate do DNA ou do RNA, são constituídos como pequenas mensagens bem-organizadas que, depois de misturadas de certo modo na grande urna, acabam resultando não se sabe em que, o novo tipo de excêntrico [*loufoque*] que cada um espera na família para suscitar um círculo de aclamações.

É nesse âmbito que o problema se coloca?

Eu gostaria de introduzir aqui algo que não inventei hoje.

Há, em um livro que chamam de meus *Escritos*, um artigo que se chama "A significação do falo", e na página 700, na oitava linha, escrevo: *O falo como significante dá a razão do desejo (na acepção em que esse termo é empregado como "média e razão extrema" da divisão harmônica).*

Eu simplesmente joguei ali a pedrinha branca destinada a lhes dizer que o significante do falo, é isto, é localizado, para que eu possa introduzi-lo hoje, com o propósito de estabelecer uma ordem, uma medida, na questão do ato sexual, uma vez que ele tem relação com a função da repetição.

4

Bem, salta aos olhos, não que se desconheça o Édipo, pois se conhece desde o começo, mas que não se saiba reconhecer o que o Édipo quer dizer.

É importante saber que o produto da repetição no ato sexual como ato — isto é, na medida em que dele participamos como submetidos ao que ele tem de significante — tem suas repercussões sobre o fato de que o sujeito que somos é opaco, que ele tem um inconsciente.

Convém observar que o fruto da repetição biológica, da reprodução, ele já está ali, nesse espaço bem definido para a realização do ato que chamamos de cama, pois o agente do ato sexual sabe muito bem que ele é um filho. É por essa razão que o ato sexual, nós o relacionamos, nós psicanalistas, ao Édipo.

Vamos atribuir à relação significante que define a média e extrema razão o suporte mais simples, aquele mesmo que já atribuímos à dupla volta da repetição — um simples traço. Para maior clareza ainda, vamos estendê-lo. É um traço ao qual podemos dar duas pontas, pois podemos cortar essa dupla volta em qualquer lugar. Uma vez que a cortemos, cuidaremos de fazer uso dela. Coloquemos ali os quatro pontos que definem a média e extrema razão.

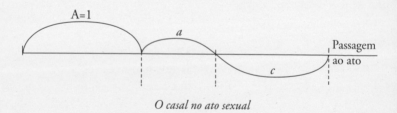

O casal no ato sexual

O a é o amável produto de uma copulação precedente que, assim como ela, foi um ato sexual, na sequência do qual foi então criado um sujeito, o qual está ali, reproduzindo o ato sexual.

Esse A, o que é? Se o ato sexual é o que nos ensinam, A é *a Mãe* como significante. Encontraremos no pensamento analítico, e até por todo lado, o rastro de tudo o que esse termo significante *a Mãe* carrega consigo de pensamentos de fusão, e de falsificação da unidade — aquela que é a única a nos interessar, somente. A unidade contável.

DA SUBLIMAÇÃO AO ATO SEXUAL 175

Passando da unidade contável à unidade unificadora, nós lhe daremos o valor 1. O que quer dizer o valor 1 como unidade significante, considerando que estamos no significante e suas consequências no pensamento? A mãe como sujeito é o pensamento 1 do casal. *Eles serão uma só carne*, é um pensamento da ordem do A materno.

Essa é a média e extrema razão do que liga o agente ao que é paciente e receptáculo no ato sexual, na medida em que ele é um ato, em outras palavras na medida em que ele tem uma relação com a existência do sujeito.

O 1 da unidade do casal é um pensamento determinado no âmbito de um dos termos do casal real. O que há a dizer? É preciso que algo surja subjetivamente da repetição, que restabeleça a razão média, tal como acabo de defini-la no âmbito desse casal real — em outras palavras, que apareça algo que, como nessa fundamental manipulação significante que é a relação harmônica, se manifeste como isto — a grandeza c tem, com relação à soma das duas outras, A e a, o mesmo valor que a menor, a, em relação à maior, A.

$$\frac{c}{a + A} = \frac{a}{A}$$

Mas isso não é tudo. Ela tem esse alcance, na medida em que o valor c, da relação da menor com a maior, é o mesmo valor que a relação da maior com a soma das duas primeiras:

$$\frac{a}{A} = \frac{A}{a + A} = \frac{-\varphi}{a + A - \varphi}$$

Fiz surgir à direita outro valor, que nada mais é senão o $(-\varphi)$, onde se designa a castração. Menos fi sobre a mais A menos fi é, de fato, a relação significativa da função fálica, como falta essencial da junção da relação sexual com sua realização subjetiva.

Essa relação, escrita nos significantes fundamentais do ato sexual, designa o que segue.

Em razão da introdução do casal na função subjetiva — e ainda que paire sobre eles a sombra da unidade, por todo lado chamada, mas que se furta —, aparece aí, necessariamente, a marca de uma falta fundamental. Isto se chama função da castração, como significante.

Não há castração senão na medida em que o homem só se introduz na função do casal pela via de uma relação que não se inscreve imediatamente na conjunção sexual. Essa relação só é representada nesse mesmo exterior em que vocês veem se desenhar o que é chamado, por isso mesmo, de extrema razão. A relação entre o símbolo fálico, predominante, e a conjunção, como ato sexual, dá ao mesmo tempo a medida da relação do agente com o paciente e a medida da relação do pensamento do casal, tal como ela está no paciente, para o casal real.

Tudo o que é da ordem da sublimação pode reproduzir exatamente o mesmo tipo de repetição. É por isso que eu preferiria não ser forçado a evocar isto especificamente na forma da criação da arte. Mas, já que é preciso, noto que, se a sublimação pode subsistir, e dar exatamente uma *Befriedigung* da mesma ordem da que é dada no ato sexual, é na medida em que um objeto pode vir tomar o lugar ocupado pelo $(-\varphi)$ no ato sexual. Isto se deve, vocês verão, a esse fato de que o que é pura e simplesmente interior ao casal não é satisfatório.

Isto é tão verdadeiro que a espécie de tosca homilia que se introduz na teoria sob o nome de *maturação genital* apenas se propõe como um totalizador, um despejo, quando alguém tenta enunciá-la. Nada indica verdadeiramente aí o que pode bastar para conjugar o fato de uma copulação — bem-sucedida, acrescentemos, o que isto quer dizer? — e a presença desses elementos que são qualificados como *ternura* ou *reconhecimento do objeto*. De que objeto?, eu lhes pergunto. Está assim tão claro que o objeto esteja ali, quando já nos disseram que, por detrás de algum objeto que seja, se perfila o Outro, o objeto que abrigou os nove meses de intervalo entre a conjunção dos cromossomos e a chegada ao mundo?

Sei bem que é aí que se refugia todo o obscurantismo que se agarra perdidamente à demonstração analítica. Contudo não é uma razão para não a denunciar, se isso nos permite avançar na direção de uma lógica acerca da qual vocês verão, da próxima vez, como se concentra no próprio ato analítico.

A representação do quadrângulo nos permite igualmente estabelecer algumas proporções. A passagem ao ato preenche aí certa função com relação à repetição e, a considerar o modo como os termos se dispõem, concluímos que deve ser a mesma que a sublimação preenche em relação ao acting-out. No outro sentido, a função desempenhada

DA SUBLIMAÇÃO AO ATO SEXUAL

pela sublimação em relação à passagem ao ato deve ter algo em comum com a da repetição em relação ao acting-out.

Há aí um *gap* muito maior que aquele que faz do ato analítico algo que merece ser definido como ato.

Tentaremos captar isso no que diremos da próxima vez.

22 de fevereiro de 1967

XI

DA ESTRUTURA DA SATISFAÇÃO SEXUAL NA SUA RELAÇÃO COM O SUJEITO

Sobre as diferentes ordens de satisfação
A relação anarmônica
O objeto a, incomensurável ao 1
Sublimação e identificação com a mulher
Detumescência e conhecimento

$$2 + a = \frac{1}{a} + 1 = \frac{1}{a^2} = \frac{1}{1-a}$$

$$1 + a = \frac{1}{a}$$

$$a + a^2 = 1$$

$$a^2 + a^3 = a$$

$$a^3 + a^4 = a^2 = 1 - a$$

$$\frac{a}{1} = \frac{1}{1+a}$$

Ontem à noite eu li em algum lugar, onde talvez também alguns de vocês o tenham visto, este singular título: *Conhecer Freud antes de traduzi-lo.*

Henorme, como dizia um senhor com quem não pretendo me parecer, pois eu não passeio como ele com uma bengala, ainda que eventualmente use um chapéu. *Henorme.*

Seja como for, me parece claro que tentar traduzir Freud é um caminho que se impõe certamente como prévio a qualquer pretensão de conhecê-lo.

DA ESTRUTURA DA SATISFAÇÃO SEXUAL NA SUA RELAÇÃO COM O SUJEITO   179

Que os psicanalistas digam conhecer a psicanálise, ainda passa —
mas conhecer Freud antes de traduzi-lo sugere irresistivelmente essa
besteira de conhecê-lo antes de o ter lido. Isto supondo, claro, toda a
expansão necessária da noção de tradução.

Não sei se poderemos um dia afirmar algo semelhante a essa pretensão de conhecer Freud.

1

Na perspectiva que seu pensamento nos oferece uma vez chegado ao
final de seu desenvolvimento, Freud nos propõe na conjunção sexual
o modelo da satisfação subjetiva.

Vocês calculam bem o que isso significa? A experiência — aquela
de onde o próprio Freud partia — não é muito precisamente o lugar
da insatisfação subjetiva? E a situação melhorou para nós?

Francamente, em um contexto social que domina a função do
emprego do indivíduo — em que se regula esse emprego na medida
da subsistência pura e simples do indivíduo, ou na medida da pro-
dutividade —, qual margem é deixada para isso que seria o tempo
próprio de uma cultura do amor? Tudo não demonstra que é para nós
a realidade mais excluída de nossa comunidade subjetiva?

Não direi que está aí o que Freud decidiu articular como uma
verdade: que a função da sexualidade dava seu modelo à satisfação.
Mas, sem dúvida, está aí o que lhe parecia proteger essa verdade do
risco que ele confessava a Jung, de ver uma teoria um pouco profunda
do psiquismo encontrar os sulcos disso que ele chamava de *rio de lama
do ocultismo*. Ainda que ao longo dos séculos a sexualidade tenha pre-
sidido àquilo que hoje nos parecem loucuras, como esses delírios da
gnose sobre a copulação do sábio e da *sophia* por meio de não se sabe
que caminho, Freud podia bem pensar que em nosso século, sob o rei-
nado do sujeito da ciência, não há nenhum risco de que a sexualidade
possa predominar como um modelo qualquer para o conhecimento.

Foi sem dúvida por isso que ele começou a canção de animador do
jogo tão bem ilustrada por esse conto de Grimm de que ele gostava,
do flautista que arrastava atrás de si essa audiência acerca da qual se
pode dizer que, na ocasião, representava a ralé da terra em termos dos
caminhos de uma sabedoria qualquer.

Na linha que ele nos traça, é de seu termo que precisamos partir, ou seja, da fórmula da repetição.

Aqui, convém medir bem o que a separa do *panta rhei* do pensador antigo, que nos diz que nunca nos banhamos no mesmo rio, e que nada, nunca, retorna ao próprio rastro. É preciso dimensionar o que isso significa em termos de profunda ruptura de um pensamento que só pode apreender o tempo como esse algo que não vai em direção ao indeterminável ao preço de uma ruptura constante com a ausência.

Introduzir aqui a função da repetição é acrescentar o que a ela? Nada de muito mais satisfatório, se não se trata de renovar incessantemente um certo número de voltas. O princípio de prazer certamente não guia em direção a nada, e menos ainda para a captura de um objeto qualquer. O que a noção pura e simples de descarga pode explicar? Ela tomaria seu modelo no circuito estabelecido do sensorium a algo muito vagamente definido como sendo o motor, *o circuito stimulus-resposta*, como se diz. Quem não vê que, ao se manter aí, o sensorium só pode ser o guia disso que a pata de rã irritada faz — ou seja, se retira? Ela não vai captar o que quer que seja no mundo, a não ser fugir do que a machuca.

O que assegura a constante definida no aparelho nervoso pelo princípio de prazer? É a igualdade do estímulo — o *isostimo*, direi, para imitar o isóbaro, ou o isotermo do qual eu falava no outro dia; eu poderia dizer também *isoresp, isoresposta*. É difícil fundar o que quer que seja sobre o isostimo, pois não é mais de modo algum uma *stima*. O isoresp, o tateamento da igualdade de resistência, eis o que, no mundo, pode definir esse isóbaro do qual o princípio de prazer conduzirá o organismo a fugir.

Não há nada em tudo isso que impulsione à busca, à apreensão, à constituição de um objeto. O problema do objeto como tal é deixado intacto por toda essa concepção orgânica de um aparelho homeostático. É bastante surpreendente que até aqui não se tenha marcado essa falha. Freud, por sua vez, tem aqui o mérito de destacar que a busca do objeto só é concebível ao introduzir a dimensão da satisfação.

Contudo, nos deparamos novamente com a seguinte estranheza. Há um bom número de modelos orgânicos da satisfação, a começar pela saciedade digestiva, e Freud evoca também a satisfação de algumas outras necessidades. É notável que sejam sempre esquemas em que a satisfação não é transformada pela instância subjetiva. Certamente, dado que a satisfação oral pode adormecer o sujeito, pode-se, no limite, conceber esse sono como o sinal subjetivo da satisfação. Mas é infinitamente mais problemático apontar que a verdadeira ordem da satisfação subjetiva deve ser buscada no ato sexual — na medida em que é ali que ela se mostra mais dilacerada — e levar as coisas ao ponto de dizer que todas as outras ordens de satisfação, aquelas que acabamos de enumerar e que estão presentes na evocação freudiana, só vêm adquirir o seu sentido se colocadas em certa dependência com relação à satisfação sexual — dependência que desafio qualquer um a tornar concebível de outro modo que não formulando-a, em termos de estrutura, como, digamos, grosseiramente simbólica.

Eis os termos nos quais lhes proponho formular o problema que retomo hoje.

Trata-se de tentar lhes dar a articulação significante do que está em jogo na repetição implicada no ato sexual — se este é verdadeiramente o que eu disse, que a língua promove e que nossa experiência não invalida, a saber, um ato — depois de ter insistido no fato de que um ato é primeiramente condicionado pela repetição que lhe é interna.

Com relação ao ato sexual, irei mais longe, pelo menos penso que seja preciso ir mais longe para extrair o seu alcance.

A repetição que ele implica comporta um elemento de medida e de harmonia, ao menos a seguirmos a indicação de Freud, que lhe dá uma função orientadora. Devemos precisar isso, pois se há algo que promove qualquer uma das formulações analíticas é o fato de que essa harmonia não poderia, de forma alguma, ser concebida como sendo da ordem do complementar, a saber, de uma conjunção do elemento macho e do elemento fêmea, tão simples quanto as pessoas a imaginam na conjunção da chave e da fechadura, ou do que quer que seja que se apresente nos modos habituais dos símbolos *orgânicos*. Tudo nos indica que o modo da medida e da proporção implicado no ato sexual tem uma estrutura completamente diferente e, por assim dizer, mais complexa. Não preciso mostrar aqui a função fundamental desse terceiro elemento, o falo, e de tudo que gira em torno da castração.

É o que, da última vez, ao deixá-los, eu havia começado a formular evocando, porque se trata de harmonia, a relação dita anarmônica.

Em uma simples linha traçada, um segmento pode ser dividido de duas maneiras. Ou por um ponto que lhe seja interno, um ponto C entre A e B, essa divisão resultando em uma relação qualquer, por exemplo ½. Ou situamos um ponto D no exterior do segmento inicial AB, e a mesma proporção ½ pode se realizar entre os segmentos DA e DB. Isso já havia nos parecido mais adequado para assegurar o que está em questão, segundo toda a nossa experiência. Ou seja: a ideia do casal se apresentando efetivamente no registro subjetivo como lugar da unidade, é em relação a ela que o sujeito deve se situar, segundo uma proporção que ele pode chegar a estabelecer ao introduzir uma mediação externa no confronto que ele constitui, como sujeito, à ideia do casal.

Isso é apenas uma primeira aproximação, e o esquema simples que nos permite designar o que se trata de assegurar, a saber, a função desse terceiro elemento que vemos aparecer a toda hora no que pode ser chamado de campo subjetivo na relação sexual. Qual é esse terceiro elemento? Trata-se de duas coisas. É o que, subjetivamente, aparece aí do modo mais distante, ou seja, seu produto orgânico sempre possível, seja ele considerado desejável ou não. E é igualmente esse elemento que parece ser tão diferente e até oposto, à primeira vista, mas que no entanto, na experiência analítica, parece estar imediatamente associado a ele, a saber, essa exigência do falo que, em nossa experiência, parece tão interno à relação sexual tal como é vivida subjetivamente. Nós poderíamos ser tentados a designar a pertinência da equivalência *criança = falo* em alguma sincronia a descobrir, o que não quer dizer, claro, simultaneidade.

Além do mais, será que esse terceiro elemento não tem alguma relação com o que designamos como divisão do Outro, o S(Ⱥ)?

É para conduzi-los neste caminho que trago hoje a relação entre a verdadeira média e a razão extrema.

2

A média e extrema razão é estruturada de uma forma completamente diferente da simples abordagem harmônica que foi referida no fim de minha última fala.

É, a saber, que não se trata mais simplesmente da relação de um segmento com outro, na medida em que essa relação pode ser definida duas vezes — de um modo interno ou externo à sua conjunção —, mas da igualdade entre duas relações, a do menor com o maior e a do maior com a soma dos dois.

A indeterminação, a perfeita liberdade da relação anarmônica, não é nada quanto ao estabelecimento de uma estrutura, e nós já tivemos, no ano passado, que evocar o caráter fundamental dessa relação em toda estrutura dita projetiva, a função dominante que pode eventualmente haver na manifestação de suas constantes. Mas deixemos de lado essa perspectiva para nos ligar a outra.

Numericamente falando, de fato, a relação entre a média e extrema razão não é qualquer uma, ela é perfeitamente determinada e única. Eu coloquei no quadro uma figura que lhes permite dar seu suporte ao que enuncio aqui.

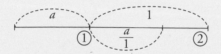

A relação entre a média e extrema razão

O primeiro segmento, marquei com a letra a. É o elemento único com o qual podemos nos contentar para edificar toda essa relação de medida, ou de proporção, com a única condição de dar ao seu correspondente o valor 1, como vocês sabem. Não quero dar nomes de letra aos pontos que determinam os segmentos indicados, para não correr o risco de confundir vocês.

Se atribuímos o valor 1 a esse segmento, a relação dita de média e extrema razão nos indica que devemos dar a esse outro o valor a, o que significa, no caso, $a/1$. Havíamos dito que a relação $a/1$ é igual à relação de $1/(1 + a)$.

$$\frac{1+a}{1}$$

Essa é a relação perfeitamente fixa que tem propriedades matemáticas extremamente importantes que não tenho nem tempo nem intenção de desenvolver para vocês hoje. Saibam apenas que sua aparição na matemática grega coincide com o passo decisivo de colocar em ordem o que é comensurável e o que é incomensurável.

O próprio de dois valores comensuráveis é que haja sempre um ponto em que eles recairão juntos, em pé de igualdade. Com certo múltiplo aproximado, diferente para um e para outro, dois valores comensuráveis podem sempre acabar constituindo a mesma grandeza. Dois valores incomensuráveis, nunca.

A relação entre 1 e *a* é incomensurável. Busca-se uma forma de definir a maneira como a sucessão dos pontos dados é recoberta pela série escalonada dessas duas unidades de medida incomensuráveis uma em relação à outra. O mais difícil de imaginar é o modo como elas se entrelaçam.

Como elas interferem? É na linha dessa pesquisa que foi definido o procedimento que consiste em rebater a unidade menor ao campo da maior, e se perguntar o que acontece, sob o ponto de vista da medida, com o restante que está ali e que é manifestamente 1 – *a*. Para esse resto, procederemos da mesma forma. Rebateremos a menor ao interior da maior e assim sucessivamente ao infinito — quero dizer, sem que se possa chegar ao fim desse processo. É nisso que consiste precisamente o incomensurável de uma relação que, no entanto, é tão simples.

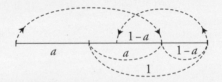

Grandezas incomensuráveis

De todos os incomensuráveis, esse é o que, como se diz, está nos intervalos e mantém sempre a maior distância — simples indicação de que não posso aqui comentar mais. Seja como for, vocês veem que se trata de algo que, na ordem do incomensurável, se especifica por uma acentuação, e ao mesmo tempo por uma pureza, da relação que são bastante especiais.

Para meu grande pesar, pois me parece que as tripas do ocultismo vão tremer agora, sou obrigado, por honestidade, a dizer que essa relação com o *a* é o que se chama de *número de ouro* — e atrás dele vibrará, no âmago de sua bagagem cultural, em especial quanto à estética, a evocação de tudo o que vocês quiserem, as catedrais, Albrecht

DA ESTRUTURA DA SATISFAÇÃO SEXUAL NA SUA RELAÇÃO COM O SUJEITO 185

Dürer, os cadinhos alquímicos e todas as outras perturbações análogas. Espero, no entanto, tê-los feito sentir que se trata de outra coisa, pela seriedade com a qual introduzi o caráter estritamente matemático da coisa e os dados de uma problemática que não dá nenhuma ideia de uma medida fácil de conceber.

Vejamos agora quais são algumas das propriedades notáveis desse a.

O fato de que $1 + a$ fosse igual ao inverso de a já estava suficientemente assegurado nas premissas dadas para a definição dessa relação, uma vez que a noção de que ele consiste na igualdade entre a relação do menor com o maior e a relação do maior com a soma dos dois nos dá a seguinte fórmula, que é a mesma que a fórmula fundamental, $a = 1/(1 + a)$. A partir daí, é extremamente fácil perceber outras igualdades cujo caráter é caduco e, para falar a verdade, momentaneamente sem grande importância para nós, e marcado pelo fato de que escrevi em vermelho as igualdades a seguir.

$$2 + a = \frac{1}{a} + 1 = \frac{1}{a^2} = \frac{1}{1 - a} \qquad a + a^2 = 1$$

$$a^2 + a^3 = a$$

$$1 + a = \frac{1}{a} \qquad a^3 + a^4 = a^2 = 1 - a$$

A única coisa importante a ressaltar é que o $1 - a$ pode ser igualado a a^2, o que é muito fácil de demonstrar. Por outro lado, o $2 + a$, o qual vocês veem como pode ser facilmente deduzido do $1 + (a/1 - a)$, representa o que se passa quando, em vez de involuir sobre si mesma o rebatimento dos segmentos, nós, ao contrário, os desenvolvemos para o exterior. É, a saber, que o $\frac{1}{2} + a$ — ou seja, o que correspondia, na relação anarmônica, ao nosso segmento externo, igual a 1, pois obtido pelo desenvolvimento externo do 1, que representa o maior comprimento — tem o mesmo valor que o valor inicial, aquele do qual partimos, ou seja, $\frac{1}{1} + a$.

Essas são as propriedades da média e extrema razão, na medida em que elas podem permitir compreender algo disso que está em questão na satisfação genital.

3

Eu lhes disse que *a* é um dos termos, qualquer um, da relação genital — digo, qualquer que seja o seu sexo.

Na relação sexual, na experiência da relação subjetiva que ela inclui, definida pela análise como edipiana, a menina, assim como o menino, entra ali primeiramente como criança, em outras palavras como já representando o produto.

Este último termo, não o emprego por acaso, e vamos retomá-lo em seguida, pois ele permite situar a diferença que existe entre o que se chama de criação e o que, nos dias atuais, circula por todo lado, a torto e a direito, com o nome de produção. É o problema mais atual, o mais iminente que é proposto ao pensamento: definir a relação do sujeito com o que diz respeito à produção de qualquer coisa. Propor uma dialética do sujeito na qual não se veria como o próprio sujeito pode ser tomado como produção seria para nós sem valor, o que não quer dizer que seja tão fácil assegurar, a partir dessa raiz, o que diz respeito à produção.

É tão difícil de assegurar, que um espírito desavisado certamente poderia se surpreender com o notável silêncio, o silêncio de Conrart, em que se mantém a psicanálise em relação à delicada questão que, no entanto, *courotte** minimamente em nossa vida diária, doméstica, cotidiana e tudo o que quiserem, até mercantil, e que chamamos de *Birth Control*. Nunca se viu, até aqui, um analista dizer o que pensava a respeito. Ainda assim é algo curioso em uma teoria que pretende ter algo a dizer sobre a satisfação sexual.

Deve haver aí algo que esteja mais estreitamente relacionado com a religião do Verbo, e sem dúvida de modo incômodo, pois após as esperanças bastante surpreendentes em relação à liberação da Lei que nutriu, na Igreja, a geração pauliniana, parece que, em seguida, muitas enunciações dogmáticas se relativizaram — e em nome do quê? Da produção — a produção de almas. Em nome da produção das almas, a passagem da humanidade à beatitude, anunciada como bem próxima, sofreu, me parece, uma certa protelação.

---

* Essa palavra também não existe em francês, é um trocadilho que a aproxima, por sonoridade, de *Conrart*. Também por aproximação sonora, *courotte* parece juntar *courir* (correr) e *ôter* (deslocar, retirar). Etimologicamente, no século XVI essa palavra estava em uso e era equivalente de *rigoler*. (N. T.)

DA ESTRUTURA DA SATISFAÇÃO SEXUAL NA SUA RELAÇÃO COM O SUJEITO   187

Mas não se deve acreditar que o problema se limitaria à esfera religiosa. Outro anúncio que foi fornecido, da liberação do homem, parece que a produção dos proletários desempenhou algum papel nas formas precisas que tomaram as sociedades socialistas a partir de uma certa ideia de abolição da exploração do homem pelo homem.

No âmbito dessa produção, não parece que se tenha chegado a uma medida muito mais clara quanto ao que se produz. Assim como o campo cristão, em nome da produção de almas, deixou aparecerem no mundo seres acerca dos quais o mínimo que se pode dizer é que a qualidade anímica é bastante heterogênea, da mesma forma, em nome da produção dos proletários, não parece vir à luz do dia outra coisa além desse algo respeitável, certamente, mas que tem seus limites, que se poderia chamar de produção de quadros.

A questão da produção e do estatuto do sujeito como produto, nós a vemos, então, presentificada no âmbito do que é a primeira presentificação do Outro: a Mãe. Sabe-se o valor de função unificadora de sua presença. Sabe-se tão bem, que toda a teoria analítica — e com ela, a prática — aí se inclinou, literalmente, e sucumbiu completamente ao seu valor fascinante. É o princípio na origem de uma concepção que chega a ponto de sustentar — vocês puderam ouvir isso em um debate que encerrou nosso ano passado — que a situação analítica é a reprodução ideal, quero dizer, está fundada no ideal da fusão unitiva — ou da unificação fusional, como quiserem — que se supõe que tenha unido a criança e a mãe durante nove meses.

Essa união da criança com a mãe — como quer que a qualifiquemos, façamos ou não dela a função do narcisismo primário, ou simplesmente o lugar escolhido da frustração e da gratificação — seguramente não se trata de repudiar o seu registro, mas de devolvê-lo ao seu devido lugar. Eis para onde vão nossos esforços teóricos.

Afirmar que a unidade do casal, no âmbito da confrontação sexual, é constituída pelo que a enunciação religiosa formulou como *uma só carne*, quanta ironia! Quem pode afirmar, de alguma forma, que no enlace dito genital o homem e a mulher se tornem uma só carne, senão a enunciação religiosa, que recorre aqui ao que, na conjunção sexual, é representado pelo polo materno?

Repito: esse polo materno que, no mito edipiano utilizado pela investigação analítica parece se confundir pura e simplesmente com o parceiro do machinho, na realidade não tem nada a ver com a oposição macho-fêmea. Tanto a menina quanto o menino têm a ver com o lugar materno da unidade, representando para ela isso com o que ele é confrontado no momento da abordagem da conjunção sexual.

Tanto para o menino quanto para a menina, o que se é como produto, como *a*, deve ser confrontado com a unidade instaurada pela ideia da união da criança com a mãe. É dessa confrontação que surge esse 1 – *a* que vai nos trazer o elemento terceiro, na medida em que ele funciona igualmente como sinal de uma falta, ou ainda, se quiserem, como sinal da *pequena diferença*, para empregar esse termo humorístico que tem um papel capital no que está em jogo na conjunção sexual, na medida em que ela interessa ao sujeito.

Claro, o humor ou o senso comum faz dessa pequena diferença o fato de que, como se diz, uns têm e outros não têm. De fato, não se trata de modo algum disso, pois o fato de não ter desempenha, tanto para a mulher quanto para o homem, um papel essencial, mediador e constitutivo no amor. Como Freud destacou, parece que sua falta efetiva lhe confere ali algumas vantagens, e é o que tentarei articular para vocês agora.

A relação de razão média é aquela entre o *a* e o 1 que definimos como sendo a relação sexual. A razão extrema reproduz essa justa proporção no exterior da razão média. Para que se institua a díade do casal, é preciso que um dos parceiros se coloque em relação ao outro como 1 de igualdade. Temos aqui o suporte disso, no segundo 1 que está escrito à direita e que devolve a proporção inicial em relação ao conjunto, com a condição de que seja mantido o terceiro termo do *a*.

É nisso que nos baseamos para dizer que, na relação sexual, é na medida em que o sujeito chega a se fazer igual ao Outro, ou a introduzir no próprio Outro a repetição do 1, que ele acaba reproduzindo a relação inicial, aquela que mantém sempre iminente o elemento terceiro, aqui representado pelo *a*.

Em outras palavras, encontramos, sob uma nova forma, o processo que eu havia inscrito no passado com uma barra de divisão. Parte-se da relação do sujeito com o Outro. Pelo modo como uma divisão se produz, o A barrado está dado, com relação ao qual um S barrado vem se inscrever, uma vez que o resto está dado por um *a*, que é o elemento irredutível da divisão.

Divisão do Outro

É aqui que começamos a conceber como pode acontecer de um órgão tão local, como se diz, na aparência, tão funcional, como o pênis, possa vir a desempenhar um papel que nos permite entrever o que está em jogo na verdadeira natureza da satisfação na relação sexual.

Algo, de fato, pode simbolizar na relação sexual, como se diz, a eliminação do resto. É porque o órgão é sede da detumescência que, em algum lugar, o sujeito pode ter a ilusão — seguramente enganosa, mas ela não é menos satisfatória por ser enganosa — de que não há resto, ou, pelo menos, de que há apenas um resto perfeitamente evanescente. Na verdade, isso é da ordem do cômico, pois é ao mesmo tempo o que dá seu limite ao que se pode chamar de gozo, na medida em que ele estaria no centro da satisfação sexual. A ideia fantasmática da descarga das tensões pulsionais é na realidade sustentada por esse esquema em que o gozo vê se impor um limite sob a base da função da detumescência.

Não existe lado mais decepcionante que se possa supor a uma satisfação — se o que está em questão for de fato pura e simplesmente gozo. Mas todo mundo sabe que, se existe algo que está presente na relação sexual, é o ideal do gozo do Outro, e é também o que constitui sua originalidade subjetiva.

O fato é que, ao nos limitarmos às funções orgânicas, nada é mais precário do que esse entrecruzamento dos gozos. Se existe algo que nos revela a experiência, é a heterogeneidade radical entre gozo macho e gozo fêmea. É exatamente por isso que existem tantas boas almas ocupadas em verificar, mais ou menos escrupulosamente, a estrita simultaneidade de seu gozo com o do parceiro. A quantos fracassos, enganos e ilusões isso se presta, não será hoje que abrirei o seu leque. Também se trata de algo completamente diferente desse pequeno exercício de acrobacia erótica.

Sabe-se qual o lugar que isso manteve em certa verborragia psicanalítica. Se algo vem se fundar em torno do gozo do Outro, é na medida em que a estrutura que enunciamos faz hoje surgir o fantasma [*fantôme*] do dom. É porque ela adquire um valor privilegiado quanto ao ser. Esse dom se chama amor, que defini como o dom do que não se tem.

Na relação amorosa, a mulher encontra um gozo que é, como se diz, da ordem da *causa sui*, na medida em que o que ela dá, sob a forma disso que ela não tem, é também a causa de seu desejo. Ela se torna o que cria, de maneira puramente imaginária, e cria justamente o que a torna objeto — na medida em que, na miragem erótica, ela pode ser o falo, sê-lo e ao mesmo tempo não o ser. O que ela dá, por não o ter, torna-se, acabo de dizer, a causa de seu desejo.

É por essa razão que a mulher está sozinha, pode-se dizer, para concluir de modo satisfatório a conjunção genital — mas é, claro, na medida em que o objeto que ela forneceu, por não o ter, só desaparece por meio do truque da castração masculina, deixando-a à satisfação de seu gozo essencial. Em suma, na conjunção sexual ela não perde nada, pois só coloca ali o que não tem e que, literalmente, cria.

Eis porque é sempre por identificação com a mulher que a sublimação produz a aparência de uma criação. Se, em certas atividades humanas — que ficarão para examinarmos, a fim de ver se são miragens ou não —, pode haver aí em algum lugar o que se chama de criação ou *poiesis*, é sempre na forma de uma gênese obscura (certamente, antes que eu lhes exponha aqui os delineamentos) mas muito estritamente ligada ao dom de amor feminino, na medida em que ele cria esse objeto evanescente — e que, além do mais, lhe falta — que é o todo-poderoso falo.

O falo é, portanto, de um lado o pênis, mas na medida em que é sua carência em relação ao gozo que faz a definição da satisfação subjetiva na qual se encontra situada a reprodução da vida.

De fato, na copulação o sujeito não pode realmente possuir o corpo que ele estreita. Ele não sabe os limites do gozo possível, quero dizer, daquele que ele poderia ter do corpo do Outro como tal, pois esses limites são incertos e é tudo isso que constitui esse para-além que é definido pela escopofilia e pelo sadismo.

O fato de que a insuficiência fálica adquira valor sempre renovado de desvanecimento do ser do sujeito, eis o que é essencial da experiência masculina e o que leva esse gozo a ser comparado com o que se chama de retorno da pequena morte. A função desvanecente do falo é experimentada muito mais diretamente no gozo masculino, e é isso que dá ao macho o privilégio de onde se extrai a ilusão da pura subjetividade. Se há um momento, um lugar em que o homem pode perder de vista a presença do objeto terceiro, é nesse momento evanescente em que ele perde, porque o objeto desfalece, o que é não apenas seu instrumento mas, tanto para ele quanto para a mulher, o elemento terceiro da relação do casal. É a partir daí que se edificam, antes mesmo do advento do que chamamos aqui de estatuto da pura subjetividade, todas as ilusões do conhecimento.

Seja antes ou depois da era científica, a imaginação do sujeito do conhecimento é uma forja de macho, e de macho na medida em que participa da impotência que ele nega, tomando por um zero o *menos alguma coisa* em torno do qual se dá o efeito de causação do desejo. Já dissemos isso, tomar o *menos* como um zero é próprio do sujeito, e o nome próprio é aqui feito para marcar o seu rastro.

A rejeição da castração marca o delírio do pensamento, quero dizer, a entrada do pensamento do [*Eu*] como tal no real. É isso que, em nosso primeiro quadrângulo, constitui o estatuto do *não penso*, na medida em que apenas a sintaxe o sustenta.

Eis o que resta da estrutura que Freud nos permite edificar a partir das indicações que ele nos dá sobre a satisfação sexual na sua relação com o estatuto do sujeito.

Ficamos por aqui hoje, deixando para a próxima vez o que temos agora a apresentar sobre a função do acting-out.

1º de março de 1967

XII

Satisfação Sexual e Sublimação

Crítica do estágio genital
Observação sobre o acting-out
O campo do Outro sexual dessexualizado na análise
Estrutura da sublimação

O que estou instaurando é, em suma, um método.

Em certo campo, o que define esse campo, a saber, a presença do sujeito como tal, permanece implícito. Tudo o que essa implicação implícita do sujeito introduz nesse campo de *falácia*, de *fallacity*, na base, o método que instauro permite, por assim dizer, enfrentar isso.

Que ele tenha toda essa generalidade, só percebemos quando tomamos certa distância. Diria até mais, eu mesmo percebo isso a posteriori, pois, é claro, não foi de uma visão tão geral que parti, e depois um certo dia aconteceu que, esse método, nos servimos dele para repensar as coisas ali onde elas são mais interessantes, no plano político, por exemplo.

Por que não? É certo que com os arrendamentos suficientes, alguns esquemas que forneço encontrarão nisso a sua aplicação. Talvez seja aí mesmo que terão maior sucesso, pois para o terreno em que os forjei isso não foi previamente definido — dado que talvez seja aí, seja nesse terreno que é o do psicanalista, que um certo impasse, aquele em que se manifesta isso que chamo de falácias do sujeito (e elas não são unívocas), encontra o melhor modo de resistir.

Enfim, não há dúvida de que é aí que esses conceitos serão forjados, e pode-se dizer até mais: que toda a contingência da aventura, ou seja, o próprio modo como esses conceitos tiveram que enfrentar a teoria analítica tal como ela já foi forjada e tal como se introduzem aí correções, a própria dialética do que a sua introdução na teoria analítica terá tido de dificuldades e até mesmo resistências totalmente acidentais, na aparência — tudo isso terá vindo, de certa forma, contribuir para os modos como eu os circunscrevi. Quero dizer que a resistência dos próprios psicanalistas ao que é seu campo é, talvez, o que acrescenta o testemunho mais eloquente das dificuldades que se trata de resolver, e de sua estrutura.

Com isso, chegamos a um terreno ainda mais intenso, no momento em que se tratará do que digo acerca do que lhes situei no primeiro dos vértices do quadrângulo e que qualifiquei como sendo aquele que conota o momento da repetição — ao qual responde, como fundadora do sujeito, a passagem ao ato.

Quanto ao estatuto do ato, já lhes mostrei a importância que tem o ato sexual. Insistirei nisso, e retornarei a esse ponto ainda hoje, pois será necessário.

1

Sem definir o ato sexual como um ato de pleno exercício é impossível conceber a função que Freud deu à sexualidade com relação à estrutura disso que se deve chamar, com ele, de satisfação, *Befriedigung*, satisfação que é preciso chamar de subjetiva, pois ela não poderia ser conotada de outro lugar senão aquele em que se institui o sujeito como tal.

Essa é a única noção que funciona de maneira que possa dar um sentido à *Befriedigung*.

Para dar ao ato sexual as referências estruturais fora das quais nos é impossível conceber seu lugar na teoria freudiana, fomos levados a fazer funcionar uma das forças mais exemplares do pensamento matemático. Quando uso meios assim, evidentemente, é para que se alcance sempre algo de parcial para quem da teoria matemática conhece apenas isto de que eu mesmo me servirei como instrumento, dado que a situação pode ser diferente para quem conhece o lugar dessa força que extraio. Isso de que me sirvo, que extraio, sem dúvida, com minha própria porção de inexperiência, mas, mesmo assim, acreditem, não sem saber quais são as suas ramificações no conjunto da teoria matemática, e não sem ter me assegurado de que alguém que quisesse fazer um uso mais aprofundado disso encontraria todos os prolongamentos que permitiriam dar ao ponto preciso que escolhi para fundar essa estrutura uma justa extensão no conjunto da teoria.

Uma ressonância me retornou de que, ao me ouvir falar do ato sexual servindo-me, para estruturar as tensões disso, do que me fornecia de ternário a proporção do número de ouro, alguém deixou passar entredentes esta observação: *Da próxima vez que eu for trepar, é melhor não esquecer minha régua de cálculo.*

Ainda que essa observação tenha todo o caráter prazeroso que se atribui ao chiste, pelo menos para mim ela continua tendo que ser encarada com ressalvas, a partir do momento em que o responsável por essa divertida tirada é um psicanalista. Na verdade, penso que, como vocês puderam ouvir, o sucesso do gozo na cama é essencialmente feito de esquecer que ele poderia ser encontrado na régua de cálculo. Por que é tão fácil de esquecer isso? Eu insistia há pouco que está aí toda a força do que há de satisfatório nisso que, por outro lado, subjetivamente, se traduz pela castração.

O fato é que um psicanalista não poderia esquecer que algum recurso à régua pode ser evidentemente exigível, na medida em que outro ato o interessa e que chamaremos, para introduzir o termo hoje, de *ato psicanalítico.*

Específico, para evitar qualquer mal-entendido, que se tratará, nesta ocasião, de se servir da régua de cálculo não para ler o que se lê no encontro de dois pequenos traços — ainda não chegamos nesse ponto —, mas para que ela leve consigo uma medida que não chamamos de outro modo senão de logaritmo, e que nos fornece algo que não é absolutamente sem relação com a estrutura que evoco.

O ato psicanalítico, ao ser assim nomeado em referência ao conjunto da teoria, tem esse ponto espantoso de que ele nos permitirá fazer uma observação que talvez tenha vindo, para alguns, nas margens do que enunciei até aqui.

Enfatizei o caráter de ato disso que está em jogo no ato sexual. Poderíamos observar, a respeito, que tudo o que se enuncia na teoria analítica parece destinado a apagar, no uso desses seres sofredores ou insatisfeitos por diversas razões dos quais nos ocupamos, o caráter de ato que existe no encontro sexual. Toda a teoria analítica coloca ênfase no modo mais ou menos satisfatório do que se chama de relação sexual. Essa ou aquela forma de relação sexual é declarada satisfatória ou não — de modo justo ou injusto, por diversas razões e razões pelas quais várias vezes eu me permiti levantar algumas objeções. Pode-se

SATISFAÇÃO SEXUAL E SUBLIMAÇÃO

perguntar se não se trata aí de uma forma de eludir e até mesmo de obscurecer o que há de vivo, de propriamente decisivo — porque se trata aí de algo que tem a mesma estrutura de corte que pertence a todo ato — no que diz respeito ao ato sexual.

Aí há um corte que não funciona sozinho, conforme toda a nossa experiência o demonstra, e que não dá um resultado de simples equidade, tal como testemunham todos os tipos de anomalias estruturais, perfeitamente articuladas e referenciadas, ou pelo menos concebidas em seu verdadeiro alcance pela teoria analítica. A que corresponde isso que chamarei de temperamento, de modo temperado, sob o qual a teoria avança ao eludir todo o relevo do ato, senão a seu esboço manifesto de não arrastar consigo escândalos demais?

O pior desses escândalos, evidentemente, e que não parece ser reduzido por essa prudência, é esse que vou lhes dizer.

Há um tempo que não data de ontem, os círculos libertários deste século — dos quais havia ainda alguns exemplares subsistindo, flutuando nos meios ou em outros campos sérios de outro modo, quero dizer campos revolucionários — fizeram muitas tentativas (mais ou menos herdadas das experiências, complexas de outro modo, que foram as do chamado tempo do *homem de prazer*) que desembocaram em certas fórmulas exageradas, dentre as quais pudemos ver manter-se aquela de que, afinal de contas, o ato sexual não devia ser tomado como tendo mais importância do que o de beber um copo d'água.

Isso era dito, por exemplo, em certas zonas, certos grupos, certos setores, no entorno de Lênin. Lembro-me de ter lido outrora, em alemão, um adorável livrinho que se chamava, se bem me lembro, *Wege der Liebe*. Era mesmo o começo, antes da guerra, de algo que se parecia muito com um livro de bolso, e ele tinha na capa a cara encantadora da sra. Kollontai, que era da primeira equipe e foi, se a minha memória não falha, embaixadora em Estocolmo. Eram contos encantadores sobre o tema da vida amorosa. Com o passar do tempo e as sociedades socialistas tendo a estrutura que vocês sabem, fica evidente que, qualquer que seja a nossa aspiração à liberdade do pensamento e contrariamente ao exame objetivo que provém da ética, o ato sexual ainda não alcançou o patamar de algo que se satisfaz no *snack-bar*.

Quer a teoria reconheça, quer não, quer enfatize, quer não, pouco importa para nós. A experiência prova de modo abundante que o ato sexual ainda arrasta consigo essa espécie de efeito estranho de não sei quê, de discordância, de déficit, de algo que não se arranja e que se chama de culpa.

Todos os escritos dos espíritos elevados que nos cercam, as coisas que se intitulam, por exemplo, *Universo mórbido da culpa*, como se já estivesse conjurado — foi um de meus amigos que o escreveu, prefiro sempre citar pessoas que me agradam bastante —, tudo isso não resolve de modo algum a questão, e não evita que tenhamos que nos ocupar, provavelmente ainda por muito tempo, disso que permanece preso a esse universo sob a forma, digamos, das falhas da estrutura do ato sexual. Essas falhas, ou não falhas, talvez lhe sejam essenciais, e trata-se justamente de considerar seu estatuto.

Através disso, acredito ter de retornar, muito brevemente, claro, mas retornar ainda ao que há de insuficiente na definição que nos foi dada, em certo registro da homilia abençoadora em relação ao que se chama de estádio genital, disso que constituiria a estrutura ideal de seu objeto. Na verdade, não seria totalmente injustificado reportar-se a essa literatura. Que a dimensão da ternura que se evoca seja algo respeitável, não há o que contestar, mas que seja considerada uma dimensão de certo modo estrutural, eis uma asserção à qual creio não ser inútil acrescentar uma contestação. *[Uma fumaça sai da tribuna; ela parece vir de uma máquina de fumaça; agitação.]*

Vamos retomar.

Esse incidente me dá a oportunidade de abreviar o que penso ter a dizer sobre o tema bastante mencionado aqui, essa famosa ternura. Poderíamos pinçar um aspecto da ternura, e talvez toda a ternura, com alguma fórmula que seria suficientemente próxima desta: a ternura é o que nos convém ter de piedade em relação à impotência de amar. Estruturar isso no âmbito da pulsão não é fácil.

Da mesma forma, para ilustrar o que conviria articular em relação ao que está em jogo no ato e na satisfação sexual, talvez fosse bom lembrar o que de ambiguidade a experiência impõe aos psicanalistas — eles chamam isso de ambivalência (palavra que se tem usado tanto que já não quer dizer mais nada) de ambiguidade do amor. Um ato sexual é menos um ato sexual — é um ato imaturo, deve ser remetido por nós ao campo de um tema inacabado, mantido preso ao atraso de algum estádio arcaico — se é cometido simplesmente no ódio? O caso parece não interessar à teoria analítica. É curioso que eu não o tenha visto destacado em lugar nenhum. Para introduzir a consideração da dimensão da raiva no amor, em um Seminário já antigo, um Seminário do tempo em que o Seminário era um Seminário, tive que me servir da peça bem conhecida de Claudel, ou mais exatamente de sua trilogia que começa com *O refém*. Os amores de Turelure e de Sygne de Coûfontaine são ou não uma conjunção imatura?

O que há de admirável é que acredito ter destacado os méritos e as incidências dessa trilogia trágica sem que ninguém que eu conheça de meus ouvintes tenha percebido o alcance disso. Não é espantoso, pois não cuidei de colocar expressamente o eixo nessa questão precisa e, em geral, os ouvintes, depois de todos os retornos que tive, facilmente evitam esse ponto. Há dois tipos deles. Há aqueles que seguem o sr. Claudel na ressonância religiosa do plano em que se situa uma tragédia que é uma das mais radicalmente *anticristãs* — esta palavra entre aspas — que já foi criada, pelo menos em relação a um cristianismo de bom-tom e de emoção terna. Aqueles, portanto, que o seguem nessa atmosfera, pensam, evidentemente, que Sygne de Coûfontaine permanece intacta em tudo isso. Não é o que ela parece articular no drama — mas pouco importa, ouve-se através de certos filtros. Coisa curiosa, os outros, os ouvintes que pareceriam não dever estar incomodados por esse filtro, ou seja, os ouvintes *não religiousados* [*non réligiosés*] de antemão, parecem, da mesma forma, não querer ouvir nada acerca do que está em questão, muito precisamente.

Seja como for, dado que não temos, do alto de uma tribuna, outra referência ao alcance das mãos, deixo em suspenso a questão de saber se um ato sexual consumado no ódio é menos um ato sexual de, direi, pleno alcance. Elevar a questão a esse nível desembocaria em vertentes que não seriam infrutíferas, mas não posso entrar nisso hoje.

Para mim bastará marcar outro traço, que me parece mal articulado com aqueles dos quais se faz uso na teoria predominante em relação ao estádio genital. É, a saber, o caráter por assim dizer limitado, temperado, moderado que deveria assumir o afeto do luto.

Esse objeto que se realiza no cônjuge — pois afinal de contas se trata de uma fórmula que tende a se adaptar a costumes tão convenientes quanto se possa querer —, esse objeto, seria normal e sinal de maturidade que pudéssemos fazer dele luto em um prazo que chamaremos de decente. Há aí algo que faz pensar que estaria na norma disso que se chama de maturidade afetiva, mesmo que seja o outro quem parta primeiro. Isso faz pensar na boa história vienense que era sem dúvida aquela de alguém psicanalisado, que Freud teria mencionado em algum lugar. É um senhor vienense que diz à sua mulher: *Quando um de nós morrer, irei a Paris.*

Faço aqui apenas observações por um meio grosseiro, de oposição contrastada. O fato de nunca ser evocado na teoria o que quer que seja relativo ao luto que o sujeito amadurece, que ele deixará atrás de si, poderia ser igualmente uma característica que se poderia considerar muito seriamente em relação ao estatuto do sujeito. É provável que isso interessasse menos à clientela — de modo que, nesse aspecto, é até mesmo sem efeito.

Existem outras observações que esse pequeno incidente, pelo tempo ele que nos fez perder, me força a abreviar.

2

Gostaria apenas de colocar essa questão: a abundância de desenvolvimentos que dizem respeito ao que se chama de *situação*, ou ainda de *relação* analítica, a insistência colocada aí, não é também feita para nos permitir eludir o que está em jogo no ato analítico?

O ato analítico? *Claro*, dirão, *é a interpretação*. Como a interpretação está, de maneira sempre crescente, no sentido do declínio, isto sobre o que parece mais difícil articular algo na teoria, por ora apenas registraremos essa deficiência — é o caso de dizer.

Observaremos que há, ainda assim, na teoria, um ponto em que se conjugam o registro do ato e a função do analista — não digo *relação analítica*, expressão para a qual acabo de apontar para dizer que ela tem, nessa ocasião, uma função de recobrimento.

Esse ponto não deixa de conter, devo dizer, certa promessa, e pela seguinte razão. É que, se o ato analítico deve ser situado nesse ponto — para nós o mais vivo e mais interessante a determinar, que está no quadrângulo embaixo à esquerda e que diz respeito ao inconsciente e ao sintoma —, esse ato tem, direi, de maneira bastante condizente com a estrutura do recalque, uma espécie de posição lateral. Um representante, se posso chamá-lo assim, da representação deficiente do ato nos é dado com o nome de acting-out, e é isso que tenho a lhes introduzir hoje.

Todos aqueles que são analistas aqui têm pelo menos uma vaga noção desse termo e do que constitui o seu eixo, seu centro, a saber, certos atos que têm uma estrutura em relação à qual nem todos estão de acordo, mas que se pode pelo menos concordar em reconhecer que é suscetível de se produzir, durante uma análise, em certa relação de dependência, mais ou menos grande, em vista não da situação ou da relação analítica, mas de um momento preciso da intervenção do analista, e portanto de algo que deve ter alguma relação com esse ato psicanalítico que considero que não está de modo algum definido.

Como não precisamos, em um campo tão difícil, nos precipitar como o rinoceronte na loja de porcelanas, como seguiremos com cuidado, comecemos por dizer que temos, com o acting-out, algo para o qual me parece possível atrair a atenção de todos aqueles que têm a experiência da análise, de uma forma que promete consenso — admitimos que existem coisas que se chamam acting-out e que isso tem relação com a intervenção do analista.

Coloquei um marcador na página dos meus *Escritos* em que destaco um exemplo muito bonito de acting-out. Ele foi retirado de um testemunho no qual se pode confiar, pois é um testemunho realmente inocente, diga-se de passagem, que está no artigo que Ernst Kris escreveu, cujo título é "Ego Psychology and Interpretation" em *The Psychoanalytic Quaterly*, volume xx, n. 1, de janeiro de 1951. O meu texto é fácil de encontrar, ele está no meu diálogo com Jean Hippolyte sobre a *Verneinung*, que segue "Função e campo da fala e da linguagem...", ou seja, o "Discurso de Roma".

Nesse texto, destaquei amplamente o que implica, para Kris, o fato de intervir seguindo um princípio de método que é aquele promovido pela *Ego Psychology*, no campo disso que ele chama de *superfície* e que, de nossa parte, chamaremos de campo de *uma apreciação de realidade*.

Nas intervenções analíticas, ou pelo menos nos termos de referência do analista, essa apreciação de realidade exerce um papel considerável. Não é uma das menores distorções da teoria chegar a dizer, por exemplo, que é possível interpretar o que chamamos de *manifestações da transferência* mostrando ao sujeito o que as repetições que constituiriam a sua essência têm de deslocado, de impróprio, de inadequado, não em relação à situação analítica, mas ao confinamento no consultório do analista, considerado como constituindo uma realidade tão simples. Isso foi escrito, impresso, preto no branco. O fato de dizer: *O senhor não percebe a que ponto está deslocado que algo se repita nesse campo em que nos encontramos três vezes por semana?* — como se o fato de se encontrar três vezes por semana fosse uma realidade simples — faz pensar fortemente na definição que devemos dar sobre o que é a realidade na análise.

Seja como for, é sem dúvida em uma perspectiva análoga que o sr. Kris se situa quando, tendo que se haver com um paciente que, diante dele, se denuncia, se acusa de plágio, lança mão de um documento que prova manifestamente que o sujeito não é realmente plagiário e acredita dever, como intervenção superficial, articular claramente que ele, Kris, lhe assegura que ele não é plagiário, pois foi procurar o livro que o sujeito acredita ser a prova disso, encontrou-o, e não viu nele nada de especialmente original de que o sujeito, seu paciente, poderia ter tirado proveito.

Peço-lhes que se remetam ao meu texto, assim como ao texto de Kris, bem como ao de Melitta Schmideberg, que foi analista do sujeito em um primeiro período ou temporada de análise. Vocês verão ali o que há de absolutamente exorbitante em se servir de intervenção desse tipo para abordar um caso em que, evidentemente, o essencial não é que o sujeito de fato seja ou não plagiário, mas que todo o seu desejo seja de plagiar — pela simples razão de que ele sente que não lhe é possível formular algo que tenha um valor, a menos que tenha tomado emprestado de um outro. Aí está a motivação essencial. Posso esquematizar isso de modo bastante firme, pois é o que o impulsiona.

Seja como for, essa intervenção é seguida de um pequeno tempo de silêncio durante o qual, diz Kris, o sujeito sofre o impacto. E em seguida Kris nos comunica que o sujeito enuncia simplesmente esse fato singelo: que, há certo tempo, toda vez que sai do consultório do analista vai comer um bom prato de miolos frescos.

O que é isso? Não tenho mais a lhes dizer, pois desde o comecinho de meu ensino eu destaquei que isso é um acting-out.

Mas em que aspecto o é, senão por isso que não era articulável no passado como posso fazer agora, que o objeto *a* oral está aí presentificado, servido em um prato — é o caso de dizer — pelo paciente, em relação com a intervenção do analista?

E depois então? Isso só tem interesse para nós agora — ainda que continue tendo um interesse, claro, permanente, para os analistas — se nos permite avançar um pouco na estrutura.

Então, chamamos isso de acting-out — e o que faremos com esse termo?

Não nos deteremos, penso eu, em dizer que é cair no erro de se utilizar o que se chama de *franglês*. Para mim, devo dizer, e acredi-

SATISFAÇÃO SEXUAL E SUBLIMAÇÃO 201

to ter algum gosto pela língua francesa, o uso do franglês não me incomoda de modo algum. Não vejo por que não adornaríamos o uso da língua corrente com o emprego de palavras que não fazem parte dela. A mim pouco importa — e isto na medida em que não pretendo de modo algum traduzir acting-out, pois é um termo de uma extraordinária pertinência em inglês, sinalizo isto de passagem. Vou até lhes dar uma prova disso, pela razão que é aos meus olhos uma confirmação do fato de que os autores que introduziram o uso desse termo — e não vou lhes contar sua história, pois o tempo me pressiona — sabiam muito bem o que isso queria dizer.

Eu teria acreditado poder encontrá-lo em um excelente dicionário filológico que tenho, em treze volumes, o *New English Oxford Dictionary*, mas me bastou abrir o *Webster* — que também é um admirável instrumento, ainda que em um só volume, e que é publicado na América — para encontrar a seguinte definição para *to act out*: *to represent (as a play, story, and so on, in action)*, representar (como uma peça, uma cena, como uma história em ato etc.), *as opposed to Reading*, como oposto à leitura, como se diz, *as to act out a scene one has read*, portanto, que se *act-out* — não digo *praticar*, pois é *to act out*, não é *to play*, heim? — uma cena que se leu.

Existem dois tempos. Vocês leem algo, de Racine, em voz alta, vocês leem mal, evidentemente — aposto que vocês leem de maneira detestável —, alguém que está ali quer lhes mostrar o que é isso e o representa. Eis o que é *to act out*.

Suponho que as pessoas que escolheram esse termo na literatura inglesa para designar o que está em questão sabiam o que queriam dizer — pelo menos isso se aplica perfeitamente. Eu *act-out* algo porque isso me foi traduzido, articulado, significado de modo insuficiente ou deslocado.

Acrescentarei que, se vocês se depararem com a aventura que imaginei há pouco, ou seja, de alguém vir lhes dar uma melhor interpretação de Racine, esse não é um ponto de partida muito bom, será provavelmente tão ruim quanto sua maneira de ler.

De todo modo isso já partirá de uma certa instabilidade. Em um acting-out introduzido por uma sequência assim, certamente haverá algo fora do lugar, algo amortecido.

Eis a observação ao redor da qual entendo aproximar o acting-out, que eu me contento hoje em colocar em questão.

3

Para falar da lógica do fantasma, é indispensável ter ao menos alguma ideia de onde se situa o ato psicanalítico. Aí está o que vai nos forçar a um pequeno passo atrás.

É evidente — e fica ainda mais claro quando se diz — que o ato psicanalítico não é um ato sexual. Inclusive nem é possível fazê-los interferir, pois é justamente o contrário. Mas, já que estamos tratando de lógica, notemos que o contrário não é o contraditório.

Para evidenciar isso, basta evocar a camada analítica. De todo modo ela tem a ver com algo de topológico da sessão. Percebi, e é realmente um problema, que os mitos mencionam pouco isso. E, no entanto, a cama é algo que está relacionado ao ato sexual. A cama não é apenas isso de que nos fala Aristóteles para designar a diferença entre a *physis* e a *technê* — ao nos presentificar uma cama de madeira como se, de um instante a outro, pudesse voltar a germinar. Pesquisei bastante, em Aristóteles não há rastro da cama considerada como o que eu chamarei na minha própria linguagem — e que não está muito longe da de Aristóteles, pois ele também tinha um certo senso do *topos*, quanto ao que se tratava da ordem da natureza — o lugar do Outro. É bastante curioso — tendo falado do livro H, se bem me lembro, da *Metafísica*, dessa cama — sim, exatamente, ele nunca a considera como *topos* do ato sexual.

Diz-se: *um/a filho/a do primeiro leito*.* Isso também deve ser tomado ao pé da letra, pois as palavras não se conjugam ao acaso.

Em certas condições, o fato de entrar na área da cama pode, talvez, qualificar um ato como tendo certa relação com o ato sexual, *conforme*** as alcovas das Preciosas. A cama analítica significa também uma área que não deixa de ter certa relação com o ato sexual. É uma relação de contrário, ou seja, de modo algum algo poderia se passar ali. Mas não deixa de ser uma cama, e isso basta para introduzir o sexual sob a forma de um campo vazio — ou de um conjunto vazio, como se diz em algum lugar.

---

* "*Un enfant du premier lit*" designa o/a filho/a concebido/a no primeiro casamento. (N. T.)

** No original, *confer*, destacado em itálico, o termo em latim normalmente grafado em abreviação: *cf.* Pela sonoridade, há semelhança com o francês "*qu'ont faire*", ou "*qu'ont fait*": que fizeram. (N. T.)

Se vocês se reportarem ao meu pequeno esquema estrutural, pois foi ali que já falamos disso, o Outro sexual ali não tem nada a ver com o ato analítico. Resta isso, o grande Outro, e isso, o *pequeno a*, e em seguida, suas relações.

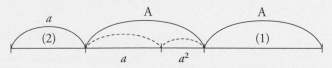

Esquema do ato sexual

Gostaria, de vez em quando, de elidir as coisas pesadas, mas enfim, específico, para aqueles que são surdos, que nesse esquema se trata do campo do Outro, não na medida em que ele se *redobra* [*redouble*], mas na medida em que ele se *desdobra* [*dédouble*], de tal modo que, em seu interior, trata-se de um Outro, como campo do ato sexual, e em seu exterior de um Outro que se distingue dele, esse Outro da alienação que nos introduz o Outro barrado. É também o campo do Outro em que a verdade se apresenta a nós, mas de maneira rompida, despedaçada, fragmentária, que a constitui propriamente como intrusão no saber.

Antes de ousar perguntar: *Onde está o psicanalista?*, precisamos lembrar o estatuto do que designa, aqui, o segmento *a*. Vocês já sentiram, penso, que há uma relação entre esse *a* e o A, que eles têm a mesma função em relação a duas coisas diferentes.

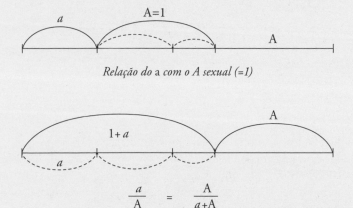

O *pequeno a* — forma fechada conferida ao início da experiência analítica, forma sob a qual se apresenta o sujeito, produção da sua história, e diremos mais, dejeto dessa história — tem com o A=1 do Outro sexual a mesma relação que o A da verdade — o A do campo de intrusão dessa coisa que, sob o nome de sintoma, claudica, anda mal no sujeito — tem com a soma dos dois primeiros.

Onde está o analista? Pelo fato de que ele procede, no campo da verdade, ao corte da interpretação, podemos evidentemente ficar um pouquinho tentados a identificá-lo com o campo do Outro, dadas as grosseiras analogias entre o analista e o pai, por exemplo. Poderia ser ali que funciona a medida destinada a determinar todas as relações do conjunto, particularmente aquelas do *pequeno a* com o campo do grande A sexual. Não nos apressemos, peço-lhes, a correr na direção de fórmulas tão precipitadas quanto falsas.

Isso não impede que haja a mais estreita relação entre o campo do A da intervenção verídica e o modo como o sujeito vem a presentificar o *a*, talvez como protesto por um corte antecipado, como vocês acabam de ver, aparentemente, no exemplo emprestado de Ernst Kris. Há apenas uma infelicidade: é que, justamente, não é no campo da verdade que a intervenção de Kris incidiu, mas no campo do Outro sexual, na medida em que, na análise — digo na análise — é um campo dessexualizado.

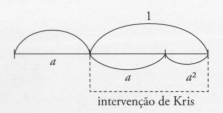

Posição da intervenção de Kris

Na economia subjetiva, é da dessexualização do campo próprio ao ato sexual que depende a economia, as repercussões que haverá de um sobre o outro, nos outros setores do campo.

Não prosseguirei nesse ponto senão depois do recesso da Páscoa, pela razão de que a próxima vez será reservada a alguém que me pediu para intervir em relação ao que eu trouxe desde janeiro no tocante à topologia, que compreende tanto os quatro termos da repetição quanto os da alienação. Nessas condições, convém nos determos no que está em jogo no campo em que, na análise, encontra-se reservado ao lugar do ato sexual.

Voltarei então ao fundamento da satisfação do ato sexual, que é também o que dá o estatuto da sublimação. Volto a isso por não dever, este ano, ir mais longe no que introduzi sobre esse ponto.

4

E quanto à satisfação do ato sexual?

Ela resulta disso que conhecemos pela experiência analítica, de que há — não de um parceiro para o outro, mas de algum dos parceiros para a ideia do casal como um — essa falta que podemos definir de modo diferente, falta-em-ser , falta no gozo do Outro — essa falta, essa não coincidência do sujeito como produto, na medida em que ele avança no campo do ato sexual. Nesse momento, ele não é nada além de um produto, não tem necessidade de pensar nem de ter sua régua de cálculo, ele entra nesse campo, e acredita ser igual ao papel a desempenhar, seja o de homem ou o de mulher. Nos dois casos, a falta fálica é ali o que simboliza essa falta essencial, da falta que se chama *castração*, em um caso, ou *Penisneid*, em outro.

E por que o pênis se encontra a simbolizar isso? Precisamente por ser o que, sob a forma da detumescência, materializa a falta de gozo; ele materializa a falta que deriva ou, mais exatamente, que parece derivar da lei do prazer. De fato, na medida em que o prazer tem um limite e em que o excesso de prazer é um desprazer, isso para por aí, e parece que não falta nada. Bem, é um erro de cálculo.

É exatamente o mesmo erro que poderíamos cometer no jogo pelo qual enveredo, dessas pequenas equações relativas a esse a, esse $1 + a$, esse $1 - a$, que é igual a a^2 etc., e eu lhes faria passar por isso como quem encerra a jogada.*

---

* Em francês: *passer la muscade*. Expressão que remonta ao século XVIII e remete a jogos de prestidigitação em que se utilizava a noz-moscada. A expressão *passez la muscade* indica o encerramento de um turno de jogo, em que a sorte está lançada. (N. T.)

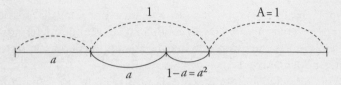

Preparação de um erro

Esse 2 + *a* que vocês veem aqui sob a forma desse *a* e desses dois segmentos que valem cada qual 1 eu transformarei, evidentemente por um erro de cálculo, em um 2 *a* + 1, sem que vocês percebam nada. Não tenho tempo hoje, mas se quiserem, da próxima vez, quando faremos um pequeno debate, será fácil fazer isso, é até bastante divertido, não há nada mais divertido que essa bela função que se chama número de ouro.

O 1 - *a* que está aqui, e acerca do qual é fácil demonstrar que é igual a a^2, é o que há de satisfatório no ato sexual — a saber, o fato de que no ato sexual não nos apercebemos do que falta. E essa é toda a diferença que ele tem com relação à sublimação — não que na sublimação se saiba todo o tempo, mas se obtém essa compreensão ao final, se é que existe um final da sublimação.

O que se passa na sublimação? É isso que tentarei materializar para vocês pelo uso da relação dita média e extrema razão.

O interesse dessa relação, eu lhes disse da última vez, é poder proceder por uma redução sucessiva, que se efetua assim. Vocês tiram o a^2, e obterão, com relação ao que resta, ou seja, o *a* que está aqui — aqui com a^2 para formar o 1 — uma outra subtração do *a*, quer dizer $a - a^2$. É fácil demonstrar que seu valor é igual a a^3, assim como a^2 é igual a 1 - *a*.

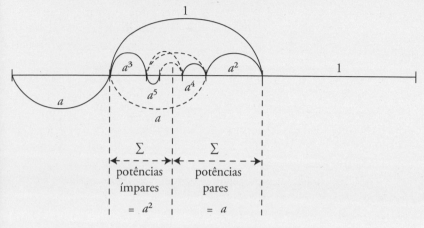

Estrutura da sublimação

Aí está o que vocês obterão ao tomar sempre o resto, e não, evidentemente, o que reproduziram do a^2. Se vocês subtraem o a^3, vocês obterão um setor que tem valor de a^4. Ao subtraí-lo, vocês terão o valor de a^5. Todas as potências pares estão de um lado e as ímpares do outro. É fácil ver que elas irão ao encontro umas das outras para totalizar em 1. O ponto em que se produz o corte entre as potências ímpares e as potências pares é fácil de calcular, ele é determinável precisamente pelo fato de que é igual ao a^2 que se produz primeiramente aqui.

O que isso dá como estrutura da função sublimatória? Primeiramente, ao contrário do puro e simples ato sexual, é da falta que ela parte, e é com a ajuda dessa falta que ela constrói o que é sua obra e que é sempre a reprodução dessa falta. Essa reprodução da falta que vai até circunscrever o ponto em que o último corte equivale à falta inicial, a^2, eis do que se trata na obra de sublimação acabada, seja ela qual for, de qualquer modo que seja tomada. A obra de sublimação não é necessariamente a obra de arte, ela pode ser muitas outras coisas ainda, inclusive o que estou tentando fazer aqui com vocês, que não tem nada a ver com a obra de arte.

Essa estrutura implica, no interior do ato, uma repetição que está ligada ao fato de que é apenas ao retrabalhar a falta de maneira infinitamente repetida que se alcança o limite que confere à obra inteira a sua medida. Claro, para que isso funcione convém ainda que a medida seja justa no início. Observem, com efeito, que com a medida a à qual atribuímos ser uma medida especialmente harmônica, vocês têm a seguinte fórmula: $1 + a + a^2$ etc., até o infinito quanto às potências invocadas, é igual a $\frac{1}{1} - a$.

Isso não é menos verdadeiro para o a da justa medida, aquela do número de ouro, considerando que ela nos serve para ilustrar a medida do sujeito em relação ao sexo, em um caso ideal. Isso funciona para qualquer valor x, com a única condição de que esse x esteja entre 0 e 1, ou seja, que inclua alguma falha, alguma falta em relação ao 1.

É claro que a manipulação não será tão fácil em relação à função repetitiva da sublimação. Toda a questão é saber o que acontece com o a no início. Ele não está envolvido, no sujeito, unicamente com a função sexual, ele é mesmo anterior a ela, está pura e simplesmente ligado à repetição em si mesma.

A relação de a com o sujeito barrado, na medida em que ele se esforça por se situar no que concerne à satisfação sexual, aí está o que se chama de fantasma. É com o fantasma que desejamos lidar este ano, mas antes de ver como chegaremos lá era necessário que eu trouxesse prudentemente algumas articulações inéditas, e isso de um modo que pode parecer distante dos fatos, mas não é, vocês verão.

Vocês verão que, pelo contrário, ao introduzir algumas novidades na ordem estrutural muitas confusões, *colapsos*, embrulhadas da teoria podem ser arejados de um modo que tem sua sanção na ordem eficaz.

8 de março de 1967

Seção seguinte

UMA VISITA A SAINTE-ANNE

Pretendo destinar todo o tempo habitual à nossa entrevista com o dr. Green, que está à minha direita. Começo, portanto, um pouquinho mais cedo para lhes dizer rapidamente algumas palavras de introdução que eu havia pensado para esta ocasião, sem mesmo saber de antemão, aliás, que ele tinha, conforme acaba de me dizer, muitas coisas a nos dizer, de modo que muito provavelmente ele preencherá a hora e meia de que dispomos.

Em virtude das tramas secretas, e como sempre muito seguras, de meu supereu, como eu havia me dado implicitamente um tempo livre hoje, encontrei um modo de falar ontem à tarde, às cinco horas da tarde, com a jovem geração psiquiátrica em Sainte-Anne. Isso quer dizer, meu Deus, com a geração de candidatos a analistas.

Não, mas o que eu tinha a fazer ali? Na verdade, não muita coisa, dado que aqueles que me precederam ali, e especialmente meus alunos, e os mais aptos a lhes ensinar o que pode ser destinado a lhes esclarecer sobre meu ensino, a sra. Aulagnier, por exemplo, Piera — por que não nos baseamos nessa *piera*? — Serge Leclaire, mesmo Charles Melman, para nomeá-los em ordem alfabética, e até outros. Bem, à parte a distração que me leva, às vezes, a dizer sim quando alguém me pede algo, ainda assim eu tinha alguma razão para estar ali. Foi que tudo isso se passava no contexto de um ensino que é o de meu velho amigo, meu velho camarada, Henri Ey.

A nossa geração, pois é a mesma, a de Henri Ey e a minha, terá tido, portanto, algum papel. Esse velho camarada, em particular, terá sido aquele a quem, para mim, merece os louros com relação a uma função que não é nada mais que o que chamarei de civilizadora.

Vocês não têm ideia do que era a sala de plantão de Sainte-Anne quando nós dois chegamos aqui, com outros que também tinham um pouco a mesma vocação, mas que, enfim, ficaram pelo meio do caminho. O subdesenvolvimento, por assim dizer, quanto às disposições lógicas, pois é de lógica que se trata aqui, era realmente, por volta de 1925 — não foi ontem, heim! — algo extraordinário. Desde esse tempo Henry Ey introduziu sua grande máquina, o organodinamismo. É uma doutrina falsa, mas incontestavelmente civilizadora. Quanto a isso ela cumpriu o seu papel. Pode-se dizer que não há, no campo dos hospitais psiquiátricos, um único espírito que não tenha sido tocado pelas questões que essa doutrina coloca em primeiro plano, e essas questões são da maior importância.

Que a doutrina seja falsa é quase algo secundário, dado o seu efeito. Primeiro porque isso não pode ser de outro modo. Não pode ser diferente, porque é uma doutrina médica. É necessário, é essencial ao estatuto médico que ele seja dominado por uma doutrina. Isso sempre foi assim. No dia em que não houver doutrina, também não haverá mais medicina. Além disso, não é menos necessário, e a experiência o prova, que essa doutrina seja falsa. Sem isso, ela não poderia prestar apoio ao estatuto médico.

Quando as ciências — das quais a medicina agora se cerca e se serve, ela se abre a elas em todos os aspectos — se unirem no centro, bem, não haverá mais medicina. Talvez ainda exista psicanálise, que constituirá nesse momento a medicina. Mas será bastante incômodo, porque será um obstáculo definitivo a que a psicanálise se torne uma ciência. Esse é o motivo pelo qual não desejo isso.

Ontem à noite vim, diante dessa plateia assim selecionada, para falar da operação da alienação acerca da qual acho que a maioria nunca tinha ouvido falar, dado que não se desloca tão facilmente de Sainte-Anne até a Escola Normal — *It's a long way...* Acreditei portanto dever, para eles — que constituem em suma a zona de apelo às responsabilidades psicanalíticas, em outros termos, eles formarão psicanalistas —, dever fixar para eles, porque era ali realmente o lugar, como se coloca, pode-se dizer, essa escolha inaugural que é, vocês sabem, uma falsa escolha, pois é uma escolha forçada.

Quais são os nomes que convêm a essa escolha nessa zona, central, a dos futuros responsáveis? A fim de manter seus ouvidos em alerta, coloquei ali os nomes que convêm, os nomes apropriados. Sou forçado a fazer alusão a isso, pois é raro que as entrevistas, mesmo limitadas como aquelas, permaneçam secretas, sobretudo quando se trata de uma sala de plantonistas, e desses nomes talvez lhes cheguem aos ouvidos algumas ressonâncias sob a forma de piadinhas.

É evidente que não são nomes obrigatoriamente corteses. Mas dizer que o *Não penso* e o *Não sou* são os constituintes fundamentais dessa alienação primeira também não é muito cortês para o conjunto dessa zona mais vasta que se destaca no campo humano, sob a forma de campo do sujeito — *ou ele não pensa, ou ele não é*. Aliás isso muda se vocês o colocam na terceira pessoa. É exatamente do *Ou não penso, ou não sou* que se trata. Isso modera muito o valor dos termos de que me servi ontem, sobretudo se pensamos que, em virtude da operação da alienação, um desses dois termos fica sempre excluído.

Depois, mostrei que o termo que resta adquire outro valor, de certa forma positivo, ao se propor, e até se impor, como termo de escala. É nisso justamente que se oferece à crítica daqueles que eu invocava

SATISFAÇÃO SEXUAL E SUBLIMAÇÃO

naquele momento, considerar que a posição própria ao candidato é a crítica. Era muito urgente. De fato, se a situação antiga era a de subdesenvolvidos da lógica, a situação atual nessa geração, por uma espécie de paradoxo e por um efeito que é justamente o da análise, é completamente diferente. A incidência, *casus*, do melhor, *optimus*, talvez em vários casos *pessimus*, a pior. Os outros eram subdesenvolvidos da lógica, e aqueles têm uma tendência a ser os monges nisso. Quero dizer que eles se retiram da lógica do modo como os monges se retiram do mundo. Eles esperam que sua análise termine para começar a pensar nisso.

Eu os encorajei fortemente a abandonar esse ponto de vista. Não sou o único, aliás, existem outros. Há um ao meu lado, por exemplo, que é daqueles que, nessa ordem, tentavam despertar quando ainda era tempo — não forçosamente ao fim da psicanálise didática, mas também em seu curso, e talvez seja melhor — a vigilância crítica daqueles que ele pode ter que vir eventualmente a doutrinar.

Contudo, devo dizer que é como psicanalista, como representante desse campo que é aquele problemático em que, por ora, está em jogo todo o futuro da psicanálise que o sr. Green se encontra hoje aqui para receber de mim a palavra, em razão do fato absolutamente importante, meu Deus, de que ele mesmo se propôs a fazê-lo. Quero dizer que não é de modo algum na condição de ter sido um de meus alunos, e sim um de meus sucessores, que ele vai nos falar hoje sobre as reflexões que lhe inspiram os últimos termos que eu trouxe em relação à lógica do fantasma. Passo-lhe a palavra agora para todo o tempo que ele quiser, reservando-me a tirar proveito, tanto para o uso de vocês quanto para o meu, do que ele apresentar hoje.

Ao senhor a palavra, Green. [*Seguiu-se a exposição do dr. Green.*]

Agradeço infinitamente a Green pela contribuição que ele nos trouxe hoje. Acredito que, para os ouvidos bem informados, não preciso sublinhar tudo o que pôde me satisfazer profundamente em sua apresentação. Dado que ele trouxe várias questões em planos diversos, relativas à minha concordância ou à minha reserva em relação a Freud, ou relativas à elucidação, ao questionamento de tal ou tal ponto disso que é aqui *work in progress*, alguma coisa que se constrói e se desenvolve diante de nós e dirigida a vocês — é um agradecimento a mais que lhe devo. Graças à etapa que constitui sua intervenção, o nível dessas questões colocadas deve nos permitir em seguida não só lhe responder — o que farei seguramente e sempre designando o ponto com o qual concordo — mas também prosseguir na edificação, direi, tomando o ponto de referência desse nível trazido pelo estudo realmente tão profundo, tão substancial que ele produziu hoje diante de vocês (posso dizê-lo e penso que ele sentirá a minha homenagem) com relação ao meu discurso. Só posso acrescentar aqui os meus cumprimentos pela indulgência que ele manifestou ao longo dessa pequena provação à qual todos nós fomos submetidos, com a emissão desagradável de vários ruídos, pelos quais devo de certo modo me desculpar junto a ele, pois seguramente não era a sua pessoa que era visada na ocasião.

Nos veremos novamente no dia 12 de abril. Não haverá Seminário no dia 5 de abril, como alguns poderiam esperar.

15 de março de 1967

XIII

NÃO EXISTE ATO SEXUAL

Uma linguagem esvaziada do sujeito
Sobre a dificuldade de ser um sujeito sexuado
Contraditório versus contrário
O valor de gozo
A homela

Non licet omnibus adire... Porque ninguém termina — *Corinthum.* Pronunciei a primeira palavra ao modo latino para lhes sugerir esta tradução, que *Este não é o omnibus para ir a Corinto.*

Esse adágio, que nos foi transmitido em latim a partir de uma fórmula grega, não significava apenas, me parece, que em Corinto as prostitutas eram caras. Elas eram caras porque os iniciavam em alguma coisa. Assim, direi que não basta pagar o preço. Eis sobretudo o que a fórmula grega queria dizer.

Da mesma maneira, não está aberto para todos — aspas — tornar-se psicanalista. Assim tem sido por séculos para aquilo que diz respeito a ser geômetra.

1

Que só entre aqui... vocês sabem a sequência — *aquele que é geômetra.* Essa exigência estava escrita no frontispício da escola filosófica mais célebre da Antiguidade e ela indica bem de que se trata, a saber, da introdução a certo modo de pensamento.

Podemos precisar isso em um passo a mais, ou seja, trata-se de categorias. A palavra para categoria em grego tem como equivalente em latim o predicamento, ou seja, o que é mais radicalmente predicável para definir um campo.

Aí está o que leva consigo um registro de demonstração especificado. É por isso que se ouviu, na sequência da exigência platônica, manifestar-se de modo reiterado a pretensão de demonstrar *more geométrico*, o que evidencia o quanto o dito modo de demonstração representava um ideal.

Sabemos, desejamos que vocês saibam — eu lhes indico isso tanto quanto posso, ou seja, nos limites de um campo que me é reservado — que a metamatemática, que vem agora no leque das reparações categoriais tendo historicamente escandido as conquistas do geométrico, radicaliza mais ainda o estatuto do demonstrável.

Como vocês sabem, a geometria se afasta cada vez mais das intuições que a fundamentam, por exemplo a espacial, para se fixar em ser apenas uma forma especificável e, aliás, diferentemente escalonada, de demonstração. Ao final, a metamatemática não se ocupa mais do que com a ordem desse escalonamento, na esperança de alcançar, quanto à demonstração, as exigências mais radicais.

Suponhamos uma ciência que só comece pelo ponto terminal das reparações assim evocadas em certo campo. Para ela, de nada serve balbuciar primeiramente uma medição em que se organizaria uma primeira familiaridade com o mensurável, e até a transmissão das fórmulas mais volumosas de futuro, emergindo singularmente sob o aspecto de segredos de cálculo. É inútil para ela, no mínimo enganoso e vão, deter-se na etapa babilônica da geometria — isso porque todo padrão de medição encontrado inicialmente carrega a mácula de uma miragem impossível de dissipar. Foi isso que apontamos inicialmente em nosso ensino, denunciando os enganos do narcisismo quando estabelecemos a função do estádio do espelho — sem utilizar ainda o termo que posteriormente identificamos, *o imaginário*.

Encontrar um obstáculo desses foi o destino de muitas ciências, de fato, e é aí que se situa o privilégio da geometria. Ali, é claro, se oferece a nós, quase que de imediato, a pureza da noção de grandeza. Que ela não seja o que pensa um povo vão, com isso não devemos nos ocupar aqui. Para a ciência que supomos, trata-se de uma tablatura completamente diferente. Não é apenas que o padrão de medida seja inoperante aí, é que a própria concepção de unidade aí claudica, até que se realize a espécie de igualdade em que se institui seu elemento, ou seja, a heterogeneidade que se oculta aí.

Lembremos a equação do valor nos primeiros passos do *Capital* — de Marx, para aqueles que o ignorariam. Nunca se sabe, pode haver distraídos. Em seu escrito, essa equação torna patente a proporção que resulta do preço de duas mercadorias, *tanto de tanto = tanto de tanto*, relação inversa do preço com a quantidade obtida das mercadorias. Ora, não se trata do manifesto na equação, mas do que ela encerra, disso que a equação retém, que é a diferença da natureza dos valores assim associados e a necessidade dessa diferença. O que estabelece o preço não pode ser de fato a proporção, o grau de urgência, por exemplo, de dois valores de uso, não mais do que a relação de dois valores de troca. Na equação dos valores, um intervém como valor de uso e o outro como valor de troca. Sabe-se que vemos se reproduzir uma armadilha semelhante quando se trata do valor do trabalho. O importante é que seja demonstrado nessa obra *crítica*, tal como ela se intitula, que, ao desconhecer essas armadilhas, toda demonstração permanece estéril ou se desvia.

A contribuição do marxismo para a ciência — certamente não fui eu quem fez esse trabalho — foi revelar esse latente como necessário desde o início (no início, entendo, da economia política). É a mesma coisa para a psicanálise. Essa espécie de latente, é a isso que chamo de estrutura — minhas reservas sendo no sentido dos esforços de abafar essa noção afiada, dos inícios, necessária em certo campo que não pode ser definido de outro modo senão como o campo crítico — de afogar isso em algo que identifico mal pelo termo vago de estruturalismo.

Não é preciso acreditar, é claro, que esse latente é algo que falta na geometria. Mas a história prova que é no seu fim, agora, que podemos nos contentar em perceber isso, porque os preconceitos sobre a noção da grandeza que provém de seu manejo no real não erraram, por acaso, em seu progresso lógico. Apenas agora podemos saber disso, ao constatar que a geometria que se constituiu não tem mais nenhuma necessidade da medida, da métrica, nem mesmo do espaço dito real.

Como lhes disse, a coisa não se dá desse modo para as outras ciências. Por que não poderiam começar sem ter elaborado esses fatos que se pode chamar de últimos como sendo de estrutura? Talvez possamos colocar desde já essa questão como pertinente, se soubermos torná-la homóloga a tais fatos.

Na verdade, estamos preparados para isso, pois nós tanto observamos quanto praticamos essa estrutura, ao encontrá-la em nossa experiência psicanalítica, e nossas observações, se as introduzimos com algumas visões, aliás triviais, sobre a ordem das ciências — isso é chover no molhado — não deixam de visar a resultados tais que exijam que afinal essa ordem, digo a ordem das ciências, se acomode a isso.

A estrutura — ensinei eu desde que ensino, não desde que escrevo — é que o sujeito seja um fato de linguagem. O sujeito assim designado é isso a que geralmente é atribuída a função da fala. Ele se distingue por introduzir um modo de ser que é sua energia própria, no sentido aristotélico do termo energia. Esse modo é o ato em que ele se cala.

Tacere não é *silere* e, no entanto, eles se confundem em uma fronteira obscura. Escrever, como se fez, que é inútil buscar nos meus *Escritos* alguma alusão ao silêncio é uma tolice. Quando inscrevi a fórmula da pulsão no alto à direita do grafo como S barrado punção de D, ($\lozenge$D), foi para indicar que é quando a demanda se cala que a pulsão começa. Mas, se não falei do silêncio, foi justamente porque *sileo* não é *taceo*. O ato de se calar não libera o sujeito da linguagem, mesmo que a essência do sujeito nesse ato culmine, se ele agita aí a sombra de sua liberdade. Calar-se permanece carregado de um enigma que por tanto tempo tornou pesada a presença do mundo animal. Não temos mais rastros disso a não ser na fobia, mas lembremos que por muito tempo ali podiam se alojar deuses.

O *silêncio eterno* do que quer que seja, de tudo o que vocês sabem, agora nos aterroriza apenas pela metade, em razão da aparência que a ciência dá à consciência comum de se colocar como um saber que se recusa a depender da linguagem, sem que, no entanto, essa pretensa consciência seja atingida por essa correlação, a saber, que ao mesmo tempo ela se recusa a depender do sujeito.

O que acontece, na verdade, não é que a ciência prescinde do sujeito, mas que ela o esvazia da linguagem, o que entendo como: o expulsa. É que ela cria fórmulas de uma linguagem esvaziada de sujeito. Ela parte de uma proibição sobre o efeito de sujeito, da linguagem. Isso tem apenas um resultado, o de demonstrar que o sujeito é apenas um efeito, efeito da linguagem, mas um efeito de vazio. A partir disso o vazio o circunscreve, ou seja, o faz aparecer como pura estrutura de linguagem. Aí está o sentido da descoberta do inconsciente.

O inconsciente é um momento em que, no lugar do sujeito da pura linguagem, fala uma frase, e a questão é sempre saber quem a disse. O inconsciente, seu estatuto que se pode bem dizer científico, pois ele se origina do fato da ciência, é o sujeito, na medida em que, rejeitado do simbólico, ele reaparece no real, presentificando ali o que é agora um fato consumado na história da ciência, a saber, seu único suporte, a própria linguagem. Esse é o sentido da aparição, na ciência, da nova linguística.

Do que fala a própria linguagem quando está assim desvinculada do sujeito, mas por isso representando-o em seu vazio estrutural radicalizado? Sabemos disso de modo geral. Ela fala do sexo.

Ela fala de uma palavra na qual o ato sexual representa o silêncio, ou seja, de uma palavra necessariamente tenaz e obstinada, esse silêncio — e por uma boa razão — a forçá-la.

É esse ato sexual que vou questionar agora.

2

Mesmo assim tomarei o tempo de dissipar aqui, de um modo que não me parece inútil, o primeiro preconceito que se apresenta. Ele não é novo, claro, mas trazer-lhe uma nova perspectiva sempre tem o seu alcance.

O primeiro preconceito a se apresentar no contexto psicologizante, vamos situá-lo com referência à enunciação que acabamos de fazer, a única verdadeira, sobre o inconsciente. A diferença poderia ser formulada fazendo simplesmente cair em nosso enunciado um índice essencial à estrutura, ou seja, um pequeno *do*. O que eu disse é — o inconsciente fala *do* sexo. Aqui, a mente frívola, e Deus sabe que ela é abundante, engole o *do*, e diz: o inconsciente fala sexo.

Ele berra, ele grunhe, ele arrulha, ele mia, ele é da ordem de todos os ruídos vocais da fala, isso é uma *aspiração sexual*. Esse é o sentido que supõe, no melhor dos casos, o uso que é feito do termo instinto de vida na ruminação psicanalítica. Qualquer uso errôneo do discurso sobre o sujeito tem por efeito rebaixar esse discurso no âmbito do que ele fantasia no lugar do sujeito.

Esse discurso psicanalítico de que falo é ele próprio um grunhido. Ele grunhe ao convocar a figura de um Eros que seria uma força unificadora, e ainda mais, em um impacto universal. Considerar como sendo da mesma essência, por um lado, o que mantém juntas as células de um organismo e, por outro, a força que se supõe levar o indivíduo assim composto a copular com outro, isso é propriamente do domínio do delírio, em um tempo no qual a meiose se distingue suficientemente da mitose, pelo menos ao microscópio — quero dizer, para tudo o que supõe as fases anatômicas do metabolismo que ele representa.

A ideia do Eros como uma alma com fins contrários aos de Tânatos e agindo pelo sexo é um discurso de uma *colegial na primavera* — como dizia outrora o saudoso Julien Benda, bastante esquecido nos dias atuais, mas que, enfim, representou por certo tempo essa espécie de espadachim que resulta de uma intelligentsia que se tornou inútil.

Para recolocar os desgarrados no eixo do inconsciente estruturado como uma linguagem, não basta a evidência fornecida por esses objetos que nunca haviam sido apreciados da maneira como podemos fazer agora, o falo e os diferentes objetos parciais? Retornaremos ao que resulta de sua imisção em nosso pensamento, ou seja, nos contornos que adquiriram essa vaga filosofia contemporânea mais ou menos qualificada como existencialista. Para nós, esses objetos demonstram que o inconsciente não fala a sexualidade — não que ele a celebre, mas que, ao produzir esses objetos, acontece justamente de ele falar *sobre*, pois esses objetos se constituem por estar com a sexualidade em uma relação de metáfora e de metonímia.

Por mais fortes e simples que sejam essas verdades, é preciso acreditar que elas encontram uma aversão bastante grande, pois deve-se evitar que elas fiquem no centro, que possam ser a partir daí o pivô de qualquer articulação do sujeito, que se engendre essa espécie de liberdade pálida à qual mais de uma vez fiz alusão nas últimas fases de meu ensino e que caracteriza a falta de seriedade.

O que dizer disso que diz, do ato sexual, o inconsciente? Eu poderia querer bancar aqui o Barbey d'Aurevilly. *Qual é* — ele imaginou fazer dizer certo dia um desses sacerdotes demoníacos que ele se esmerava em retratar — *Qual é o segredo da Igreja?* O segredo da Igreja, bem adequado para assombrar as velhas senhoras provincianas, é que não existe purgatório. Assim, eu me divertiria ao dizer-lhes o que de toda forma talvez lhes cause uma certa espécie — afinal de contas, não é à toa que eu sublinho dessa etapa o que direi desse ato: o segredo, o grande segredo, da psicanálise é que não existe ato sexual.

Isso seria sustentável e ilustrável.

O que chamei de ato é, lembrem-se, a duplicação de um efeito motor tão simples quanto *Eu ando*, que faz com que, apenas ao dizê-lo de certo modo, ele se encontre repetido e essa duplicação adquira a função significante que faz com que possa se inserir em certa cadeia para nela inscrever o sujeito. Existe, no ato sexual, algo comparável a isso? No ato sexual o sujeito pode, da mesma forma, inscrever-se como sexuado, instaurando pelo mesmo ato a sua conjunção com o sujeito do sexo que se chama de oposto? Está claro que tudo na experiência psicanalítica fala contra isso.

Não há nada nesse ato que não demonstre que só poderia se instituir um discurso no qual conta apenas esse terceiro que anunciei suficientemente há pouco pela presença do falo e dos objetos parciais. Precisamos agora articular sua função de um modo que nos demonstre qual papel tem no ato sexual essa função sempre escorregadia, essa função de substituição, que quase equivale a uma espécie de malabarismo que de modo algum nos permite afirmar no ato sexual o homem e a mulher como opostos em alguma essência eterna.

Apagarei, contudo, o que disse sobre o grande segredo como sendo que *Não existe ato sexual*, pelo fato de que, justamente, não é um grande segredo, é patente, o inconsciente não deixa de gritá-lo aos quatro ventos. E exatamente por isso que os psicanalistas dizem: *Fechemos sua boca quando ele diz isso, pois se repetimos com ele ninguém mais vai nos procurar. De que serve isso, se não existe ato sexual?*

Então enfatizamos o fato de que existe sexualidade. A rigor, é exatamente porque existe sexualidade que não há ato sexual. Mas talvez o inconsciente queira dizer que perdemos isso. Pelo menos é o que parece. Apenas, para que isso tenha o seu alcance, é preciso acentuar primeiramente que é o inconsciente que o diz.

Vocês se lembram da anedota do padre que prega sobre o pecado? *O que ele disse? — Ele era contra.* O inconsciente, que a seu modo também prega sobre o tema do ato sexual, ele não é a favor. Eis de onde convém partir para conceber o que está em jogo quando se trata do inconsciente. Mesmo assim a diferença entre o inconsciente e o padre merece ser destacada — é que o padre diz que o pecado é pecado, ao passo que, talvez, o inconsciente seja quem faça da sexualidade um pecado. Há uma pequena diferença.

O que se oferece a nós a esse respeito é que o sujeito deve enfrentar a dificuldade de ser um sujeito sexuado. A questão será a de saber como articular isso. Essa é a razão pela qual introduzi nas minhas últimas proposições aritméticas uma referência que, acredito ter sublinhado o suficiente, visa a estabelecer o estatuto do objeto *a*

— o número de ouro, na medida em que, de maneira facilmente manejável, ele fornece o seu estatuto ao que está em questão, ou seja, o incomensurável.

No *pequeno a*, indicamos o que é, de certo modo, a substância do sujeito, se vocês entenderem essa substância no sentido em que Aristóteles a designa com a *ousia*. O que especifica a *ousia*, e que esquecemos, é justamente que ela não poderia, de modo algum, ser atribuída a um sujeito entendido como *hypokeimenon*. Assim, o *a* não é atribuído ao sujeito, mas é seu suporte, e nos serve de módulo para interrogá-lo. Esse *a*, não se trata de modo algum que ele busque no ato sexual o seu complemento em relação à díade, ou seja, o que lhe falta para fazer dois — o que seria desejável para o sujeito. O estabelecimento do 2 passa aqui pela solução da relação de *a*, o número de ouro, com o 1. Essa relação engendra uma falta que se inscreve, por um simples traço de adiamento e, ao mesmo tempo, de diferença, sob a forma $1 - a$. Um cálculo bem simples que já escrevi o suficiente no quadro para pedir-lhes que encontrem por si mesmos, nos dá: $1 - a = a^2$. Vocês conhecem a sequência, que lhes detalhei da última vez.

Lembro isso apenas para colocar na orla do que quero introduzir o laço, ainda que paradoxal, necessário e essencial de ser articulado no início de nossa ciência, do *a* com esse nó sexual em que se furta e nos foge o ato que por ora constitui a nossa interrogação. Vamos agora mostrar a fórmula que inscreve a relação da função *pequeno a* — sob essas duas faces, na medida em que o mesmo *a* que inicialmente representa, *darstellt*, suporta, presentifica o próprio sujeito aparece na dialética do tratamento com o nome de objeto parcial — com essa forma de objeto que está no princípio da castração, o índice fálico.

Não fecharei esse ciclo hoje. É por isso que quero introduzi-lo por meio de duas fórmulas que correspondem a uma espécie de problema que colocamos a priori. Se o objeto *a* está ali como devendo representar a diferença na díade sexual, qual valor é preciso lhe dar para que produza os dois resultados entre os quais está suspensa hoje a nossa questão? Essa questão só poderia ser abordada pelo caminho em que os conduzo, pela via lógica.

A díade e suas suspensões, isso é o que a própria lógica elabora desde sua origem, se soubermos acompanhar sua trajetória. Sem lhes retraçar a história da lógica, que não é minha tarefa aqui, basta-me evocar no seu alvorecer a oposição entre os contrários e os contraditórios, que está no primeiro plano da lógica do predicado tal como ela se edifica no *Organon* aristotélico, que, se quiserem investigar, é algo bem diferente de um simples formalismo. Fizemos desde então muitos progressos, mas isso não é uma razão para não nos interessarmos pela entrada desses termos na história e em seu estatuto.

Digo-o entre parênteses para aqueles que talvez abram livros de lógica — retomar, rastreando, o que Aristóteles enunciou não deve de modo algum impedi-los de introduzir ao mesmo tempo, e não à margem, isso com que um Lukasiewicz, por exemplo, o completou depois. Digo isso porque no excelente livro dos dois Kneale fui surpreendido por um protesto que surgia assim, ao virar uma página, e que convidava a diferenciar, no que diz Aristóteles, aquilo que se refere ao princípio de contradição e o que vem do princípio de identidade e do princípio de bivalência.

O princípio de identidade é que A é A. Vocês sabem que não está claro que A é A. Felizmente, Aristóteles não diz isso. Mesmo assim, o fato de observarmos isso tem seu interesse. Em segundo lugar, que uma coisa possa ser ao mesmo tempo A e não A, é algo completamente diferente. Quanto ao princípio de bivalência, isso é uma terceira coisa, ele é, a saber, que algo deve ser verdadeiro ou falso. Parece-me que a tentativa de observar isso esclarece sobretudo Aristóteles. Que ele nunca tenha pensado em todas essas sutilezas não tem nada a ver com a questão.

Isso confere todo o interesse a essa questão rudimentar dos contrários.

O contrário, nós o designaremos pelo *não sem*. Não está indicado em Aristóteles, mas está em meu ensino passado. Isso nos servirá mais tarde, não se preocupem, deixem-me conduzi-los um pouco.

Os contrários, é isso que levanta toda a questão lógica de saber se a proposição particular implica a existência. Isso sempre chocou muito, em Aristóteles ela a implica, e é até mesmo nisso que sua lógica se sustenta.

É curioso que a proposição universal não implique isso. Posso dizer, em uma proposição universal: *Todo centauro tem seis membros*. É verdadeiro, só que não existem centauros. Se digo: *Existem centauros que perderam um membro*, isso implica, em Aristóteles, que existam centauros. Tento reconstruir uma lógica que seja um pouco menos instável em relação ao centauro. Mas isso não nos interessa por ora.

Não existe macho sem fêmea. Isso é da ordem do real. Não tem nada a ver com a lógica, pelo menos atualmente. E depois há o contraditório, que quer dizer isso e nada mais: *Se algo é macho, então não é não-macho*. Trata-se de encontrar nosso caminho nessas duas fórmulas distintas.

A segunda, a do contraditório, é de ordem simbólica. É uma convenção simbólica que tem justamente um nome — o terceiro excluído. Isso deve nos fazer sentir suficientemente que não é desse lado que vamos poder nos arranjar, pois de início acentuamos suficientemente a função de uma diferença como sendo essencial ao estatuto da díade sexual. Se ela pode ser estabelecida, entenda-se subjetivamente, precisaremos desse terceiro.

Não torçamos o nariz ao pretender introduzir esse estatuto lógico do contrário agora, uma vez que já o fizemos. Aqui, *o um e o outro* se opõem a *ou um ou o outro*.

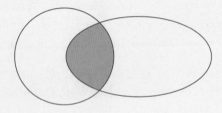

O um e o outro é a intersecção da álgebra de Boole, que se inscreve sob a forma dessa pequena lúnula de recobrimento espacial.

Estou consternado de ter que lhes apresentar uma vez mais a figura — pois vocês veem bem que ela não os satisfaz em nenhum grau, dado que o que vocês querem é que de quando em vez um seja macho e o outro fêmea, e que de tempos em tempos eles se peguem. Não é disso que se trata. Trata-se de uma multiplicação lógica.

O jogo de cara ou coroa, que tentei ensinar, durante pelo menos um trimestre, àqueles que me seguiam nos primeiros anos, a fim de fazê-los entender o que era o significante, inscreve-se pura e simplesmente em uma sucessão de mais ou de menos. Em contrapartida, a relação entre um e outro se inscreve aqui sob a forma de uma multiplicação, que entendo ser uma multiplicação lógica, booleana.

Que valor podemos supor para o elemento de diferença a fim de que o resultado seja claramente o da díade? Está ao alcance de todos saber isso. Vocês retiveram pelo menos isso como verniz das matemáticas que lhes ensinaram de modo tão estúpido, caso tenham mais de trinta anos. Se tiverem vinte anos, vocês têm chances de ter ouvido falar a respeito de modo um pouco diferente. Mas não importa, estão todos no mesmo ponto em relação à fórmula (a + b) (a − b). Aí está a diferença, existe um que tem algo a mais e outro que tem algo a menos — se vocês os multiplicam, dá $a^2 - b^2$. Qual valor é preciso dar à diferença para que $a^2 - b^2$ seja igual a 2, à díade? É muito fácil. De um lado, basta igualar b a $\sqrt{-1}$, ou seja, a uma função numérica que chamamos de número imaginário e que intervém agora em todos os cálculos da maneira mais comum para fundar o que chamamos de número complexo. Quanto ao a, basta igualá-lo também ao i — é assim que, comumente, escreve-se de modo abreviado, e aliás muito mais cômodo, a função dita imaginária $\sqrt{-1}$.

Não acreditem que o que lhes explico aí não deve lhes servir para nada. Vai lhes servir na sequência. Mas, imediatamente, isso esclarece com uma aproximação o que se oferece a nós no inconsciente, com relação ao ato sexual.

Ali, o que marca a diferença, na linha de frente que constitui o próprio sujeito, somos forçados a dizer não só que isso permanece no final como que, para que seja o ato sexual, é exigido que isso permaneça no final. Em outras palavras, dessa vez é preciso que (a + b) (a − b) seja igual a a. O b conservando o valor i, qual valor dar ao a?

Ora, para que (1 + a) (1 − a) seja igual a a, é preciso que a seja igual a esse número de ouro do qual me sirvo para introduzi-los à função do objeto *a*.

É aqui que suspendo por um tempo o que quis lhes propor sobre a grade lógica.

3

Passemos agora a considerar o que está em questão no ato sexual.

O que nos servirá para nos ocuparmos e que justifica o fato de eu ter introduzido há pouco a fórmula de Marx é a seguinte formulação, devida a seu mestre Feuerbach: *O objeto do homem não é nada mais do que sua essência tomada como objeto. Também o objeto ao qual um sujeito se refere, por essência e necessariamente, não é nada mais do que a essência própria desse sujeito, não objetivada.*

Se essa formulação tem um aspecto primário e aproximativo em relação ao que será a doutrina desenvolvida por Marx, conforme mostraram inclusive algumas pessoas que estão me ouvindo, não deixa de ser curioso estarmos muito à frente em relação a ela. Esse objeto que é a essência própria do sujeito como objetivado, quem pode lhe dar sua verdadeira substância, senão nós, analistas?

Partamos do que a psicanálise enuncia sobre o tema da lei fundamental do sexo, em que por muito tempo nos apoiamos, ou seja, que a proibição do incesto reflete a presença do elemento terceiro em todo ato sexual, na medida em que esse exige a presença e fundação do sujeito. A psicanálise fez sua entrada no mundo anunciando que não existe nenhum ato sexual que não leve a marca do que chamamos de cena traumática, em outras palavras, de uma relação referencial fundamental ao casal parental.

Como se apresentam as coisas na outra ponta vocês sabem. Conforme mostra Lévi-Strauss em *As estruturas elementares do parentesco*, na ordem de trocas na qual se institui a ordem de parentesco, é a mulher quem paga o preço. São as mulheres que são trocadas. Seja patriarcal ou matriarcal, em todos os casos a lógica da inscrição impõe ao etnólogo ver como as mulheres viajam entre as linhagens.

Parece que, de uma dessas pontas à outra, há alguma hiância. Bem, hoje vamos tentar indicar como, em nosso campo, essa hiância se articula e se preenche.

Há pouco nós sublinhamos o que está na origem do desmascaramento ou da desmistificação da economia, ou seja, da conjunção de dois valores de natureza diferente. É exatamente com isso que temos de lidar aqui.

O que, no ato sexual, coloca um problema, não é social. Mas é no ato sexual que se constitui o princípio do social, que é a lei da troca. Troca das mulheres ou não, pouco importa por ora. Basta perceber que o problema do ato sexual é da ordem do valor para que tudo já comece a se esclarecer o suficiente, ao dar-lhe seu nome.

Vimos há pouco que é da falsa identificação do valor de troca com o valor de uso que resulta a fundação do objeto-mercadoria. Pode-se até dizer mais — que é preciso o capitalismo para que seja destacada essa coisa que o antecede em muito. Da mesma forma, no princípio disso que duplica em sua estrutura o valor no âmbito do inconsciente há algo que se liga ao lugar do valor de troca, e é preciso o estatuto do sujeito tal como é forjado pela ciência ao reduzi-lo à sua função de intervalo para que percebamos de que se trata. Chamaremos isso — por que não? Justificaremos daqui a pouco — de valor de gozo. Destaco o seguinte: a equalização de dois valores diferentes opera aqui entre valor de uso e valor de gozo, este exercendo o papel de valor de troca.

Vocês devem sentir imediatamente que isso de fato diz respeito ao cerne do ensino analítico, essa função de valor de gozo, e talvez ela nos permita formular de maneira completamente diferente o que está em jogo na castração.

Por mais confusa que seja na teoria, a noção de maturação pulsional acentua isso, que não existe ato sexual, no sentido em que acabo de articular sua necessidade, que não inclui, coisa estranha, a castração.

O que chamamos de castração? Não é apenas fechar a torneirinha, como nas fórmulas tão agradavelmente produzidas pelo pequeno Hans, pois é preciso que a torneira fique em seu lugar. O que está em questão é que ela não poderia tirar seu gozo de si mesma.

Aliás, isso se espalha por todo lado na teoria analítica.

4

Estou no final da minha lição de hoje, de modo que abrevio.

Acentuarei aqui de onde gostaria de retomar, a saber, essa equação dos dois valores ditos de uso e de troca, e o que ela tem de essencial em nossa matéria.

Suponham o homem reduzido institucionalmente à função de um garanhão entre os animais domésticos — o que ainda não foi feito, devo dizer.

Para designá-lo, sirvamo-nos do inglês, em que, para dizer *uma cabra* diz-se *she-goat*, literalmente um *ela-bode*. Chamemos o homem como convém, um *he-man*. Essa função é absolutamente concebível de modo instrumental. Se existe algo que dá uma ideia clara do valor de uso, é o que se faz quando se encomenda um touro para certo número de cobrições. É peculiar que ninguém tenha imaginado inscrever as estruturas elementares do parentesco nessa circulação do todo-poderoso falo.

Coisa curiosa, fomos nós que descobrimos que é a mulher quem representa esse valor fálico. Se o gozo, entenda-se gozo peniano, traz a marca dita da castração, parece ser para que, de um modo que chamaremos com Bentham de *fictitious*, seja a mulher que se torne isso de que se goza. Pretensão singular, que nos abre todas as ambiguidades próprias à palavra gozo, na medida em que, nos termos do desenvolvimento jurídico que ele inclui a partir desse momento, ela implica possessão.

Em outras palavras, há aí algo de invertido. Não é mais o sexo de nosso touro, valor de uso, que vai servir a essa espécie de circulação que se instaura na ordem sexual — é a mulher, na medida em que ela própria se tornou nesse momento o lugar de transferência do valor subtraído no âmbito do valor de uso, sob a forma de objeto de gozo.

É curioso porque nos leva a seguir adiante. Depois de introduzir para vocês o *he-man*, a mulher eu chamarei de *she-man* — de uma forma bastante de acordo com o gênio da língua inglesa, que diz *Woman*, e Deus sabe se a literatura fez chacotas com esse *wo* que não indica nada de bom. Na língua francesa eu diria *hommelle* [homela]. Essa palavra se prestará a algumas piadinhas e, suponho, a mal-entendidos. Introduzo aqui a homela, eu a apresento, eu a mantenho por perto, ela nos servirá bastante.

Tudo o que a literatura analítica pôde articular acerca da mulher no ato sexual, só lhe diz respeito na medida em que ela exerce aí a função de homela. Que as mulheres aqui apresentadas não venham franzir a testa, pois é precisamente para reservar o lugar onde ela está, o lugar da mulher, que faço essa observação. Em tudo o que nos é indicado sobre a sexualidade feminina, e de acordo com a experiência desde sempre, a mascarada tem um papel eminente, pelo modo como ela se utiliza de um equivalente do objeto fálico, o que a torna uma permanente portadora de joias. Bem, essas joias, talvez nós possamos fazê-las falar, à semelhança das *joias indiscretas* de Diderot.

É bastante singular que, da subtração, em algum lugar, de um gozo que só é gozo por seu caráter manejável (se ouso designar assim a potência peniana), vemos aqui surgir — com o que Marx e nós mesmos chamamos de fetiche, ou seja, um valor de uso extraído, cristalizado — um furo, único ponto de inserção necessário a qualquer ideologia sexual. Eis o pivô: essa subtração de gozo em algum lugar.

Sem dúvida a mulher é a alienação da teoria analítica e a do próprio Freud, que dessa teoria é o pai suficientemente grande para se aperceber dessa alienação, conforme mostra a questão que ele repetia: *O que quer a mulher?* Não acreditem, no entanto, que a mulher leve a pior por causa disso. Quero dizer que ela continua a dispor de seu gozo próprio de um modo que escapa totalmente a essa captura ideológica. Para fazer a homela, nunca lhe faltam recursos. É por isso que mesmo a reivindicação feminista não tem nada de original — é sempre a mesma mascarada que continua, adaptada às preferências atuais. Ali onde ela permanece inexpugnável como mulher, está fora desse sistema chamado de ato sexual.

É a partir daí que devemos avaliar a dificuldade que se apresenta quanto ao estatuto respectivo dos sexos, sem que se institua o ato sexual, na medida em que um sujeito poderia se estabelecer aí. O homem e a mulher, aí estão eles, levados ao máximo de sua disjunção. Eu lhes falei do *homem-ela*, mas e o *homem-ele*? Onde ele está? Desapareceu. Não existe mais — pois ele está precisamente extraído, como tal, do valor de uso.

Claro, isso não o impede de circular realmente. O homem como valor peniano, isso circula muito bem, mas é clandestino — qualquer que seja o valor, decerto essencial, que isso tem na inserção social, em geral pela mão esquerda.

Direi mais. Não devemos omitir isso: que se o homem-ele não é reconhecido no estatuto do ato sexual no sentido de ser fundador da sociedade, existe, contudo, uma *Sociedade Protetora do Homem-ele*. É mesmo isso que se chama de homossexualidade masculina.

É nesse ponto de certo modo marginal e humoristicamente alfinetado que encerrarei hoje, apenas porque a hora põe termo ao que eu havia preparado para vocês.

12 de abril de 1967

XIV

Sobre o Valor de Gozo

Valor de gozo e discurso da verdade
Esquema da operação sublimação
Se a relação sexual existisse...
Ele goza versus ele goza de
Complexo de castração versus narcisismo primário

Da última vez eu lhes trouxe um certo número de enunciados. Formulei, por exemplo: *Não existe ato sexual.* Penso que a novidade corre através da cidade.

Mas, afinal, não apresentei isso como uma verdade absoluta. Disse que era o que estava propriamente articulado no discurso do inconsciente.

Dito isso, enquadrei essa fórmula e algumas outras em uma espécie de remissão, devo dizer bastante densa, disso que fornece o seu sentido e as suas premissas.

Este curso também era uma espécie de etapa, marcada por pontos de encontro, que talvez possa servir como introdução escrita para alguma coisa a que pretendo dar prosseguimento hoje, de uma forma talvez mais acessível. Pelo menos concebo isso como um passo fácil.

Trata-se de lhes oferecer uma primeira forma de desemaranhar as articulações nas quais estou avançando, e que são aquelas que presentifiquei em dois ou três de meus cursos. É, a saber, a articulação ternária entre o *pequeno a*, um valor 1 (que só está ali para dar seu sentido ao valor *a*, dado que esse é um número, especificamente o número de ouro) e um segundo valor 1.

Eu poderia evidentemente rearticular uma vez mais esses termos, de modo a mostrar sua necessidade, em outras palavras, de um modo que eu poderia dizer que é apodítico. Procederei de outro modo, começando por exemplificar o uso que farei deles, pronto para retomar as coisas de modo apodítico na sequência.

Vou então proceder de um modo que se pode chamar de heurístico — isso pensando naqueles que não sabem de que se trata.

1

Trata-se de psicanálise.

Não é preciso saber o que está em questão na psicanálise para tirar proveito de meu discurso. Mesmo assim, é preciso ter praticado esse discurso por certo tempo.

Devo supor que não é esse o caso para todo mundo aqui, especialmente entre aqueles que não são psicanalistas.

O fato de eu ter uma preocupação com aqueles que convém introduzir no que chamei de meu discurso não significa que eu não esteja pensando nos psicanalistas, evidentemente, mas é também porque, até certo ponto, é preciso que eu me dirija àqueles que acabo de definir e que me vi certo dia marcando como *o número*. É necessário que eu me dirija a eles para que, de certo modo, a partir desse ponto de reflexão o meu discurso retorne aos ouvidos dos psicanalistas.

De fato, é surpreendente e inerente àquilo de que tratamos que o psicanalista não entre plenamente nesse discurso e isso, precisamente, na medida em que esse discurso interessa à sua prática e é demonstrável. O próprio prosseguimento de minha fala de hoje vai acentuar o motivo pelo qual é concebível que o psicanalista encontre em seu próprio estatuto, quero dizer, no que o constitui como psicanalista, algo que faça resistência, e resistência especialmente ao ponto que introduzi, inaugurei, na minha última fala.

Para ser direto, a introdução do valor de gozo coloca uma questão para a própria raiz de um discurso, de todo discurso, que possa se intitular discurso da verdade — na medida em que, entendam-me, esse discurso entraria em competição com o discurso do inconsciente, se este estiver articulado, conforme eu disse da última vez, por esse valor de gozo.

É singular ver como o psicanalista sempre tem um pequeno retoque a fazer nesse discurso competitivo. É justamente ali, onde seu enunciado eventual está no verdadeiro, que ele encontra sempre algo para retomar. Basta ter um pouco de experiência para saber que essa contestação, quando se pode mensurá-la, é sempre estritamente correlativa a essa espécie de avidez que está ligada à instituição psicanalítica e que se constitui pela ideia de se fazer reconhecer no plano do saber.

O valor de gozo, como eu disse, está no princípio da economia do inconsciente. O inconsciente, conforme também mencionei destacando o artigo *do*, fala *do* sexo. O inconsciente designa os caminhos de um saber. Para segui-los, não se deve querer saber antes de tê-los percorrido. O inconsciente fala do sexo, mas pode-se dizer que ele *diz* o sexo? Em outras palavras, ele diz a verdade?

Dizer que ele fala deixa em suspenso o que ele diz. Pode-se falar para não dizer nada, é até comum. Não é o caso do inconsciente. Pode-se dizer coisas sem falar, também não é o caso do inconsciente. E ainda, o destaque — evidentemente despercebido, como muitos outros traços — disso que articulei do inconsciente, no ponto de partida, é: *isso fala*.

Se prestássemos um pouco de atenção, deduziríamos disso que é obrigatório falar para dizer alguma coisa. Mas nunca vi alguém extrair isso, ainda que esteja dito em meu "Discurso de Roma", pelo menos de uma dúzia de maneiras, dentre as quais uma me foi reapresentada recentemente durante entrevistas que tive com jovens, bastante simpáticos, bastante ligados a pelo menos uma parte de meu discurso. Essas entrevistas giraram em torno de minha famosa fórmula, de que o analisado lhes fala, analistas, depois fala de si, e quando ele falar de si para vocês, tudo irá bem. Essa fórmula fez ainda mais sucesso, evidentemente, por ser uma fórmula. Desconfiança, sempre, quando se quer resumir tudo em uma fórmula. Fórmulas que têm, como essa, a sorte de serem adotadas devem ser contextualizadas para evitar engendrar confusões.

Será que o inconsciente diz a verdade sobre o sexo? Eu não disse isso, sobre o que Freud, lembrem-se, já levantou a questão. Era, convém precisar, a respeito do sonho de uma de suas pacientes, que era claramente para enganá-lo, a Freud, fazê-lo tomar gato por lebre. A geração dos discípulos de então era ingênua o suficiente para que fosse preciso lhes explicar isso como um escândalo. Na verdade, é possível escapar disso facilmente enfatizando que o sonho é a via régia para o inconsciente, mas não é o próprio inconsciente.

Colocar a questão da verdade no plano do inconsciente é outra história. Eu já virei essas histórias do avesso, como faço sempre, rapidamente e sem dar lugar à ambiguidade, quando, em meu texto intitulado "A coisa freudiana", escrito em 1956 para o centenário de Freud, fiz surgir essa entidade que diz *Eu, a verdade, falo*. A verdade fala. Uma vez que é a verdade, ela não precisa dizer a verdade. Nós ouvimos a verdade, mas o que ela diz só é entendido por quem sabe articulá-la. O que ela diz onde? No sintoma, ou seja, em algo que claudica. Essa é a relação do inconsciente, na medida em que ele fala com a verdade.

Contudo, há uma questão que já coloquei no ano passado para meu primeiro curso, de novembro de 1965, aquele que foi publicado em *Cahiers pour l'analyse* com o título "A ciência e a verdade". Essa questão, que permanece aberta, é a de saber por que a teoria vencerá por ser verdadeira, enunciado de Lênin que introduz esse número da revista. O que eu disse há pouco sobre psicanalistas não confere a esse enunciado imediatamente uma sanção que convença. O próprio Marx deixa aí passar algo que dá margem a um enigma. Como vários outros antes dele, de fato, a começar por Descartes, ele procedia quanto à verdade segundo uma estratégia singular que ele enuncia em algum lugar com estas palavras mordazes: *A vantagem da minha dialética é que digo as coisas pouco a pouco, e, como acreditam que cheguei ao fim, apressando-se a me refutar eles só mostram sua estupidez*. Pode parecer singular que se exprima desse modo alguém de quem procede a ideia de que a teoria vencerá por ser verdadeira.

Essa política da verdade, para ser direto, tem seu complemento na ideia de que, em suma, só não poderia se enganar aquilo que chamei há pouco de número — ou seja, o que se reduz a ser apenas número, e que no contexto marxista se chama de *consciência de classe*, na medida em que ela é a classe do número. Um princípio singular. No entanto, quanto a esse aspecto, todos aqueles que têm o mérito de ter prosseguido na trilha da verdade marxista nunca variaram. Por que a consciência de classe seria tão segura na sua orientação? Então ela funciona em um nível não educado, mesmo que não saiba nada, ou saiba muito pouco, da teoria, e que seja propriamente reduzida, segundo os próprios teóricos, para aqueles que pertencem à classe definida na ocasião como excluída dos benefícios capitalistas.

Talvez a resposta à questão que concerne à força da verdade deva ser buscada nesse campo em que somos introduzidos, esse que podemos, por metáfora, chamar de mercado da verdade. Se o motor desse mercado é o valor de gozo, como vocês podem ter vislumbrado da última vez, algo que não é a verdade em si mesma, aí se troca de fato. Em outras palavras, o laço de quem fala com a verdade não é o mesmo conforme o ponto em que ele sustenta o seu gozo.

Eis o que constitui toda a dificuldade da posição do psicanalista. O que ele faz? Do que ele goza no lugar em que ocupa? Esse é o horizonte da questão que apenas introduzi, marcando-a, em seu ponto de fratura, com o termo *o desejo do psicanalista*.

Nesse intercâmbio que se transmite por uma fala cujo horizonte nos é dado pela experiência analítica, a verdade não é, portanto, em si mesma objeto de troca, conforme se vê na prática. Aqueles psicanalistas aqui presentes testemunham isso por sua prática. Claro, eles não estão aqui à toa, estão aqui para ver o que poderão fazer — trapaceando um pouquinho — disso que, da verdade, pode cair dessa mesa. Essa é a necessidade a que os obriga o fato de um estatuto entravado, relativo ao valor de gozo associado à sua posição de psicanalista.

Tive confirmação disso, posso dizer, e terei de novo. Darei um exemplo.

Alguém que não é psicanalista, o sr. Deleuze, dá, no prefácio à *La Vénus à la fourrure*, uma *Apresentação de Sacher-Masoch*. Ele escreve sobre o masoquismo, incontestavelmente, o melhor texto já escrito. Entenda-se, o melhor texto comparado a tudo o que foi escrito sobre esse tema na psicanálise.

Claro, ele leu textos analíticos, ele não inventa seu tema. Ele parte de Sacher-Masoch, que de todo modo tem algo a dizer quando se trata do masoquismo. Sei muito bem que fizeram um pequeno corte em seu nome, e que se diz agora *maso* — mas enfim, só depende de nós marcar a diferença que existe entre *maso* e *masoquista*, ou *masoquiano*, ou *masoch* simplesmente. Seja como for, seguramente retornaremos a esse texto.

Posso dizer que se trata de um tema sobre o qual não permaneci mudo, pois escrevi "Kant com Sade", em que realmente há apenas um esboço, particularmente sobre isso, o fato de que o sadismo e o masoquismo são duas vias estritamente distintas — mesmo que, claro, devamos localizar os dois na estrutura. Nem todo sádico é automaticamente maso, nem todo maso é um sádico ignorado. Não se trata de uma luva que se vira do avesso. Enfim, é possível que o sr. Deleuze tenha tirado proveito desses textos (eu juraria isso, tanto mais que ele me cita abundantemente), mas não é surpreendente que esse texto antecipe realmente tudo sobre o que vou ter que falar efetivamente agora, no caminho que abrimos este ano — ao passo que não há um só dos textos analíticos que não precise ser retomado inteiramente e refeito nessa nova perspectiva?

Ora, tomei o cuidado de confirmar com o próprio autor que cito que ele não tem nenhuma experiência da psicanálise.

Esses são os pontos que desejo destacar aqui, como se colocam até o presente momento — afinal de contas, com o tempo, eles podem mudar.

São pontos que adquirem um valor exemplar e que merecem ser retidos, mesmo que seja para exigir de mim que sejam plenamente explicados — quero dizer, em detalhes.

Nisso, resta-me entrar na articulação dessa estrutura da qual o traço simples que está no quadro oferece a base e o fundamento.

2

Vocês já tiveram da minha boca alguns esclarecimentos sobre o modo como esse esquema vai servir. Contudo, eu repito.

O *a* designa o objeto de mesmo nome, que já pude fazer com que percebam como sendo o que se poderia chamar de *o alicerce* do sujeito. Essa metáfora implica que o sujeito é a joia, uma vez que o objeto *a* é a armação que o suporta, o sustenta, o enquadra.

Contudo, lembro que nós já definimos e ilustramos o objeto *a* como o que cai na estrutura, no âmbito do ato mais fundamental da existência do sujeito, pois é o ato a partir do qual o sujeito como tal se engendra, a saber, a repetição. O efeito do significante, significando o que ele repete, aí está o que engendra o sujeito, e algo cai dele. Lembrem-se de como o corte da dupla volta, praticada no mínimo objeto mental que se chama plano projetivo, divide dois elementos que são, respectivamente, a banda de Moebius, que nos serve como suporte do sujeito, e a rodela, que obrigatoriamente resta disso e que é ineliminável da topologia do plano projetivo.

Nesse esquema, o objeto *a* é suportado por uma referência numérica, o número de ouro, que figura o que há de incomensurável — incomensurável quanto ao que está em questão no funcionamento do sujeito no âmbito do inconsciente, ou seja, incomensurável em relação ao sexo, pura e simplesmente.

Claro, o número de ouro só está aqui como um suporte, uma função simbólica. Se o escolhemos, foi porque tem o privilégio — que já lhes indiquei como pude, por não poder lhes fornecer a teoria matemática mais moderna e mais estrita, o que teria nos arrastado para muito longe do nosso caminho — de ser, como se diz, o incomensurável que ajusta menos rapidamente os intervalos nos quais ele pode se localizar. Em outras palavras, o número de ouro é, de todas as formas múltiplas e quase infinitas do incomensurável, aquela que, para chegar a um certo limite de aproximação, demanda o máximo de operações.

Lembro-lhes neste ponto do que se trata. Sua diferença com o 1, ou seja $(1 - a)$, é igual a a^2 — é fácil deduzir isso da propriedade de *a*, de ser tal que $(1 + a) = 1/a\ 1$, vocês verão isso imediatamente se fizerem uma pequena multiplicação. O a^2 será em seguida transferido para o *a* que está no $(1 - a)$ e engendrará a^3, que será transferido para a^2. Daí sairá, no âmbito da diferença, um a^4, que será transferido para que apareça um a^5.

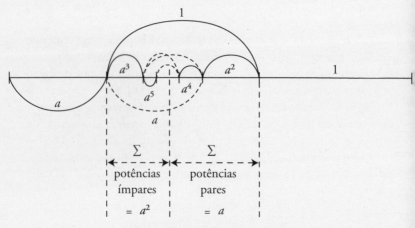

Limites das potências pares e ímpares

De cada lado dessa linha, vocês veem, se estendem, à esquerda, todas as potências ímpares de a, e todas as suas potências pares, à direita. Ao continuar essas operações ao infinito, pois elas nunca terão parada ou termo, seu limite não será menos a para a soma das potências pares e, para a soma das potências ímpares, a^2, ou seja, a primeira diferença. A soma de a e a^2 reconstitui o 1 inicial. A adição de todos os restos é igual ao a primeiro, de onde partimos.

Acredito que o caráter sugestivo dessa operação não lhes escapa, porque já faz algum tempo, um mês ou um mês e meio, que lhes fiz notar como isso podia dar suporte, criar uma imagem para a operação que se realiza, na via da pulsão sexual, sob o nome de sublimação. Não voltarei a isso hoje, pois preciso ir adiante. Vou me contentar em lhes indicar a direção do que temos que fazer, servindo-nos desse suporte.

Como vocês podem pressentir e como verão, esse suporte não poderia nos bastar, em razão do próprio sucesso — tão sublime, é o caso de dizer — disso que ele nos apresenta, levando-nos a alcançar um 1 perfeito. Se fosse esse o caso da sublimação, se ela nos fizesse alcançar um 1 desses situado no horizonte do sexo, parece-me que, desde o tempo em que se fala desse 1, deveríamos sabê-lo. Tudo na experiência nos indica que entre as duas séries, a das potências pares e a das potências ímpares do mágico a, deve restar algo como uma hiância, um intervalo.

Contudo, não é ruim ver que o suporte mais favorável a essas articulações tradicionais já nos mostra a complexidade disso que é necessário estabelecer no início para abordar o que está em questão.

Não esqueçamos, de fato, que o primeiro 1, aquele do meio em meu pequeno metro de bolso, o 1 no qual acabo de projetar a sucessão das operações, só está ali para figurar o problema com o qual o sujeito que se articula no inconsciente deve se confrontar, ou seja, o sexo. Esse 1 é o lugar da sexualidade.

Vamos parar por aqui, pois estamos diante do problema.

3

A sexualidade, heim? É um gênero, um pântano, um charco, um *derramamento de óleo*, como se diz há algum tempo. Introduzam o dedo, levem-no à ponta do nariz — ali vocês sentirão o cheiro de que se trata. Isso tem a ver com sexo.

Não basta dizer *sexualidade*. Para que seja sobre sexo, seria necessário poder articular algo um pouco mais firme.

Não sei, neste caso, em que ramo da bifurcação me comprometer e qual ponto desenvolver, porque é um ponto de extremo litígio. Será que eu não teria que lhes dar imediatamente uma ideia do que isso poderia ser, a subjetivação do sexo, se funcionasse?

Evidentemente, a subjetivação do sexo, vocês podem sonhar com ela. É exatamente o que vocês fazem, pois é isso que constitui o texto de seus sonhos. Não é de seus sonhos que se trata, mas do que isso poderia ser, a subjetivação do sexo, se houvesse. Nesse caso, poderíamos dar um sentido a esses significantes, mas qual? Vocês verão como ficaremos imediatamente embaraçados. Se digo *macho* ou *fêmea*, ainda assim é bem animal isso. Então digamos, prefiro, *masculino* ou *feminino*. Mas aí imediatamente se revela que Freud, o primeiro a enveredar na via do inconsciente, é absolutamente sem rodeios, ou seja, não existe a menor maneira... não de dizer em que dose vocês são masculinos ou femininos, pois também não se trata de biologia, do órgão de Wolff e Müller, mas é impossível dar um sentido, entenda-se um sentido analítico, aos termos *masculino* e *feminino*.

Se um significante é o que representa um sujeito para outro significante, esse deveria ser o terreno escolhido. Vejam como as coisas ficariam bem, seriam puras, se pudéssemos atribuir qualquer subjetivação, entenda-se pura e válida, sob o termo *macho* — nós saberíamos que um sujeito, ao se manifestar como macho, será representado como sujeito diante, do quê?, de outro significante, designando o termo *fêmea*, significante em relação ao qual não haveria nenhuma necessidade de determinar nenhum sujeito, sendo a recíproca verdadeira.

Vocês constatarão que questionar o sexo quanto à subjetivação possível não é demonstrar nenhuma exigência manifestamente exorbitante de intersubjetividade. Poderia ser que isto se mantivesse assim, sem que tivéssemos que lidar com outro sujeito. Seria até mesmo desejável. Além disso, se vocês questionassem o que chamei há pouco de consciência de classe, aqui a classe de todos aqueles que acreditam que o homem e a mulher existem, a resposta não poderia ser diferente desta. E seria muito bom se fosse isso, o princípio do que se chama comicamente de relação sexual.

Devo dizer que, aí, o aspecto cômico é irresistível. Se eu pudesse fazer com que, nesta assembleia com a qual me venho familiarizando, uma assembleia em que posso expressar como convém, que não existe ato sexual — o que significa que, em certo nível, não existe ato e que é justamente por isso que devemos procurar como ele se constitui —, se eu pudesse fazer com que a locução *relação sexual* tomasse em cada uma das suas cabeças a conotação bufa que merece, eu teria ganhado alguma coisa.

Se a relação sexual existisse, eis o que ela quereria dizer: que o sujeito de cada sexo pode tocar algo do outro no âmbito do significante sem que isso inclua nesse outro consciência, nem mesmo inconsciente — apenas acordo. Isso seria uma pura relação do significante com o significante.

É seguramente o que nos maravilha quando o encontramos nos animais, nos tropismos, em certo número de pequenos pontos que são impressionantes. Estamos longe disso no homem — e, aliás, talvez igualmente nos animais, nos quais as coisas passam obrigatoriamente pelo intermédio de certos marcadores de fâneros que decerto se prestam a algumas falhas.

Seja como for, a virtude do que articulei desse modo não é totalmente decepcionante. Quero dizer que esses significantes feitos para que um apresente e represente para o outro, em estado puro, o sexo oposto existem no plano celular. Chama-se isso de cromossomo sexual. Seria surpreendente se pudéssemos um dia estabelecer, com alguma chance de certeza, que a origem da linguagem, ou seja, o que se passa antes que se engendre o sujeito, tem alguma relação com esses jogos da matéria, que nos oferecem os aspectos que encontramos na conjunção das células sexuais. Ainda não chegamos a esse ponto, e temos outras coisas a fazer.

Apenas não nos surpreendamos com a distância a que estamos do nível em que se manifestaria algo que não é feito para não nos seduzir e que chamarei de *transcendência da matéria*. Se designo esse ponto extremo ao destacar expressamente que ele é irresoluto e que a ponte não está feita, é simplesmente para lhes destacar que, na ordem disso que mais ou menos adequadamente se chama de pensamento, nunca se fez nada diferente, no curso dos séculos, pelo menos daqueles que nos são conhecidos, senão falar como se esse ponto estivesse resolvido. Durante séculos, o conhecimento de um modo mais ou menos oculto, figurado, contrabandeado, nunca fez senão parodiar o que aconteceria se o ato sexual existisse — se existisse a ponto de nos permitir definir o que está em jogo, dizem-nos os hindus, de *Purusha* e *Prâkriti*, de *animus* e de *anima*, e todo o resto.

O que se exige de nós é que façamos um trabalho mais sério. Esse trabalho é necessário simplesmente por isso: o jogo das significações primordiais, tais como poderiam ser inscritas, ressalto-o, em termos que implicam alguns temas, estamos separados deles em toda a espessura de algo que vocês podem chamar como quiserem, a carne ou o corpo, mas em que devem incluir o que nossa condição de mamíferos acrescenta de específico, condição especificada e de modo algum necessária, tal como nos prova a abundância de todo um reino — falo do reino animal.

Nada implica a forma que assume para nós a subjetivação da função sexual. Nada implica que o que vem atuar nela em termos simbólicos esteja necessariamente a ela vinculado. Basta refletir sobre o que isso pode ser para um inseto. Aliás, não nos privemos de utilizar as imagens que podem ser depreendidas disso para fazer aparecer no fantasma esse ou aquele traço singular de nossas relações com o sexo.

Segui por um dos dois caminhos que se ofereceram a mim há pouco, não tenho certeza de ter escolhido o correto. Terei que retomar o outro. O outro consiste em designar para vocês por que o 1 vem à direita do *a*, como representando localmente, por um significante, o fato do sexo.

Há aí uma surpreendente convergência entre isso de que realmente se trata, ou seja, o que estou lhes dizendo, e o que chamarei, por outro lado, de ponto principal da abjeção psicanalítica. Devo dizer que vocês devem unicamente a Jacques-Alain Miller, que fez um *índice ponderado* dos conceitos de meus *Escritos*, o fato de não haver um índice alfabético. Eu estava, devo dizer, um pouco em júbilo imaginando abri-lo com a palavra *abjeção*. Nada disso aconteceu, mas não há razão para que essa palavra não tome o seu lugar.

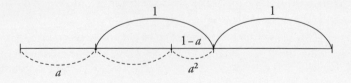

SOBRE O VALOR DE GOZO

Se coloco ali um 1, é por pura referência matemática, quero dizer que aparece simplesmente isso, que para falar do incomensurável é preciso ter uma unidade de medida. Não há unidade de medida mais bem simbolizada do que pelo 1. O sujeito, sob a forma de seu suporte, o *a*, mede-se em sexo. Entendam isso como se diria *Ele se mede em alqueire* ou *em quartilho*. O 1 é isto — a unidade-sexo, nada mais.

Não é à toa que, conforme eu disse há pouco, esse 1 converge — trata-se de saber até que ponto — com o 1 que reina até hoje no fundamento mental dos psicanalistas, sob a forma da virtude unitiva que estaria no princípio de todo o discurso que eles desenvolvem sobre a sexualidade.

A vaidade da fórmula de que o sexo une não lhes basta, é preciso ainda que busquem a imagem primordial na fusão da qual se beneficiaria o desfrutador da *gozada*, esse pequeno *baby* no seio de sua mãe, onde ninguém, até hoje, pôde testemunhar que esteja em uma posição mais cômoda do que a mãe ao carregá-lo, e onde se exemplificaria esse paraíso perdido da fusão do eu e do não-eu que seria necessária ao pensamento do psicanalista, conforme vocês puderam ouvir no ano passado no discurso do sr. Conrad Stein — aliás, nós não o vimos mais desde então, lamento. Ao ouvir os psicanalistas, estaria aí, repito, o *cornerstone*, a pedra angular, sem a qual nada poderia ser pensado sobre a economia da libido, pois é disso que se trata.

Penso que há aí uma verdadeira pedra angular, que me permito assinalar a qualquer um que acredite me seguir. Toda pessoa que permanece, de certo modo, ligada ao narcisismo primário pode muito bem colocar na abotoadura todos os ilhoses lacanianos que quiser, a pessoinha não tem nada, absolutamente nada a ver, nem de perto nem de longe, com o que estou ensinando.

Não estou dizendo, no entanto, que o narcisismo primário não seja algo que importa na teoria e que não merece ser destacado um dia. Começo hoje, precisamente, fazendo a seguinte observação, que não deixa de ter incidência sobre essa questão.

O valor de gozo tem sua origem na falta marcada pelo complexo de castração, em outras palavras, na proibição do autoerotismo, que incide sobre um órgão preciso, e cuja função é introduzir aqui esse elemento de unidade na inauguração de um estatuto de troca em que tudo depende do que vai ser em seguida, no ser falante, economia disso que então se trata quanto ao sexo. O importante é ver a reversão que resulta disso e que é a seguinte. Como toda a experiência nos ensina, o ser que — na prova à qual o sujeito é submetido, do ato sexual — será levado à função de parceiro (digamos, para ilustrar meu discurso, que esse ser seja a mulher) só adquire seu valor de objeto de gozo na medida em que o falo designa, por esse $(-\varphi)$ que constitui o complexo de castração e que leva um órgão ao valor de troca, o que constitui precisamente a distância entre o *a* e a unidade do sexo.

Ao mesmo tempo, no mesmo movimento, vejam o que se passa com o sujeito. Não é mais *ele goza*, agora é *ele goza de*. O gozo passou do subjetivo ao objetivo, a ponto de deslizar para o sentido de posse na função típica, assim como devemos considerá-la como dedutível da incidência do complexo de castração. A operação de que se trata aqui é constituída pela viragem que faz do parceiro sexual um objeto fálico.

Essa operação, que eu já trouxe da última vez, coloco-a aqui em destaque no sentido do *homem* para a *mulher*, essas duas palavras entre aspas — na medida em que é nesse sentido que a operação é, como se diz, a mais escandalosa. Evidentemente, ela é igualmente articulável no outro sentido, com a ressalva de que a mulher não tem que fazer o mesmo sacrifício, pois isso já lhe é creditado desde o início.

Em outras palavras, destaco a oposição do que chamarei de ficção macho, que poderia ser expressa mais ou menos da seguinte forma: *é aquele que tem [ce qui a]*. Não há nada mais contente do que um cara que nunca viu além do seu nariz e que lhes expressa a fórmula provocativa: *Ter ou não ter*. São aqueles que têm vocês sabem o quê, e depois, tem-se o que é — as duas coisas se mantêm. O que é, é o objeto de desejo, é a mulher.

Percebemos há certo tempo que era um pouquinho complicado, se bem que essa ficção simplória está passando por séria revisão, mas, ainda que em um relatório intitulado "A direção do tratamento e os princípios de seu poder" eu tenha acreditado dever rearticular isso com cuidado, parece que ainda não entenderam muito bem o que implica o que oporei a essa ficção-macho como sendo, para retomar uma das minhas palavras da última vez, o valor *homela*. Não se é o que se tem. É-se aquele que tem, mas não o que se tem. Em outras palavras, é na medida em que o homem tem o órgão fálico que ele não o é. E isso implica que, do outro lado, é-se o que não se tem, ou seja, que é precisamente na medida em que não tem o falo que a mulher pode adquirir o seu valor.

Estes são os pontos que é extremamente necessário articular no início de toda indução do que diz o inconsciente sobre o sexo, porque isso é propriamente o que aprendemos a ler em seu discurso.

Quando falo do complexo de castração, é sem desconhecer, claro, tudo que ele tem de controverso. O mínimo que se pode dizer é que ele pode induzir a erro sobre a pessoa e especialmente do lado macho, como se vê no que nos descreve tão bem o *Gênesis*, a saber, a mulher concebida a partir de algo de que o corpo do homem é privado e que, por pudor, é chamado de *uma costela*.

Só que, quando falo do complexo de castração aí, é para colocá-lo na origem da função econômica do gozo, enquanto os psicanalistas se deleitam com o termo *libido objetal*. Se há algo que merece esse nome é a transferência da função negativa, fundada no complexo de castração. É o valor de gozo proibido no ponto preciso, no ponto do órgão, constituído pelo falo, que é transferido como libido objetal — contrariamente ao que se diz, ou seja, que é do reservatório da libido dita narcísica que se deveria extrair o que será libido objetal.

Isso pode lhes parecer uma sutileza. *Afinal de contas*, dirão vocês, *o narcisismo, é ali que há a libido que se volta para o corpo próprio e, ainda que você precise as coisas, é de uma parte dessa libido que se trata.* No que enuncio presentemente, não é nada disso. A razão é muito precisamente essa: para dizer que uma coisa é extraída de outra, é preciso supor que ela seja pura e simplesmente separada por meio do que se chama de corte, mas um corte que pode em seguida exercer a função de uma borda.

Ora, é precisamente isso que, nesse caso, é discutível, e até mesmo definível desde já. Para que se possa apreender, como se diz, o fragmento fálico como uma parte do investimento narcísico, seria preciso que houvesse entre esses dois termos um homomorfismo, que eles tivessem a mesma estrutura e que o primeiro constituísse uma borda em relação ao segundo. Não é de modo algum esse o caso. Não existe homomorfismo.

Eis o que temos que sustentar contra o que é doutrinado nas teorias tradicionais do amor, que assimilam o primeiro desses termos ao segundo, deixando o objeto nos limites do narcisismo. Essa falsa assimilação é, na verdade, uma construção devida ao próprio narcisismo.

A relação de que se trata realmente na economia do gozo é diferente da libido objetal, que é de outra natureza, vale dizer, e introduz, como se diz, uma nota que nos deixa a desejar a nota exata do ato que se pretende sexual.

É aqui que reside o ponto crucial sobre o qual é essencial não ceder, pois, vocês verão a seguir, é necessário àqueles que tomam seu lugar, tanto na relação analisado-analista quanto nos efeitos de regressão — em suma, tudo o que se passa no campo do ato analítico.

Peço desculpas por deixar isso em suspenso. A lei de meu discurso não me permite sempre cortá-lo no ponto que me conviria. A hora nos interrompe aqui hoje. Prosseguirei da próxima vez.

19 de abril de 1967

A Economia do Fantasma

XV
Da Verdade ao Gozo

A lógica, metadiscurso imanente à linguagem
A metáfora e o número de ouro
Sobre o traço unário
A podridão, diferente da merda
O gozo questiona a verdade

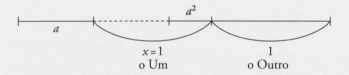

Fiz este desenho que é imperfeito, no sentido em que ele está inacabado, mas não percamos tempo.

Esses dois segmentos que já lhes indiquei suficientemente que são qualificáveis como Um, tal como articulei precisamente da última vez, e Outro, no uso que dele faço desde sempre, como esse lugar em que se articula a cadeia significante e o que ela sustenta como verdade.

Aí estão os termos da díade essencial em que deve se forjar o drama da subjetivação do sexo, ou seja, isso de que estamos falando há um mês e meio.

Essencial, eu digo. Para aqueles que têm os ouvidos formados nos termos heideggerianos que, como vocês verão, não são minha referência privilegiada, específico: não *díade essencial* no sentido do que *é*, mas no sentido do que — é preciso dizê-lo em alemão — *west*, conforme expressa Heidegger, de um modo já forçado em relação à língua alemã. Digamos, no sentido disso que opera como *Sprache*, ou seja, a conotação, deixada para Heidegger, da palavra linguagem.

Trata-se aí de nada mais do que a economia do inconsciente, e mesmo do que comumente se chama de *processo primário*.

1

Em relação aos termos de nossa díade, que são, portanto, o Um e o Outro, não esqueçamos que temos que partir de seu efeito — que tem de irrisório o fato de se prestar à metáfora grosseira de que esse efeito seja a criança.

Ora, a subjetivação do sexo não produz nada além de infortúnio. Mas produz.

O que ela já produziu quando nos foi dada de maneira unívoca na experiência psicanalítica foi esse dejeto do qual partimos como ponto de apoio necessário para reconstruir toda a lógica dessa díade — ao nos deixarmos guiar por isso de que esse objeto é propriamente a causa, a saber, o fantasma.

2

O que é a lógica, se é verdade que posso estabelecer como sua tese inicial, como faço, que não existe metalinguagem?

A lógica é isso: que se possa extrair da linguagem os lugares e os pontos em que, por assim dizer, a linguagem fala de si mesma.

É assim que ela se desenrola atualmente. Vocês só têm que abrir um livro de lógica para perceber que isso não tem a pretensão de ser outra coisa. Nada de ôntico, quase nada de ontológico.

Como lhes darei quinze dias de pausa depois do Seminário de hoje, reportem-se ao *Sofista*, leiam esse diálogo de Platão para saber o quanto essa fórmula relativa à lógica é exata e que seu início não data de hoje, portanto, nem de ontem. Vocês entenderão que na verdade é desse diálogo que Martin Heidegger parte para sua restauração da questão do Ser — e, afinal de contas, não será uma disciplina menos salubre para vocês do que ler *Introdução à metafísica*, na excelente tradução feita por Gilbert Kahn.

Digo *excelente* porque o sr. Kahn não buscou o impossível. Para todas as palavras das quais era impossível dar um equivalente, se não uma equivocidade, ele tranquilamente forjou ou reforjou palavras francesas como pôde, mesmo que um léxico ao final do livro forneça sua referência alemã exata. Minha falta de informação fez com que só tenha recebido o livro recentemente por um serviço de divulgação, então só hoje posso aconselhar-lhes sua leitura. Mas tudo isso é apenas um parêntese.

Essa leitura é fácil — o que pode ser contestado quanto a outros textos de Heidegger —, mas de fato extraordinariamente fácil, por uma nota de facilidade claramente marcante. É impossível tornar mais transparente o modo como ele entende que se coloca novamente, nesse desvio histórico que é o nosso, a questão do Ser. Claro, não é que eu pense que se trate aí de outra coisa que de uma leitura de exercício e, como dizia agora mesmo, de salubridade, pois isso limpa muitas coisas — mas não desencaminha menos dar apenas a indicação de retorno a Parmênides e a Heráclito, de modo tão genial que Heidegger os situa precisamente no plano desse metadiscurso de que falo como imanente à linguagem, não se trata de metalinguagem, é o que chamo de lógica. Aí está algo que merece ser restaurado em uma leitura como essa.

Certamente de forma alguma faço uso do procedimento etimologizante com que Heidegger faz reviverem admiravelmente as fórmulas ditas pré-socráticas. Isso porque, também, a direção que pretendo indicar difere da dele, precisamente no fato de que eu tomo como irreversível aquela que é indicada em *O sofista* — leitura também extraordinariamente fácil. Platão não deixa de fazer referência a Parmênides, mas é para enfatizar o quanto ele está distante e pretende se opor à proibição de falar do não-ser, expressa por ele em seu *Poema* —

Não, jamais forçarás os não-seres a serem;
Dessa rota de busca afasta o teu pensamento.

É precisamente essa rota, aberta desde *O sofista*, que se impõe a nós, os analistas, por menos que saibamos com o que estamos lidando.

Se eu conseguisse tornar um psicanalista letrado, teria ganhado a partida, ou seja, a partir desse momento, a pessoa que não fosse psicanalista se tornaria, por isso mesmo, uma iletrada. Que os vários

248 A ECONOMIA DO FANTASMA

letrados que povoam esta sala se tranquilizem, eles ainda têm o seu pequeno resto.

É preciso que o psicanalista consiga conceber a natureza do que ele maneja, como esse escólio do Ser, essa pedra rejeitada tornando-se pedra angular, que é provavelmente o que designo pelo objeto *a*.

É um produto da operação da linguagem, no sentido em que o termo produto é requerido, em nosso discurso, pela supressão, desde Aristóteles, da dimensão do *ergon*, do trabalho.

Trata-se de repensar a lógica a partir do *a*, pois esse *a*, se lhe dei um nome, eu não o inventei, é propriamente isso que caiu na mão dos analistas a partir da experiência que eles atravessaram no que diz respeito à coisa sexual.

Todos sabem o que quero dizer, e sabem ainda que só falam disso. Esse *a*, desde a análise, são vocês mesmos. Cada um de vocês, em seu núcleo essencial, isso os recoloca de pé, como se diz, isso os traz de volta do delírio da esfera celeste do sujeito do conhecimento.

Dito isso, está explicado — é mesmo a única explicação válida — por que na análise, todos podem vê-lo, partimos da criança.

É por razões metafóricas, porque o *a* é a criança metafórica do Um e do Outro — na medida em que ele nasceu como dejeto da repetição inaugural, aquela de onde nasce o sujeito e que, para ser repetição, exige a relação do Um com o Outro.

A verdadeira razão da referência à criança na psicanálise não é, portanto, de modo algum por ser ela a semente de G.I.,* a flor prometida para se tornar o feliz canalha que parece ao sr. Erik Erikson ser o motivo suficiente de suas reflexões e de suas dores. É apenas essa essência problemática, o objeto *a*, cujos exercícios nos deixam estupefatos, na criança, nos seus fantasmas, muito suficientemente colocados em execução. Quanto a saber que é no âmbito desses fantasmas que se veem os jogos e os caminhos mais bem percorridos, é preciso para isto recolher confidências que não estão ao alcance dos psicólogos da criança.

Em resumo, é na menor das diversões sexuais da criança, na sua perversão, como se diz, que se encontra a singular, a única presença digna que se deve atribuir ao que o termo *alma* designa.

---

* Sigla pela qual desde o pós-Segunda Guerra são conhecidos os soldados do Exército dos Estados Unidos. (N. T.)

3

O que o 1 vem fazer aqui?

Conforme eu disse da última vez, se o 1 é introduzido nessa lógica, é simplesmente para permitir a entrada em jogo da operação destinada a dar ao *a* medida e valor, operação de linguagem que constitui uma tentativa de reintegrá-lo nesse universo de linguagem acerca do qual já afirmei, no início deste ano, que não existe, precisamente por causa da existência do objeto *a* como efeito de linguagem.

Trata-se, portanto, de uma operação contraditória e desesperada, cujo empreendimento só a existência da aritmética, por mais elementar que seja, nos assegura felizmente que seja fecundo. Mesmo no âmbito da aritmética, de fato, percebeu-se — recentemente, é preciso dizer — que o universo do discurso não existe.

Como as coisas se apresentam no início dessa tentativa? Aqui está algo com que nos contentaremos para a medida do objeto *a*.

$$1 + a = \frac{1}{a}$$

Vocês suspeitam corretamente que, uma vez que a minha teoria começar a ser objeto de um questionamento sério pela parte dos lógicos, haverá muito a dizer sobre a introdução aqui dos três sinais que aparecem como o mais, o sinal de igual e também a barra entre o 1 e o *a*.

Para que meu curso não se estenda indefinidamente, é preciso que vocês confiem provisoriamente no fato de que essas operações, essas provas, eu as fiz por conta própria, só deixando aparecer aqui as pontas, na medida em que possam lhes ser úteis. Como isso vem sozinho, é mais cômodo, e ainda temos um caminho a percorrer, inscrevi aqui apenas a fórmula do que chamei de maior incomensurável, que é o número de ouro, que consiste nisso: de duas grandezas, a relação da maior com a menor — do 1 com o *a*, no caso — é a mesma que a da soma das duas com a maior.

Se opero desse modo, decerto não é para fazer passar apressadamente hipóteses que seria incômodo que vocês tomassem como decisivas — quero dizer, que vocês acreditem demais nesse paradigma que pretende apenas fazer funcionar por um tempo, para vocês, o objeto *a* como incomensurável em relação ao sexo. É nessa perspectiva que o 1 se inscreve, encarregado de recobrir esse sexo e seu enigma.

De resto, nada indica que possamos fazer entrar imediatamente nessa fórmula a noção matemática de proporção. É preciso que previamente escrevamos de modo expresso no denominador da parte esquerda da fórmula o 1 que ela implica para alguém que a lê no âmbito de sua matemática usual, ou seja:

$$\frac{(1 + a)}{1} = 1 + a$$

Enquanto isso não é feito, a fórmula pode ser considerada muito menos restrita e indica apenas que é da aproximação entre o 1 e o a que pretendemos ver surgir algo — por que não, ocasionalmente, que o 1 represente o a? Não emprego minhas simbolizações ao acaso e, nesse desvio, alguns podem se lembrar daquela que dei à metáfora.

$$\frac{S...S'}{S} \cong S'\left(\frac{1}{S''}\right)$$

A metáfora

Escrevo acima da barra a sequência dos significantes, com a indicação de que essa cadeia contém, abaixo da barra, um significante que foi substituído, o grande S. Dessa substituição, resulta que o novo significante — chamemo-lo de S', porque ele contém o significante que substitui — adquire o valor de se tornar a origem de uma nova dimensão significada que não pertencia nem a um nem ao outro desses dois significantes em causa, e que conoto na fórmula à direita pelo sinal de igual.

É uma emergência análoga — não é verdade? — que encontramos com a fórmula do número de ouro. Ou seja, a significação original da proporção surge do momento de intervalo entre a fórmula inicial e a inscrição que a completa com o 1 que estava ausente, ainda que lhe fosse imanente.

Ao ser distinguido no segundo tempo, esse 1, aquele abaixo da barra, assume a figura da função do significante *sexo* como representando o enigma do sexo como recalcado. Por sua vez o segundo 1, a saber o 1 enigmático do $(1 + a)$, tomado na sua pura conjunção com a, pode implicar em nosso simbolismo a função do primeiro. A partir de então, o enigma do sexo, escrito $(1 + a)/1$, vai se apresentar a nós como podendo realizar a substituição, a metáfora, recobrindo com sua proporção o próprio a, ou seja, $1/a$.

O que isso quer dizer?

O 1, vocês irão me contrapor, não está recalcado como aqui, onde, mantendo-me em uma fórmula aproximativa, faço uma cadeia significante em que conviria que nenhum significante reproduzisse o recalcado, e é por isso que é preciso distingui-lo.

O 1 da primeira linha vai contra a articulação que estou tentando lhes fornecer? Seguramente não. Se vocês se deram ao trabalho de exercitar um pouco o que lhes mostrei sobre o uso que convém fazer da relação $(1 - a)$, em que a marca sua diferença e opera sua subtração com relação ao 1, vocês sabem que $(1 - a) = a^2$. Depois, a esse a^2 trazido pela primeira operação sucede um a^3, e assim sucessivamente — todas as potências pares se precipitam de um lado — ao encontro das potências ímpares, que se dispõem do outro lado, a totalidade destas realizando uma soma que resulta em a —, enquanto a soma das potências pares, cuja sequência começa com a^2 e vai até o infinito, é estritamente igual a 1.

$$\frac{a + a^2 + a^4 + \cdots}{1} = 1$$

Disso resulta uma figura bastante boa que chamei, na cadeia significante, de efeito metonímico e que há muito tempo já ilustrei com o deslizamento do a nessa cadeia.

Isso não é tudo. Se a medida que é dada aqui nesse jogo de escrita — pois não se trata de outra coisa — for exata, disso decorre imediatamente que basta substituir o bloco total do $(1 + a)$ pela função do a para obter

$$\frac{1 + (1 + a)}{1 + a} = \frac{1 + a}{1} = \frac{1}{a} = \frac{a}{1 - a} = a$$

Substituição de (1 + a) por a

Posso, a fim de diverti-los, dar-me ao luxo de não escrever o último 1. É reproduzir em seu âmbito a manobra de há pouco. Escrevo então na sequência $1/a$. Se vocês continuam a proceder da mesma forma, isso prossegue na fórmula $a/(1 - a) — (1 - a)$ que é igual a a^2 — que nada mais é do que a.

Essa identificação final sanciona, de certo modo, o fato de que esses desvios — que não são insignificantes, já que é aí que podemos aprender a fazer acontecer exatamente as relações de a com o sexo — nos reconduzem pura e simplesmente à identidade do a.

Não omitam que esse a é algo absolutamente existente — digo-o para aqueles a quem isso permanece ainda um pouco difícil. Não o fiz até agora, mas posso lhes escrever o valor, que todo mundo conhece, não é mesmo?

$$\frac{\sqrt{5} - 1}{2}$$

Esse valor de $\sqrt{5}$ em números é algo desse gênero. Não lhes respondo a respeito, já não me lembro muito bem.

$$2,236068\ldots$$

É uma lembrança do tempo em que eu estudava matemática. No meu tempo nós a estudávamos assim, sabíamos de cor uma certa quantidade de números. Quando eu tinha quinze anos, sabia de cor as seis primeiras páginas de minha tabela de logaritmos — em outro momento lhes explicarei para que isso serve.

Não seria um dos piores métodos de seleção para os candidatos à função de psicanalista. Ainda não estamos nesse ponto. Tenho tanto trabalho para fazer entrar nas cabeças o mínimo sobre esse assunto, que até agora nem sequer sugeri utilizar esse critério. Ele valeria muito mais do que todos aqueles que estão em uso atualmente.

Ao retomar os tempos dessas formulações que se sucedem, o ponto que melhor designa o que podemos chamar de sujeito sexual é o $(1 + a)$.

Em seu primeiro tempo de enigma, o 1 designa a função significante do sexo. No momento em que o $(1 - a)$ chega ao ponto de denominador da igualdade, tal como a vemos se desenvolver sempre da mesma forma, é o famoso 2 da díade que surge no plano superior — como vocês podem ver, ainda que eu não tenha escrito, por prudência. De fato, escrever isso sob a forma de um 2 exige algumas observações adicionais relativas à associatividade da adição — em outras palavras, que justificam que eu possa destacar o segundo 1, que está em um parêntese, para agrupá-lo em outro parêntese com o 1 que o precede mas que tem uma função diferente.

$$\frac{1 + (1 + a)}{(1 + a)} = \frac{(1 + 1) + a}{(1 + a)}$$

Associatividade da adição

Agora, não é difícil notar que as duas disposições desses três termos, os dois 1 e o a, no patamar superior, colocam em questão a distribuição dos intervalos em que o a tem um problema em relação aos dois 1. A primeira distribuição é 1, 1a. A segunda 11, a. O que isso pode querer dizer?

Primeiro vêm dois 1.

É que, para confrontar o a com a unidade, o que equivale apenas a instituir a função da medida, bem é preciso começar por escrever essa unidade. É essa função que introduzi há muito tempo com o nome de traço unário, essencial para operar pela medida do objeto a em relação ao sexo.

Onde escrevemos esse traço unário? Seguramente não nas costas do objeto, pois nenhum objeto a tem costas. É para escrevê-lo que serve — penso que vocês sabem disso desde sempre — o que denominei lugar do Outro, e que é convocado por todo esse procedimento lógico. É preciso outro 1 para representá-lo, pois o lugar do Outro introduz a duplicação do campo do Um.

Esse duplo 1 não é nada mais do que a figuração da repetição original, que faz com que o 1 primeiro — tão caro aos filósofos, ainda que imponha algumas dificuldades às suas manipulações — na verdade só surja retroativamente, a partir do momento em que se introduz uma repetição como significante.

Em relação ao traço unário, lembro-me dos gritos desesperados de um de meus ouvintes quando simplesmente extraí de um texto de Freud o *einziger Zug*, que havia passado desapercebido para esse charmoso interlocutor, que teria adorado fazer o achado por si mesmo. Falarei daqui a pouco dos gregos, naturalmente, mas para ficar na atualidade abram, entre outros, o último número da revista *Arts Asiatiques* e vocês verão ali a tradução de um belo *Tratado da pintura* de Shitao, um pintor de quem tive a sorte de possuir pequenos *kake-*

monos, como são chamados. Bem, esse traço unário, ele lhe dá muita importância, ele só fala disso em um pequeno número de páginas, e excelentes. E os filósofos, não só os pintores, falam muito disso. Vejam que o traço unário funcionou muito antes que eu lhes martelasse os ouvidos com isso.

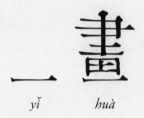

yĭ   huà

O traço unário se diz em chinês *yi*, que quer dizer "um", *huà*, que quer dizer "traço". Vocês reconhecerão nele a função essencial, situada há muito tempo em meu grafo, do S(A̶). Ela necessita de que o campo do Outro se oponha como em espelho ao campo do Um enigmático, e é isso que está figurado aqui. Em um artigo intitulado *Observação sobre o relatório de* alguém, foi no campo do Outro que situei o traço que determina essa forma de identificação que é chamada de identificação com o Ideal do eu, a fim de indicar o lugar dessa referência em espelho de onde parte a fonte de tudo o que é identificação no sujeito.

A identificação deve ser especialmente diferenciada de duas outras funções desse registro da díade, do qual falamos hoje: a repetição, a ser colocada no meio, e a relação dita sexual — sobre a qual eu lhes disse da última vez que era preciso pensar, de qualquer coisa que possa se autorizar a partir da díade sexual. Essa relação, eu a qualifiquei de bufa, da qual se fala como de algo que teria a mínima consistência quando se trata do sexo.

Gostaria aqui de observar que o tratado das *Categorias* de Aristóteles, que é posterior ao do *Sofista*, mantém um caráter inabalável, em detrimento da dissolução das operações da lógica que soubemos operar em seguida. Esse pequeno tratado, que já lhes incitei fortemente a retomar, é puramente admirável para tudo o que diz respeito aos exercícios que podem nos permitir dar um sentido ao termo sujeito. A enumeração das categorias — lugar, tempo, quantidade, modo, causa etc. — não precisa ser refeita. Ora, não é espantoso que Aristóteles não tenha introduzido nessa lista que permanece exaustiva essa espécie de relação que poderíamos escrever — tentem um pouco, vocês me trarão novidades — a relação sexual?

Todos os lógicos puderam exemplificar os diferentes tipos de relação que eles distinguem como transitivas, intransitivas, irrefletidas etc., ao ilustrá-las com termos de parentesco — *se Fulano A é o pai de B, B é filho de A* etc. É bastante curioso, pelo menos tão curioso quanto a ausência da relação sexual nas categorias aristotélicas, que ninguém tenha se arriscado a dizer que, *se A é o homem de B, B é a mulher de A*.

Outra questão relativa a isso: qual estatuto, qual fundamento dar aos termos que acabo de anunciar, *homem* e *mulher*?

É completamente inútil usar para esse fim o traço unário, que vem marcar o campo do Outro. Apenas por abuso se pode projetá-lo — para empregar um termo que o psicanalista usa a torto e a direito — em um campo x, e considerar que ele unifica esse campo, e que, ainda mais, ele o torna unificador. Digo *campo x* para destacar que qualificar como Um o traço unário que se situa entre o a e o grande Outro até agora não era nada além de uma denominação.

Claro, não é de ontem que esse deslizamento operou, e isso não é privilégio dos psicanalistas. A confusão de um Ser — e qual Ser? O Ser supremo — com o Um como tal se encarna, por exemplo, de maneira eminente, sob a pluma de um Plotino, todo mundo sabe disso.

Notem que a identificação se apresenta com outro tipo de complexidade na psicanálise. A função mediana do Ideal do eu é fundamental aí, e opera de maneira preponderante, mas há também toda uma cascata de identificações secundárias que dependem dela, especialmente a do eu ideal, núcleo do eu. Existe uma multiplicidade de identificações, o que por si só faz surgir a questão de saber de qual motivo ela é necessitada. Tudo isso foi apresentado e inscrito em seu lugar e em seu tempo, e podemos nos remeter ao pequeno esquema óptico que fiz disso — ainda que seja apenas uma metáfora, ao passo que isso não tem nada de metafórico, já que são metáforas que operam na estrutura.

Em contrapartida, é propriamente típico do erro filosófico que o laço do Um com o Outro por identificação assuma a forma reversível que faz do Um o Ser supremo. Se eu lhes disse para ler *O sofista* de Platão, é porque ali estamos longe de cair nisso, e porque Platão é a melhor referência para testá-lo.

Só gostaria de opor a isso os místicos. São aqueles que se definem por terem avançado, por conta própria, do *a* em direção ao Ser — um Ser que nada fez além de anunciar-se como impronunciável quanto ao seu nome e por nada além dessas letras enigmáticas que reproduzem a forma geral do *Eu sou* — não *aquele que sou*, nem *aquele que é*, mas — *o que Sou*. Em outras palavras: *Continuem procurando*.

Não vejam aí nada que especifique esse Ser — ainda que ele seja especificado em outro nível pela referência que se faz ao Pai, o Deus dos Judeus. Como atualmente só se fala em Zen, vocês devem ter ouvido por aí que *O Tao que pode ser nomeado não é o verdadeiro Tao*. Enfim, nós não estamos aqui para nos deliciar com essas velhas anedotas.

Quando falo dos místicos, falo apenas dos furos que eles encontram. Falo de *A noite escura*, por exemplo, que prova que, quanto ao que pode haver de unificador nas relações da criatura com o que quer que seja, sempre se pode encontrar um osso, mesmo com os métodos mais sutis e mais rigorosos. E devo dizer que o único ponto pelo qual os místicos me interessam é esse. Por exemplo, não pretendo fazer do ato sexual uma teoria, entre aspas, *mística* — penso que já perceberam bem isso.

Para ser claro, falo dos místicos apenas para destacar que eles são menos tolos do que os filósofos, assim como os doentes são menos tolos que os psicanalistas.

Isso se liga unicamente ao fato de que essa é uma alternativa alienante, renovada por aquelas cujas fórmulas forneci, *a bolsa ou a vida, a liberdade ou a morte*. Não há escolha, é *a bestice ou a canalhice*.

E quando a questão se coloca no âmbito dos filósofos ou dos psicanalistas, bem, é sempre a bestice que vence, nunca a canalhice.

4

Enfim, consideremos o desenho que fiz no quadro antes de começar.

Vejam que o campo que está entre o *a*, à direita, e o A, tem dois segmentos, o primeiro com um traço pontilhado cuja extensão se iguala à do *a* externo, o segundo com um traço contínuo, marcando que há esse resto, a^2.

DA VERDADE AO GOZO

Mas fiz uma segunda linha, que poderia ser a única, para indicar que nós, analistas, devemos considerar esse campo, em seu conjunto, como pelo menos suspeito de participar da função do furo.

Apenas em reconhecimento pela contribuição que o sr. Green quis trazer ao meu trabalho, só posso introduzir aqui — por que não? — a referência que ele quis acrescentar a isso. É aquela que ele introduziu, devo dizer — não se deixem levar — muito notavelmente, sob a forma desse caldeirão do *Es*, que ele extraiu da 31ª *Conferência* de Freud.

O caldeirão, uma certa imagem que podemos fazer disso, se expressa assim: *está fervendo aí dentro*. Na verdade, é exatamente disso que se trata no texto de Freud. Seria preciso, claro, estudar a ironia com a qual Freud podia deixar passar tais imagens. Isso não está imediatamente ao nosso alcance, pois seria preciso antes entregar-se a uma sólida operação de limpeza do que recobre o texto — a mancha de óleo, não é mesmo?

Não falemos demais a respeito, apenas que, afinal de contas, trata-se de uma distinção a fazer entre uma coisa e outra, entre a podridão e a merda. Por não fazer uma distinção exata, não percebemos, por exemplo, que o que Freud designa é o que há de podre no gozo.

Não fui eu que inventei esse termo, ele já passeia na literatura cortesã, são termos poéticos utilizados nos romances da Távola Redonda e os vemos retomados — encontremos nosso bem onde ele está — sob a pluma desse velho reacionário T. S. Eliot, no título de *The Waste Land*. Ele sabe muito bem o que está falando. Leiam, ainda é uma boa leitura, bastante divertida, devo dizer, ainda que menos clara que a de Heidegger. De ponta a ponta, trata-se exclusivamente da relação sexual.

O campo da podridão, tratar-se-ia evidentemente de decantá-lo do coltar merdoso — dada a função privilegiada que tem nessa operação o objeto anal propriamente dito — que a teoria psicanalítica atual recobre. No lugar do que eu havia definido como o *Es* da gramática — e vocês verão de que gramática se trata — o sr. Green observou que não devo esquecer a existência do caldeirão na medida em que ele faz *boulou, boulou, boulou, pschitt*. De fato, a questão é essencial, e lhe faço essa homenagem, que ele tomou um caminho que é muito meu, ao fazer funcionar logo depois o que modestamente chamou de associação de ideias, para ir buscar no livro sobre o *Witz* a referência própria a nos lembrar o outro uso que Freud faz do caldeirão.

É importante saber que, a respeito do famoso caldeirão que é acusado de ter devolvido perfurado, o sujeito exemplar responde comumente que, para começar, não o tomou emprestado; em segundo lugar, que furado o caldeirão já estava; em terceiro lugar, que ele o devolveu intacto. Formulação que tem todo o seu valor de ironia, mas que é aqui exemplar quando se trata da função dos analistas e do uso que eles fazem de seu lugar.

Concordo de bom grado que é preciso apresentá-la por algo como um caldeirão, com a condição de saber que se trata de um caldeirão furado, e consequentemente que é inútil pegá-lo emprestado para fazer doces, e que também não o pegamos emprestado. Toda a técnica analítica, é um erro não observar isso, consiste precisamente em deixar vazio o lugar do caldeirão. Que eu saiba, não se faz amor no consultório analítico. Desse lugar, para o que temos que mensurar, operamos com o *a* e com o A, e é precisamente por isso que talvez possamos dizer algo a respeito.

Direi que essas três divertidas referências ao constrangimento do devedor do caldeirão apenas recobrem uma tripla recusa, da parte dos analistas, de reconhecer justamente o que está em jogo. Primeiramente, como não pegaram esse caldeirão emprestado, eles negam esse *não*... e imaginam que efetivamente o pegaram emprestado. Em segundo lugar, como sabem muito bem que esse caldeirão é furado e que prometer devolvê-lo intacto é arriscado, parece que querem esquecer isso tanto quanto possam. Somente a partir daí será possível dar-se conta do que se trata nesse fenômeno de verdade que tentei pinçar com a fórmula: *Eu, a verdade, falo.*

Isso é verdade, ainda que os psicanalistas pensem a respeito, e mesmo que queiram pensar algo que não os force a tampar os ouvidos para as falas da verdade.

O que o elemento mesmo da teoria analítica nos ensina aqui? Exatamente isso: que aceder ao ato sexual é aceder a um gozo culpado, mesmo e sobretudo se é inocente.

O gozo pleno, aquele do rei de Tebas, do salvador do povo, daquele que reergue o cetro caído não se sabe como e sem descendência — por quê? Esquecemos isso —, em suma, esse gozo recobre o quê? A podridão, aquela que afinal explode na peste. Sim, o rei Édipo realizou o ato sexual, e ele reinou.

Não se preocupem, aliás. Isso é um mito, como os outros da mitologia grega. Existem outras formas de realizar o ato sexual. Geralmente elas encontram sanção no Inferno. A de Édipo é a mais *humana*, como se diz hoje — em uma palavra que não tem equivalente em grego, no qual se encontra, no entanto, o armário de roupas do humanismo.

Que oceano de gozo feminino, pergunto a vocês, foi preciso para que o navio de Édipo flutuasse sem afundar, até que a peste lhe mostrasse enfim de que era feito o mar de sua felicidade?

Essa última frase pode lhes parecer enigmática. De fato, porque é preciso respeitar aqui o caráter de enigma que deve ser mantido por certo saber, aquele que concerne a um palmo de medida que marquei com o furo no quadro-negro.

O que o mito de Édipo também designa, vocês sabem disso, é que não há entrada possível nesse campo sem a transposição do enigma, nem sem a noção de que esse saber é intolerável para a verdade — quer o enigma seja resolvido, quer não. De fato, a esfinge é o que se apresenta a cada vez que a verdade está em questão, e a verdade se lança no abismo quando Édipo resolve o enigma, pois ao resolvê-lo ele mostra sua superioridade e dá provas de uma *hybris* que a verdade não pode suportar.

O que isso quer dizer? Quer dizer o gozo, na medida em que está no princípio da verdade. Quer dizer que o que se articula com o lugar do Outro para que o gozo, do qual se trata de saber onde está, questione a verdade. E é preciso que ele esteja no lugar do Outro para questionar, pois só se questiona, aliás, a partir desse lugar.

Isso lhes indica que o lugar do Outro, que introduzi como o lugar em que se inscreve o discurso da verdade, certamente não é, ainda que alguém possa ter ouvido isso ou aquilo, essa espécie de lugar que os estoicos chamavam de incorpóreo. Eu teria a dizer o que está em jogo aí: que o Outro é o corpo. Mas não me aventurarei a esse ponto hoje.

Seja como for, Édipo sabia algo sobre o que lhe era colocado como questão, mas a forma dessa questão deveria também reter a nossa perspicácia. Acaso a figura simplória da resposta há séculos não nos engana com suas quatro patas, suas duas pernas e o cajado do decrépito que se acrescenta ao final? Será que não há nesses números mais alguma coisa para a qual encontraremos uma fórmula melhor ao seguir o que a função do objeto *a* nos indicará?

O saber é necessário para a instituição do ato sexual, é isso que diz o mito de Édipo.

Nos caminhos do encontro, a tiquê, aquela que só se tem uma vez na vida, a única que pode levar à felicidade, Édipo teve a possibilidade de não saber a verdade mais cedo. Reflitam um pouco, a partir disso, a respeito do que foi necessário a Jocasta desdobrar em poder de dissimulação. Pois afinal, em todos esses anos que durou sua felicidade, quer ele fizesse amor à noite na cama, ou durante o dia, nunca, nunca Édipo teve que evocar esse estranho confronto na encruzilhada com esse velho que nela sucumbiu? Além disso, e esse servo que sobreviveu e que viu Édipo ascender ao trono e que dá o fora? Vejamos, vejamos, será que essa fuga de todas as lembranças, essa impossibilidade de encontrá-las — toda essa história não é feita para nos evocar algo? E, aliás, por que Sófocles nos apresenta a história do servo se não for para evitar que pensemos nisso: que Jocasta não podia deixar de saber?

Mesmo assim, Sófocles não pôde evitar pôr na boca de Jocasta esse grito que se derrama no momento em que ela diz a Édipo para parar: *Para o teu bem, eu te dou o mais sábio conselho*, diz ela. *Estou ficando farto disso*, responde Édipo. *Desafortunado, que nunca venhas a saber quem tu és!* Ela sabe. É claro que ela já sabe. E é por isso que ela se mata, por ter causado a perda de seu filho.

Mas quem é Jocasta? Bem, por que não a mentira encarnada no que diz respeito ao ato sexual? Mesmo que ninguém até aqui soubesse ver nem dizer isso, é um lugar ao qual só se tem acesso ao afastar a verdade do gozo. A verdade não pode se fazer ouvir aí, pois se ela for ouvida tudo escapará e se fará um deserto.

Contudo, o deserto é um lugar habitualmente povoado — especificamente esse campo x no quadro, onde só entram as nossas mostrações. Em geral, no deserto há um mundo louco: masoquistas, eremitas, diabos, espectros, Empusas e larvas. Basta começar ali a pregação psicanalítica para que todo esse mundo caia fora. É disso que se trata, mas de onde falar? Bem, sinceramente, de onde todos fazem entrar o gozo. Pois eu lhes disse que o gozo não está ali. O que está é o valor de gozo.

E isso é dito claramente em Freud, precisamente quando ele revela o sentido último do mito de Édipo, ou seja, que o gozo é culpado, o gozo está podre. Sem dúvida, mas isso ainda não é dizer nada, enquanto não se introduz a função do valor de gozo, pois o valor transforma o gozo em algo de outra ordem.

O mestre do mito forjado por Freud, qual é seu gozo? Ele goza, digamos, de todas as mulheres. De que se trata? Não há aí algum enigma? E o que acontece com essas duas versões do sentido da palavra *gozar* de que eu lhes falei da última vez, versão subjetiva e objetiva?

DA VERDADE AO GOZO 261

O mestre goza por essência? Mas então todos os objetos estão ali, de certo modo, fugindo, fora do campo. Ou nisso de que ele goza o que importa é o gozo do objeto, ou seja, da mulher? Isso não é dito, e é dissimulado, pela simples razão de que é um mito.

O que se trata de designar nesse campo é a função original do gozo, um gozo absoluto que, o mito é bem claro, só funciona quando é gozo morto, ou, se quiserem, gozo asséptico, ou ainda gozo *encanastrado* [*canné*]. Retomo aqui por minha conta uma palavra que, ao ler o sr. Dauzat ou o sr. Le Bidois, aprendi que os canadenses empregam. Da palavra inglesa *can*, que está em *jerrycan*, por exemplo, eles fizeram o adjetivo *canné*. Aí está mais um bom exemplo de franglês.

Um gozo encanastrado, eis o que Freud, ao forjar o mito do pai e de seu assassinato, nos designa como sendo a função original do gozo. Sem essa referência, não poderíamos sequer prosseguir concebendo o problema que será agora o nosso, a saber: o que está em jogo nas operações graças às quais se intercambiam, se economizam e se invertem as funções do gozo, tal como as que teremos de enfrentar na experiência psicanalítica?

Depois do que eu lhes trouxe hoje como conclusivo, penso, ainda que preparatório, é em relação a isso que avançaremos a partir de 10 de maio.

26 de abril de 1967

[N.B.: Esta lição inclui dois erros matemáticos que são corrigidos no início do capítulo seguinte.]

XVI

O Outro É o Corpo

Bergler, a neurose e o ser rejeitado
A ascese de Diógenes
O elemento terceiro no ato sexual
A percepção, modelo da ideologia
Triplicidade do Um furado, do Outro e do a

Em primeiro lugar quero anunciar que, para meu grande pesar, na próxima quarta-feira não farei este seminário, pela razão de que há a greve, e afinal de contas de minha parte pretendo respeitá-la, para além dos incômodos que isso nos daria se eu fizesse de outro modo. Portanto, só haverá um próximo Seminário daqui a quinze dias, em 24 de maio.

Alguém tem alguma observação a fazer sobre o que comuniquei na última sessão? Alguém fez uma reflexão sobre o que escrevi no quadro? Parece que não. Não sei se devo ficar aliviado. Será que é por causa da profunda distração com a qual recebem o que inscrevo?

Fiquei muito preocupado quando voltei para casa, por ter escrito no quadro a fórmula de a: $\sqrt{5} - \frac{1}{2}$ e, logo depois, o valor em números de $\sqrt{5}$. Em vez de me entregar a algumas brincadeiras com a tabela de logaritmos, eu teria feito melhor se lhes precisasse que o que escrevia ali não era o valor numérico de a e sim o de $\sqrt{5}$. O valor de a não é 2,... alguma coisa, é um número um pouco mais elevado que $^{6}/_{10}{}^{e}$ — útil de se conhecer quando vocês querem desenhar essas linhas das quais me sirvo colocando em uma proporção exata o comprimento do a ao lado do comprimento definido para equivaler à unidade. O segundo erro que cometi foi escrever "$= a$" no final de uma longa série de igualdades, começando por $(1 + a)/1$, quando era $1/a$ que eu deveria escrever.

Continuemos a avançar no tema deste ano.

1

Essa lógica que elaboro com o nome de lógica do fantasma tem um propósito que defini várias vezes, e que é preciso que venha a se aplicar ao que só poderia ser uma obra de triagem, e até mesmo de crítica propriamente dita contra o que se apresentou em certo plano da experiência e sob uma forma teórica que às vezes deixa a desejar.

Nessa intenção, abri para o uso de vocês a obra que não deixara de parecer-nos importante no momento em que surgiu, e que agora é acessível a todos, pois foi traduzida para o francês com o título *A neurose de base*, de alguém que não carece de talento nem de agudeza e que se chama sr. Bergler. Já que vocês terão ainda quinze dias pela frente, recomendo-a, a título de exemplo e de suporte ocasional disso a que nosso trabalho aqui pode servir.

Recomendá-la a vocês como exemplo não é recomendá-la como um modelo. No entanto, é uma obra de grande mérito, mesmo que não seja, de modo algum, pelos mesmos caminhos que veremos esclarecer-se a natureza da neurose. Isso também não quer dizer que alguma força essencial não seja perceptível ali.

Algumas noções de estrutura são destacadas nessa obra. No sentido em que emprego essa palavra por ora, elas não são, aliás, privilégio desse autor. Trata-se, em particular, do que habitualmente se enuncia na noção de camadas — camadas que, pela mesma razão, são dispostas do superficial ao profundo, ou inversamente — dentre as quais se pode distinguir especialmente o que ele chama de *regressão oral*, que ele toma como ponto de partida nos casos que considera muito mais numerosos na neurose. Como se definem essas noções? Não tenho razão para não tomar a resposta emprestada de seu texto, pois ali está resumida em algumas linhas.

Então, cito. *As neuroses fazem surgir constantemente a situação do triplo mecanismo da oralidade que se segue: 1) Eu criarei o desejo masoquista de ser rejeitado por minha mãe, criando ou deformando situações nas quais algum substituto da imagem pré-edipiana de minha mãe recusará meus desejos.* Essa é a camada mais profunda, aquela à qual é mais difícil o acesso, aquela contra a revelação da qual o sujeito se defenderá mais fortemente e por mais tempo. Digo isso para os ouvintes mais novatos desta sala. *2) Eu não serei consciente de meu desejo de ser rejeitado e do que sei a respeito dessa rejeição, verei apenas que tenho razão de me defender, que minha indignação está justificada, assim como a pseudoagressividade que experimento diante dessas recusas. 3) Depois disso, eu me autocompadeço pelo fato de que uma "injustiça" tamanha só pode acontecer comigo e gozo, uma vez mais, de um prazer masoquista.*

Pulo o que Bergler acrescenta ali em nome do que ele chama de *ponto de vista clínico*, ou seja, a singular diferenciação que faz, por um lado entre o elemento genético, que ele considera resumir a gênese do transtorno, e, por outro, essa forma ou aspecto clínico que define para ele a intervenção de um supereu cuja vigilância consiste precisamente em manter a presença do elemento designado como masoquista e que estaria ainda ativo na manutenção da defesa. Esse segundo ponto de vista por si só merece ser discutido, e eu o farei hoje.

O que apresento sobre esse assunto é o seguinte:

É justo dizer que na pulsão oral o sujeito quer ser recusado. Mas em lugar nenhum está articulado o motivo pelo qual não é verdadeiro dizer que a pulsão oral consiste em querer obter, particularmente, o seio. Se a posição radical da observação está fundamentada, em nenhum lugar desse trabalho de Bergler há qualquer registro de que ele tenha se dado conta do que isso quer dizer no contexto da pulsão definida como oral. Por que a tendência que parece, digamos, natural à pulsão oral é de algum modo invertida no início? Ponto importante pelo fato de que é precisamente sua posição natural que o sujeito alegará para sustentar essa agressividade que Bergler, justamente, denomina *pseudo*, pois não se trata de uma — deixando em aberto, claro, o que está em questão no âmbito de uma agressividade que não seria *pseudo*.

Sobre esse tema, introduzi um registro que é propriamente o do narcisismo, equivalente ao que a teoria comumente aceita chama de *narcisismo secundário*, e considerei que, sendo a agressividade a dimensão constitutiva deste, ela era por isso diferente da pura e simples agressão. Nesse ponto nos encontramos, então, diante de um leque de noções: a pretensa agressão bruta, que não convém em quase nenhum caso quando se trata de fenômenos neuróticos; a agressividade narcísica; e, por fim, essa pseudoagressividade espe-

O OUTRO É O CORPO 265

cificada por Bergler como de certo modo proveniente da neurose oral. Apenas aponto essas distinções, sem dar-lhes, por ora, seu desenvolvimento completo.

Seja como for, será que convém manter o estatuto, até aqui definido como agressivo, de certo tempo da pulsão oral? E por que a ênfase do *ser recusado* é colocada por Bergler, na neurose oral, como sendo o mais radical? A questão se coloca.

O alcance de minha observação não é definir quanto ao fato — para além de que definir isso implicaria investigar do que ele fala, ou seja, de que neurose e em que momento —, mas convidar a se debruçar, no ponto em que as coisas se interrompem aqui, sobre o que falta a esse texto teórico. A saber: o que quer dizer o termo *ser recusado* e por que ele é pertinente? *Ser recusado* em que condição? Ser recusado como o quê?

Certamente não é algo novo para nós, ao nos supormos no limiar da teoria analítica, sermos recusados quando, por exemplo, nos apresentamos em uma relação que se qualificará como intersubjetiva. Vocês sabem o que se propôs a esse respeito pelo modo de pensamento hegeliano, do qual o próprio Sartre destacou um ramo, para valorizar a ênfase que pode adquirir aí um certo nível, aquele que foi qualificado como exclusão radical e mútua das consciências, como incompatibilidade da coexistência entre eles. Um *ou ele ou eu* surgiria desde que aparecesse a dimensão do sujeito como tal. Trata-se, portanto, de uma gênese da agressividade que tem seu início na luta mortal, aquela que assume seu estatuto de uma concepção radical do sujeito como absolutamente autônomo, o que basta para dizer o quanto um destaque assim cai na mira das críticas que se pode dirigir contra a *Selbstbewusstsein*.

É de algo dessa ordem que se trata na agressividade? Não parece, pois tudo o que a experiência analítica nos traz quanto ao chamado estádio oral faz intervirem várias outras dimensões, dentre as quais especificamente a dimensão corporal da agressividade oral — necessidade de morder e medo de ser devorado.

O *ser recusado*, nesse caso, deve ser tomado como relativo ao objeto? Nesse registro, veríamos facilmente a justificativa apontar para o fato de que ser recusado seria salvar a si mesmo da devoração pelo parceiro materno. Mas dar uma resposta assim à questão do *ser recusado* também seria, talvez, um pouco simples demais, conforme bem indica o fato de que, por duas vezes em algumas linhas de Bergler que acabo de ler para vocês, a neurose oral está associada à dimensão do masoquismo como sendo essencial para ele.

É porque o *ser recusado* em questão é uma recusa de derrota, é uma *recusa humilhante*, escreve ainda o autor, que ele se permite introduzir aqui a etiqueta do que ele qualifica, na ocasião, como *masoquismo psíquico*, consagrando desse modo um uso vulgar do termo masoquismo. Não digo que não haja nesse texto de Freud pretexto para introduzir um termo assim, mas estendido e tendo se tornado agora cada vez mais corrente ele é, a bem dizer, nocivo.

O que poderia justificar a introdução da dimensão do masoquismo no âmbito do *ser recusado* é a referência ao objeto ao qual se fez alusão. De fato, é inexato caracterizar o masoquismo pelo fato de que o sujeito assume como tal o lado penoso de uma situação. Abordar as coisas desse ângulo desemboca, por exemplo, em que alguns façam do sadomasoquismo o registro essencial de toda a relação analítica, o que é abusivo. Há aí uma verdadeira perversão do pensamento de Freud, assim como da teoria e da prática. Isso é insustentável para quem define o masoquismo precisamente pelo fato de que o sujeito assume uma posição de objeto, no sentido mais acentuado que damos a essa palavra, a saber, o objeto como efeito de queda, dejeto, resto do advento subjetivo.

O fato de o masoquista instaurar uma situação regulada previamente e em todos os seus detalhes, que podem ir ao ponto de fazê-lo permanecer embaixo de uma mesa na posição de um cachorro, faz parte de uma encenação cujo cenário tem um sentido, e se encontra incontestavelmente no princípio de um benefício de gozo, uma nota que poderíamos acrescentar a isso em relação à manutenção do princípio de prazer, considerando a sua integridade. Esse gozo está estreitamente ligado a certa manobra do Outro que se expressa mais comumente sob a forma do contrato — entenda-se do contrato escrito — que dita ao Outro a sua conduta, bem mais do que ao próprio masoquista.

Eis o que deve nos instruir quanto à relação com o Outro que dá à perversão masoquista a sua especificidade, sua originalidade. Isso é feito ostensivamente para nos esclarecer em profundidade sobre a parte que o Outro tem aí, no sentido como entendo esse termo, o Outro como o lugar em que se desdobra uma fala, que no caso é uma fala de contrato. Depois disso, quem não vê que é um uso redutor do termo

O OUTRO É O CORPO 267

masoquismo utilizá-lo para designar uma exceção, uma aberração em relação ao que seria o acesso direto ao prazer?

Tamanha redução é prenhe de todos os abusos, o primeiro dos quais é o que eu chamarei de uma exasperação em relação ao doente — não acredito empregar aqui um termo forte demais, nem inapropriado. De uma ponta a outra desse livro de Bergler, ainda que notável e cheio de observações bastante rebuscadas e todas muito instrutivas, pode-se, de fato, destacar nele uma exasperação que não está longe de realizar uma atitude maldosa para com as pessoas que ele chama de *colecionadores de injustiças*, como se fosse um grande erro da parte delas — como se nós estivéssemos, afinal de contas, em um mundo no qual a justiça fosse um estado tão corriqueiro que seria necessário colocar algo de seu ali, para ter algo de que se queixar.

A operação mais secreta que Bergler detecta em todos esses ditos colecionadores de injustiças é aquela que consiste em se fazer rejeitar. Não podemos deixar de lhe contrapor aqui outra ideia dessa rejeição. Aliás, ser rejeitado, afinal de contas, está suficientemente presente nos fantasmas — mas, aqui, é outra coisa, uma vez que se trata da realidade. Na realidade, é certo que, de vez em quando, em certos casos, mais vale ser rejeitado que ser aceito muito rapidamente. Se você tem um encontro e a pessoa só pede para o adotar, qual é a melhor solução? Nem sempre é a de não escapar disso. Por que essa parcialidade, acreditar que está nessa ordem, na natureza das coisas, na sua boa inclinação, sempre fazer tudo o que é preciso para ser admitido?

Supõe-se que ser admitido é sempre ser admitido em uma mesa benfazeja. Ora, suposição semelhante não deixa de ser de natureza inquietante. No caso isso deve ser apontado, me parece, no que pode se passar no mundo, e por exemplo muito simplesmente no que se passa, por ora, em certo pequeno distrito no Sudoeste da Ásia. Do que se trata? Trata-se de convencer algumas pessoas de que estão enganadas ao não quererem ser admitidas aos benefícios do capitalismo. Elas preferem ser rejeitadas.

Deveríamos, a partir de então, ao que parece, colocar em questão certas significações, e especialmente a da política. Assim como Freud escreveu em algum lugar que *A anatomia é o destino*, da mesma forma, quando retornarmos a uma percepção saudável do que Freud nos revelou diremos, talvez, não digo *A política é o inconsciente*, mas simplesmente *O inconsciente é a política*. Mas não será hoje que darei sequer os primeiros passos nessa direção. Vou me limitar a dizer que o que liga os homens entre si, bem como o que os opõe, deve ser motivado precisamente por isso que por ora tentamos articular com a lógica, a saber, do fantasma.

Na ausência de uma articulação lógica assim, podem se produzir deslizamentos que fazem desconhecer que, se ser rejeitado é uma dimensão essencial no neurótico, é precisamente porque ele se oferece a isso. O que constitui o neurótico consiste, com a oferta, em tentar produzir a demanda. Conforme escrevi em algum lugar, é também isso que nós fazemos como analistas, e com razão, pois são os caminhos da neurose que seguimos. Nem na neurose nem no tratamento analítico uma operação assim é sempre bem-sucedida, sobretudo se é conduzida de modo desajeitado.

Isso nos permite perceber que é porque o neurótico se oferece que a chave de sua posição é sua estreita relação com a demanda do Outro, na medida em que ele tenta fazê-la surgir. Ao mesmo tempo, vemos o caráter fantasmático e, portanto, caduco desse mito introduzido pela pregação analítica, que se chama oblatividade. A oblatividade é um mito de neurótico. Enfim, constatamos nesse desvio que questionar o discurso analítico nunca deixa de nos dar a ocasião de nos apercebermos do que ele implica em certo discurso inocente. De fato, esse discurso analítico nunca sabe até onde vai no que articula.

Essas necessidades que o sujeito relata, essas decisões que ele suputa e que se expressam nele por inclinações que são sempre tão mal definidas, até mesmo paradoxais, como o psicanalista poderia apreciar o que as motiva, se ele as relaciona pura e simplesmente com os benefícios que o sujeito poderia recolher ou não delas, na realidade? Será que o sujeito precisa se casar com esse ou aquela? O que sabem a respeito? Ele perdeu seu casamento em tal desvio, e se isso fosse crucial para ele? O que vocês sabem a respeito? No que se intrometem? Digam que a única coisa que lhes interessa é a estrutura lógica da posição subjetiva em questão — seja ela neurótica, como no presente caso, ou outra. Se vocês omitem a primeira etapa, a etapa essencial, que consiste em articular isso, vocês não sabem nada. Em outras palavras, somente à luz de uma articulação lógica que não faça intervir nenhum preconceito relativo ao que se deve almejar para o sujeito é que se pode julgar o que é do registro dos resultados no real.

Em se tratando de uma posição na qual se manifesta o desejo de ser rejeitado, vocês devem primeiramente saber o que o sujeito persegue nesse plano, qual necessidade, qual benefício talvez exista,

O OUTRO É O CORPO 269

para o neurótico, em ser rejeitado. Fixar aí, como acréscimo, o termo *masoquista*, é, no caso, introduzir uma tonalidade pejorativa, imediatamente seguida de uma atitude diretiva do analista, que pode até chegar a se tornar persecutória.

Eis por que é absolutamente necessário retomar as coisas como pretendo fazer este ano.

2

Para esclarecer de que se trata no ato sexual, parti de sua estrutura de ato.

A escolha desse ponto de partida está em relação com o fato de que o sujeito só vem à tona pela relação de um significante com outro, e que isso exige desses significantes o material. Realizar um ato é introduzir uma relação de significantes por meio da qual a conjuntura é consagrada como significativa, ou seja, como uma ocasião de pensar.

Enfatiza-se o controle da situação porque se imagina que é a vontade que preside o *Fort-Da* do jogo infantil, por exemplo. Não é o lado ativo da motricidade que é aqui a dimensão essencial, pois ele só se desdobra na dimensão do jogo. É sua estrutura lógica que distingue essa aparição do *Fort-Da* tomado como exemplar e então transformado em um barco. É porque o *Fort-Da* é a primeira tematização significante, sob a forma de uma oposição fonêmica, de certa situação que ele pode ser qualificado como ativo — no sentido em que chamaremos a partir de agora de *ativo* o que tem a estrutura do ato, conforme o defini.

Em que medida essa estrutura do ato está implicada e colocada em questão em uma relação assim tão distorcida, escondida, excluída, posta à sombra, que é a relação entre dois seres que pertencem cada um a uma das duas classes em que se repartem os seres falantes? Ainda que essas classes sejam definitivas para o estado civil e para a comissão de avaliação, o que define o homem e a mulher não é absolutamente mais evidente no que diz respeito à vida familiar, por exemplo, e é bastante confuso para a vida secreta — como nossa experiência nos ensinou a vê-la. Bem, essa experiência, assim como a teoria analítica, nos traz aqui, como essencial a esse ato, a noção de satisfação.

Satisfação, *Befriedigung* no texto de Freud. A própria palavra introduz a noção de uma paz sobrevinda. Que satisfação é essa? Será a satisfação da descarga, da detumescência? É uma satisfação simples na aparência, e absolutamente propícia a ser recebida. Contudo, todas as diferenças que introduzimos e descrevemos em termos mais ou menos próprios ou impróprios ao distinguirmos, por exemplo, da satisfação genital aquela que seria de ordem pré-genital, tudo isso remete a outra dimensão da satisfação, aquela que essas diferenças implicam.

É óbvio que um termo como o de relação de objeto se tenha imposto aqui, o que não invalida em nada o caráter bufão do que se passa quando tentamos fazê-lo variar e escaloná-lo segundo o maior ou menor conforto em que se inscreve a relação. É disso que se trata quando se acentua na relação genital a presença desses dois traços, ternura e ruptura. Pretensa ternura, da qual se pode facilmente dizer (eu me gabo de fazê-lo) que ela nunca é nada mais do que a reversão de um desprezo. Pretensa função da ruptura, até mesmo do luto — o progresso da relação dita *sexual*, na medida em que ela se tornaria genital, consiste em que se tenha ainda mais conforto em pensar sobre o parceiro *Você pode morrer*.

Retomemos as coisas em outro plano. A que o ato sexual satisfaz? Não é ilegítimo responder simplesmente: ao prazer.

Só que eu conheço apenas um registro em que essa resposta é plenamente sustentável. É um plano ascético. Ele é representado na história por Diógenes fazendo o gesto público da masturbação, como quem exibe o sinal da afirmação teórica de um hedonismo, que é dito cínico justamente em razão de que esse modo de satisfação, que pode ser considerado como um tratamento, *Handlung*, médico do desejo. Essa satisfação não deixa de exigir um certo preço, a saber, coisa curiosa, que esse tipo filosófico exclui a si próprio dessa dimensão política que introduzi há pouco. O cinismo paga o preço de uma exclusão da dimensão da cidade. O fato é delicado, não só para as anedotas relatadas sobre o personagem, mas em seu posto dentro de seu tonel, ele teve um visitante como Alexandre. Há aí um modo de viver propriamente ascético. Estaríamos equivocados ao rir disso. Provavelmente não é tão corriqueiro quanto parece, não faço ideia — nunca tentei.

Portanto, não se deve esquecer que o lugar do prazer é a mínima tensão. Só que esse lugar não é suficiente. Vários outros modos de satisfação, uma grande variedade de modos, aparecem no âmbito da busca de satisfação implicada pelo ato sexual. A esse respeito nossa tese, aquela à qual nosso curso deste ano dá corpo, é a que segue.

O OUTRO É O CORPO

É impossível apreender o conjunto dos diferentes modos dessa satisfação, na sua variedade e na sua amplitude, fora de um escrutínio lógico. O conjunto de que se trata é o que instaura o que chamaremos, provisoriamente e com reservas, de um ser masculino e um ser feminino — nesse ato fundador que evocamos no início de nosso discurso deste ano, chamando-o de ato sexual. Se eu disse que não existe ato sexual, é no sentido em que esse ato poderia repartir e conjugar esses dois seres segundo uma forma simples, evocando por exemplo as atribuições de peça macho e peça fêmea em uma técnica usual, como a do chaveiro — essa repartição simples constitui, como se diz, o pacto inaugural por onde a subjetividade se engendraria como tal, macho ou fêmea.

Mencionei, em momento e lugar oportunos, o famoso *Tu és minha mulher*. Não basta dizê-lo para que eu permaneça sendo seu homem. Mas, enfim, isso bastaria, mas não resolveria nada. O que estabeleço como seu algo é um voto de pertencimento, um grande pacto, no mínimo um pacto de preferência, mas isso não situa absolutamente nada do homem, nem da mulher.

Quando muito, pode-se dizer que esses são termos opostos. É indispensável que haja dois, mas o que é cada um, ou nenhum, está absolutamente excluído do fundamento na fala, no que diz respeito à união matrimonial, se quiserem, ou outra. Que certa dimensão a leve à dimensão do sacramento não muda absolutamente nada do que está em questão, que é, a saber, o ser do homem e o ser da mulher.

Isso deixa, em particular, completamente de lado a categoria da feminilidade. Uma vez que tomei o exemplo do *Tu és minha mulher*, nunca é ruim mencionar esse exemplo, o do próprio mestre da psicanálise, em cuja vida esse pacto foi extraordinariamente prevalente. A coisa impressionou todos aqueles que se aproximaram dele — *uxorius*, uxório, assim o qualifica Jones depois de tantos outros. Mas, afinal de contas, também não é um mistério que seu pensamento tenha tropeçado no tema *O que quer uma mulher?*, até o final? O que equivale a dizer: *O que é uma mulher?*. Ao que se acrescenta que, há 67 anos, as falsificações psicanalíticas não fizeram nada para que saibamos mais sobre o gozo feminino, ainda que falemos sem parar da mulher, da mãe, não se sabe muito como se expressar. É algo que vale ser destacado.

O esquema heurístico que lhes forneci sob a forma da linha de três segmentos — o *a* — o 1 que segue, o 1 furado — e o 1 do Outro

— tem o mérito de nos lembrar isso, que é a moeda do que articulamos ao longo do dia, a saber, que o ato sexual implica um elemento terceiro em todos os níveis.

Esse elemento que vem como terceiro no ato sexual é, por exemplo, o que se chama de Mãe — ao qual se ligam, no Édipo, todas as degradações da vida amorosa. Pelo menos é por sua causa que um interdito continua sempre presente no desejo.

Esse terceiro é ainda o falo, na medida em que ele deve faltar àquele que o tem, ou seja, o homem. Que haja um registro em que o homem não o tenha — sem com isso perdê-lo, uma vez que o ato sexual pode existir — implica que inventemos o alcance de uma negação especial, cujo tema espero que tenhamos a ocasião de abordar este ano. É o que ainda não foi elucidado no sentido do complexo de castração.

Que, por outro lado, esse falo se torne o ser do parceiro que não o tem, sem dúvida é o que nos explica a omissão singular de Aristóteles. Por mais submisso à gramática que ele fosse, dizem, quando desenvolvia o leque, a lista, o catálogo das categorias, e depois de dizer tudo — a qualidade, a quantidade, *a poté, o pon, o pros ti* e tudo o mais nessa seara —, ele nem sequer cogitou sustentar sobre qualquer ente o que se impunha em seu tempo, tanto quanto no nosso, isto é, que existe uma categoria do sexo.

No entanto a língua grega está, como a nossa, submetida ao que Pichon chamou de *sexui-semelhança*, a saber, que há *le fauteuil* e que há *la photo*.* Aliás, diga-se de passagem, divirtam-se ao inverter a ortografia, isso os instruirá bastante sobre uma dimensão absolutamente dissimulada da relação analítica: *le photeuil* e *la fauto*. Portanto, das duas uma: ou Aristóteles não era tão guiado pela gramática como dizem, ou existe, nessa omissão, alguma outra razão.

Quando falei há pouco de *ser* masculino e de *ser* feminino, talvez houvesse ali um emprego errôneo da palavra *ser*. É possível que o *ser* seja, conforme diz Pichon, *insexuável*, que a quididade do sexo, seu *ti esti*, talvez esteja ausente, e que haja, talvez, somente o falo.

Isso explicaria muitas coisas, em particular essa luta selvagem que se estabelece ali, em torno do falo. Essa seria a razão visível,

---

* Lacan se utiliza aqui da figura retórica da paronomásia, em que palavras com sons semelhantes têm significados completamente diferentes, acrescentando a particularidade da diferença de gênero entre as palavras em questão no francês: *fauteuil* (poltrona) é masculina e *photo* (foto) é feminina. (N. T.)

se não a definitiva, disso que chamamos de luta dos sexos. Mas acredito que ainda aí não passe de um fenômeno de superfície. A história demonstra, aliás, que são os psicanalistas mais superficiais que se detiveram nisso.

Contudo, acontece que certa *Alêtheia*, a ser tomada no sentido, com o acento, de *Verborgenheit* que lhe é dado por Heidegger, talvez deva ser instaurada quanto ao ato sexual.

E é o que justifica o emprego que fazemos desse esquema.

3

Cuidado para não fazer confusão.

Eu lhes disse algumas vezes que o corte, tal como o simbolizo quando o coloco no plano projetivo, não pretendo fazer dele uma metáfora. Falo dele como um *suporte real* do que está em questão aqui.

Não é a mesma coisa, claro, que este esqueminha muito simples que articula esse Um, que da última vez já pontilhei e perfurei, esse Outro e esse *pequeno a*.

É ao redor dessa triplicidade bastante simples que pode e deve se desenvolver certo número de pontos que devemos destacar, relativos ao que está em jogo, na medida em que ele se relaciona ao sexo. Pretendo agora repetir o que vai nos servir de base — eu não poderia repetir demais as coisas quando se trata de categorias novas.

O Um, para começar pelo meio, é o mais litigioso. Ele diz respeito à pretensa união sexual, ou seja, o campo em que se questiona se é possível produzir o ato de partição necessário à partilha das funções definidas como macho e fêmea. Esse campo, nós o designamos, nós o numeramos como Um, mas não o assumimos como unificador, pelo menos até que tenhamos comprovado isso. É a esse Um, que é fictício, que se agarra toda uma teoria analítica cujas falácias vocês me ouviram várias vezes denunciar.

Já dissemos, com a metáfora do caldeirão que lembrei da última vez, que há algo aqui que só podemos designar provisoriamente como a presença de um *gap* — se quiserem, de um furo. Há algo que não cola, que não vai bem e que é o que há pouco lembrei, a saber, o abismo que separa toda promoção, toda proclamação da bipolaridade macho ou fêmea, de tudo o que nos dá a experiência relativa ao ato que a instaura.

É importante afirmar que é desse campo que fala toda verdade, na medida em que, para nós analistas — e para vários outros, antes mesmo que tenhamos aparecido, ainda que não muito tempo antes, para um pensamento que data, para chamá-lo pelo nome, da virada marxista —, a verdade não tem outra forma que não o sintoma.

O sintoma, em outras palavras a significância das discordâncias entre o real e isso por meio do qual ele se dá — a ideologia, se quiserem, mas com a condição de que vocês incluam nesse termo até a própria percepção. A percepção é o modelo da ideologia. É um crivo em relação à realidade. Por que se espantar com isso? Pois tudo o que existe de ideologia desde que o mundo está cheio de filósofos nunca se construiu senão sobre uma reflexão primeira que incidia na percepção.

Volto ao que Freud chamou de *rio de lama*, em relação ao mais vasto campo do conhecimento, toda essa parte do conhecimento inundante do qual mal emergimos, para fixá-lo ao termo conhecimento místico. Na base de tudo o que, dessa ordem, se manifestou no mundo, há apenas o ato sexual — o avesso da fórmula *não existe ato sexual*. É absolutamente supérfluo pretender se relacionar seja como for com a posição freudiana se não for para tomar ao pé da letra o fato de que na base, no princípio, em tudo o que de satisfação o conhecimento pôde acrescentar até agora, meu Deus, há apenas a sexualidade — algo que marquei com o adjetivo *místico* para distingui-lo bem do que nasceu nos dias atuais sob a forma da ciência.

Quando vocês leem em Freud que existem no psiquismo funções dessexualizadas, isso quer dizer que é preciso buscar o sexo na sua origem. Isso não quer dizer que exista o que em certo lugar, por necessidades políticas, chamam de a famosa *esfera não conflitual* — por exemplo, um eu mais ou menos forte, mais ou menos autônomo, que poderia ter uma apreensão mais ou menos asséptica da realidade. Dizer que existem relações com a verdade que não interessam ao ato sexual, isso é propriamente o que não é verdade. Não existem.

Peço desculpas por essas fórmulas, das quais sugiro que o decisivo possa ser percebido de modo muito intenso. Tudo isso está implicado em tudo que enunciei, na medida em que sei o que digo — mas também me fiz essa observação, de que o fato de que eu saiba o que digo não basta para que vocês o reconheçam, e isso porque no fundo a grande ratificação de que sei o que digo é o que não digo. Isso não é minha sina particular, mas o de todos aqueles que sabem o que dizem.

É isso que torna a comunicação tão difícil. Sabemos o que dizemos, e o dizemos, mas em muitos casos é preciso considerar que isso é inútil porque ninguém nota que o cerne do que precisamos dar a entender é justamente o que nunca dizemos. É o que os outros dizem que continua a fazer ruído e, mais ainda, que produz efeitos. É isso que nos força de tempos em tempos, e até mesmo na maioria das vezes, a praticar uma varredura. Uma vez que enveredamos por esse caminho, não há por que terminar. Outrora houve um homem chamado Hércules que, ao que parece, concluiu o seu trabalho nos estábulos do chamado Augias. É o único caso que conheço de limpeza nos estábulos, pelo menos em certas áreas.

Há apenas um domínio, parece — e não estou certo disso — que não tem relação com o ato sexual na medida em que ele interessa à verdade. É a matemática, no ponto em que ela conflui com a lógica. Mas creio que foi isso que permitiu a Russell dizer que em matemática nunca se sabe se o que se afirma é verdade — não *realmente verdadeiro*, mas apenas *verdadeiro*. De fato, é verdade a partir de uma posição que define a verdade. Se esse ou aquele axioma são verdadeiros, então se desenvolve um sistema acerca do qual se deve julgar se é ou não consistente. Que relação poderia haver entre a verdade assim definida e a verdade na medida em que exigiria a presença, o questionamento do ato sexual como tal?

Bem, mesmo depois de dizer isso, não estou certo de que esse maravilhoso, esse sublime desdobramento moderno da matemática lógica seja absolutamente sem relação com o suspense colocado sobre a questão de saber se há ou não um ato sexual. Basta ouvir o gemido de um Cantor. É de fato sob a forma de um gemido que em dado momento da sua vida ele enuncia que não se sabe que a grande dificuldade, o grande risco da matemática é que ela é o lugar da liberdade. Sabe-se que Cantor pagou bem caro por essa liberdade.

No ponto a que chegamos, a fórmula que me pareceria a mais exata seria dizer que o verdadeiro concerne ao real, na medida em que estamos envolvidos pelo ato sexual — esse ato acerca do qual afirmo inicialmente que não há certeza de que exista, ainda que seja a única coisa que interessa à verdade.

Portanto, o sintoma, todo sintoma, é nesse lugar do Um furado que ele se enlaça. E é nisso que ele sempre inclui, por mais surpreendente que nos pareça, sua face de satisfação. A verdade sexual é exigente, e mais vale satisfazer um pouco mais do que não o bastante. Nesse sentido, pelo ponto de vista da satisfação, podemos conceber que um sintoma seja mais satisfatório do que a leitura de um romance policial. Há mais relação entre um sintoma e o ato sexual do que entre a verdade e esse *Não penso* fundamental que lhes lembrei no início dessas reflexões, no qual o homem aliena seu *Não sou* pouquíssimo suportável e com relação ao qual nosso álibi do *ser rejeitado* de agora há pouco, ainda que não exatamente agradável, pode nos parecer mais suportável.

Por ora basta sobre o Um. Passemos ao Outro, como lugar onde o significante se situa.

Até aqui não lhes disse que ele estava ali, o significante. Ele está ali porque existe como repetição, porque é ele quem traz como verdadeira a coisa em questão. Originalmente, não se sabe de onde ele surge. Não há nada além desse traço que é também corte, a partir do qual a verdade pode nascer.

O Outro é o reservatório material para o ato. O material se acumula, muito provavelmente pelo fato de que o ato é impossível. Quando digo isso não digo que ele não exista. Isso não basta para dizê-lo, pois o impossível é o real, pura e simplesmente — o real puro. A definição do possível exige sempre uma primeira simbolização; se vocês excluem essa simbolização, verão como lhes parecerá mais natural a formulação: *O impossível é o real.*

É fato que ainda não se provou em nenhum sistema formal a possibilidade do ato sexual — vejam que insisto, que volto a esse ponto. O que isso prova, o fato de não se poder prová-lo? Que é indecidível? Agora que sabemos muito bem que a não-decidibilidade não implica de modo algum irracionalidade, que se define logicamente essa não--decidibilidade, que seu estatuto é perfeitamente circunscrito, que livros inteiros são escritos nesse domínio — nesse ponto, então, o que é este Outro? Qual é a sua substância?

Eu me permiti dizer durante certo tempo — na verdade, deve-se acreditar que me permito dizer cada vez menos, já que não ouço mais, isso não chega mais aos meus ouvidos — que camuflei nesse lugar do Outro o que se costuma chamar agradavelmente (e, afinal de contas, por que não?) de espírito. O incômodo é que isso é falso. O Outro, no final das contas, é, se vocês ainda não adivinharam, o corpo.

Por que chamaríamos algo assim como um volume, um objeto, na medida em que está submetido às leis do movimento em geral, de *um corpo*? Por que se fala da *queda dos corpos*? Que curiosa extensão da palavra *corpo*! Qual a relação entre uma bolinha que cai da torre de Pisa e o corpo que é o nosso? A não ser por esse fato: que a partir disso o corpo, nossa presença de corpo animal, é o primeiro lugar onde colocar as inscrições.

Tudo em nossa experiência está aí para nos sugerir qual é o primeiro significante, com a ressalva de que sempre atribuímos paixão às coisas. Quando falamos de *ferida*, acrescentamos *narcísica*, e imediatamente pensamos que isso deve incomodar o sujeito, que é naturalmente um idiota. Não nos ocorre a ideia de que o interesse da ferida seja *a cicatriz*.

A leitura da Bíblia, com os juncos colocados no fundo do riacho em que virão pastar os rebanhos de Jacó, deveria nos lembrar que os diferentes truques para impor ao corpo a marca não datam de ontem e são absolutamente radicais. O sintoma histérico, na sua forma mais simples, a da *ulceração*, não deve ser considerado um mistério, mas o princípio mesmo de toda possibilidade significante. Não há por que quebrar a cabeça, o corpo é feito para inscrever algo que se chama de marca. O corpo é feito para ser marcado. Sempre se fez, e o gesto inicial de amor é sempre um pouquinho esboçar mais ou menos o gesto de marcar.

Dito isso, qual é o primeiro efeito, o mais radical, dessa irrupção do Um, na medida em que ele representa o ato sexual no âmbito do corpo? Bem, é o que, afinal de contas, constitui nossa vantagem sobre certo número de especulações dialogadas quanto às relações entre o Um e o Múltiplo, sabemos que isso não é de modo algum tão dialético assim. Quando esse Um irrompe no campo do Outro, ou seja, no âmbito do corpo, despedaça-se o corpo. O corpo despedaçado, eis o que nossa experiência nos demonstra existir nas origens subjetivas.

A criança sonha com desmembramento. Ela rompe com a bela unidade do império do corpo materno. O que ela sente como ameaça é ser dilacerada pela Mãe. Não basta descobrir essas coisas e explicá-las por uma pequena mecânica da agressão, um pequeno jogo de bola, *a agressão se reproduz, se reflete, retorna, parte de novo, quem começou?* Antes disso, poderia ser bastante útil pôr em suspenso a função desse corpo despedaçado. É, a saber, o único meio pelo qual, de fato, o corpo despedaçado nos interessou: por sua relação com a verdade, *alêtheia* e *Verborgenheit*, na medida em que ela mesma está suspensa na ocultação do ato sexual.

A partir daí, o que é a noção de Eros? Recentemente eu a ridicularizei sob a forma que pode assumir, de ser uma força que uniria por uma atração irresistível todas as células e órgãos que nosso saco de pele reúne — concepção no mínimo mística, pois eles não oferecem a menor resistência a ser extraídos, e o resto não se sai pior. Bem, esse Eros, claro, é uma fantasia compensatória dos terrores ligados a esse fantasma órfico que acabo de lhes descrever.

Aliás, isso não é nada explicativo. Não basta que o terror exista para que ele explique o que quer que seja, é sobretudo ele que se deveria explicar — inversão que nos mostra que mais vale escolher a via de um consistente sistema lógico.

Disso decorre a questão à qual temos de chegar: por que existe esse Outro? E do que ele é o Outro?

Comecemos por questionar isso: o que é essa estranha posição de duplo, 1.1, que assume o simples, notem, e não o Outro que, por sua vez, não é dois? Bem, essa é a posição que o simples assume quando se trata de explicar o curioso Um que se enlaça na fera de duas costas, ou seja, na união de dois corpos. E não é desse Um engraçado que ele, o Outro, é ainda mais engraçado. Não existe entre eles, no campo do Um e no campo do Outro, nenhum laço, justamente o contrário. É por isso mesmo que o Outro é também o inconsciente, ou seja, o sintoma sem o seu sentido, privado da sua verdade, mas, em contrapartida, sempre mais carregado com o saber que contém. O que separa um do outro é o que constitui o sujeito.

Não existe sujeito da verdade, exceto do ato em geral, do ato que, talvez, não possa existir como ato sexual. Isso é especificamente cartesiano: o sujeito não sabe nada de si, exceto que duvida. *[Eu] duvido*, como diz o ciumento que acaba de ver pelo buraco da fechadura um traseiro em posição de confronto com pernas que ele conhece bem, e se pergunta... se não são Deus e sua alma, o fundamento do sujeito de Descartes. A incompatibilidade do sujeito com a extensão não é razão suficiente para identificar o corpo à extensão. Mas, em contrapartida, sua exclusão de sujeito é assim estabelecida. E, ao tomá-lo pela vertente que lhes apresento, a questão de sua união íntima com o corpo — falo do sujeito, não da alma — deixa de ser uma questão. Basta refletir sobre o fato de que, quanto ao significante, isto é, quanto à estrutura, uma superfície, por exemplo, não tem outro suporte além do furo que ela constitui por sua borda, e é apenas isso que a define. Elevem as coisas em um grau, tomem-nas no âmbito de um volume, não há outro suporte do corpo senão o gume que preside ao seu corte.

Aí estão verdades topológicas acerca das quais eu não decidiria aqui se têm ou não relação com o ato sexual. Mas qualquer elaboração possível do que se chama de álgebra de Boole exige que o sujeito esteja sempre um degrau estrutural abaixo do que constitui seu corpo. É o que nos dá a imagem do que acontece com o sujeito na junção entre o Um e o Outro. É também o que explica que sua passividade, a saber, esse fato por meio do qual ele depende de uma marca do corpo que de nenhum modo poderia ser compensada por atividade alguma, ainda que fosse sua afirmação em ato.

Então, do que o Outro é Outro?

Lamento por isso. O tempo, uma certa desmedida, talvez também um certo uso paradoxal do corte — mas então, neste caso, tomem-no por intencional — fará com que eu os deixe hoje com o termo da hora.

O Outro só é Outro disso, que é o primeiro tempo das três linhas, ou seja, o *a*. Foi daí que parti em nossos últimos encontros, para lhes dizer que sua natureza é a do incomensurável, ou, ainda, que é de seu incomensurável que surge toda a questão da medida.

É sobre esse *a*, objeto ou não, que retomaremos nossa conversa da próxima vez.

10 de maio de 1967

XVII

Da Castração ao Objeto

A norma do ato
O objeto no orgasmo
Só existe gozo do corpo próprio
Despojar-se do objeto fálico
A lei do ato sexual

Vou tentar inseri-los hoje em um arcano que, por ser trivial na psicanálise, não deixa de ser um arcano.

Vocês encontram, a todo momento, na literatura psicanalítica uma ideia desse tipo, relativa à posição do sujeito analisado, do sujeito analisável, do sujeito em análise. Ele adota, dizem, e é desejável que o faça, o que se chama de posição regressiva, ou ainda pré-edipiana, pré-genital — enfim, pré-alguma coisa. Vocês podem se surpreender que ela não seja designada sobretudo como *pós*, já que o sujeito é suposto refugiar-se nisso para se esquivar do incidente da castração.

De minha parte, este ano tento esboçar uma estrutura que se anuncia como lógica — uma lógica talvez incerta e muito precária.

Em tal caminho, não pretendo lhes dar os passos definitivos, nem mesmo dá-los eu mesmo, mas assegurar alguma verdade relativa à dependência do sujeito. Da mesma forma eu os poupo, não entrego rápido demais as formas nas quais pude me fiar em meus próprios rabiscos, tento lhes mostrar o ponto acessível de uma articulação. Se afinal escolhi, entre outras possibilidades, abordar simplesmente dessa forma fácil o que há de mais incomensurável no Um, especialmente o número de ouro, foi a fim de lhes tornar tangível o quanto é preferível seguir um caminho assim em vez de se entregar a exercícios penosos que caracterizam a prosa analítica habitual.

Quero dizer com isso não só esses tipos de rodeios, de desvios insensatos que parecem sempre necessários para explicar o jogo das posições libidinais, mas também o exercício de toda uma população de entidades subjetivas que vocês conhecem bem, que se arrastam por todo lado, *o eu, o ideal do eu, o supereu, o isso*, sem contar o que se pode acrescentar de novo e refinado ao distinguir o *eu ideal* do *ideal do eu*, e mesmo, como se faz na literatura anglo-saxã há algum tempo, acrescentar a isso o *self* que, manifestamente convocado à retomada a fim de remediar a proliferação ridícula dessa multiplicidade, não fracassa menos ao reduzi-la, para representar apenas uma entidade, um ser de razão suplementar, pelo modo como é manejada. Não valeria mais a pena colocar em jogo o sujeito — e fazê-lo funcionar de modo correto, como não sendo nada além do que o que é representado por um significante para outro significante?

Em nenhum caso um sujeito é uma entidade autônoma, só o nome próprio pode dar uma ilusão disso. O *[Eu]*, dizer que ele seja suspeito é excessivo — uma vez que lhes falo a respeito, ele não deve nem mais ser. Ele é precisamente apenas esse sujeito que [Eu] como significante representa para o significante *caminho*, por exemplo, em *[Eu] caminho* — ou para o casal de significantes *a fecho*, como em *[Eu] a fecho*.

Vocês percebem que, se escolhi essa última formulação, foi para evitar a forma pronominal *[Eu] me calo*. Ela começaria a nos levar muito longe, seguramente, se nos perguntássemos a respeito do que significa o *me* em uma forma assim, bem como em várias outras — e vocês veriam o quanto a pretensa acepção reflexiva do sujeito se espalha em um leque que não permite dar-lhe consistência em nenhum grau. Isso é apenas um lembrete, e não me estenderei nesse sentido.

Abordarei agora o que lhes anunciei.

1

Trata-se, portanto, de uma função, uma função subjetiva, que se chama castração.

Ela nos é dada e isso, antes da psicanálise, nunca havia sido dito, por mais que seja essencial para o acesso ao que se chama de *genital*.

Se essa expressão fosse tão apropriada, quero dizer que ela não é, poderíamos nos maravilhar — alguém que viesse de fora e, afinal de contas, ainda estamos nesse ponto, não perderia isto — que a passagem para o fantasma, do órgão seguramente privilegiado em certa função, precisamente a genital, fosse necessária para que essa função se cumpra.

Não vejo nenhum modo de sair de semelhante impasse, a não ser afirmando — como fez um psicanalista de notável importância na topografia política, na viragem de uma frase e sem mesmo saber perceber bem o alcance do que dizia — que *a castração*, afinal de contas, *é um sonho*, isso empregado no sentido em que são histórias de pacientes. Ora, não é nada disso. A castração é uma estrutura subjetiva absolutamente essencial, precisamente, para que algo do sujeito, por mais diminuto que seja, entre nesse negócio que a psicanálise rotula como genital.

De fato, penso ter acrescentado a esse impasse uma pequena abertura, ao ter, como se diz, mudado algo, na medida em que, não faz muito tempo, quatro ou cinco encontros, introduzi a observação de que só poderia tratar-se da introdução do sujeito na função do genital, se é que sabemos o que queremos dizer quando o chamamos assim. Na verdade, trata-se da passagem da função ao ato, trata-se de saber se há ou não um ato que possa merecer o título de ato sexual. Não existe, existe, *chi lo sa*? Quem sabe? Talvez exista, saberemos talvez um dia se existe, um ato sexual — se o sexo, comentarei, o meu, o teu, o vosso, repousa na função de um significante capaz de operar em um ato que seria, por isso, o ato sexual.

Seja como for, não se poderia de modo algum escapar disso que não só é afirmado pela doutrina como também encontramos em todas os giros de nossa experiência, ou seja, que apenas o sujeito, digamos, castrado, isto é (repitamos à maneira dos dicionários), em dia com o que se chama de complexo de castração, é capaz de operar de maneira que não seja falha, no sentido do ato sexual — ou, pelo menos, de algo que se pareça com ele, quer dizer, que não venha desse registro que tentarei introduzir hoje, o da perversão.

Estar em conformidade com o que se chama de complexo de castração não quer dizer, evidentemente, que se é complexado, mas, pelo contrário, que se está normatizado com relação ao ato sexual. É o que enuncia toda literatura psicanalítica digna desse nome, salutar — quero dizer, que não esteja na tagarelice das pessoas que não sabem o que dizem, o que acontece mesmo com as mais altas autoridades. Estar normatizado em relação ao ato sexual não quer dizer que se consiga realizá-lo, quer dizer que se está pelo menos no caminho certo.

DA CASTRAÇÃO AO OBJETO

Normatizado tem um sentido muito preciso na passagem da geometria afim para a geometria métrica — não desenvolverei isso. Falando de norma, entramos em certa ordem de medida, implicamos uma medida. Tento evocar isso com o número de ouro que só está aqui, repito, metaforicamente e que vocês só precisam reduzi-lo ao termo — o mais espaçado possível em relação ao Um — incomensurável.

Em todo caso, não se poderia de modo algum contentar-se em dar ao complexo de castração — digo isso e espero só ter que dizê-lo aos ouvidos novatos — o suporte da historinha do gênero: *Papai disse: "vamos cortar fora se você pretender suceder seu pai"*. Primeiramente, na maior parte do tempo, como todo mundo pôde perceber há bastante tempo, essa mínima proposta foi mamãe quem disse — no momento preciso em que Joãozinho sucedia de fato seu pai, mas apenas nessa módica medida em que, como já fizera Papai na sua idade, ele mexia em seu negocinho, sossegado no seu canto.

Isso não tem nada a ver com o complexo de castração. É uma historieta que não se tornou mais verossímil pelo fato de que a culpabilidade sobre a masturbação se encontra em todos os giros da gênese dos transtornos com os quais temos de lidar. Não basta dizer que a masturbação não tem nada de fisiologicamente nocivo e que é por seu lugar em certa economia subjetiva que ela adquire sua importância.

Conforme lembrei numa dessas últimas vezes, ela pode até assumir um valor hedonista absolutamente claro, uma vez que pode ser levada ao ascetismo e que tal filosofia pode fazer dela o fundamento do bem-estar do sujeito, com a condição, claro, de que haja uma conduta total coerente com sua prática. Ela era familiar a um Diógenes, que ia até o ponto de promovê-la a exemplo do modo como convinha tratar o que, nessa perspectiva, permanece como o mínimo excedente de uma cócega orgânica, em latim *titillatio* — perspectiva, aliás, é preciso dizer, que é mais ou menos imanente a toda posição filosófica e interfere até em certo número de posições que se pode qualificar de religiosas, se consideramos a aposentadoria do eremita como algo que, por si só, a inclui.

Isso só começa a adquirir seu interesse e, portanto, no caso, seu valor culposo no ponto em que alguém se esforça por alcançar o ato sexual. É então que aparece que ele seria de fato culpado de buscar por si mesmo o gozo de uma parte do corpo que desempenha um papel na reprodução da espécie.

Digo *que desempenha um papel* porque não se deve nunca dizer que um órgão é feito para uma função. Se vocês generalizassem um pouco, se ocasionalmente bancassem os mariscos ou outros animais e tentassem refletir sobre como seria se estivessem na pele deles, como se diz, então vocês entenderiam rapidamente que não é a função que faz o órgão, mas o órgão que faz a função — posição diametralmente oposta ao obscurantismo no qual nos banhamos, daí minha insistência. Se vocês não quiserem acreditar em mim, voltem para a corrente principal.

Está, portanto, fora de questão alegar, conforme a tradição moralizante — enfim, segundo o modo como isso se explica na *Divina comédia* —, que a masturbação é culposa e mesmo um pecado grave, porque primeiramente isso desviaria um meio de seu fim, sendo este a produção de pequenos cristãos, e mesmo — volto a isso, ainda que tenha causado escândalo da última vez que eu disse — de pequenos proletários. Que a masturbação consista em colocar um meio na posição de fim, isso não tem absolutamente nada a ver com a questão tal como deve ser formulada. Trata-se aqui da norma de um ato, no sentido pleno da palavra, e de modo algum de suas eventuais descargas reprodutivas para fins de perpetuação do animal. Vamos situar o que está em questão em relação à passagem do sujeito à função de significante nesse ponto problemático que é o ato sexual, que se coloca absolutamente fora do campo corriqueiro em que estamos à vontade com a palavra *ato*.

Que o gozo, ali onde pode ser capturado, deva passar por semelhante interdição (para ficar em uma palavra já utilizada) ou por certa negativação (para ser mais prudente e reservar a possibilidade de lhe dar uma formulação mais precisa), e que essa passagem tenha uma relação manifesta com a introdução desse gozo com função de valor — eis o que pode ser dito sem imprudência.

A profunda adulteração do gozo por sua passagem à função de um valor, é isso que se chama castração.

2

Abordarei agora o que diz respeito à correlação entre essa castração e o objeto, vocês verão qual.

DA CASTRAÇÃO AO OBJETO 285

Sobre esse ponto, pode-se questionar a experiência — e mesmo uma experiência à qual não seja estranha, pode-se dizer, uma certa empatia do ouvinte —, assim como a literatura — quando estamos em terreno difícil, não tenho nenhuma razão de me recusar a utilizar o que ela oferece, mesmo que, também ali, só exista acesso empático e que isso deva ser purificado secundariamente.

Disso decorre que existe a mais estreita relação entre a castração e a aparição na estrutura do orgasmo do que se chama de objeto.

O orgasmo, repito, estamos ainda na empatia — é de fato identificado como bem diferente de um gozo. Ah, como chamá-lo? *Autoerótico*? Isso seria uma concessão — que chamaremos de *masturbatória*, e depois, isso é tudo, dado que se trata de um órgão, e bastante específico.

O autoerotismo, Deus sabe o que fizeram dele e o que ainda farão — ele poderia ter um sentido bastante específico, o de um gozo local e manejável, como tudo o que é local, em breve lhe darão o banho oceânico no qual teremos de situá-lo. Como eu lhes disse, qualquer um que estabelece qualquer coisa sobre a ideia de um narcisismo primário, e parte daí para engendrar o que seria o investimento do objeto, está bem livre para continuar, pois é assim que funciona através do mundo a psicanálise como indústria da culpa. Podem estar certos de que tudo o que articulo aqui é feito para repudiar totalmente isso.

Então eu admiti, pelo fato de falar a respeito, a presença de um objeto no orgasmo. A partir daí, não há nada mais fácil do que seguir, e não deixaremos de fazê-lo, em direção à palhaçada da dimensão da pessoa. *Quando copulamos, nós que chegamos à maturidade genital, prestamos reverência à pessoa*, assim se expressavam há cerca de vinte ou trinta anos, especialmente no círculo dos psicanalistas franceses, que têm seu interesse, afinal de contas, na história da psicanálise.

Reverência à pessoa? Bem, nada é menos garantido. E falar do objeto envolvido no ato sexual leva justamente a que se pergunte se esse objeto é o Homem como tal, ou antes *um* homem; a Mulher, ou *uma* mulher.

Introduzir aqui a palavra *ato* tem o interesse de abrir uma questão que vale a pena ser aberta e que de fato circula entre vocês, sem que isso seja um feito meu. Trata-se de saber se o ato sexual — ainda que isso não tenha acontecido para nenhum de vocês, um ato sexual — tem relação com o advento de um significante que representa o sujeito como sexo para outro significante, ou se tem apenas o valor do que chamei, em outro registro, de encontro, a saber, o encontro único, aquele que, uma vez ocorrido, é definitivo.

Naturalmente, tudo isso, falamos a respeito. E é o que há de grave, pois fala-se de modo trivial. Pelo menos, marquem que há aí dois registros diferentes. A questão de saber se, no ato sexual, o homem chega ao Homem em seu estatuto de homem, e assim também a mulher, é totalmente diferente de saber se alguém tem que encontrar ou não o seu parceiro definitivo, uma vez que é disso que se trata quando se evoca o encontro. Curioso: quanto mais os poetas evocam a questão, menos ela se mostra eficaz na consciência de cada um.

Em todo caso, que seja a pessoa que esteja aqui implicada, pode fazer sorrir suavemente alguém que tenha um pequeno vislumbre do gozo feminino. Aí está, seguramente, um primeiro ponto bastante interessante a pôr em primeiro plano como introdução a toda questão que possa ser colocada sobre o que está em jogo no que se chama de *sexualidade feminina* no que diz respeito, muito precisamente, a seu gozo.

Uma coisa é certa e vale a pena ser destacada, é que a psicanálise parece tornar todos os sujeitos instalados na sua experiência, especialmente os psicanalistas, incapazes de enfrentar minimamente a questão que acabo de levantar.

Os machos? A prova disso é superabundante, a questão da sexualidade feminina nunca deu um passo que fosse sério vindo de um sujeito aparentemente definido como macho por sua constituição anatômica.

Mas a coisa mais curiosa é que as psicanalistas-mulheres, elas, ao se aproximarem desse tema, mostram de modo manifesto os sinais de uma insuficiência que sugere que elas estão, pelo que poderiam ter a formular a respeito, aterrorizadas. De modo que a questão do gozo feminino não parece estar perto de ser realmente colocada em estudo em um futuro próximo, pois esse é, meu Deus, o único lugar em que se poderia dizer algo de sério a respeito.

Pelo menos, evocar isso assim, sugerir a cada um — e especialmente ao que pode haver de feminino no que está aqui reunido como auditório — que se expresse assim sobre o gozo feminino, basta para inaugurar uma dimensão que, mesmo se não entramos nisso, por não podermos, é absolutamente essencial para situar tudo o que temos a dizer além disso.

3

Voltemos ao objeto.

O objeto, considero aquele que está em jogo na dimensão normativa, dita genital, do ato sexual, não é de modo algum dado pela realidade do parceiro em si mesma. Ele está muito mais próximo da detumescência. Pelo menos é o primeiro acesso que nos é dado.

Certamente, dizer que existe complexo de castração é dizer precisamente que a detumescência não basta de modo algum para constituí-lo, e foi o que tomamos o cuidado de afirmar primeiramente, não sem peso, mantendo esse fato da experiência, de que copular não é a mesma coisa que se masturbar. Não obstante, não deve ser negligenciada essa dimensão que faz com que o valor de gozo se fixe, encontre seu ponto de apoio, seu ponto pivô, ali onde a detumescência é possível.

A função da detumescência, pouco importa o que possamos pensar a respeito dela no plano fisiológico. Ela foi, é evidente, majestosamente negligenciada pelos psicanalistas, que não lhe acrescentaram a menor luzinha clínica nova, nada que não tenha se espalhado por todo lado, em todos os manuais, relativo à dita fisiologia do sexo antes que a psicanálise viesse ao mundo. Mas isso apenas reforça o que está em jogo, ou seja, que a detumescência só está ali para sua utilização subjetiva, em outras palavras para lembrar o limite do chamado princípio de prazer.

Para estar no ato genital, a característica do funcionamento do órgão peniano em particular, e justamente no fato de que ele suporta de gozo, é ali colocada em suspenso. A detumescência introduz, legitimamente ou não — quero dizer, como algo de real ou como uma dimensão suposta —, o fato de que existe gozo para além. O princípio de prazer funciona aqui como limite à borda de uma dimensão do gozo, na medida em que esse é sugerido pela conjunção denominada ato sexual.

Tudo o que a experiência nos mostra em relação ao que se chama de *ejaculação precoce*, e que seria melhor chamarmos em nosso registro de *detumescência precoce*, dá margem para pensar que a função da detumescência pode representar em si mesma o negativo de certo gozo. A clínica nos mostra fartamente que se trata de um gozo que o sujeito se recusa, e até diante do qual ele se esquiva, na medida em que esse gozo como tal é excessivamente coerente com a dimensão da castração, percebida no ato sexual como ameaça. Através de todas as precipitações do sujeito em relação a esse "para além", todos os tropeços e lapsos do ato sexual, se demonstra precisamente o que está em questão no processo de castração, a saber, a anulação da detumescência como um bem em si mesma, e sua redução à função de proteção contra um mal suspeitado, quer o chamem de gozo ou de castração — a castração sendo aqui concebida como um mal menor e, a partir daí, quanto mais se reduz o mal, mais a esquiva é perfeita. Este é o motor de tudo que pode se passar nos diversos modos da impotência, e mais especialmente na medida em que eles estão centrados na ejaculação precoce — tocamos nisto clinicamente, nas análises de todos os dias.

De todo modo, o único gozo identificável é o do corpo próprio. Isso está além dos limites que o princípio do prazer impõe a esse gozo, não é casual, mas necessário que, ao fazê-lo aparecer apenas na conjuntura do ato sexual, o associa tal como à evocação do correlato sexual, sem que se possa dizer mais a respeito.

Em outras palavras, para todos aqueles que já estão familiarizados com os termos usuais na psicanálise, é nesse plano, unicamente nesse plano, que Tânatos pode se encontrar, de algum modo, em conexão com Eros. A conjunção entre Eros e Tânatos só é possível na medida em que o gozo do corpo — digo, do corpo próprio, para além do princípio do prazer — se evoca e não se evoca a não ser no ato que coloca um furo, um vazio, uma hiância em seu centro, em torno do qual se localiza a detumescência hedonista. É a partir daí que se pode conceber que não é uma grosseira elucubração mítica da psicanálise ter introduzido na economia do instinto o que, não por acaso, ela designa por esses dois nomes próprios.

Bem, tudo isso, vejam, ainda é girar ao redor. Deus sabe, no entanto, que trabalho duro para que a coisa não seja assim. É preciso portanto acreditar que, se ainda estamos girando ao redor, é porque não é fácil entrar nisso. Podemos pelo menos recolher essas verdades: que o encontro sexual dos corpos não passa, na sua essência, pelo princípio do prazer; que, no entanto, para se orientar no gozo que ele envolve, que é gozo suposto, pois se orientar não significa entrar nisso, ele não tem outra referência além dessa espécie de negativação dirigida ao gozo do órgão da copulação, na medida em que é o que define o macho presumido, a saber, o pênis; e que é daí que surge a ideia de um gozo do objeto feminino.

Eu disse *a ideia*, e não o gozo, evidentemente. Trata-se de uma ideia. É subjetivo. Só que, algo curioso e que a psicanálise afirma — mas sem o expressar de maneira logicamente correta ninguém, naturalmente, percebe o que isso quer dizer, o que isso implica — é que o próprio gozo feminino só pode passar pela mesma referência. É isso que se chama, no caso da mulher, de complexo de castração.

É por essa razão que o sujeito mulher não é fácil de articular e que, em certo nível, eu lhes proponho o *homela*. Não quer dizer que toda mulher se limite a isso, justamente. Há algo de mulher em algum lugar, *odor di femina*, mas não é fácil de encontrar — quero dizer, de colocar em seu lugar, pois para lhe organizar um lugar é necessária uma referência cujos acidentes orgânicos fazem com que se encontre no que se chama, anatomicamente, de macho. É a partir da suspensão colocada no órgão que se encontra uma orientação para ambos, o homem e a mulher — em outras palavras, que a função assume seu valor por estar em uma posição inversa em relação ao furo, à hiância do complexo de castração.

Uma inversão é um sentido. Antes da inversão, pode ser que não haja nenhum sentido passível de ser subjetivado. Afinal de contas, talvez seja a isso que se deva relacionar o fato surpreendente de que lhes falei há pouco, de que as psicanalistas-mulheres não nos ensinaram nada a mais sobre seu gozo do que os psicanalistas-homens haviam sido capazes de elucubrar, ou seja, pouca coisa. Mas a partir de uma inversão há uma orientação. Por menor que seja, se for tudo o que pode orientar o gozo da mulher no ato sexual, entende-se que, até nova ordem, teremos de nos contentar com isso.

Isso nos deixa em um ponto preciso que tem sua característica. O ato sexual, o que se pode atualmente formular a respeito dele, no ponto em que estamos, é a dimensão do que, em outros registros, é chamado de boa intenção. Uma intenção direta em relação ao ato sexual, aí está algo com o que, nos dizeres dos psicanalistas, numa medida razoável, podemos, devemos nos contentar.

Tudo isso é muito bem expresso no mito fundamental. Quando se diz que o pai original goza de todas as mulheres, será que isso quer dizer que as mulheres gozam tão pouco assim? O sujeito é deixado intacto e, se o evoco nesse ponto, não é apenas com uma intenção humorística, pois, vocês verão, essa é uma questão-chave.

Em nosso próximo encontro, terei de retomar e articular tudo o que deixei em aberto da última vez.

Eu lhes mostrei que era preciso deixar deserto e desocupado o campo central do esquema de três segmentos, o do Um, da união sexual — na medida em que se revela ligeiramente escorregadia a ideia de um processo de partição, seja ele qual for, que permitiria fundar o que chamam de papéis e que, de nossa parte, chamamos de significantes, do homem e da mulher.

Eu os deixei no limiar de uma conjunção totalmente diferente, a relação entre o Outro e seu parceiro. O Outro — no registro, nas tabuletas, em que se inscreve essa aventura, e eu lhes disse que esse registro e essas tabuletas eram outros que não o corpo. O parceiro que lhe resta, o *pequeno a* — é, a saber, a substância de vocês, sua substância de sujeito, na medida em que, como sujeito, vocês não têm nenhuma, a não ser esse objeto caído da inscrição significante, senão o que faz com que esse *a* seja uma espécie de fragmento, a passeio, do pertencimento do A, ou seja, vocês mesmos, que estão aqui como presença subjetiva, mas que, assim que eu terminar, mostrarão sua natureza de objeto *a* no aspecto de grande varredura que tão logo esta sala assumirá.

Deixarei em suspenso a questão do que acontece com o objeto fálico, porque é preciso que eu o escrutine da maneira como é suportado como objeto — e não se trata de uma necessidade que só se impõe a mim —, tudo isso para perceber que ele próprio não é suportado. Eis o que quer dizer o complexo de castração — não existe objeto fálico — e é nossa única chance de que haja um ato sexual. Não é a castração, é o objeto fálico que é o efeito do sonho do qual fracassa o ato sexual.

Para fazê-los sentir o que estou articulando, não há ilustração mais bela do que aquela que nos foi dada pelo Livro Sagrado, pelo Livro único, a própria Bíblia. Se vocês se fizeram surdos à sua leitura, vão até a igreja de São Marcos, em Veneza. A capela Ducal é apenas isso, mas seu nártex vale a viagem. Em nenhum lugar pode ser expresso em imagem com maior relevo o que há no texto do *Gênesis*, e dentre outros, vocês verão ali, de modo sublime, magnificado, o que chamarei dessa ideia infernal de Deus, aquela que lhe vem quando se põe a pensar sobre Adão Kadmon — aquele que, uma vez que era Um, era preciso que fosse os dois, ele era homem sob essas duas faces, macho e fêmea. *É bom*, se diz Deus, *que ele tenha uma companheira* — o que ainda não seria nada se não víssemos que, para proceder a esse acréscimo (ainda mais estranho por parecer que até então o Adão em

DA CASTRAÇÃO AO OBJETO 291

questão, figura feita de terra vermelha, havia passado muito bem), Deus aproveita seu sono profundo para lhe extrair uma costela, com a qual ele molda, dizem, a primeira Eva. Pode haver ilustração mais marcante do que introduz na dialética do ato sexual o fato de que o homem, no momento preciso em que vem se marcar nele, de modo suplementar, a intervenção divina, encontra-se, a partir de então, tendo que tomar como objeto um pedaço de seu próprio corpo?

Tudo o que acabo de dizer está na própria lei mosaica, talvez também com a ênfase acrescentada pela circuncisão, destacando que o pedaço em questão não é o pênis, pois esse é incisado para ser, de certo modo, marcado por um sinal negativo. Esse sinal não está ali para fazer surgir diante de nós o que há, diria eu, de alcance perverso na instauração desse Mandamento no limiar do ato sexual, *E os dois se tornarão uma só carne?* Quero dizer com isso que existe um campo que acaba de se interpor entre nós e o ato sexual — mais precisamente entre nós e o que seria, o que poderia ser essa coisa que teria o nome de ato sexual, na medida em que homem e mulher se validam, um pelo outro. Outrora, antes do acesso a esse ato, houve uma relação autônoma do corpo com alguma coisa que se separou após ter feito parte dele — tendo essa relação fornecido ao campo interposto a sua densidade, restando saber se isso é ou não atravessável.

Esse é o limiar agudo de onde podemos perceber o dado, tão crucial quanto enigmático, do que constitui a lei do ato sexual, a saber, que o homem castrado nunca estreita senão o pedaço que foi separado de seu corpo.

Esse complemento, nunca deixamos de nos enganar com ele, Deus sabe, e o tomamos como *fálico*. Na verdade, ainda não sabemos como designá-lo, mas chamemo-lo de *lógico*.

A ficção de que esse objeto seja outro que não lógico seguramente é uma exigência do complexo de castração. Assim, nenhuma surpresa no fato de que nas regalias bíblicas que encontramos, curiosamente nos pequenos acréscimos às marginálias por rabinos, nos digam que foi a mulher primordial, aquela que estava ali antes de Eva e que eles chamam de Lilith — são os rabinos que dizem, eu não me envolvo nas suas histórias —, quem tomou a forma de cobra a fim de apresentar a Adão, pela mão de Eva, o quê? — a maçã, objeto oral.

Esse objeto, por que aparece aqui? Talvez ele só esteja ali para fazer Adão despertar para o verdadeiro sentido do que lhe aconteceu enquanto dormia. Pelo menos é assim que as coisas são tomadas na

Bíblia, já que nos dizem que foi assim que ele entrou pela primeira vez na dimensão do saber.

Foi justamente graças à psicanálise que pudemos identificar, na dimensão do saber, a natureza e a função do objeto — tudo aqui concentrado na maçã —, ao menos em duas de suas formas principais, oral e anal, e pode-se também dizer que nas duas outras, escópica e vocal, mesmo que o laço ainda não esteja estabelecido.

Esse é o único caminho por onde podemos precisar melhor, e justamente por uma série de efeitos de contraste, o que está em jogo no objeto fálico, o qual eu disse que era preciso primeiramente escrutinar.

24 de maio de 1967

XVIII

Só Existe Gozo do Corpo

O gozo, para além do prazer
O mestre/senhor, o escravo e o gozo
O gozo, manejável a partir do sujeito
Isso de que se goza, goza?
A perversão, cosa mentale

Para aqueles a quem ocorreu retornar aqui hoje, depois de seguir meu ensino por um tempo, devo assinalar o que pude, das últimas vezes, introduzir de articulações novas.

Uma delas, relevante, data de nosso antepenúltimo encontro. Ela consiste em haver designado — designado *expressamente*, direi, pois a coisa não era, para aqueles que me ouvem, inacessível — o lugar do Outro no corpo. Sim, o próprio corpo é, originalmente, o que até aqui e desde o início de meu ensino articulei como lugar do Outro — na medida em que é ali que, na origem, se inscreve a marca como significante.

Era necessário que eu o lembrasse hoje, no momento em que daremos, na lógica do fantasma, o passo seguinte.

1

A lógica do fantasma é capaz de se acomodar a uma certa frouxidão lógica, vocês verão a confirmação disso à medida que avançarmos.

Como lógica do fantasma, essa lógica supõe uma dimensão dita de fantasia, dado que a exatidão não é exigida no início.

Da mesma forma, o que poderemos encontrar de mais rigoroso no exercício de uma articulação que merece esse título de lógica inclui em si mesma um modo de aproximação que comporta não só um crescimento, mas um crescimento melhor na medida do possível, o mais rápido, em direção ao cálculo de um valor exato. É nisso que optamos por nos referir a um algoritmo de grande generalidade, o mais próprio para assegurar a relação de uma incomensurabilidade ideal, por mais simples que seja, por mais espaçada também, para fortalecer o que ele constitui de irracional por seu próprio progresso, a saber, o número de ouro.

Esclareço que, quanto à incomensurabilidade do *pequeno a*, não é apenas para a legibilidade de meu texto que a represento pelo número de ouro, pois aqueles que sabem, sabem que essa espécie de número constituído pelo próprio progresso de sua aproximação é, de fato, toda uma família de números, como se diz, ainda que se possa partir de qualquer lugar, de qualquer exercício de relação, com a única condição, exigida pelo incomensurável, de que a aproximação não tenha termo, sendo ao mesmo tempo perfeitamente reconhecível a cada instante como rigorosa.

Aí está, portanto, a partir do que se trata para nós de apreender o que o fantasma — isso com que somos confrontados na experiência sob essa forma — reflete de uma necessidade.

Formulado em outros termos, esse era o problema que se colocava para um Hegel, mas que, para ele, podia estar contido em um limite simples, aquele que constitui a certeza incluída na consciência de si. Dadas certas condições que evocarei daqui a pouco, que são condições de história, Hegel encontrava-se, de fato, na situação de poder se permitir pôr em questão a relação entre a certeza de si e a verdade, indicar precisamente que a certeza de si não contém em si mesma a sua verdade e, desse modo, concluir todo um processo pelo qual a filosofia é exploração do saber, introduzindo aí o *telos*, o fim e a finalidade, de um Saber absoluto.

Encontramo-nos incapazes de simplesmente retomar a fórmula, temos que complicá-la. A verdade com a qual estamos lidando tem a ver com esse ato, o ato sexual, pelo qual a fundação da consciência de si, pelo qual a certeza subjetiva é confrontada com algo que, por natureza, lhe é radicalmente estranho. O que está em questão na experiência psicanalítica é a verdade do ato sexual.

Claro que a importância dessa descoberta só adquire seu relevo para ouvidos que já estejam suficientemente formados na noção da prevalência do significante em toda constituição subjetiva para perceber a diferença que há entre situar o termo *ato sexual* como tal e fazer uma referência vaga à sexualidade — pode-se apenas dizer a sexualidade como função, digamos como dimensão própria a certa forma da vida, especialmente aquela que está mais profundamente enlaçada, entremeada, entrecruzada com a morte.

Isso não é tudo, pois na verdade, a partir do momento em que sabemos que o inconsciente é o discurso do Outro, está claro que tudo o que é da ordem da sexualidade só poderia penetrá-lo sob as espécies desse questionamento — o ato sexual é possível? Existe esse nó definível como um ato em que o sujeito poderia fundar-se como sexuado, ou seja, macho ou fêmea? Onde o sujeito, sendo sexuado em si, ou, se não o é, procede nesse ato a uma operação que possa, mesmo que em seu termo, desembocar na essência pura do macho ou do fêmea? Quero dizer, no desembaraçar, na partilha, sob uma forma polar, do que é macho e do que é fêmea, e isso precisamente na conjunção que os reúne nisso que nomeio como sendo o gozo — termo que não introduzo aqui, neste momento, nem pela primeira vez, uma vez que introduzido ele foi há muito tempo, e especialmente em meu Seminário sobre a ética.

De fato, é exigível que o termo *gozo* seja proferido, e como distinto do prazer, constituindo-se para além dele. O que, na teoria psicanalítica, nos indica isso é uma série de termos convergentes, dentre os quais se destaca o de *libido*, que representa uma certa articulação disso — mas diremos, ao final dos encontros deste ano, em que o emprego desse termo pode ser escorregadio o suficiente para fazer escapar, em vez de as sustentar, as articulações essenciais que tentaremos introduzir hoje.

O gozo tem certa relação com o sujeito, na medida em que, na sua confrontação com o furo deixado em certo registro do ato — o registro eminentemente questionável do ato sexual —, ele é colocado em suspenso por uma série de modos ou de estados que são de insatisfação. Eis o que, por si só, justifica a introdução desse termo *gozo* que também se propõe a nós e especialmente no sintoma, como indiscernível do registro da satisfação. O problema para nós é, de fato, saber a todo instante como um nó, que só se sustenta por mal-estares e sofrimentos, vem a ser justamente aquilo pelo que se manifesta a instância da satisfação suspensa, isto é, o lugar em que o sujeito se mantém, na medida em que ele tende a essa satisfação.

A lei do princípio do prazer, ou seja, a da mínima tensão, não faz senão indicar aqui a exigência desses desvios do caminho por onde o sujeito permanece na via de sua busca, busca de gozo, cujo fim é inteiramente ocultado para ele na sua forma última, na medida em que seu acabamento é tão questionável que se pode também motivar sua articulação a partir desse fundamento: *Não existe ato sexual*, a não ser a partir disso: *Só existe ato sexual*.

Eu quis trazer aqui uma referência que todos sabem que usei por muito tempo, a referência a Hegel.

O processo que ele nomeia como *fenomenologia do espírito*, e que é o da certeza de si mesmo em seus diversos níveis, é suspenso no movimento que, na sua perspectiva, só pode seguramente ser mantido por ser dialético, por uma relação que ele articula com a presença da consciência de si, na medida em que sua verdade lhe escapa. A relação de que se trata é intersubjetiva, o jogo de uma consciência de si em relação a outra consciência de si. Ora, há muito tempo está demonstrado que não é assim, a não ser pela revelação dessa hiância social que faz com que a luta do senhor e do escravo não se resuma ao confronto de uma consciência com outra. Não nos cabe fazer a crítica da gênese hegeliana, pois ela foi feita por outros, especialmente por Marx, que mostrou bem o que ela deixa em aberto e não resolvido. Permanece em suspenso a questão da saída e dos modos dessa dialética.

Que o ponto a que Freud chega e retoma as coisas seja apenas uma analogia da posição hegeliana é algo que já podemos identificar suficientemente no lugar dado por Hegel ao gozo, cujo termo ele introduz da forma a seguir.

É na sequência da luta até a morte das duas consciências, que está no início, que se instauram a posição do senhor e a do escravo. Este que não quis assumir o risco da morte cai, em relação ao outro, em um efeito de dependência que não é menos robusto que todo o futuro da dialética em questão. É então, portanto, após a luta até a morte por puro prestígio que o termo *gozo* intervém. O gozo, nos foi dito, será a partir de então o privilégio do senhor, uma vez que, para o escravo, o caminho traçado será o do trabalho.

Mas olhemos as coisas mais de perto no texto, ainda que tempo me falte para produzi-lo diante de vocês — do que o mestre/senhor goza? A coisa é, em Hegel, muito suficientemente percebida — se, talvez, o senhor goza, não é de forma absoluta, e isso em razão do trabalho do escravo e da relação que ele instaura. No limite, e for-

SÓ EXISTE GOZO DO CORPO

çando um pouco as coisas — o que fazemos às nossas custas, pois, na verdade, a coisa está bem longe de ser assim, voltaremos a indicar isso daqui a pouco — diremos que ele só goza de seu lazer, o que significa "da posição de seu corpo", ao passo que, em contrapartida, está separado de tudo de que pode gozar como coisas; separado por aquele que é encarregado de colocá-las ao seu serviço, a saber, o escravo. Para este, pelo contrário, existe um certo gozo da coisa, na medida em que não só ele a leva até o senhor como deve transformá-la para torná-la aceitável — ponto crucial sobre o qual não tenho que argumentar, pois está suficientemente indicado em Hegel.

Depois desses lembretes, convém questionar com vocês, que eu os faça questionar, sobre o que, em um registro assim, implica a palavra *gozo*.

Nada é mais instrutivo do que a referência ao que se chama de léxico, na medida em que ele se liga a fins tão precários quanto a articulação das significações. *Os termos incluídos em cada verbete —* lê-se em algum lugar numa nota ao prefácio desse magnífico trabalho intitulado *Le Grand Robert — constituem tantas remissões, tantos elos, que deverão desembocar no meio de expressão do pensamento. O asterisco —* vocês podem constatar que, em cada um desses verbetes que preenchem muito bem o programa deles — *o asterisco remete aos verbetes que desenvolvem longamente uma ideia sugerida em uma só palavra.* Por isso, o verbete *gozo* começa pela palavra *prazer* marcada por um asterisco.

Isso é apenas um exemplo, mas não é casual se a palavra nos apresenta seus paradoxos. Vocês também podem estudar a palavra no *Littré*, ali vocês verão que seu emprego mais legítimo varia da versão que indica a etimologia e a conecta à alegria, à da possessão, e disso de que dispomos no último termo, o gozo de um título. Esse termo significa algum título jurídico ou algum papel que representa um valor da bolsa — ter o gozo de algo, dos dividendos, por exemplo, é poder cedê-lo. O sinal de posse é poder desfazer-se de algo.

Gozar de é diferente de *gozar*. Nada melhor do que esses deslizamentos de sentido, na medida em que estão circunscritos na apreensão lexical posta em exercício no dicionário, para nos mostrar a que ponto se referir ao pensamento é o que há de mais impróprio para designar esse ou aquele significante na sua função radical. Não é o pensamento que dá a efetiva e última referência do significante, é a instauração que resulta dos efeitos de sua introdução no real.

É na medida em que articulei de um modo novo a relação da palavra *gozo* com o que está para nós em exercício na análise que essa palavra encontra seu valor último e pode conservá-lo.

Com isso, pretendo hoje lhes fazer sentir o alcance disso no seu ponto mais radical.

2

O mestre/senhor goza de alguma coisa, ainda que seja de si mesmo — *ele é seu próprio mestre/senhor*, como se diz — ou, da mesma forma, do escravo.

Mas do que, no escravo, ele goza? Precisamente de seu corpo. Lê-se nas Escrituras: *O senhor diz "Vá"!, e ele vai.*

Eu me permiti escrever mais ou menos: se o mestre/senhor diz *Goza!*, o outro só pode responder com esse *Ouço!** com o qual me diverti. Em geral, não me divirto ao acaso — isso quer dizer algo, que poderia ser igualmente destacado por alguém entre aqueles que me ouvem — lamento não recolher nada mais com maior frequência, o que me força a fazê-lo eu mesmo.

Isso de que se goza — ou seja, esse gozo, se ele existe, que se inaugura no [*Eu*], na medida em que ele detém —, aquilo goza? Parece que está aí a verdadeira questão. De fato, está claro que o gozo não é de modo algum o que caracteriza o mestre/senhor. Aquele que é, na Cidade, marcado pela função de mestre/senhor, tem mais o que fazer além de se abandonar ao gozo. O domínio de seu próprio corpo — pois não se trata apenas de lazer — só se adquire e se conserva por meio das mais rudes disciplinas. Em todas as épocas da civilização, aquele que é mestre/senhor não tem tempo de se deixar levar, mesmo nos seus tempos livres.

Sem dúvida, é preciso introduzir aqui uma tipologia, mas o tipo de senhor antigo não é de uma ordem tão puramente ideal que não tenhamos referências disso — está suficientemente escrito nas margens do primeiro discurso filosófico para que se possa dizer que Hegel nos dá um testemunho suficiente disso.

---

* Em francês há um jogo de palavras, entre *Jouis* (goza) e *j'ouïs* (ouço). (N. T.)

A questão que se coloca agora diz respeito ao escravo — por que o gozo não ficaria em suas mãos? Isso seria, afinal de contas, apenas justiça, e estaria de acordo com o primeiro desafio da partida, pois, pelo que acredita Hegel, aquele que cede diante do risco de talvez perder a vida torna-se o escravo. Ora, morrer é de fato o caminho mais seguro para perder o gozo. A esse gozo ele se apega o suficiente para submeter-se e alienar seu corpo.

Uma visão de curto alcance, não se sabe qual fantasma, desejaria que tudo estivesse do mesmo lado, que o buquê completo estivesse em uma só mão. Não é nada disso. Temos mil testemunhos do que caracteriza a posição daquele cujo corpo é colocado à mercê de outro — a partir daí, abre-se para ele o que pode ser chamado de puro gozo.

Da mesma forma, ao seguir alguns indícios que nos fornecem pelo menos o cotejamento disso poderia ser que se apagassem algumas questões que nos colocamos sobre o sentido de certas posições paradoxais, especialmente o masoquismo. Mas, afinal de contas, algumas vezes mais vale que as portas mais abertas não sejam atravessadas imediatamente, pois não basta que sejam fáceis de atravessar para serem verdadeiras.

Portanto, não digo que a condição do escravo seja a mola do masoquismo, longe disso, mesmo que seja possível pensar que ela seja a única a dar acesso ao gozo. Mas, na medida em que podemos formular a questão a respeito, como sujeitos, nunca saberemos nada. O masoquista, que não é um escravo — que, pelo contrário, conforme lhes disse há pouco, é um espertinho, alguém bem forte —, sabe que está no campo do gozo. Todo o discurso que mantenho a vosso dispor progride precisamente no sentido de fazê-los ouvir o que está em jogo para ele.

Para fazer progredir nosso discurso, conviria mostrar que existe mais de uma falha na construção de Hegel, dentre as quais a primeira é a que outrora me foi transmitida na ocasião em que produzi esse nome diante daqueles que então me ouviam. É que, desde antes de falar a respeito do estádio do espelho, eu já havia ressaltado que a luta até a morte por puro prestígio, com a espécie de agressividade que ela inclui, que é de instância e de presença, não passava de um engodo, o que então tornava caduco o ato de se referir a ela como uma articulação primeira.

Torno a apontar de passagem os problemas que a dedução hegeliana coloca e que permanecem em aberto. Há o da sociedade dos senhores — como se entendem entre si? E depois, há o escravo — o vencido, se se faz dele um escravo é, portanto, porque ele não está morto. A luta mortal não pôs a morte em jogo, não teve a morte como resultado. O senhor tem apenas o direito de matar o vencido, e é precisamente por isso que esse último se chamará *servus* — o senhor *servat*, o salva. A partir disso se coloca a verdadeira questão — o que o mestre salva no escravo? Eis-nos conduzidos à questão da lei primordial, do que institui a regra do jogo — aquele que será vencido, alguém poderia matá-lo, e se não o mata, será a que preço?

Com essa pergunta — quem volta a perguntar *qual a consequência?* — entramos no registro da significância. O que está em questão para nós, ao examinarmos a posição do senhor, é determinar as consequências da introdução do sujeito no real e mensurar o que acontece com esses efeitos sobre o gozo.

No âmbito do termo *gozo*, convém colocar certo número de princípios. Introduzimos esse termo sob o modo lógico do que Aristóteles chama de *ousia*, uma substância, ou seja, muito precisamente, ao seguir seu livro das *Categorias*, algo *que não pode ser nem atribuído a um sujeito, nem colocado em nenhum sujeito*, algo *que não seja passível de mais ou de menos*, que não se introduz em nenhum comparativo, em nenhum sinal *menor ou maior*, ou *igual*. O gozo é o que marca os traços e os limites do princípio do prazer. É algo de substancial que é importante produzir sob a forma que articularei em nome de um novo princípio: só existe gozo do corpo.

Permitam-me dizer que considero que a afirmação desse princípio como absolutamente essencial me parece de maior alcance ético que a do materialismo. Entendo que essa fórmula tem exatamente o relevo que a afirmação *Só existe a matéria* introduziu no campo do conhecimento. Com a evolução da ciência, basta vocês verificarem, essa maneira se confunde afinal tão bem com o jogo dos elementos nos quais ela é resolvida que, no limite, torna-se quase impossível discernir o que acontece diante de vocês — se esses elementos, *stoïkéià*, são significantes últimos, ou se são os componentes últimos do átomo, têm em si algo de quase indiscernível com relação ao progresso de seu espírito, o jogo de sua busca. E o que pode advir, em último termo, de uma estrutura que vocês não sabem mais, de nenhum modo, relacionar ao que têm como experiência da matéria?

Dizer que só há gozo do corpo e que isso lhes recusa especialmente os gozos eternos, é aí que está em jogo o que chamei de valor ético do materialismo — consiste em tomar a sério o que se passa em nossa vida de todos os dias e, se há questão de gozo, em olhá-la de frente, sem a empurrar para os futuros que se anunciam.

Só há gozo do corpo — esse princípio responde muito precisamente à exigência de verdade que existe no freudismo.

3

Aqui estamos nós, então, tendo deixado inteiramente à sua errância a questão de ser ou não ser — de ser homem ou de ser mulher em um ato que seria o ato sexual.

Contudo, se essa questão domina toda essa suspensão do gozo, devemos também tomá-la eticamente a sério, e elevar a esse respeito o que poderíamos chamar de nosso direito de olhar.

Édipo não é um filósofo. É, para nós, o modelo disso que entendemos como a relação entre o saber e o gozo.

Pelo menos nos é indicado, sob a forma do enigma, que o saber que ele demonstra concerne ao que se passa com o corpo. E, por suas respostas, ele rompe o poder de um gozo feroz, o da Esfinge, que é bastante estranho que nos seja oferecida sob a forma de uma figura vagamente feminina, digamos meio-bestial, meio-feminina. Depois disso, ele acede ao que é sem nenhuma dúvida um gozo. Isso não assegura, no entanto, o seu triunfo, uma vez que, vocês sabem, no momento em que ele entra ali já está na armadilha — quero dizer que esse gozo já o marca, previamente, com o sinal da culpa.

Édipo não sabia do que ele gozava. Coloquei a questão de saber se Jocasta sabia, e até, por que não?, se ela gozava de deixar o Édipo ignorar isso. Digamos: qual parte do gozo de Jocasta responde ao fato de que ela deixa Édipo na ignorância? Eis o nível em que, a partir de então, graças a Freud, se fazem perguntas sérias em relação à verdade.

Ora, o que podemos afirmar agora quanto ao que nos interessa e que foi primeiramente colocado, ou seja, que só existe gozo do corpo? É que o efeito da introdução do sujeito, ele próprio efeito da significância, reside propriamente em colocar o corpo e o gozo na relação que eu defini pela função da alienação, na medida em que ela é coerente com a gênese do sujeito como determinado pelo veículo da significância.

Qual é o fundamento primeiro da subjetividade do corpo? Como articulei diante de vocês há cerca de meia hora, o sujeito se funda a partir de uma marca do corpo que o privilegia, e é isso que faz com que, a partir de então, essa marca subjetiva domine tudo o que estará em questão para esse corpo, que ele esteja ali e não em outro lugar, que seja livre ou não de fazê-lo. Eis, sem dúvida, o que distingue o senhor, porque o mestre/senhor é um sujeito.

E o gozo, em que ponto ele está nisso? Ele é o que cai na dependência dessa subjetivação do corpo. Para dizer tudo, ela é o que se apaga, pois a posição do mestre/senhor é, originalmente — é isso que Hegel entrevê — renúncia ao gozo. Há a possibilidade de envolver tudo na colocação em jogo da livre disposição ou não do corpo, não só do seu próprio, mas também do corpo do outro. E esse outro não é apenas um corpo, é o conjunto dos corpos, a partir do momento em que se introduz o jogo da luta social. Por esse único fato, com efeito, as relações dos corpos caem sob o domínio de algo do significante que também se chama lei. Pode-se dizer que essa lei está ligada ao advento do senhor, mas apenas se entendemos com isso o advento do Senhor absoluto, ou seja, da morte, tornada sanção legal.

O corpo e o gozo são dois termos que só existem um a partir do outro. Se a sua separação, sua divisão é aquilo por onde se introduz o sujeito como efeito de significância, então nós temos, como analistas, que nos colocar a questão sobre como o gozo é manejável a partir do sujeito. A resposta nos é dada pelo que a análise descobre como sendo a aproximação da relação do sujeito com o gozo, no campo do ato sexual, ou seja, anulação do gozo que é, como tal, a mais imediatamente interessada na conjunção sexual, o que a análise chama de *castração*, e aparição do que chamei de *valor de gozo*.

Se essa resposta não resolve nada, ela nos explica, no entanto, como se dá que a forma legal mais simples e clara do ato sexual, instituído em uma formação regular que se chama de casamento, seja na origem privilégio exclusivo do senhor, em oposição não apenas ao escravo mas, como sabem se tiverem visto um pouco de história romana, mesmo em oposição à plebe. Não tem acesso à instituição do casamento quem quer, apenas o senhor/mestre.

Da mesma forma, todos sabem — instruídos, meu Deus, pela experiência, para o que esse casamento, colocado a partir de então ao alcance de todos, ainda arrasta atrás de si alguns despedaçamentos — que isso não é automático. Se vocês lerem Tito Lívio, verão que houve uma época não tão tardia na República em que as damas romanas, aquelas que eram realmente marcadas pelo verdadeiro *conubium*, envenenaram seus maridos durante toda uma geração, com um alcance e uma perseverança que deixaram alguns vestígios nas memórias. Não sem razão. É preciso acreditar que a instituição do casamento, para que funcione no âmbito dos verdadeiros senhores, deve levar consigo alguns inconvenientes, que não estão só ligados ao gozo, pois esses pequenos incidentes resultavam antes do caráter acentuado do furo situado nesse âmbito, pelo fato de que o gozo não tem nada a ver com a escolha conjugal.

O ato sexual sexuado só nos interessa, a nós analistas, nesse âmbito em que, precisamente, o gozo está em causa. Como lhes lembrei da última vez, Deus não negligenciou o cuidado com isso. Basta que a mulher entre no jogo de ser esse objeto fálico que o mito bíblico nos designa tão bem para que o homem seja pleno — o que significa perfeitamente enganado, ou seja, que ele só encontra seu complemento corporal, enganado a ponto de só encontrar a sua própria carne. Nada de surpreendente, a partir de então, em que haja aí uma só carne, pois é a sua.

Para que haja sorte, sim ou não, em um ato sexual, é preciso justamente que essa operação de engano não se produza — eis o que a análise descobriu.

Em outras palavras, um ato sexual — é sua característica — só se estabelece como tal se houver falta de gozo em algum lugar.

Mas então o que acontece com o gozo, o gozo em função terceira?

4

A resposta a esse questionamento nos foi dada por outra abordagem, que é exatamente inversa a esta. Esta é um passo, uma transposição, dado no sentido do ato sexual, uma certa progressão lógica; o movimento inverso se chama, por causa disso, *regressão*.

É aqui que nosso algoritmo pode nos servir, na medida em que ele confronta o *a* com o 1.

O *a* pode se voltar, conforme já desenhei, para o interior, no 1 do segmento mediano, ou seja, do campo do Um, deixando como resto a diferença $(1 - a)$, igual a a^2. Esse movimento que progride da esquerda para a direita evoca a primeira abordagem.

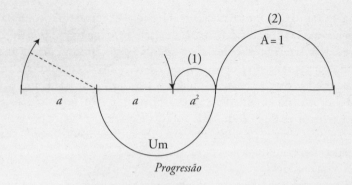

Outra maneira de tratar a questão nos foi sugerida pela função do Outro. O 1 do campo do Outro se vira para trás para vir aqui se sobrepor ao segmento mediano — em um movimento inverso do anterior, ou seja, da direita para a esquerda, representando a regressão — e acrescentar-se ao *a* que está aqui em questão e que, dessa vez, não se volta, deixando sempre entre si e o A o intervalo do Um. Como não ver, de fato, que o lugar topológico do gozo nos é indicado pelo fato privilegiado que faz o valor de nosso algoritmo, a saber, que $1/a$ é igual a $(1 + a)$?

No caso do escravo, como saber o que acontece com o seu gozo, dado que ele é privado de seu corpo? Como saber senão, precisamente, ao situá-lo no que de seu corpo deslizou para fora do domínio subjetivo? O fato de que seu corpo vai e vem ao capricho do senhor/mestre deixa, no entanto, preservados esses objetos que nos são dados como surgidos da dialética significante, esses objetos que são o seu desafio, mas também a falsificação; esses objetos tomados nas fronteiras, esses objetos que funcionam no plano das bordas do corpo.

Não preciso lhes lembrar, no que diz respeito ao oral e ao anal, que esses objetos estão no registro da demanda, e que a dialética da neurose nos fez conhecer — o que não impede que tenhamos ainda que voltar a isso, e várias vezes, para melhor definir o que faz seu preço e seu valor, sua qualidade de exceção. Há também esses dois outros, menos conhecidos, o olhar e a voz, que vêm de um registro superior, mais íntimo em relação à demanda — o do desejo. Todos esses objetos não poderiam de modo algum ser tomados pela dominação, qualquer que fosse, do significante, ainda que fosse inteiramente constituída no âmbito social, passando ao posto de domínio social — esses objetos escapam de sua natureza.

SÓ EXISTE GOZO DO CORPO

O que dizer? Onde está o gozo? A questão que importa, eu a trouxe para vocês há pouco: isso de que alguém goza, será que goza também? A crença do escravo, de que o senhor goza, enganou Hegel. Mas é apenas para o escravo que existe o gozo do senhor/mestre, e esse é apenas gozo suposto. O real do gozo, algo disso só pode existir ao nível do escravo. É aí que se deve colocar a questão do gozo, aí, nesse lugar, na margem do campo de seu corpo, que é ocupada pelos objetos cuja lista acabo de lhes lembrar. Ninguém pode tirar do escravo a função de seu olhar, nem a de sua voz, nem a do que acontece com a função da aia que a Antiguidade nos mostra tão frequentemente assegurada à sua condição, nem do que ele é na sua função de objeto deformado, de objeto de desprezo. É nesse âmbito que se coloca a questão do gozo, que é mesmo, como veem, uma questão científica.

Ora, o perverso, é isso que ele é — um objeto deformado, um objeto de desprezo. Ele está em busca desse ponto de perspectiva sobre si mesmo, na medida em que está ali o que pode fazer surgir a tendência do gozo. Mas ele o busca de maneira experimental. De fato, ao mesmo tempo em que tem uma relação mais íntima com o gozo, a perversão é, como o pensamento da ciência, *cosa mentale*, conforme diz Leonardo sobre a pintura — é uma operação do sujeito, que, tendo localizado perfeitamente o momento de disjunção em que o sujeito rasga o corpo do gozo, sabe também que nem todo o corpo foi tomado no processo de alienação, e que o gozo não se tornou totalmente gozo alienado, mas que resta em algum lugar uma chance de que algo tenha escapado dele. E é a partir desse ponto, do lugar do *a*, que o perverso questiona o que acontece com a função do gozo.

Os psicanalistas não captam isso senão de maneira parcial. Não direi que eles adotam a perspectiva do perverso, pois pode-se realmente dizer que não entendem nada ali. Não houve um, recentemente, para colocar a equação seguinte segundo a qual o perverso não poderia ser ao mesmo tempo sujeito e gozo e que, na medida em que era gozo, não era mais sujeito? Não, o perverso permanece sujeito durante todo o tempo que dura o exercício do que ele coloca como questão ao gozo. O gozo que ele visa nessa questão é o gozo do Outro, na medida em que ele mesmo, o perverso, é, talvez, o único resto desse gozo, mas é por uma atividade de sujeito que ele se coloca.

O que isso nos permite reconstituir só pode se dar se percebermos, por exemplo, que os dois termos que enlaçamos no chamado sadomasoquismo só têm sentido quando considerados como pesquisas na direção do que é o ato sexual — ou, ainda, que falar de *relações sádicas* entre essa ou aquela vaga unidade do corpo social só tem sentido e interesse ao figurar algo das relações entre o homem e a mulher. Vocês verão da próxima vez que, ao esquecer o que essas relações têm de fundamental, deixamos escapar todo meio de apreender o que está em questão no sadismo e no masoquismo, o que também não quer dizer que esses dois termos figurem minimamente relações comparáveis àquelas entre macho e fêmea.

Um personagem — de incrível ingenuidade, devo dizer — escreve em algum lugar esta verdade: que *o masoquismo não tem nada de especificamente feminino*. As razões que ele dá são deste nível: se o masoquismo fosse feminino, isso significaria que é natural à mulher ser masoquista; portanto o masoquismo não seria uma perversão — ora, ele o é —, donde, naturalmente, as mulheres não podem ser qualificadas de masoquistas, uma vez que, sendo uma perversão, o masoquismo não poderia ser algo natural. Aí está o tipo de raciocínio no qual alguém atola.

Contudo, certamente isso não se dá sem que uma certa intuição comece a se manifestar desde o início, e venha a se formular nos seguintes termos: uma mulher não é naturalmente masoquista, e por uma boa razão. Se fosse masoquista, tudo o que isso quereria dizer é que ela seria capaz de desempenhar o papel que o masoquista dá a uma mulher — o que, evidentemente, dá um sentido completamente diferente à expressão *masoquismo feminino*. Acontece que a mulher não tem nenhuma vocação para desempenhar o papel que lhe é designado pelo empreendimento masoquista, e é justamente o que constitui o seu valor.

Permitam-me terminar hoje neste ponto, prometendo-lhes que colocaremos, pelo menos é o que espero, alguma ordem e um pouco mais de clareza na questão do masoquismo, que é como a linha de frente do que é posto em causa por essa introdução da perversão.

31 de maio de 1967

XIX

A Questão do Gozo

A relação do sujeito com o corpo
O disjunto do corpo e do gozo
O corpo da mulher, metáfora de meu gozo
Sobre a comédia antiga
Ato perverso e ato neurótico

O que há de comum no que vem sendo chamado ultimamente de os estruturalismos? É o fato de fazer a função do sujeito depender da articulação significante.

Equivale a dizer que esse sinal distintivo pode permanecer mais ou menos elidido e que, em certo sentido, ele o é sempre.

Esse ponto central, sei muito bem que alguns de vocês podem achar que as análises de Lévi-Strauss, há alguns anos centradas no mito, deixam isso justamente em suspenso, que, para ser direto, elas nos deixam diante da seguinte questão: deve-se pensar, afinal, que desde sempre o mel esperava no tabaco a verdade de sua relação com as cinzas?

Em certo sentido, é verdade que o mel esperava etc. e, por qualquer aproximação semelhante, a suspensão do sujeito segue. Isso basta, então, para nos fazer contribuir com o que, contudo, não é uma doutrina, mas apenas o reconhecimento de uma eficácia que parece ser da mesma natureza que aquela que funda a ciência. No entanto, nenhuma classe, nenhuma sequência mínima de características poderia, de modo algum, conjugar em um conjunto as diversas pesquisas que se atribuem a estruturalismos.

Por exemplo a minha, afinal de contas foi apenas como mediador, como aparelho adjuvante, que ela primeiro teve que encontrar o necessário da articulação subjetiva no significante, antes de formular esta articulação — que é como o prefácio de nossa pesquisa, e sem a qual nada poderia ser corretamente pensado em seu campo.

Não sem razão, é porque algo aí foi articulado com uma rapidez excessiva que finalmente nos ocorre hoje produzir o que entendo ser a relação fundamental do sujeito assim constituído com o corpo.

1

O exame da relação subjetiva com o corpo, ao qual chego enfim, deve ter, durante anos, sido por mim descartado, pelo fato de que o simbolismo estava articulado desde sempre, tradicionalmente, como simbolismo corporal, ou seja, de uma forma que carecia do essencial, como acontece, por ser excessivamente precipitada.

Os membros e o estômago — há muito tempo, desde sempre, evoquei no horizonte a fábula de Menenius Agrippa. Não era tão ruim assim. Comparar a nobreza ao estômago é melhor que compará-la à cabeça, e então isso recoloca a cabeça em seu lugar entre os membros. Mesmo assim é ir um pouco rápido demais. Se sabemos disso, é em razão do que está no centro de nossa pesquisa, nós analistas.

Nossa pesquisa, sem dúvida, passa apenas pelos caminhos da estrutura, em outras palavras, das incidências do significante no real, na medida em que ele introduz o sujeito, mas, no seu centro, o que há? É um sinal que apenas possa lembrar isso com essa força no momento em que instalo meu discurso no que posso legitimamente chamar de uma lógica. É, portanto, nesse momento que posso lembrar que tudo, para nós, em nossa pesquisa, gira em torno do que está em jogo no que é preciso chamar por seu nome, a saber, a dificuldade não de ser, como dizia o outro em idade avançada, mas a dificuldade inerente ao ato sexual.

Introduzir a função da dificuldade não é pouca coisa. Existem outras dificuldades que anunciaram a atual. No dia em que a dificuldade de harmonia social adquiriu o nome legítimo de luta de classes, um passo foi dado. A dificuldade do ato sexual pode ter certo peso se nos detemos nisso — quero dizer, se tudo o que temos a articular em nosso campo se centra efetivamente nessa dificuldade.

Por que os psicanalistas preferem se fixar no fato de que colocar a Coisa, *das Ding*, no centro, distribui luzes por toda uma zona?

A QUESTÃO DO GOZO

Suspeito que é, primeiramente, para eles, uma dificuldade lógica —
fora uma coisa que terei de assinalar daqui a pouco. Poderíamos, a
esse respeito, tomar como indicativo o fato de que a instituição do
casamento se revela cada vez mais — eu não diria sólida, é bem mais
do que isto — resistente, cujo direito de articular é dado em nossa
sociedade, em todas as aspirações, como dizem os psicólogos, em
direção ao ato sexual.

Se aconteceu de algo ter sido transposto no esclarecimento da
dificuldade de harmonia social pela noção de luta de classes, é absolutamente surpreendente que as sociedades que vieram da sua prática
não tenham se mostrado especialmente mais abertas ao direito de
se articular aspirações em direção ao ato sexual. O casamento mos-
tra-se aí — não direi mais resistente, não há ao que resistir — mais
instituído que alhures. De todos os campos em que as aspirações se
articulam sob mil formas eficazes — campos da arte, do cinema, da
fala, sem contar o do grande mal-estar neurótico da civilização —,
o casamento, claro, permanece no centro, sem ter se movido — não
mudou nem uma polegada em seu estatuto fundamental.

Esse estatuto é, a saber, que essa instituição, para resumi-la, está
calcada nessa única enunciação uma vez pronunciada: *Tu és minha
mulher*. Esse é o exemplo do qual me servi outrora para indicar a
estruturação da mensagem em si mesma. Esse anúncio nem precisa
ser duplicado por outro, o que torna quase puramente formal que
se pergunte a ela, essa mulher, se está de acordo. Nisso se sustenta a
inauguração — sob todas as formas em que essa instituição persiste,
pelo menos por ora — do que chamaremos de um casal, definido
como produtor.

Isso não quer dizer que se trata apenas do casal, pois é o par sexual
que é, evidentemente, exigível aqui. Da mesma forma, o produto de
que se trata não é apenas o rebento biológico, a criança reduzida a ser
o efeito da função de reprodução. É isso que designamos como esse
pequeno a que interrogamos desde sua entrada no ato sexual, do qual
ele é o produto já no início, e não apenas quando vem a ser como um
rebento biológico.

O *pequeno a*, como lhes disse, vocês podem identificá-lo grosseiramente — se quiserem situá-lo em suas categorias filosóficas — com
esse resíduo a que chegou, em última instância, a tradição filosófica.
Após ter levado até sua perfeição o isolamento da função do sujeito e
ter tido que, para além disso, permanecer calada, ela estava por um

triz de nos dizer adeus e nos acenar — *Bye-bye, avancem agora sobre as ondas do que me sucede, avancem nesse mundo em que vocês estão um tanto imersos, esse mundo que se agita e vai lançar a última de suas contradições.* Isso começa, aliás. Mas eis que, nesse preciso momento, ela lhes indica, mesmo assim, que desse benefício dialético ao qual estava prometida a ordem total, o Saber absoluto, fica um pequeno resíduo, que se chama *Dasein*.

Esse é o único ponto que nos liga à tradição filosófica, o único por meio do qual permanecemos em continuidade com ela. Esse resíduo de presença como ligado à constituição subjetiva, nós o recolhemos de próprio punho, nós o encontramos como o subproduto do que havia permanecido oculto na dialética do sujeito, a saber, que essa tem a ver com o ato sexual.

Esse resíduo subjetivo já está ali antes mesmo que seja posto em jogo no ato sexual e que se coloque a questão de saber de que modo vai fazê-lo. O discurso humano — se está estruturado de modo a deixar hiante a possibilidade mesma da instauração subjetiva implicada no ato sexual — já produziu, não em cada sujeito, mas no âmbito de seu efeito subjetivo em si, essa chuva, esse escoamento de resíduos que acompanha cada um dos sujeitos envolvidos no processo. Esse resíduo é, afinal de contas, por mais parcial que seja na sua essência, a junção mais segura do sujeito com o corpo. Foi através dessa abordagem — acho que vocês se lembram disso — que já tratamos do *pequeno a*.

O *a* certamente se apresenta como corpo, mas, ao contrário do que se diz, não como o corpo total. Ele se apresenta como queda do corpo, como desgarrado em relação ao corpo do qual depende. Ele depende disso segundo uma estrutura que deve ser mantida, se quisermos compreendê-la, e só podemos compreendê-la nos referindo ao que faz dela o centro. Esse centro, qual é? Certas indicações nos permitem entrevê-lo, como esta — eu fui o primeiro a dizer isso — de que todas as incidências do que chamo de objetos *a* estão ligadas, não digo ao ato sexual, mas, mesmo assim, a algo que se destina a ele e ao redor do que ele gira inteiramente — é, a saber, o que é chamado de *prematuração*.

Na verdade, não se trata apenas da prematuração biológica, mas do fato de que ela inclui uma invocação ao ato, uma tentativa esboçada nesse sentido, um apelo feito ao corpo na direção do lugar do ato. *Pré-puberdade*, nos dizem. Trata-se, efetivamente, da primeira manifestação vinda do corpo prematuro para indicar o futuro e o horizonte do ato. Por si só — mas não sem se inscrever em toda uma circunstância social de repressão e de apreciação, ou, pelo menos, em todo um conjunto de referências discursivas, de demanda e de desejo — ela pré-forma o sujeito como *a*. Sendo o ato sexual o ponto central da dificuldade cujo subproduto é o sujeito, é ele que o faz chegar à dificuldade mesma.

A carência dos psicanalistas em relação à sua tarefa — carência que, por ser relativa, não é menos radical —, a que se relaciona? Talvez — digo talvez — ao fato de que, em relação ao ato sexual, eles mesmos não estão envolvidos no caminho de experimentar a dificuldade deste ao extremo.

De fato, se a psicanálise didática, claro, é mais do que exigível entre eles para, digamos, cicatrizar os efeitos do acaso, como se dá para cada um, isso não significa que essa dificuldade constitua em si mesma o fato de passar por ela. Uma vez ultrapassado o momento da limpeza — chamem-no como quiserem —, da purificação prévia, é bastante cômodo voltar para as suas pantufas, que não são o lugar escolhido do ato sexual — independente do que se diga a respeito.

Certamente, já é um acesso estar em condições de pensar o desejo — vocês vão achar que estou lhes dando uma palavra de ordem, pensar o ato sexual?

2

Vocês notarão isso se se lembrarem do modo como o introduzi: um ato não precisa ser pensado para ser um ato.

A questão que se coloca é saber se não é pelo fato de não ser pensado que se trata de um ato, mas não irei mais longe nesse sentido, que favorece demais os semblantes de ato.

A realização de um ato não é cômoda, mas é certo que só se pode pensá-lo depois — supondo-se que seja necessário pensá-lo. É da natureza do ato que seja necessário primeiramente cometê-lo, o que talvez não exclua que ele seja pensado. Isso significa dizer-lhes que, quanto ao ato sexual, partir, como fazemos, da dificuldade que haveria em cometê-lo não lhes coloca ao alcance das mãos esse tempo posterior, que seria necessário para pensá-lo.

Retomemos no plano mais básico o modo como isso se coloca. Se é um ato, a constituição em ato de um significante, a partir de alguma moção, diremos, invocando ali apenas o registro do movimento, algo de mensurável na pesagem de um corpo, deve haver aí, se o significante se reduz à mais simples cadeia, essa oposição que em um de meus artigos já inscrevi em duas pequenas placas inesperadas e que traduziremos aqui, cortando o [*Eu*], por estes dois termos: *sou um homem* e *sou uma mulher*.

Enquanto a fórmula de agora há pouco, *Tu és minha mulher*, se inscrevia na estrutura da mensagem de forma invertida, não podemos, em absolutamente nenhum caso, argumentar sobre um laço entre nossos dois termos que justificasse tomarmos um como o inverso do outro. Isso não é absolutamente fabuloso? Precisamos, a partir disso, questioná-los tais como são, ou seja, a total incapacidade em que estamos — isso é articulado em Freud a cada linha, vocês sabem disso — de lhes fornecer algum correlato sobre qualquer coisa — atividade e passividade são apenas substitutos que a cada vez que os emprega, Freud sublinha seu caráter, não direi inadequado, mas suspeito.

Recoloquemos as questões com os dispositivos fornecidos por nossa boa e conhecida tradição do manejo do sujeito, que deve poder ser posta à prova aqui — e, mesmo que não possa servir para nada, o modo como será rejeitada pelo objeto talvez nos instrua quanto a uma propriedade do próprio objeto — por que não sua elasticidade? Nesse âmbito do discurso, notem que o ser macho, para começar, e também o ser fêmea estão exatamente na mesma posição.

Se quisermos encontrar aqui algo de análogo ao que nos trouxe nosso manejo do sujeito, diremos que deve haver aí dois lados, um em-si e um para-… alguma coisa — mas o que se vê imediatamente é que não se trata de modo algum de um para-si, em razão da exigência fundamental do ato sexual, que não pode permanecer para-si, mas não vamos dizer que é para aquele que faz par. É aí que deve nos servir a introdução da função do grande Outro — o que corresponde aqui ao termo oposto ao em-si sobretudo derrapante que corresponde ao ser macho, e mais ainda ao ser mulher, é um para o Outro, ou seja, o que precisamos evocar primeiramente, o lugar de onde a mensagem retorna de modo inverso.

Insiro aqui um pequeno lembrete — que tornarei mais enfático da próxima vez, aqui só posso anunciar de passagem — a essa alternativa, *ou Não penso, ou Não sou*. Estendi o seu alcance ao mostrar que não é simplesmente o da alienação, pois essa já nos permitiu, no primeiro

A QUESTÃO DO GOZO

trimestre, situar tal operação lógica na sua relação com duas outras, que formam com ela uma articulação que questionei à maneira de um grupo de Klein. Em suma, no início desse pequeno retângulo situei a alienação fundamental do sujeito, na sua relação com uma possibilidade que era apenas o lugar marcado do ato sexual, sob a forma lógica da sublimação.

Essa alternativa, escolha sedutora, é o ponto de partida do que é oferecido ao sujeito quando se introduz a perspectiva de um inconsciente, na medida em que ele se constitui da dificuldade do ato sexual. Como se repartem os termos da alternativa? O *Não penso* é seguramente o em-si — o para-si também, se em algum momento ele se manifesta — do ser-macho ou do ser-mulher. O *Não sou* está do outro lado, a saber, do lado do para-o-Outro. O que o ato sexual é convocado a assegurar, dado que ele se funda aí, é o que podemos chamar de um sinal proveniente do *Não penso* em que eu sou como não pensando, para chegar ao *Não sou* ali onde penso como não sendo.

Eis aqui a ocasião de se lembrar do que formulei outrora em um escrito, que *sou onde não penso* e que *penso onde não sou*. De fato, o lugar a que chega o ato pode muito bem ser chamado de *Não sou*, pelo menos é aí, nesse lugar onde *eu não sou, eu, macho, no âmbito da mulher*, que se encena o meu destino, e esse lugar mesmo é o do *Penso*. Quais teriam sido as pretensões dos filósofos ao destacar o *to phronein*, cogito, do *to khairein*, gozo — meu destino se desenrola no plano do *to phronein*. O fato de ter dialogado com Sócrates nunca impediu ninguém de ter obsessões que façam cócegas, que perturbem fortemente seu *to phronein*.

O passo seguinte nos é fornecido pela função da mensagem, motivo pelo qual a lembrei. É um fato que, imprudente e sem saber absolutamente o que digo, eu me anuncio como sendo homem ali onde não penso e que faço isso na forma invertida do *Tu és minha mulher ali onde não sou*. Ainda assim isso tem o interesse de dar à mulher a possibilidade de se enunciar também. É o que exige que ela esteja ali como sujeito — pois sujeito ela se torna, ela como eu, a partir do momento em que se enuncia. Esse encontro que se dá sob a forma pura da mensagem — ainda mais pura, insisto nisso, que não se saber absolutamente o que se diz — coloca em primeiríssimo plano a função do sujeito no ato sexual. É mesmo como puro sujeito que nos apercebemos do fundamento desse ato. Esse puro sujeito se situa na junção, ou melhor dizendo, na *disjunção* do corpo com o gozo. É um sujeito na medida dessa disjunção.

Como se vê melhor isso? Sabemos por tradição. Eu evocava há pouco o *Filebo*, em particular, em que o *to phronèin* e o *to kaïrein* são submetidos a essa separação com um rigor que me fazia, no final de minhas últimas férias, recomendar-lhes sua leitura.

Vocês poderiam querer aqui me dizer que afinal de contas podemos prescindir das exigências desse ato, que talvez não precisemos do ato sexual para foder de um modo perfeitamente conveniente. Trata-se, efetivamente, de saber o que, no relevo do ato, exige o sujeito. É talvez dizer pouco dizer que tudo se mantém na oposição dos significantes *homem*, *mulher*, se ainda não sabemos o que eles querem dizer. De fato, não é exatamente na palavra *mulher* que se vê a incidência do sujeito, mas na palavra *macho*.

Gozo, ressaltei, é um termo ambíguo. Ele desliza de um sentido a outro — do sentido que faz dizer que só existe gozo do corpo, que abre o campo do gozo em que vêm se inscrever esses limites severos em que o sujeito se contém das incidências do prazer— nesse sentido em que gozar, disse eu, é possuir, onde está *meu gozo*. Eu gozo de algo, isso que deixa em suspenso a questão de saber se essa alguma coisa, pelo fato de eu gozar dela, goza. É aí, em torno do *meu*, que se situa muito precisamente essa separação entre o gozo e o corpo, à qual eu os apresentei da última vez, ao recuperar essa articulação da *Fenomenologia do espírito*, a do senhor e do escravo, frágil por estar limitada ao campo tradicional da gênese do sujeito.

Minha. Gozo de teu corpo a partir de agora, ou seja, *teu corpo se torna a metáfora de meu gozo*. Hegel, no entanto, não esquece que não se trata de uma metáfora — se eu sou mestre/senhor, meu gozo já está deslocado, ele depende da metáfora do servo. Resta dizer que, para ele, como para isso que interrogo no ato sexual, existe outro gozo, que está à deriva.

Será preciso escrever uma vez mais no quadro, com pequenas barras?

$$\frac{(meu)\ corpo}{?} \quad \Bigg/ \quad \frac{corpo}{meu\ gozo}$$

A metáfora dos gozos

A QUESTÃO DO GOZO 315

O corpo da mulher que é *minha* — minha mulher — é agora a metáfora de meu gozo. O que está ali sob a forma de meu corpo — claro, não penso sequer, inocente que sou, em chamá-lo de *meu* — também terá sua relação de metáfora com outro gozo, e tudo isso vai fundar o ato sexual da maneira mais elegante e mais cômoda. Bem, esse gozo aí está justamente em questão, e é isso que constitui a dificuldade do ato sexual. Trata-se de saber o que ela é.

Vocês vão me dizer: por que é no âmbito da mulher que o gozo provoca questão? Vamos imediatamente dizê-lo, e muito simplesmente. Todos os psicanalistas sabem disso. Eles não sabem necessariamente dizê-lo, mas eles sabem, em todo caso, por isso: é que, homens ou mulheres, eles ainda não foram capazes de articular a mínima coisa que diga respeito ao tema do gozo feminino.

Não estou lhes dizendo que o gozo feminino não possa ocupar essa posição, mas trata-se de desacelerar, de não ir rápido demais e de lhes dizer que está aí a dificuldade do ato sexual.

3

Em se tratando do que chamei de gozo à deriva, da última vez tomei a referência da relação senhor-escravo, que era menos insuportável, que fosse um mito.

Aí, é fácil imaginar que não se trata de uma razão, porque seu corpo é a metáfora do gozo do mestre/senhor, para que o gozo do escravo não esteja sempre ali — tanto mais porque ele, à diferença do mestre/senhor, não cometeu a idiotice de colocá-lo em jogo e em risco. Por que ele não o teria mantido? Por que ele não continuaria sua vidinha, conforme tudo indica?

Se vocês lerem a comédia antiga, se relerem o caro Terêncio, por exemplo, verão que ele não é precisamente um primitivo, que é exatamente o contrário, e que nem se pode dizer que, para ele, as coisas são levadas tão longe que ultrapassam em simplicidade tudo o que podemos cogitar. É mais simples que um filme do sr. Robbe-Grillet, mesmo quando é malfeito. O teatro de Terêncio não é malfeito. Só que nós não percebemos mais do que se trata.

Há uma certa história de *Andrienne*, por exemplo, vocês a leem e dirão: *Meu Deus, que história! Tudo isso porque nos perguntamos se um garoto que tem um pai deve ou não se casar com uma garota de boa sociedade ou da ruim. E no final aquela que é da sociedade ruim revela ser da boa, por causa dessa história eterna de reconhecimentos — e havia sido sequestrada quando pequena, patati e patatá. Que história idiota!* Só que, o que há de incômodo se vocês pensam assim, é que vocês não veem que há apenas uma pessoa interessante em toda essa comédia, e se chama Dave.

É justamente um escravo e é ele quem conduz tudo, ele é o único inteligente entre todas essas pessoas, e nem sequer nos ocorre sugerir que os outros poderiam começar a ser. O pai exerce o papel paterno em um grau de estupidez desejável, um grau realmente redundante. O filho é um pobre fofinho e completamente desgarrado. As garotas em cena, nem sequer as vemos, elas não interessam a ninguém. Mas há um escravo que luta por seu senhor, a ponto de arriscar, de um minuto a outro — está escrito — ser crucificado, e leva o assunto com mestria, vale dizer.

Eis do que se trata na comédia antiga — exceto pelo fato de que isso tem para nós um único interesse, o de nos mostrar o que advém do gozo uma vez que a função do sujeito, ao se introduzir entre o corpo e o gozo, faz com que se produza entre os dois um pequeno movimento de deslocamento, *Verschiebung*.

O gozo próprio a um corpo o define. Um corpo é algo que pode gozar. Só que, aí está, nós o transformamos na metáfora do gozo de um outro. E então, o que se torna o seu? Será que muda? Toda a questão está aí, e não está resolvida — por quê? Mesmo assim, nós analistas sabemos, o que não quer dizer que possamos sempre dizê-lo. Essa é uma observação geral, não vou repeti-la todo o tempo — esse corpo é o lugar do Outro.

Escrevamos isso. Faremos como para o corpo, será mais divertido, parece com as minhas pequenas placas, aquelas de um de meus artigos, nas quais escrevi *Homens* e *Damas*, assim, como vemos na entrada dos banheiros.

Dois corpos e seus gozos

A QUESTÃO DO GOZO 317

Uma pequena placa pode nos servir de corpo. Escrevemos em cima dela certo número de coisas. De fato é essa a função do corpo, já que ele é, conforme lembramos, o lugar do Outro. Então, fazemos a mesma barrinha empregada para o significante a fim de que vocês não se confundam, e abaixo escrevemos G, para dizer *gozo*.

Aqui há um ponto de interrogação, porque este, não sabemos se afinal virá aqui. Não sabemos se o corpo da mulher é exatamente o que o homem afirma, pois ele só faz afirmar, no *Tu és minha mulher*, que o corpo da mulher é seu gozo.

De fato, não há apenas o casal em jogo no ato sexual. Como outros estruturalistas funcionando em outros campos lembraram, a relação entre o homem e a mulher está submetida a funções de troca, o que, da mesma forma, implica a existência de um valor de troca. Para constituir como tal esse valor de troca, é preciso que o lugar em que algo seja de uso esteja afetado pela negação necessária. Aqui, por razões obtidas na constituição natural da função de copulação, a parte necessária à constituição do valor de troca é tomada no gozo masculino, na medida em que ele, sabemos onde está — enfim, acreditamos saber. Há um pequeno órgão que pode ser agarrado. É o que faz imediatamente o bebê, com a maior facilidade.

Aqui, parêntese. Será realmente necessário mostrar-lhes — trouxeram-me um livrinho romântico sobre a masturbação, com figuras, e é algo tão adorável que não acredito que, se o fizer circular aqui, ele voltará para mim. Não sei o que fazer. Deve haver aparelhos para projetar isso. Chama-se *O livro sem título*. Ele tem cerca de vinte figuras que demonstram os estragos que exerce em um infeliz, sobretudo em um infeliz rapaz — vocês sabem o quanto a masturbação tinha má reputação no início do século passado —, os estragos, os horrores, enfim, que isto produz. E tudo isso com um traço, e cores... enfim, ver o infeliz rapaz vomitar sangue... é sublime.

Peço-lhes perdão, isso não tem nada a ver com meu discurso, absolutamente nada. Vai me custar terrivelmente caro, é uma das razões pelas quais eu não queria me separar disso. E é de uma beleza que ultrapassa tudo. Nunca vi nada parecido.

3

Enfim, para ser breve, esse embargo sobre o gozo masculino, na medida em que ele pode ser apreendido em algum lugar, eis o que é estrutural, ainda que oculto, quanto à fundação do valor.

Para que uma mulher — que de todo modo é um sujeito no ato sexual, e direi mais ainda, acabo de articular que não poderia haver ato sexual se ela não estivesse fundada como sujeito — assumir a função de valor de troca, é preciso que ela recupere o que já está instituído como valor e que é o que a psicanálise revela com o nome de complexo de castração.

A troca das mulheres, não estou lhes dizendo que ela se traduz facilmente como troca dos falos — senão, não se vê por que os etnólogos não fariam seus quadros estruturais chamando as coisas pelo nome. Sim, é a troca dos falos, mas na medida em que o falo é o símbolo de um gozo subtraído como tal — ou seja, não o pênis, mas essa parte do corpo negativada que chamamos de falo, justamente para diferenciá-la do pênis. Aí está uma nova metáfora, que vem no lugar do pênis — da mesma forma que a mulher se torna a metáfora do gozo.

Isso não resolve, no entanto, o problema que acabamos de articular. Em outros termos, algo se instaura, um outro processo, o de troca social, fundado no material, como se diz, destinado ao ato sexual — mas isso não deixa menos em suspense o que esse elemento externo, a troca social, nos permite situar, relativo à mulher, na sua função de metáfora quanto a um gozo passado à função de valor.

Isso se expressa em muitos mitos. Não preciso lembrar-lhes Ísis e seu luto eterno pela última parte do corpo cujos membros dispersos ela reuniu. Ressalto apenas, de passagem, que nesse mito extremo a deusa se define precisamente como sendo gozo puro — ainda que, também ela, separada do corpo. Gozo puro por quê? Porque é o que a distingue de uma mortal. Nada do que constitui um corpo em seu estatuto de corpo mortal poderia valer para a deusa.

Isso não quer dizer que os deuses não têm corpo. Apenas, como vocês não ignoram, eles os modificam. Mesmo o Deus de Israel tem um corpo, é preciso ser louco para não perceber isso. Esse corpo é uma coluna de fogo, à noite, e de fumaça, de dia. Isso nos é dito no Livro — o que está em questão aí é, falando propriamente, seu corpo. São coisas que eu teria desenvolvido melhor se pudesse ter feito o Seminário sobre o *Nome-do-Pai*.

A deusa é gozo, é muito importante se lembrar disso. Seu estatuto de deusa é de ser gozo, e ignorar isso é condenar-se a nada entender sobre tudo o que é do registro do gozo. É nisso que *Filebo* é exemplar. Uma réplica do diálogo nos anuncia que os deuses não têm o que fazer com o gozo, pois não seria digno deles. Está aí, se podemos dizer, o ponto frágil no início do discurso filosófico: ter desconhecido radicalmente o estatuto do gozo na ordem dos entes.

Faço esta observação apenas incidentalmente, e para lembrar-lhes o alcance da leitura do *Filebo*. Ela permite localizar com exatidão exemplar o campo limitado no qual se desenvolverá tudo o que diz respeito ao estatuto do sujeito na tradição filosófica. Ela nos permite igualmente perceber o que significa a recuperação das questões que foram isoladas por causa disso.

4

Cá estamos, então, girando em torno da questão do que caracteriza o gozo no ato sexual.

Para introduzir o final de nosso discurso de hoje, convém começar articulando o que se trata agora de enunciar, e escandi-lo com a mais extrema precisão. Diremos que se trata de situar em que medida os atos que colocamos, legitimamente, no registro da perversão concernem ao ato sexual.

Se eles concernem ao ato sexual, é porque o ponto em que se trata do gozo situa-se no corpo do homem — ele pode não estar menos em questão no corpo da mulher, vocês verão, mas em outra vertente —, dado que o modelo que as tentativas de solução perversas deixam aparecer nos é dado na instauração do valor de gozo pela negativação da função de certo órgão, aquele mesmo por meio do qual a natureza, pela oferta de um prazer, assegura a função copulatória. O modo pelo qual ela o faz é perfeitamente acessório e contingente, uma vez que o faz de maneira diferente em outras espécies animais, com garras, por exemplo, ainda que nada possa nos assegurar que haja qualquer coisa nesse órgão que diga respeito ao gozo propriamente.

Para ler isso em nosso esquema — aqui, à esquerda, acima da barra, temos o termo macho, por meio do qual se introduz o valor de gozo, o que faz com que, no âmbito do gozo, esse gozo entre em jogo sob a forma de questão.

Colocar-se a questão sobre o gozo feminino, bem, já é abrir a porta para todos os atos perversos. Mas colocar a questão — e já é grande coisa que possamos fazê-lo —, a própria mulher já tem essa suspeita. Isso não lhe vem diretamente, claro, mas pela reflexão acerca do que introduz nela a falta do gozo que há do lado do homem. De fato, ela só entra no campo da questão do gozo pela via do desejo, que é, conforme ensino, o desejo do Outro, ou seja, aqui, o desejo do homem. Em contrapartida, no homem, a questão do gozo se coloca primitivamente, no fato de que está envolvida desde o início no fundamento mesmo da possibilidade do ato sexual.

Como o homem vai questionar o gozo? Por meio de objetos, desses objetos que chamo de *pequeno a*, na medida em que são marginais e escapam à estrutura do corpo, estrutura que chamo de especular. Aí está a miragem que faz dizer que a alma é a forma do corpo. Isso pode ser retido de tudo o que, do corpo, passa pela alma, é nela imagem do corpo, por meio da qual tantos analistas acreditam poder apreender o que está em jogo em nossa referência ao corpo, daí os vários absurdos que proferem. Pois, precisamente, não é aí que jaz a questão do gozo, mas nessas partes do corpo com estranhos limites que — direi eu, e comentarei essa imagem — enrolam, fazem sínfise. É aí — nessas partes do corpo que chamaremos, em relação à reflexão especular, de partes anestésicas — que se refugia a questão do gozo. E é a esses objetos que se dirige o sujeito macho para colocar a questão que lhe concerne em primeiro plano, a questão do gozo.

É claro que isso que lhes entrego no momento em que estou de saída pode parecer uma fórmula fechada, e é verdade. Pelo menos, seria preciso demonstrar de modo exemplar, e em alguns desses objetos maiores que acabo de evocar, como eles servem de elementos questionadores, o que exige que partamos do que inicialmente articulei da última vez, e ainda hoje, como separação constitutiva do corpo e do gozo.

Eu o farei em nosso próximo encontro, mas começarei a indicar algo disso, a fim de que seus pensamentos se dirijam imediatamente para a via da pulsão, que é erroneamente chamada de sadomasoquista, mas que ainda assim é, com a escopofilia, o único termo de que Freud se serve como um pivô quando tem que definir a pulsão.

A QUESTÃO DO GOZO

O que está em questão no jogo que a pulsão sadomasoquista faz por inteiro está ali, nesse ponto de disjunção marcado por minha sigla ou algoritmo, como quiserem, do S(Ⱥ), a saber, a disjunção entre gozo e corpo. Vou lhes mostrar isso da próxima vez em detalhes, partindo do masoquismo.

O masoquismo questiona a completude e o rigor da separação entre gozo e corpo, e a sustenta como tal. É por aí que ele chega a retirar, como se diz, do campo do Outro o que permanece para ele disponível para um certo jogo do gozo. Ele dá uma solução que não é a via do ato sexual, mas que se dá nela.

Aí está o que nos permitirá situar de modo justo a posição fundamental do masoquismo como estrutura perversa, ao passo que o que comumente se diz a respeito é sempre aproximativo. Como sinto que não lhes disse muito hoje, e porque isso já pode servir para alguns como tema de reflexão, posso desde já indicar-lhes, para já ter articulado em seu tempo, que o campo da posição masoquista é uma referência primordial a ser colocada aqui, que é preciso radicalmente distinguir o ato perverso do ato neurótico. O ato perverso se situa no plano da questão sobre o gozo. O ato neurótico, ainda que se refira ao modelo do ato perverso, não tem outro fim senão o de sustentar o que não tem nada a ver com a questão do ato sexual, ou seja, o efeito do desejo.

Somente ao colocar as questões desse modo radical — e só se pode ser radical se for articulado, se for lógico — poderemos perceber em que o ato perverso é diferente de tudo o que, pelo fato de tomar emprestado de seu fantasma, se parece com ele.

7 de junho de 1967

XX

O Sádico e o Masoquista

O fantasma dá a medida da compreensão
O sintoma e o fantasma
O perverso encontra seu gozo no objeto a
Re-conjugar o gozo e o corpo
A perversão, via de acesso ao ato sexual

Uma análise pode ser interminável, mas um curso precisa ter um fim. A última lição deste ano acontecerá na próxima quarta-feira. Hoje é, portanto, a penúltima.

Optei este ano por não fazer um seminário fechado, dei lugar a pelo menos duas pessoas — peço desculpas se esqueci de alguém — que me trouxeram suas contribuições e talvez, no início desta penúltima aula, haja alguém entre vocês, ou vários, que queiram me dizer talvez sobre o que gostariam, quem sabe?, de enfatizar um pouco mais, iniciar uma retomada para o futuro, seja nesta penúltima aula, seja na próxima. Verei se posso responder ou não. Em suma, se alguns de vocês quiserem agora me dar algumas indicações de seus votos e do que pude deixar-lhes em relação ao campo que articulei este ano sobre a lógica do fantasma, ficaria muito grato.

Bom, a quem dou a palavra? Por outro lado, não podemos demorar. Quem se habilita? [*Silêncio.*] Está animado. Bom, não falemos mais a respeito, pelo menos por ora. Aqueles que tiverem resposta pronta poderão talvez me enviar algumas palavras, meu endereço está no anuário, fica na rua de Lille. Não penso que vocês hesitarão — que eu saiba, sou o único, pelo menos neste lugar, a ser identificado como *dr. Lacan.*

O SÁDICO E O MASOQUISTA

Vou prosseguir pelo ponto em que deixamos as coisas. Como não temos mais muito tempo para finalizar os campos delimitados nas minhas proposições deste ano, vou me esforçar para lhes indicar, do modo mais simples possível, os últimos pontos de referência.

1

Vou tentar fazer de modo simples. Isso pressupõe adverti-los sobre o que essa simplicidade pode querer dizer.

O termo *lógica do fantasma* é suficientemente justificado pelo fato de que vou uma vez mais enfatizar hoje que o fantasma é, de maneira bem mais estreita do que todo o resto do inconsciente, estruturado como uma linguagem. Afinal de contas, o fantasma é uma frase, com uma estrutura gramatical, o que parece indicar a articulação de sua lógica.

Isso significa, em primeiro lugar, colocar certo número de questões lógicas. Algumas, como por exemplo a relação do sujeito do enunciado com o sujeito da enunciação, por mais simples que sejam, não foram muito frequentemente articuladas, à parte as minhas articulações — não digo que foram comentadas pela primeira vez por mim, mas pela primeira vez por mim no campo analítico. Desse modo lhes dei uma indicação do sentido no qual poderia se desenvolver no futuro, de maneira mais plena, mais articulada, mais sistemática, essa lógica do fantasma, da qual considero apenas ter aberto o sulco.

Esse primeiro desemaranhado nos indicou que essa lógica do fantasma, em algum lugar, se insere e se suspende na economia do fantasma. É exatamente por isso que, ao final deste discurso, introduzi o termo *gozo*. E o fiz acentuando que ali está um termo novo, pelo menos na função que lhe atribuo.

Gozo não é um termo que Freud tenha colocado em primeiro plano na sua articulação teórica. Que meu ensino possa, em resumo, encontrar seu eixo a partir da fórmula *fazer valer a doutrina de Freud* implica justamente em que se inicie tal função, tal referência, que é, de certo modo, delimitada, exigida, implicada por essa doutrina. Fazer valer Freud é fazer o que sempre faço: começar por devolver a Freud o que é de Freud, como se diz, o que não exclui algum outro compromisso, como por exemplo o de valorizá-lo em relação ao que ele indica, ao que ele implica, na relação com a verdade. Direi até que, se algo assim é possível, é precisamente na medida em que nunca deixo de devolver a Freud o que é de Freud, em que não me aproprio disso.

Aí está um ponto que tem a sua importância, e talvez eu tenha tempo de voltar a isso no final. É bastante curioso ver que, para alguns, é ao se apropriarem — quero dizer, ao não devolverem a mim — do que nas suas formulações devem muito claramente a mim, todos podem perceber, que eles se veem impedidos de dar o passo seguinte por si mesmos, algo que, em diversos campos, seria, no entanto, muito fácil de fazer imediatamente. Infelizmente, deixam para mim essa tarefa, para se desesperarem logo depois, como se ouve, dizendo que lhes tirei o doce da boca.

Então, abordemos essa função do fantasma, e primeiramente para dizer apenas, como ponto de partida mesmo de nossa questão, coisa que salta aos olhos, que se trata de algo fechado. Em nossa experiência, ele se apresenta nos sujeitos como uma significação fechada. Os sujeitos que, para nós, o suportam mais comumente, de modo costumeiro, são os neuróticos.

Essa coisa fechada, portanto, deve ser situada em duas posições nos primeiros esquemas que lhes forneci este ano — e aos quais os aconselho a se reportar quando tiverem reunido o que puderam tomar de mais ou menos extenso como anotações, o que lhes permitirá também apreender o caminho que terá sido percorrido.

Na primeira dessas posições, encontramos o termo correlativo à escolha do *Não penso*, na qual o [*Eu*] se constitui justamente por vir à parte, por assim dizer, na estrutura gramatical, ao se inscrever nela como entalhado pela negativa. No exame exemplar que ele fez do fantasma, não do *Bate-se numa criança*, mas para ser estrito, de *Uma criança é espancada*, conforme ele escreve em alemão, Freud percebe fortemente que o fantasma aparece como uma frase gramaticalmente estruturada, *Ein Kind wird geschlagen* — quer dizer que ele se inscreve no âmbito do *Não penso*.

O *Não penso* é o único termo possível a escolher, a escolha forçada, da alternativa alienante que se formula como *Ou Não sou, ou Não penso*. Mas, como lhes disse, se a estrutura do *Não penso* é a única que nos é oferecida, é na medida em que pode ser chamada a desvelar a outra, a rejeitada, aquela do *Não sou*. Nesse campo, é a *Bedeutung* inconsciente que vem correlativamente incidir no campo do [*Eu*] que é como não sendo.

A *Bedeutung* de que se trata é precisamente essa significação fechada de que falávamos. Ela escapa, no entanto é ela que, por assim dizer, dá a medida da compreensão, a medida aceita, a medida recebida — é ela, essa intuição, essa experiência que é interpelada quando se mantêm esses discursos de falso-semblante que apelam à compreensão como oposta à explicação, santidade e vaidade filosóficas, o sr. Jaspers em primeiro plano. O ponto das entranhas que ele mira em vocês para fazê-los acreditar que, de tempos em tempos, vocês compreendem coisas é essa pequena coisa secreta, isolada, que vocês têm por dentro de si, sob a forma do fantasma. Vocês acreditam que entendem quando ele desperta em vocês a dimensão do desejo.

Aí está, muito simplesmente, o que está em questão no que é chamado de compreensão. Lembrar isso tem aqui sua importância, e se o digo não é porque em média, considerando todos vocês, digo a maioria, vocês são um pouco neuróticos nas bordas. O fantasma lhes dá a medida da compreensão, precisamente por esse aspecto de despertar em vocês o desejo — o que não é fazer coisa nenhuma, pois é isso que centra seu mundo.

No entanto, isso não é uma razão para imaginarem que entendem a perversão, cuja estrutura é fornecida apenas pela lógica do fantasma. Não imaginem que, para o perverso, o fantasma desempenhe o mesmo papel. Como estou tentando explicar, o que o perverso faz enraíza-se nisso que só poderia ser definido com relação ao ato sexual — termo que introduzi e que também é novo, em razão da ênfase que lhe dei.

Entre o gozo envolvido na perversão e a dificuldade, ou o impasse, do ato sexual, há termos a serem diferenciados e articulações a serem feitas. Se lembrei o exemplo de *Bate-se numa criança*, é porque ele nos apresenta o fantasma tal como nos é dado em estado fechado. No texto freudiano, o fantasma de que se trata é estritamente esta fórmula, *Ein Kind wird geschlagen*. Não é porque ela tem uma configuração cuja articulação vocês podem apontar, para transpô-la para a economia do gozo perverso, fazendo os termos de uma corresponderem aos da outra, que essa articulação e essa economia são de algum modo da mesma natureza.

Em apoio a essa indicação, destacarei imediatamente o ponto crucial contido em uma observação de Freud que não é difícil recolher de passagem nesse texto tão claro. É, a saber, que o fantasma em questão — para tomá-lo a fim de fixar nossa atenção — não tem uma especificidade tão grande nos casos de neurose em que ele o encontrou, não está ligado especificamente a essa ou àquela neurose. Aí está algo que merece reter nossa atenção por um instante.

De fato, no âmbito dos sintomas, do que eles significam, ali não se pode dizer que a coisa se arranje da mesma forma, que seja a mesma coisa na economia de uma neurose ou de outra. A esse respeito, mesmo que eu pareça surpreender aqueles que confiam em mim ao virem fazer supervisão comigo, eu me oponho fortemente diante deles ao uso de termos como, por exemplo, o de estrutura histero-fóbica. Por que isso? Nunca será demais repetir: o sintoma representa uma estrutura, e não são a mesma coisa uma estrutura histérica e uma estrutura fóbica. Elas não estão mais próximas entre si do que da estrutura obsessiva.

Aqui está o ponto marcante. Contrariamente ao sintoma, conforme nos indica Freud, um mesmo fantasma pode passear em duas estruturas muito diferentes.

Outro ponto — leio Freud por ora, repito-o — é que o fantasma tem o privilégio de ser mais inconfessável do que qualquer coisa. Poderíamos nos deter longamente nessa palavra, *inconfessável*, que inclui muitas coisas — digamos, para ficar no âmbito da abordagem grosseira que é a do ano de 1919 em que isso foi escrito, que o fantasma está apenso ao sentimento de culpa como uma cereja a um pedúnculo, e que Freud se detém aí para colocá-lo em relação com o que ele chama de cicatriz, a do complexo de Édipo.

Isso nos permite dizer que, pelo modo como surgiu em nossa experiência, o fantasma participa do aspecto experimental do corpo estranho.

Somente em razão de verdadeiros saltos teóricos feitos por Freud é que fomos levados a pressentir que a significação fechada do fantasma tinha relação com alguma outra coisa, bem mais passível de ser desenvolvida, bem mais pródiga de virtualidades, que se chama propriamente perversão.

Mas não é porque Freud deu esse salto tão rapidamente que não devemos reconsiderar as devidas distâncias que existem entre o fantasma e a perversão.

Cabe-nos agora restabelecer sua justa relação, e nos perguntarmos — mesmo assim depois de muita experiência adquirida — sobre o que se passa na perversão.

2

Logo, a perversão, disse eu, se apresenta e se articula como uma via de acesso particular à dificuldade que se engendra no *Projeto* — se vocês colocarem essa palavra entre aspas, ela só está ali como analogia, e só interfere aqui como uma referência a um discurso diferente do meu, digamos, para ser mais exato — do questionamento que se situa no ângulo desses dois termos: *não há, só há,* ato sexual.

Não existe ato sexual, na medida em que somos incapazes de articular as afirmações resultantes disso. Claro que isso não quer dizer que não haja algum sujeito que tenha tido acesso a ele e que possa dizer legitimamente: *sou um homem, sou uma mulher.* Não, somos nós, analistas, que não somos capazes de dizê-lo, e aí está o que é surpreendente.

No entanto, *só* existe esse ato, colocado em suspenso nesse ponto, para explicar o que se chama de perversão.

Contudo, a coisa permaneceu, e continua, ainda, ambígua. Afinal de contas, a perversão poderia estar separada do ato sexual. É o caso quando se trata da perversão no sentido absoluto, no sentido em que Aristóteles, por exemplo, a toma quando descarta do campo de sua ética, como *teras — os monstros estão aí* —, certo número de práticas que talvez fossem, por que não?, mais manifestas, mais visíveis, mais vívidas até, em seu mundo do que em nosso — as quais não se deve acreditar que estejam totalmente ausentes. É, a saber, um exemplo que ele dá de amor bestial, e até mesmo, se bem me lembro, a alusão feita a um tirano de Falera, que gostava bastante de fazer com que algumas vítimas, fossem elas amigáveis ou hostis, fossem cozidas por certo tempo, numa espécie de mecanismo qualquer, como um guisado.

Claro, para nós isso não é um modelo unívoco, pois na sua ética, como em nenhuma ética da tradição filosófica grega, o ato sexual não tem qualquer valor central, quero dizer, que seja confessado, patente, e que nos caiba ler. Não é a mesma coisa para nós, em razão da inclusão do mandamento judaico em nossa moral.

Com Freud, seguramente, é pela perversão sexual que nos interessamos. A coisa é firme, mesmo que achemos mais cômodo afrouxar suas cadeias sob a forma de referências a qualquer desenvolvimento endógeno, a qualquer estádio, que se pretenda biológico ou não.

O fato é que a perversão só adquire seu valor para nós ao se articular com o ato sexual.

Digo, com o ato sexual como tal, e foi por isso que escolhi esse pequeno modelo da divisão incomensurável por excelência, desse *pequeno a*, o mais extenso a desenvolver sua incomensurabilidade, que se define por $1/a = 1 + a$. Isso nos permite inscrevê-lo em um esquema sob a forma de um desenvolvimento duplo. Terei de reinscrevê-lo hoje?

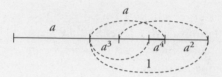

Indicarei apenas que, o segmento da direita sendo 1, há como dobrar sobre ele o segmento da esquerda, de valor a, restando um segmento cujo valor encontra-se, como que por acaso, igual ao quadrado de a, ou seja, a^2 — ele mesmo igual a $(1 - a)$, é fácil identificar isso imediatamente — o a^2, por sua vez dobrado em direção à esquerda, produz aqui um a^3, que se dobra sobre o a^2 anterior, para fazer aqui um a^4 e esse a^4 etc. O processo desemboca aqui em uma soma de potências ímpares que ocorre de ser igual ao a, uma vez que a soma das potências pares se encontra, ao final, como igual ao a — de modo que o que vocês inicialmente viram se projetar no 1, a saber, o a à esquerda, o a^2 à direita, eles se encontram ao final separados de um modo definitivo sob uma forma inversa.

Seria fácil para nós mostrar que esse esquema pode muito bem figurar o que do ato sexual só é realizável sob a forma da sublimação. Esse era o pressentimento de Freud, mas na medida em que esse caminho, com o que ele implica, permanece problemático, eu o excluí este ano.

De fato, dizer que o ato sexual pode se realizar sob a forma da sublimação é desviar-se disso com que temos que nos haver, a saber, toda essa cadeia de dificuldades que surgem estruturalmente e se desenvolvem no campo desse ato, e que incluem uma hiância que permanece ali, a da castração. Correlativamente, é em um caminho inverso àquele que vai até o limite da castração, que se articula o que diz respeito à perversão — é o mínimo que se pode dizer e, nesse

O SÁDICO E O MASOQUISTA

ponto, o voto comum dos autores, pode-se dizer, daqueles que têm experiência nisso, é claro.

O interesse desse esquema reside em mostrar que a medida *pequeno a*, inicialmente projetada no 1, também pode se desenvolver de modo externo, é, a saber, que a relação entre 1/1 + *a* é igual ao *a* — na relação fundamental que designo o *a* — que quer dizer aqui, eu lembrei isso na época, *a*/1.

De que se trata no âmbito da perversão? A questão é saber onde o sujeito dito perverso encontra seu gozo. Bem, pelo fato de que para ele a partição a^2, a^3 e a sequência não se estabelece no 1 — aqui presumido ser o 1 não do ato sexual, mas da união sexual, ou, se quiserem, do pacto sexual —; esse 1 é deixado intacto e o sujeito só pode vir a encontrar seu gozo no âmbito desse irredutível que é o *pequeno a* original.

O que permite conceber o que está em questão ali é que só poderia haver ato sexual, bem como qualquer outro ato, na referência significante. A referência ao significante é a única a poder constituir o ato sexual como ato, seguindo-se a isso que o macho e a fêmea não estão interessados no ato sexual como suas entidades naturais. Pelo simples fato de que essa referência domina o campo do ato sexual, ela não pode, de modo algum, manter aí esses seres em estado de seres naturais, mas os introduz sob a forma de uma função de sujeito. Essa, conforme articulei das vezes anteriores, tem por efeito a disjunção entre o corpo e o gozo.

É aí, no âmbito dessa partição, que intervém mais tipicamente a perversão. Sua tentativa é de reconectar o gozo ao corpo, separados pela intervenção significante. É nisso que a perversão se situa na via de uma resolução da questão do ato sexual. Como lhes mostrei em meu pequeno esquema da última vez, existe no ato sexual, para cada um, qualquer dos dois parceiros, um gozo, o do outro, que permanece em suspense — porque permanece em suspense o entrecruzamento, o quiasma exigível que tornaria de pleno direito de cada um dos corpos a metáfora, o significante do gozo do outro. Disso decorre esse deslocamento que põe, de fato, um gozo na dependência do corpo do outro, por meio da qual o gozo do outro permanece à deriva.

É sobre a dependência de gozo do homem que opera uma retirada que eleva a parte subtraída à função de um valor de gozo. Encontrando-se, então, tomada eletivamente nas consequências da subtração estrutural de uma parte de seu gozo, ele é de fato o primeiro a suportar a realidade do furo introduzido no gozo. É exatamente por isso que, também na questão do gozo, é ele, mais do que a mulher — mesmo que essa questão tenha o mesmo peso para ela —, que pode fornecer soluções articuladas.

Ele pode fazê-lo por causa disso: é da natureza desse Outro que se chama corpo que — ao lado da alienação que é da estrutura do sujeito, ao lado da alienação subjetiva do gozo, quero dizer, da alienação dependente da introdução da função do sujeito que incide sobre o gozo — há uma outra alienação, que duplica a primeira, aquela que está encarnada na função do objeto *a*.

Eurídice duas vezes perdida, por assim dizer, esse gozo que o perverso descobre, onde ele vai encontrar? Ele não o encontrará na totalidade de seu corpo, cujo gozo, por mais perfeitamente conveniente que seja, e talvez exigível, coloca, no entanto, problemas, quando se trata do ato sexual. O corredor pode muito bem experimentar um gozo na sua marcha livre e altiva, mas esse não poderia se comparar de modo algum com o do ato sexual — pela razão que direi.

De fato, mais e melhor que em qualquer lugar, aliás, é no campo do gozo sexual que aparece prevalente — e não por acaso — a submissão do gozo ao princípio do prazer, que é propriamente o limite, o tropeço, o fim colocado a toda forma de excesso do gozo. Ora, são precisamente objetos que, no corpo, se definem por estar de certo modo em relação ao princípio do prazer, fora do corpo. São os objetos *a*. Bem, é aí que o homem, ele muito especialmente — na medida em que, para ele, conforme disse, o complexo de castração já articula o problema —, vai encontrar o gozo perdido.

O *a* é uma coisa ambígua — por mais que seja do corpo, mesmo individual, é no campo do Outro, e não é para menos, pois o sujeito precisa encontrar seu vestígio, e ao fazer dele a petição — digo, nesse campo, porque é ali que se desenha o próprio sujeito.

Por exemplo, o seio. Por estar colado ao corpo materno, agarrado como na superfície, como que parasitariamente, ao modo de uma placenta, resta, contudo, essa coisa que o corpo da criança pode legitimamente reivindicar como pertencente a ela. Esse pertencimento é enigmático, claro. Isso se vê nitidamente quando um acidente da evolução dos seres vivos faz com que, para alguns deles, algo permaneça apenso ao corpo do ser que os engendrou.

O excremento, nem é preciso enfatizar o que ele tem de marginal em relação ao corpo, não sem estar, contudo, estreitamente ligado

O SÁDICO E O MASOQUISTA 331

ao funcionamento desse. Se esse objeto tem tal peso para o sujeito, é também porque ele faz parte desses produtos das suas funções corporais que os seres vivos acrescentam, incorporam ao domínio natural.

Restam os objetos que designei com os termos olhar e voz.

Já articulei amplamente o que implica o fato de que, na relação de visão, continua sempre suspensa a questão sobre o que acontece com a raiz do visível. Essa questão tão simples de articular, a abordagem fenomenológica não é capaz de resolvê-la, tal como prova a última obra de Merleau-Ponty. É porque seria preciso saber encontrar aí a questão do que é radicalmente o olhar.

O olhar não pode mais ser apreendido como o reflexo do corpo, assim como nenhum dos outros objetos em questão pode ser recuperado na alma — quero dizer, na estesia reguladora do princípio do prazer, estesia representativa, em que o indivíduo se encontra identificado a si mesmo na relação narcísica em que ele se afirma como indivíduo. Há uma espécie de pressentimento desse fora do corpo nessa passagem do *Filebo* que lhes pedi que procurassem, em que Sócrates designa, na relação da alma com o corpo, o que ele chama de parte anestésica.

O olhar é um desses restos que surgem apenas no momento em que se concebe o limite que funda o sujeito.

Esse resto que se chama objeto *a*, é ali que se refugia o gozo que não cai sob o golpe do princípio do prazer.

É também aí que o *Dasein* deve ser situado, não apenas o do perverso, mas o de todo sujeito.

3

Para lhes confirmar que é exatamente no *a*, na suposta parte anestésica, que se aloja o gozo, e familiarizá-los com a noção de que a perversão é uma via de acesso a ele, não bastará me referir à estrutura dessas duas posições subjetivas exemplares que são definidas como as do sádico e do masoquista.

Será que preciso evocar o que podemos imaginar, no âmbito mais elementar, sobre a marionete com a qual se realiza o ato sádico? É com a condição de que vocês queiram apreender que não se trata de entender o que essa prática, imaginada ou não, pode ter de emocionante. Comecei por me garantir, e dizer-lhes que vocês estavam mais ou menos vacilantes nas bordas da neurose, é por isso que lhes peço que não se detenham na empatia que pode despertar em vocês o mínimo fantasma dessa ordem — evitar, por exemplo, colocar-se questões sobre a economia da dor no ato sádico, algo sobre o que espero que tenhamos deixado de quebrar a cabeça.

Aquilo com que o sádico brinca é, diremos, o sujeito.

Não farei disso uma prosopopeia, pois já escrevi a respeito um artigo intitulado "Kant com Sade", para mostrar que esses dois estão na mesma linha — eles brincam com o sujeito. Que sujeito? *O sujeito ao gozo*, direi — tal como disse em algum lugar que se é sujeito ao pensamento, ou sujeito à vertigem —, o que introduz uma inflexão que nos faz passar do sujeito ao objeto *a*, que marquei como sendo, do sujeito, o resto.

É no campo do Outro que o sádico opera essa subversão, regulando ali o grau de cócegas, de *titillatio*, como diz Spinoza — dando assim seu verdadeiro nome ao que, desde sempre, os filósofos sentiram como digno de qualificar o que desdenhosamente eles chamavam de relações do corpo com a alma. Por isso o sádico goza do corpo do Outro. Pelo menos, parece gozar dele. Nosso questionamento sobre o gozo deve ser deslocado ao âmbito da questão que formulei em um campo no qual as coisas são menos cativantes, sem dúvida, aquele que representei pela relação senhor-escravo: isso de que se goza, também goza? A relação com o campo do ato sexual, vocês veem bem, é imediata.

Só que o sádico, por sua vez, não sabe o que ele próprio faz como sujeito, não sabe que é a essa questão que ele está ligado como tal, e que se torna pura e simplesmente o seu instrumento. Ele está essencialmente na *Verleugnung*, e pode interpretá-la de mil maneiras, o que não deixa de fazer — desde que tenha, claro, algum poder de articulação, o que foi o caso do marquês de Sade, pelo que seu nome permanece legitimamente ligado à coisa.

Sade continua sendo essencial por ter marcado as relações entre o ato sádico e o que acontece com o gozo, e por haver tentado, de maneira irrisória, articular sua lei, sob a forma de uma regra universal digna das articulações de Kant. Ele o fez nessa passagem célebre: *Franceses, um esforço a mais para sermos republicanos*, objeto de meu comentário no artigo que evoquei há pouco. Ele mostra claramente que a articulação dessa lei não poderia implicar o gozo do corpo total, mas apenas de uma parte do corpo, reparem isso no texto. No Estado fantasmático imaginado por ele, alicerçado no direito ao gozo, cada um seria obrigado a se oferecer a qualquer um cujos desígnios são marcados pelo gozo de tal *parte* de seu corpo, escreve o autor, e isso não é em vão.

Essa parte, refúgio do gozo, o sádico não sabe que é isso o seu próprio *Dasein*, que é isso que realiza a sua essência. Aí está a chave que nos é dada pelo texto de Sade.

Não tenho tempo de rearticular aqui o que resulta, na obra dele, da reclassificação, de um em relação ao outro, do gozo e do sujeito — a saber, o fantasma, imediatamente enunciado por ele, do gozo como levado ao absoluto, e que é deixado sem suporte, exceto ao situá-lo no Outro — muito precisamente nesse 1, o mais à direita em nosso esquema. É para suportá-lo que Sade, apesar de ateu, é no entanto levado a construir uma figura de Deus — a mais manifestamente verossímil, é preciso dizer —, que é a do gozo de uma maldade absoluta.

Esse mal essencial e soberano — acerca do qual a lógica do fantasma é a única a fornecer a noção —, Sade confessa que o sádico é dele apenas o servo, e que ele deve se empenhar em abrir à natureza os caminhos para um máximo de destruição, ou seja, ao mal radical que ela constitui. Mas não esqueçamos que se trata apenas da lógica da coisa, uma vez que as ações efetivas do sádico têm um caráter manifestamente fútil, bufão e sempre miseravelmente abortado. Se lhes indiquei reportar-se a isso como as fontes da lógica desse fantasma, é porque a partir dessa aparência se poderá ver melhor a sua verdade.

Sua verdade é dada propriamente pela prática masoquista.

É evidente aí que, para extorquir, por assim dizer, furtar o objeto *a* do único ponto em que ele é manifestamente alcançável, o masoquista se entrega — deliberadamente — a uma identificação com esse objeto como rejeitado: ele é menos que nada, nem sequer um animal, o animal que maltratamos, e igualmente o sujeito que, de sua função de sujeito, abandonou, por contraste, todos os privilégios. Sua busca obstinada pela identificação impossível com algo que se reduz ao mais extremo do dejeto, é uma construção, para ele, ligada à captação do gozo. Aí está onde aparece — nua, exemplar — a economia da prática masoquista.

Saibamos não nos deter nos versos sublimes de Baudelaire, que humanizam, por assim dizer, essa manobra:

> *Enquanto dos mortais a multidão abjeta*
> *Sob o flagelo do Prazer, algoz horrendo*
> *Remorsos colhe à festa e sôfrega...**

Tudo isso é piada. É o reflexo da dor que incide sobre a lei do prazer. O prazer não é um *algoz horrendo*, ele nos mantém em um limite bastante tamponado para que ele seja o prazer. Quando o poeta se expressa desse modo, é muito precisamente para marcar sua distância do que está em questão, a saber: *Dá-me, ó Dor, tua mão; vem por aqui,/ correndo deles...* Melodia de flauta para nos mostrar os encantos de certo caminho que se obtém por meio dessa dor, invertida desse modo.

Observemos a necessidade de nosso esquema quando lidamos com o masoquismo sexual. O que Reich sublinha — com uma inabilidade que podemos realmente chamar de espantosa — do caráter que ele nomeia como imaginário ou fantasista, *phantasiert*, do masoquismo, e que ele traz como exemplos — tudo isso designa suficientemente, ainda que ele não o tenha apreendido, o que projetamos no âmbito do 1 da direita, o da união sexual, a saber, o gozo absoluto.

De um lado, ele é gozo puro, mas destacado do corpo feminino, conforme evidencia Sacher-Masoch, de forma tão exemplar quanto Sade, por nos entregar todas as estruturas da relação masoquista.

Ele, de fato, é na figura de uma mulher que encarna esse Outro cujo gozo quer furtar, gozo absoluto, mas completamente enigmático. Em hipótese alguma existe a possibilidade de esse gozo proporcionar prazer a ela, à mulher, por assim dizer. Essa é a menor das preocupações do masoquista. É exatamente por isso que, ao se ler as memórias escritas por sua mulher — aquela que é ornada ridiculamente com o nome de Wanda, em *A Vênus das peles* —, percebe-se que, diante das súplicas dele, ela estava tão atrapalhada quanto um peixe diante de uma maçã.

Em contrapartida, esse gozo absoluto, sendo puramente imaginário, como eu já disse, fantasmático — por que quebrar a cabeça com o fato de que seja encarnado ocasionalmente por um casal? É evidente que o casal é aqui necessário pela estrutura desse Outro, na medida

---

* Esses e os próximos versos citados em tradução de Ivan Junqueira para Charles Baudelaire, "Recolhimento". In: *As flores do mal*. Rio de Janeiro: Nova Fronteira, 1985, p. 471. (N. T.)

em que ele não passa da rebatimento[*rabattement*] do 1, ainda não repartido na divisão sexual. Para ser claro, é inútil se cansar entrando em evocações edipianas. É necessário que o ser que encarna esse gozo mítico que referi aqui ao gozo feminino seja, ocasionalmente, representado por dois parceiros pretensamente sexuais, que estejam ali para o teatro, o fantoche, e que se alternam.

Portanto, o masoquista se situa manifestamente, e só pode se situar em relação a uma representação do ato sexual, e define, por sua posição, o lugar em que se refugia o gozo desse ato. É exatamente isso que a coisa tem de irrisória. E não é irrisória apenas para nós, é também para ele, e é preciso que seja irrisória para que ele goze. É por aí que se explica o duplo aspecto do ridículo.

Um lado se dirige para o exterior. Conforme observou o sr. Jean Genet, o sujeito nunca deixa de colocar nas suas encenações uma pequena coisa que marca, não para um público eterno mas para alguém que venha e não se engane com o fato de que tudo isso é truque, até mesmo piada, e que faz parte do gozo.

O outro lado, que se pode chamar de zombaria, está voltado para si. Basta reler *A Vênus das peles* — porque agora está disponível, seguida da admirável apresentação de Gilles Deleuze — para nela encontrar a seguinte passagem. Em certo momento, Sacher-Masoch, que de todo modo era ele próprio um pouco senhor, imagina o personagem de seu romance, que ele forjou como um grande senhor, desempenhando o papel de valete — e, enquanto corre atrás da sua dama, o dito-cujo tem todas as dificuldades do mundo para não explodir de rir, ainda que assuma o ar mais triste possível. Ele não consegue conter o riso sem dificuldade.

Seria preciso ainda destacar aqui o caráter essencial — que também surpreendeu Reich, e que ele explica plenamente — do que chamarei de *lado demonstração* da coisa. Isso faz parte da posição do masoquista. Ele demonstra — como eu no quadro, isso tem o mesmo valor — que só ali é o lugar do gozo. Faz parte de seu gozo demonstrá-lo. E a demonstração não é menos válida por isso. A perversão como um todo, em todas as suas variedades, tem sempre uma dimensão demonstrativa assim. Não quero dizer que ela demonstre para nós. Não, é o perverso que é o demonstrador — é ele quem tem a intenção de demonstrar, não a perversão, claro.

É a partir daí que as questões sobre o que diz respeito ao que chamamos, de modo mais ou menos prudente, de masoquismo moral podem ser colocadas de forma saudável. De fato, antes de introduzir, a cada giro de nossas afirmações, o termo *masoquista*, é preciso antes entender bem o que é o masoquismo no âmbito do perverso. Quando se está na neurose, isso pelo que se está ligado à perversão, já lhes indiquei suficientemente, nada mais é do que o fantasma — que preenche, no interior do campo da neurose, uma função muito especial sobre a qual parece que nunca nos questionamos. É unicamente a partir daí que poderemos dar o devido valor ao que apreendemos como masoquismo, mais ou menos justificadamente, em determinado ponto da neurose.

Fui pego de surpresa. Pelo fato de não poder prosseguir sobre a neurose, o que lhes digo encontra-se literalmente quebrado em dois.

No entanto, consegui articular hoje o que constitui a mola da perversão em si mesma. Da mesma forma, mostrei-lhes que o sadismo não deve de modo algum ser visto como uma reversão do masoquismo.

De fato, os dois, sadismo e masoquismo, operam da mesma forma — com a ressalva de que o sádico opera de modo mais ingênuo, intervindo no campo do sujeito como sujeito do gozo, enquanto o masoquista sabe muito bem que, afinal de contas, pouco lhe interessa o que se passa no campo do Outro — claro, é preciso que esse Outro se preste ao jogo, mas é ele quem sabe o gozo que pretende usurpar.

Com relação ao sádico, ele é, na verdade, servo dessa paixão, da necessidade de colocar sob o jugo do gozo o que ele visa como sendo o sujeito. Mas ele não se dá conta de que, nesse jogo, ele próprio é o tolo. De um lado, ele quer se fazer servo de um poder que está inteiramente fora dele — pelo que, na maioria das vezes, ele fica a meio caminho do que visa. Em contrapartida, sem saber, sem procurar isso, sem se colocar nessa posição, o que ele de fato não deixa de realizar é a função do objeto *a*. Em outras palavras, ele está objetivamente, realmente, em uma posição masoquista, como nos demonstra bem o bastante a biografia de nosso divino marquês — conforme destaquei em meu artigo.

O que há de mais masoquista, de fato, do que se colocar inteiramente nas mãos de sua sogra, a presidente de Montreuil?

14 de junho de 1967

XXI

O Axioma do Fantasma

> *O inconsciente no campo lógico*
> *A verdade representada pela interpretação*
> *A ereção é autoerótica*
> *A covardia e o desejopasso*
> *O fantasma tem o papel de significação de verdade*

Hoje tenho que ser breve.

Havia anunciado da última vez que esta seria, para este ano leti-vo, a minha última aula. Então terei que encerrar o assunto sem ter feito mais do que abri-lo. Espero que alguns o retomem, se eu tiver conseguido animá-los com meu desejo.

Para encurtar, tenho a intenção de terminar com um lembrete clínico — não que, certamente, quando falo de lógica e em especial de lógica do fantasma, eu saia, ainda que por um instante, do campo da clínica. Dentre aqueles que são praticantes, cada um testemunha algo que se encontra muito comumente no dia a dia, nas declarações de seus pacientes, meus principais termos — da mesma forma, também eu não fui buscá-los alhures.

1

Isso cujo lugar organizo por meio de meu ensino e seus termos-refe-rência é o discurso psicanalítico.

Ainda no início desta semana, tive um testemunho inverso àqueles que me são comumente trazidos, segundo os quais certo paciente deu ao seu analista, no dia seguinte ao meu seminário, algo que parecia ser uma repetição, a ponto de nos perguntarmos se ele poderia ter tido acesso às repercussões dele, e nos maravilhamos ainda mais nos casos em que isso é manifestamente impossível.

Inversamente, poderíamos dizer que, no início desta semana, eu encontrava nas afirmações de três sessões que me foram trazidas — sessões de psicanálise, pouco importa se eram didáticas ou terapêuticas — os termos que, sendo segunda-feira, eu havia ponderado na véspera, nesse lugar, no campo, onde preparo meu seminário para vocês.

Portanto, em meu discurso, não faço nada além de fornecer, de certo modo, as coordenadas pelas quais o discurso analítico se situa.

O que isso significa?

Esse discurso seria o de um neurótico, tal como a objeção que me foi feita a respeito, depois que falei da perversão? Eu posso, todo mundo pode, frequentemente, aproximá-las — mas dizer sobre um discurso que se trata do discurso de um neurótico não é suficiente para especificá-lo. É preciso ainda dizer que é o discurso de um neurótico nas condições, e mesmo no condicionamento que lhe dá o fato de encontrar-se no consultório do analista — o que não é o caso aqui. E lhes indico desde já que não é à toa que trago essa condição de local.

Essas ressonâncias, e mesmo esses decalques que evoquei agora, significariam algo que seria bastante estranho, a saber, que esse discurso ao qual recomendamos o método da associação livre, o discurso dos pacientes, recobriria aquele que é aqui o meu? Todo mundo sabe, todos podem ver, todos experimentaram, que meu discurso aqui não é, claro, o da associação livre. Mas e se não o fosse, talvez, no momento em que de certo modo falta com seus deveres, quando especula, faz uma introspecção, elucubra, intelectualiza, como dizemos de modo tão amável? Não, sem dúvida, ele não é, e pela seguinte razão.

Pedimos ao paciente que passe pela via das associações livres e ele obedece a essa recomendação, sendo a via que lhe propomos. Ela não lhe recomenda produzir um discurso frouxo, nem desfeito, mas o legitima, de certo modo, ao dizer as coisas como lhe vêm à cabeça. Contudo, para que algumas de suas observações consigam, às vezes, distinguir nas suas sutilezas as incidências de sua relação com a própria demanda ou com a questão sobre o desejo, é preciso, de todo modo, que haja ali algo além de um discurso de pura associação. Isso não é de natureza a nos fazer refletir um instante sobre o que condiciona o discurso para além de nossas instruções? E aí, precisamos levar em conta que um elemento adicional entra em jogo — ficarei hoje no plano das evidências mais comuns — que se chama interpretação.

Perguntar-se o que é e como se deve fazê-la não deixa de provocar no analista um embaraço crescente, talvez pela dificuldade de se colocar, em tempo prévio, a questão de saber em que o discurso livre recomendado ao sujeito é condicionado pelo fato de que está a um passo de ser interpretado.

Aí está o que nos leva simplesmente a evocar algumas referências que os lógicos nos dão há muito tempo sobre esse ponto — e foi exatamente isso que me levou a falar de lógica este ano. Certamente isso não significa que eu teria de fazer aqui um curso de lógica, o que não teria sido compatível com o que pretendia abranger. Tentei fornecer o suporte de certa lógica que nos interessa, no âmbito desses dois registros, de um lado a alienação e de outro a separação, com esses dois esquemas dispostos em quadrângulo e fundamentalmente superpostos.

Espero ter incitado alguns a entreabrir, a bisbilhotar alguns livros de lógica, mesmo que seja para se lembrar das diferenciações de valor que o lógico produz no discurso quando distingue, por exemplo, as frases que chamamos de assertivas das frases imperativas ou das implorativas. Apenas as primeiras, no dizer dos lógicos, seriam suscetíveis de estarem submetidas ao que poderíamos chamar de crítica, se a definirmos pela determinação das condições necessárias para que se possa deduzir um enunciado a partir de outro. As outras que, no entanto, não são palavras menos cheias de incidências, coisa curiosa, eles as abordam apenas contornando-as, eles as tomam de maneira enviesada, o que faz com que esse campo tenha ficado até hoje bastante intacto. Se nos referimos ao que defini como ato, o que essas frases solicitam só pode interessar à lógica — se elas solicitam intervenções apressadas, isso às vezes pode ser a título de atos.

Quem caísse de paraquedas aqui hoje e nunca tivesse ouvido essas coisas poderia achar tudo isso bem raso. Mas, enfim, suponho mesmo assim que nos ouvidos de todos aqui ressoe a distinção entre enunciação e enunciado, e que, para me ouvir no que acabo de dizer, saibam que o enunciado se constitui por uma cadeia significante. Isso quer dizer que o que no discurso é objeto da lógica está inicialmente limitado por condições formais, e é isso que a faz ser designada pelo nome de lógica formal.

Ali, inicialmente, encontramos valorizada a função da negação — certamente não que ela tenha sido enunciada desde o início da lógica, pois aquele que é aqui o grande iniciador, a saber, Aristóteles, só a enunciou de maneira parcial e ambígua, e ela foi esclarecida em progressos posteriores. Quero dizer que ela se inscreve no âmbito do que chamei de condições necessárias. Aristóteles nos enuncia a negação, isso expressamente, no princípio que exclui o terceiro, segundo o qual alguma coisa não pode ser afirmada e negada ao mesmo tempo sob o mesmo ponto de vista. Afinal de contas, podemos imediatamente colocar ali, à margem, o que Freud nos afirma: que o chamado princípio de não-contradição não está limitado a interromper o que se enuncia no inconsciente.

A contradição, ou seja, o fato de uma mesma coisa ser afirmada e negada ao mesmo tempo sob o mesmo ângulo, eis o que Freud nos designa, desde *A interpretação dos sonhos*, como sendo o privilégio, a propriedade do inconsciente. Se fosse necessário algo para convencer aqueles em cuja cachola ainda não pôde entrar que o inconsciente é estruturado como uma linguagem, eu diria: como vocês podem justificar que Freud se preocupe em destacar a ausência do princípio de não-contradição no inconsciente? Pois o princípio de não-contradição não tem nada a ver com o real. Não é que no real não haja contradições — no real, a questão da contradição não se coloca.

Há aqueles que, tendo que falar do inconsciente em lugares nos quais, em princípio, um ensino é fornecido, começam dizendo: *Saiam aqueles que estão nesta sala e que acreditam que o inconsciente é estruturado como uma linguagem.* Certamente eles têm muita razão em sair, isso prova que já sabem tudo. Em todo caso, se for para aprender que o inconsciente é outra coisa que não as *tendências*, como se diz, não precisam ficar.

A tendência pura, a tensão, não se trata, em todo caso, de que ela seja outra coisa senão o que é. Ela pode ocasionalmente ser composta segundo o paralelogramo das forças, ela pode se inverter, na medida em que lhe supomos uma direção, mas é em um campo sempre submetido, por assim dizer, à composição. Já no princípio de contradição trata-se de outra coisa, trata-se de negação. A negação, isso não corre nos córregos — se você forem procurar no pé de um cavalo, não acharão uma negação.

Freud devia entender um pouco disso, e, se ele toma o cuidado de enfatizar que o inconsciente não está submetido ao princípio de contradição, é evidentemente porque pode ser questão de que esteja submetido a isso. Se é possível que ele esteja submetido, é por causa do que se vê, a saber, que ele é estruturado como uma linguagem. Somente em uma linguagem, no uso de uma linguagem, é que o interdito se coloca o princípio de contradição — e que pode, afinal de contas, participar de certa convenção, tem um sentido, a saber, que esse princípio funcione ou não, que o enunciado satisfaça ou não ao proibido. Se notamos que, em algum lugar, o princípio não funciona, é, portanto, porque se trata de um discurso. Invocar esse princípio quer dizer que o inconsciente viola essa lei, o que prova, ao mesmo tempo, que está instalado no campo lógico, que articula proposições.

Se relembro isso, evidentemente não é para retornar às bases, a não ser de modo incidental, mas para destacar a esse respeito que os lógicos nos ensinam que a lei da não-contradição deve ser diferenciada do que é chamado de lei da bivalência. Não é a mesma coisa, ainda que tenhamos podido nos enganar por bastante tempo. Uma coisa é proibir a contradição no uso lógico, na medida em que seu campo foi limitado a frases assertivas e que tenha se colocado a finalidade limitada que lhes disse há pouco, de liberar as condições necessárias para que de um enunciado se designe uma cadeia correta, ou seja, que permita fazer a mesma asserção, afirmativa ou negativa, em outro enunciado. Outra coisa é fundar isso, e essa é a lei da bivalência: toda proposição é ou verdadeira ou falsa.

Não quero me estender aqui, já que desde as primeiras lições deste ano eu deixei alguns *hints* para lhes indicar o caráter eminentemente problemático dessa bivalência e de seu caráter incisivo. É fácil construir proposições que os façam sentir as nuances que podem modular *não se sabe se...*, desde o *é verdade que é falso...* até o *é falso que seja verdade...* Não se trata de modo algum de algo linear, inequívoco, definido.

Ora, é justamente isso que confere todo o seu valor à presença da dimensão que é a nossa, aquela no interior da qual se situa esse discurso de associação livre ao qual pedimos não olhar mais longe que a ponta do seu nariz, por assim dizer. *Basta*, digo eu àqueles que entram em análise comigo, *que vocês tenham que se perguntar se devem ou não dizer isso para que esteja definido: é sim.* Esse é o modo mais claro de enunciar a regra analítica.

Mas ainda assim há algo que não lhe digo e que é o ponto de partida — a saber, que em última instância isso não é nada além da verdade que está colocada ali como devendo ser buscada. Essa verdade deve ser buscada nas falhas dos enunciados — falhas que lhe dou a oportunidade de, que quase lhe recomendo, multiplicar, mas isso supõe, claro, no princípio da regra mesma que lhe dou, uma coerência implicando refazimento eventual de tais falhas. E segundo quais normas esse refazimento deve se dar, senão aquelas evocadas, sugeridas pela presença da dimensão da verdade — dimensão inevitável na instauração do discurso analítico?

O discurso analítico é submetido a essa lei, de solicitar uma verdade que fala — segundo os termos que já designei e que são os mais apropriados —, solicitá-la, em suma, a enunciar um *veri-dito*, um *dito* verdadeiro. Por causa disso a regra assume, claro, um valor completamente diferente. Essa verdade que fala, e sobre a qual se espera um *veridito*, nós a acariciamos, a domesticamos, passamos a mão nas suas costas, queremos ultrapassá-la, e para ultrapassá-la, fazemos semblante — é esse o verdadeiro sentido da regra da associação livre: não se preocupar, não dar a mínima, pensar em outra coisa, desse modo talvez ela solte alguma coisa.

Aí está o princípio. Eu quase enrubesço de apresentar um pedaço aqui — mas não esqueçam, estou lidando com psicanalistas, ou seja, aqueles que têm maior tendência a esquecer esse princípio e têm fortes razões para isso, vou dizê-las imediatamente.

Então a questão está aí, e a aponto de passagem, em suma, questiona-se a verdade de um discurso que pode ao mesmo tempo dizer sim e não. É um discurso que não está submetido ao princípio de contradição, segundo Freud, e que, se dizendo, se fazendo, como um discurso esquisito, introduz, no entanto, uma verdade.

Isso também é fundamental — ainda que nem sempre destacado no tipo de ensino que eu evocava há pouco —, e a prova foi o sobressalto com que Freud teve que lidar — sabemos disso, sentimos, temos o testemunho — da parte de seu bando — vocês sabem, os amigos vienenses da quarta-feira — de quando ele teve que explicar que sua paciente tivera sonhos feitos propositalmente para colocá-lo, Freud, neles. Sobressalto na plateia, e mesmo, provavelmente, clamor. Vemos que Freud teve um pouco de dificuldade de resolver a questão. Ele explica isso como pode, argumentando que os sonhos não são o inconsciente, e que podem ser mentirosos. Isso não impede que esse inconsciente, o mínimo que se pode dizer dele é: *não se deve pressioná-lo*. Quero dizer que o que Freud faz, ele o faz em nome disso: que o inconsciente preserva uma verdade; ele não confessa — mas, se o pressionarmos, então, claro, ele pode se pôr a mentir aos borbotões, com os meios que tem. Mas o que tudo isso quer dizer?

O inconsciente só tem sentido — exceto para os imbecis, que pensam que ele é o mal — se vemos que não é um sujeito completo, ou mais exatamente que é prévio, anterior ao sujeito completo. Existe uma linguagem de antes que o sujeito seja suposto saber o que quer que seja. Há, portanto, uma anterioridade lógica do estatuto da verdade, sobre qualquer coisa, qualificável como sujeito, que possa se alojar aí.

Sei bem que quando digo essas coisas sobre a verdade, que escrevi pela primeira vez em *A Coisa freudiana*, isso tem uma pequena ressonância romântica. O que vocês querem? Não posso fazer nada, a verdade é um personagem a quem há muito se deu uma pele, cabelos, e até mesmo um poço para se alojar, e para desempenhar o papel de ludion. A relação com a verdade é impossível de excluir, pela razão que vocês vão ver — se a interpretação não tem essa relação com o fato de que não há nenhum meio de chamá-la de outro modo que não verdade, ela nada mais é do que aquilo por trás do que nós a abrigamos. Vocês pensam que, na manipulação de todos os dias, não vamos incomodá-los, aos pequenos fofos que controlamos, não vamos lhes enfiar no lombo a carga da verdade — então lhes dizemos que a interpretação foi ou não *bem-sucedida*, como se diz, porque ela teve (esse é o critério) seu efeito de discurso, que não pode ser nada além de um discurso, ou seja, que houve material, que a coisa saltou novamente, que o fulano continuou a tagarelar. Bom. Mas se é assim, se é apenas puro efeito de discurso, tem um nome que a psicanálise conhece perfeitamente, e que inclusive é para ela um problema, o que é engraçado — é muito precisamente o que se chama de sugestão.

Se a interpretação não passa do que produz material, se a dimensão da verdade é radicalmente eliminada, toda interpretação não passa de sugestão. É isso que coloca no seu devido lugar as especulações interessantíssimas do sr. Glover sobre a interpretação exata ou inexata, que não são feitas senão para evitar dizer a palavra verdade, e evitar a dimensão da verdade. Ele a evita de fato, o caro homem, um homem que sabe muito bem o que diz — só que, aí está, ainda assim ele é levado a falar de interpretação falsa, e isso lhe causa dificuldade, pois a bivalência polar o deixa embaraçado quanto ao terceiro excluído.

Reportem-se ao texto. *Inexata, isso não quer dizer que seja falsa.* Ele admite a eventual fecundidade da interpretação inexata, a saber, que pode haver aí uma que, no entanto, não seja falsa, e se mostre tão fecunda quanto talvez uma interpretação dita exata. Uma interpretação pode não ter nada a ver com o que está em questão naquele momento como verdade, contudo acontece, às vezes, de ela não cair necessariamente de lado — pois a verdade se pretende rebelde, e de todo modo lhe fizemos cócegas em algum lugar com essa interpretação, por mais inexata que seja. Não há meio de não ver que ela se põe ali a sair.

Ora, o discurso analítico está destinado a cativar a verdade, e essa é representada nele pela resposta interpretativa. É a interpretação, como sendo possível aí, mesmo que ela não aconteça, que orienta esse discurso. O discurso que comentamos como discurso livre tem por função dar lugar à interpretação. Ele não tende a nada mais do que a instituir um lugar de reserva para que essa se inscreva nele, um lugar reservado à verdade.

Esse lugar é aquele ocupado pelo analista. Chamo a atenção para o fato de que ele o ocupa, mas que não está ali porque o analisante o coloca. Esse é todo o interesse da definição que dou da transferência, que — por que não lembrar? — é específica. O analista é colocado em posição de sujeito-suposto-saber. Ele sabe muito bem que isso só funciona se ele assume essa posição, pois é ali que se produzem os efeitos da transferência, aqueles sobre os quais ele tem que intervir para retificá-los no sentido da verdade. Em outras palavras, ele está a meio caminho entre duas posições: entre a posição falsa, de ser o sujeito-suposto-saber, o que ele sabe muito bem que não é, e a de ter que retificar os efeitos dessa suposição que o sujeito faz, e isso em nome da verdade.

É precisamente nisso que a transferência é fonte do que é chamado de resistência. Se é verdadeiro que, como eu disse, a verdade, no discurso analítico, está situada no lugar daquele que entende — de fato, aquele que entende só pode funcionar como conector em relação a esse lugar. Em outras palavras, a única coisa que um analista sabe é que ele próprio, como sujeito, está na mesma relação com a verdade que aquele que lhe fala.

Comumente se expressa isso dizendo que o analista está, como todo mundo, obrigatoriamente em dificuldade com seu inconsciente, e que é isso que dá à relação analítica sua característica claudicante. Ora, justo essa dificuldade, a sua própria, é a única que permite ao analista responder dignamente ali onde se espera a interpretação, e às vezes pode-se esperar por muito tempo. Essa é a condição do analista: a de só poder responder com sua própria dificuldade de ser — de ser analista. Só que — seja ela de ser, ou de relação com a verdade, o que aliás é provavelmente a mesma coisa — uma dificuldade não constitui um estatuto. É exatamente por esse motivo que se faz de tudo para camuflar isso. Contam-se coisas — por exemplo, que com seu inconsciente tudo está resolvido, que fez uma psicanálise, que além do mais é didática, então isso lhe permitiu estar um pouco mais à vontade. Mas não estamos aqui no domínio do mais ou do menos, estamos no âmbito do que constitui o discurso analítico, em seu fundamento.

Não estou indo muito rápido, não é? Bem, é desse modo que é preciso avançar.

2

Afirmar que essa verdade diz respeito ao desejo talvez nos explique as dificuldades que temos em nosso campo ao manejar a verdade da mesma forma que os lógicos podem fazê-lo.

Basta evocar que o desejo não é algo cuja verdade seria tão simples de definir.

E, no entanto, a verdade do desejo é tangível. Temos sempre que lidar com isso, porque é por isso que as pessoas vêm nos encontrar. Elas vêm por causa do que se passa quando o desejo chega a isso que chamamos de hora da verdade. Isso quer dizer: desejei muito alguma coisa, mas estou diante dela, posso tê-la, e é aí que acontece um acidente.

Já tentei explicar isso: o desejo é falta. Sabe-se disso há muito tempo, ainda que se tenha deduzido algo diferente do que eu deduzi — mas foi daí que partimos, porque só se pode partir daí. Não fui eu quem inventou isso, foi Sócrates — o desejo é falta, na sua essência mesma. O sentido disso é que não existe objeto com o qual o desejo se satisfaça, mesmo havendo objetos que são causas de desejo.

O que se torna o desejo na hora da verdade? Aproveitando os acidentes bastante conhecidos que se produzem nesse momento, a sabedoria se vangloria de considerar o desejo como loucura, e em seguida instaura todo tipo de medidas ditas éticas para se preservar disso — digo, do desejo. Só que o problema é que há um momento em que o desejo é desejável — é quando se trata do que acontece, não sem razão, para a execução do ato sexual.

Então, aí, é considerável o erro de acreditar que o desejo seja uma função inserida no fisiológico, e que o inconsciente só faz acrescentar transtorno a isso. É um erro que evidencio, pois me despeço de vocês por alguns meses. Percebe-se que ele permanece inscrito, mesmo nos espíritos mais informados, quero dizer, os dos psicanalistas.

É muito estranho que não se entenda que o que aparece como a medida, o teste do desejo, em outras palavras, a ereção, não tem nada a ver com o desejo. O desejo pode perfeitamente funcionar, jogar, ter todas as incidências, sem ser acompanhado de modo algum por ela. A ereção é um fenômeno que é preciso situar no caminho do gozo. Quero dizer que, por si só, essa ereção é gozo, gozo autoerótico, e é precisamente demandado, para que opere o ato sexual, que não se detenha nisso. Se fosse de outro modo, não se vê por que esse gozo seria marcado por essa espécie de véu. Normalmente, quero dizer, quando o ato sexual tem todo o seu valor — pelo menos é preciso supor isso —, os emblemas priápicos elevam-se em todos os cruzamentos.

O desejo de que se trata é o desejo inconsciente, aquele de que se fala em psicanálise, e na medida em que ele tem relação com o ato sexual primeiro é preciso defini-lo bem, e ver de onde surge esse termo, antes que ele funcione. É bastante importante, a esse respeito, lembrar em que termos convém situar a operação indispensável ao ato sexual.

Se não colocarmos a operação da copulação, a possibilidade de sua realização, no registro do gozo, e não do desejo, estamos condenados a não entender absolutamente nada do que dizemos sobre o desejo feminino, acerca do qual explicamos que está, como o desejo masculino, em uma certa relação com uma falta simbolizada, que é a falta fálica. Como dar seu devido lugar ao que dizemos em relação ao desejo feminino se não partimos do que, no plano do gozo, diferencia fundamentalmente os dois parceiros?

Nesse plano, há entre eles um abismo que designarei o suficiente tomando duas referências — a ereção para o homem e, para a mulher, não encontrarei algo melhor do que isso — acerca do que, felizmente, não esperei me tornar psicanalista para ter a confidência, e cada um pode tê-la — a saber, a palavra com a qual as jovens designam entre si o que parece mais próximo do que designo nesse âmbito, o que elas chamam de "tranco do elevador" [*coup de l'ascenseur*]. É algo que se

O AXIOMA DO FANTASMA

passa quando o elevador desce um pouco bruscamente. Elas sabem bem que aí há algo que é do registro do que se trata no ato sexual.

É disso que é preciso partir para saber a que distância situar o desejo, ou seja, o que está em jogo no inconsciente, o desejo na sua relação com o ato sexual. Não se trata de uma relação de direito e avesso, não é uma relação de epifenômeno, não é uma relação de coisas que se encaixam. E é por isso que é necessário se exercitar primeiramente durante alguns anos para apreender que o desejo não tem nada a ver com a demanda, que é o que se produz como sujeito no ato da demanda.

O desejo só está interessado no ato sexual, na medida em que uma demanda pode estar interessada no ato sexual. Que uma demanda esteja presente, afinal de contas, não é obrigatório, mas é frequente, enfim. De fato, o ato sexual — definido por mim, digamos assim para provocar vocês, como o que nunca desemboca em fazer um homem, nem uma mulher — está inserido em algo que se chama de mercado, ou de comércio sexual. Ali, estamos diante das demandas — e é da demanda que surge o desejo.

É exatamente por essa razão que o desejo no inconsciente é estruturado como uma linguagem — pois vem daí. Infelizmente é preciso que eu grite essas coisas que estão ao alcance de qualquer um, mas que, no entanto, são regularmente omitidas em tudo o que, das teorias mais simples, se elucubra em relação à psicanálise.

O desejo surge da dimensão da demanda, e é o que faz com que seja de sua natureza não estar satisfeito. Pois é da natureza da demanda, que foi linguageira, que é demanda articulada, que, mesmo satisfeita no plano da necessidade que a suscitou — ela engendra essa falha do desejo que vem do fato de que há nela algo deslocado, que torna o objeto da demanda impróprio para satisfazer o desejo. Vejam o seio, por exemplo. Ele desloca tudo o que passa pela boca por uma necessidade digestiva, substituindo essa coisa que é propriamente o que foi perdido, o que não pode mais ser dado.

Só se pode satisfazer a demanda. Não há nenhuma chance de que o desejo seja satisfeito. Por isso é justo dizer que o desejo é o desejo do Outro. A falha que lhe é constitutiva se produz no lugar do Outro, na medida em que é para onde se dirige a demanda e é lá que o sujeito se encontra devendo coabitar com aquilo de que o Outro é também o lugar, na qualidade de verdade. Nesse sentido, em nenhum lugar ele está protegido pela verdade, a não ser onde tem lugar a linguagem. E a linguagem, é no lugar do Outro que ela encontra seu lugar.

É aí que seria preciso entender um pouquinho do que se trata em relação ao desejo na sua relação com o desejo do Outro. Neste final, tentei construir para vocês um pequeno apólogo. Certamente não por acaso, mas por razões essenciais, eu o tomei emprestado disso que se chama de arte do vendedor, ou seja, a arte da oferta, no seu intento de criar a demanda.

É preciso fazer alguém desejar um objeto do qual não tem nenhuma necessidade, para impulsioná-lo a demandar. Então, não preciso lhes descrever todos os truques que são utilizados para isso. Dizem, por exemplo, que vai fazer falta caso outra pessoa o pegue, e que por isso estará em vantagem sobre ele. Emprego palavras que ressoam com meus símbolos habituais, mas é, no entanto, literalmente desse modo que a coisa funciona no espírito do que é chamado de bom vendedor. Ou, ainda, vão lhe mostrar que será realmente um sinal externo de enorme importância para a aparência que pretende dar à sua vida. Em resumo, é pelo desejo do Outro que todo objeto é apresentado quando se trata de comprá-lo. *Comprá-lo, comprar — covardia.** Vejam só, é bastante curioso, isso é uma palavra, a covardia, *Feigheit. O senhor é um covarde.* Trata-se, de fato, de covardia, mas da sua. Essa série de malversações que a vida resume sob o signo do desejo terá por resultado principal, você sabe bem, te empurrar sempre mais longe no sentido de te redimir — de te redimir** da covardia.

Essa dimensão, claro, está sempre disfarçada na intervenção do analista, mas o outro, aquele que está sob o impacto do discurso analítico, aquele que o mantém, o paciente, não mastiga suas palavras. Ele sabe muito bem que a covardia é interessada.

Antes de lhes trazer essa dimensão, ainda tomei o cuidado de lhes reabrir uma das grandes observações de Freud, qualquer uma, e imediatamente caí no caso do Homem dos Ratos, no fato de que o paciente traz imediatamente a dimensão de sua covardia.

Só que é como para a dimensão da verdade — o que não está claro é onde ela está, a covardia. Será que é ceder ao desejo do Outro? Mas, então, o que é a coragem do sujeito? Talvez seja isso mesmo,

---

* Em francês há um trocadilho que o português não permite, entre comprá-lo (*l'acheter*) e covardia (*lâcheté*). (N. T.)
** Novamente um jogo com a sonoridade: *racheter*, aqui traduzido por redimir, tem várias acepções, como corrigir um erro, recomprar, subornar, fazer esquecer um erro, compensar, e ressoa com *l'acheter* e *lâcheté*. (N. T.)

justamente: jogar o jogo do desejo do Outro. Começamos por dar o prêmio a alguma coisa que o Outro compra — e, da mesma forma, talvez essa seja a covardia dele —, mas no final nos encontramos aí, nos reencontramos aí. Sim, no final das contas, quando se trata da neurose, o problema está bem aí.

É importante aqui trazer para o primeiro plano o que eu disse quando enunciei: o desejo é sua interpretação. Isso concerne ao desejo como inconsciente. Mas, como ninguém quer saber nada sobre o que isso quer dizer, o desejo inconsciente, afinal de contas poderiam me fazer a objeção: *O que é mais consciente do que o desejo?* É verdade, em princípio, mas o que nos permite ainda assim falar de desejo inconsciente é a incidência do desejo do Outro, justamente aquela que acabo de evocar relembrando a metáfora da compra, que não se sabe sobre quem ela incide — a saber, o ato de cativar o desejo no desejo do Outro.

Há aí um passo [*pas*] a ser dado. Se o desejo é inconsciente, nos dizem, é porque no discurso que é seu suporte alguém arrebentou um elo, de modo que o desejo do Outro se tornou irreconhecível. É o melhor truque que alguém encontrou para interromper essa mecânica. Há um passo, dizíamos? Bem, nós criamos, aquém desse passo, não o *não-desejo* [*non-désir*], mas o *desejo passo* [*désir pas*]. A definição do desejo inconsciente é essa.

Esse *pas*, que nos permite expressar as sutilezas da negação em francês,* e do qual já fiz uso a propósito do *sem sentido* [*pas de sens*], nos designa um ponto de queda. Se vocês me deixarem tomar as rédeas um pouquinho, chegarei mesmo ao ponto de fazer do *desejo passo* [*désir pas*] um nome escrito tudo junto, dando ao *des* que o comanda a mesma ênfase que em *desespero* [*désespoir*] ou *des-ser* [*dé-sêtre*]. Direi que o desejopasso [*désirpas*] inconsciente é o *desejopas*, ou seja, algo que decai em relação a não sei qual *ejopasso* [*irpas*] — *ejopasso* designando aqui, muito precisamente, o desejo do Outro.

Interpretar esse desejo se verbalizaria suficientemente bem por um *ejopassar* [*irpasser*]. A interpretação aí *ejo-passa* [*y r'passe*], de fato,

---

* Lacan se refere à especificidade do *pas*, que complementa o *ne*, confirmando a negação (*ne ... pas*; *pas de*), e também é homônimo de passo (*pas*), palavra que aparece no início do parágrafo anterior. A expressão *pas de sens* (sem sentido/ passo de sentido), mencionada em seguida, também mobiliza esse tipo de negação. (N. T.)

por esse desejo, já articulado ali. E é ao repassar aí que pode se dar a inversão por meio da qual ela toma o lugar do desejo — ali onde ele está primeiramente, conforme vocês me objetaram há pouco, por mais inconsciente que seja. Felizmente, isso não resolve nada, pois não há nenhuma certeza de que o desejo que interpretamos tenha por isso a sua resolução. E mesmo contamos que não a terá, e permanecerá, sempre, e cada vez mais, um *ejopas* [*irpas*] — o que, aliás, nos oferece margens bastante amplas para a interpretação do desejo.

Mas, então, que jogo estamos jogando quando interpretamos os desejos inconscientes, especificamente os do neurótico? É aí que se trata de fazer a pergunta relativa ao que constitui o seu suporte, sob o nome de fantasma. Nós fizemos essa pergunta sem parar; recoloque-mo-la aqui, no término, uma última vez.

3

Quando os lógicos, de onde todo esse discurso de hoje partiu, limi-tam-se às funções formais da verdade, eu lhes disse, eles encontram um *gap*, um espaço singular entre o princípio de não-contradição e o princípio da bivalência.

Vocês encontram isso desde Aristóteles, em seu *Da interpretação*, no parágrafo 19-a, página 100 na péssima tradução [para o francês] que lhes recomendo, a de Tricot, que é de fácil acesso. Aristóteles questiona as consequências da bivalência do verdadeiro e do falso quando se trata do contingente, do que vai acontecer. Proponho: *Isso acontecerá amanhã*. Verdadeiro ou falso? Se for imediatamente verda-deiro ou imediatamente falso, então é porque já está decidido.

A solução de Aristóteles é colocar em dúvida a bivalência. Não é isso que está em questão para nós aqui, e não estenderei agora a dis-cussão sobre esse ponto.

Em contrapartida, o que destacarei é que a solução lógica que con-siste em dizer que o que é verdadeiro não poderia ser a articulação sig-nificante, mas o que ela quer dizer, é a solução banal, corrente, aquela que é dada, por exemplo, no livro dos Kneale, *O desenvolvimento da lógica* — essa solução é falsa. Ela é falsa e todo o desenvolvimento da lógica mostra isso, pois o que se deduz de uma instauração for-mal, qualquer que seja, não poderia em nenhum caso se fundar sobre

O AXIOMA DO FANTASMA   351

a significação, pela simples razão de que não é possível fixar nenhuma significação que seja unívoca.

Qualquer que seja o significante que vocês proponham para fixar uma significação, sempre é possível implicá-lo em uma circunstância na qual a verdade mais claramente enunciada com base no conteúdo significado será falsa, e até mais do que falsa — um embuste explícito. Só é possível instaurar uma ordem lógica atribuindo a função de verdade a um agrupamento significante. Esse uso lógico da verdade não se encontra na matemática, na qual, conforme diz Bertrand Russell, nunca se sabe do que se fala. Se alguém acredita saber, ele é rapidamente desenganado — será preciso rapidamente organizar, retirar a intuição.

Se faço esse lembrete, é para questionar o que acontece com a função do fantasma. Digo — tendo por modelo *Uma criança é espancada* — que o fantasma não passa de um arranjo significante cuja fórmula já dei ao parear o *pequeno a* com o S barrado. Isso quer dizer que o fantasma tem duas características: a presença de um objeto *a* e, por outro lado, nada além do que engendra o sujeito como $, a saber, uma frase. É por isso que *Uma criança é espancada* é típico. *Uma criança é espancada* não é nada mais do que a articulação significante *Uma criança é espancada* — com a ressalva, leiam o texto, de que ali paira algo impossível de eliminar, que se chama o olhar.

Antes de fazer intervirem os três tempos da gênese desse produto que se chama fantasma, é importante designar o que ele é e situar firmemente as arestas de seu estatuto. Se Freud não o fez, foi porque tinha que lidar com iletrados. Essa não é uma razão para que seja desinteressante fazê-lo hoje. Não é estritamente nada além do que lhes trouxe no início deste ano com o pareamento, no alto e à esquerda, do *Não penso* com a estrutura gramatical. É no próprio lugar dessa estrutura gramatical que, no quarto vértice do quadrângulo, embaixo e à esquerda, surge o objeto *a*. No ângulo de baixo e à direita encontramos o *Não sou*, entalhado [*écorné*] do inconsciente. No quarto vértice, o inconsciente deixa no lugar aquilo de que parti hoje e que se chama significação de verdade. É o complemento da estrutura puramente significante, gramatical, do fantasma.

O que é importante reter de tudo o que Freud enuncia em relação ao fantasma é esse pequeno traço clínico (ele o traz, certamente, para nos mostrar várias coisas de seu uso, ao manipulá-lo, mas o que é preciso destacar é simplesmente isso): que o fantasma, o mesmo, encontra-se em estruturas neuróticas muito diferentes e que, também, permanece a uma distância singular de tudo o que se debate, se discute em nossas análises, na medida em que se trata de traduzir ali a verdade dos sintomas. Parece que o fantasma está ali como uma espécie de muleta, de corpo estranho. No uso, fica claro que ele tem uma função bastante determinada, a de prover — pode-se chamá-la pelo nome — uma certa carência do desejo na entrada do ato sexual. De fato, é preciso que o fantasma seja colocado em jogo aí, interessado, mesmo que para dar o passo da entrada, colocar ordem no barraco.

O fantasma está à distância da zona em que se dá o que destaquei anteriormente como primordial da função do desejo e de seu laço com a demanda. É dessa distância tão evidente que resulta a inflexão que fez girar toda a análise em torno dos registros ditos de frustração e outros termos análogos. É também isso que nos permite avaliar a diferença que existe entre a estrutura perversa e a estrutura neurótica.

O que quero dizer quando falo que o fantasma tem aí papel de significação de verdade? Vou lhes dizer: digo a mesma coisa que os lógicos.

Vocês marcam touca ao querer inserir esse fantasma no discurso do inconsciente a qualquer preço, quando ele resiste bastante. Ele resiste a essa redução. O tempo mediano, o tempo dois da gênese de *Uma criança é espancada*, aquele em que o sujeito está no lugar da criança, vocês só o obtêm em casos excepcionais. Na verdade, em sua interpretação e, mais especialmente ainda, na interpretação geral que vocês dão da estrutura dessa ou daquela neurose, no final o fantasma sempre terá que se inscrever nos registros que são aqueles que forneci, a saber: para a fobia, o desejo prevenido; para a histeria, o desejo insatisfeito; para a obsessão, o desejo impossível.

Então, qual é o papel do fantasma na ordem do desejo neurótico? Bem, significação de verdade, eu disse. Isso quer dizer a mesma coisa que quando vocês atribuem conotação de verdade, quando marcam com um grande V — pura convenção em uma dada teoria, aquela de tal conjunto, por exemplo — uma sequência de significantes que vocês chamam de axioma. Na sua interpretação, o fantasma não tem outro papel. Vocês devem tomá-lo da maneira mais literal possível, e achar, para cada estrutura, um modo de definir as leis de transformação que assegurarão a esse fantasma o lugar de um axioma na dedução dos enunciados do discurso inconsciente.

O AXIOMA DO FANTASMA

353

É a única função possível que se pode dar ao papel do fantasma na economia neurótica. Ao mesmo tempo, demonstrei, vocês viram, que a matéria e o arranjo desse fantasma são tomados de empréstimo do campo de determinação do gozo perverso. Acredito ter fixado suficientemente a sua fórmula em nossos encontros anteriores, afirmando que a disjunção, no campo do Outro, entre corpo e gozo deixa um resto, essa parte reservada do corpo em que o gozo pode se refugiar. Que, a partir de então, o neurótico encontra nesse arranjo o suporte feito para remediar a carência de seu desejo no campo do ato sexual, o que não deveria nos surpreender.

Se quiserem que eu lhes dê algo para ler a respeito, recomendarei a leitura de um texto bastante agradável, ainda que eu não possa dizer que seja para vocês uma leitura agradável — é de matar de tédio. Isso também lhes servirá como exemplo de uma verdadeira porcaria em matéria científica. Não há texto em que se possa ver melhor a que ponto se vangloriar de forçar as portas de um campo em nome de não sei que objetividade e de um modo que primeiramente os deixa, pelo contrário, numa posição de completa servidão em relação a ele — e aqui servo de um modo realmente muito singular, pois ela não tem as marcas da covardia do professor. Trata-se do caso de Florrie, em Havelock Ellis.

É um texto sensacional, esse caso de Florrie. As referências que lhes dei os farão considerar que ele tem todas as características de ser uma neurose. Florrie, afligida por fantasmas de flagelação, chega uma vez a ultrapassar a interdição que eles representam para ela. Um franqueamento desse tipo, de fato, pode acometer o neurótico, mas sem nunca ter para ele nada de equivalente ao gozo perverso. *Ultrapassar* tem aqui um sentido ambíguo, que faz dele ao mesmo tempo uma passagem ao ato e, para nós que lemos, um acting-out, que vale a pena ser relacionado às carências manifestas dessa observação. Elas vão até esse ponto inacreditável em que, tendo Florrie lhe confessado que apenas excepcionalmente coloca em seus fantasmas uma pessoa real que ela admira e venera, sua pena escreve: *De quem se trata, não lhe perguntei* — quando está claro, claro como o rabo do porco que se via ainda na boca do pai Ubu, que é Havelock Ellis.

Em toda a observação, de ponta a ponta, ele é naturalmente enrolado por sua paciente. Depois disso, é preciso ver como ele banca o grande personagem e em que tom retoma os membros da comunidade analítica que se permitiram opinar sobre esse mesmo caso — isso, aliás, com um respeito completamente injustificado pela coletânea da observação. Ainda assim, ela é de natureza a lhes mostrar o conjunto das dificuldades que eu quis destacar hoje quanto à apreciação do fantasma.

Da função do fantasma — tal como a imaginamos, nós, pobres neuróticos — ao âmbito dito perverso, à sua função no registro neurótico, há exatamente, direi, a distância até o quarto de dormir.

Encerro aqui para fazer clínica. Será que existem quartos de dormir? — ao passo que não existe ato sexual. Exceto o de Ulisses, em que a cama é um tronco enraizado no chão, isso deixa sérias dúvidas sobre o tema dos quartos de dormir, sobretudo em nossa época, em que todas as coisas estão penduradas na parede. Mas, enfim, é um lugar que, pelo menos teoricamente, existe. Mesmo assim há uma distância entre o quarto de dormir e o banheiro.

Tomem cuidado, que tudo o que se passa com o neurótico se passa essencialmente no banheiro, ou na antecâmara — é a mesma coisa. São muito importantes essas questões de arranjo doméstico — para o homem de prazer do século XVIII, tudo se passava na alcova. Cada um tem o seu lugar.

Se quiserem precisões, na fobia a coisa pode se passar no guarda-roupa, ou no corredor, na cozinha. Na histeria a coisa se passa no parlatório — parlatório dos conventos de freiras, evidentemente. Na obsessão, na latrina. Prestem bastante atenção a essas coisas, isso é absolutamente importante.

Tudo isso nos leva à porta que lhes convidarei a cruzar no próximo ano, a saber, a de um quarto de dormir, em que nada acontece, exceto que o ato sexual se apresenta como foraclusão propriamente dita, *Verwerfung*. Esse quarto de dormir é o que comumente se chama consultório do analista.

Esse é o título que darei às minhas lições do próximo ano: *O ato psicanalítico*.

21 de junho de 1967

Índice Onomástico

Abelardo, Pierre, 85
Abraão, 128
Adão Kadmon, 290-2
Alexandre, o Grande, 270
Angelus Silesius, 120
Anselmo, santo, 86, 114-5
Aristóteles, 59, 73, 81, 97-8, 162, 202, 216, 220-1, 248, 254-5, 272, 300, 327, 340, 350
Arquimedes, 76
Augias, 275
Aulagnier, Piera, 209

Barbey d'Aurevilly, Jules, 218
Baudelaire, Charles, 333-4
Benda, Julien, 218
Bentham, Jeremy, 226
Benveniste, Émile, 78, 104
Bergler, Edmund, 262-7
Bernard, Claude, 52
Bichat, Marie-François Xavier, 150
Boole, George, 47-9, 80, 222, 279
Bossuet, Jacques-Bénigne, 170
Brahma, 79
Brentano, Franz, 53

Cantor, Georg, 86-7, 275
César, 161
Charbonnier, Georges, 44
Chuang-Tsé, 136-7
Cipris-Afrodite, 98
Claudel, Paul, 197
Conrart, Valentin, 186

Coûfontaine, Sygne de, 197
Coûfontaine, Turelure de, 197

Da Vinci, Leonardo, 305
Daniel, 39-40
Dauzat, Albert, 261
Davus, 316
De Morgan, Auguste, 80, 93-5, 99
Deleuze, Gilles, 232-3, 335
Descartes, René, 75-7, 79, 84-6, 96, 98-101, 112, 114, 120, 127, 231, 278
Diderot, Denis, 226
Diógenes, 262, 270, 283
Dürer, Albrecht, 184-5

Édipo, 174, 258-60, 272, 301, 326
Eliot, T.S., 257
Ellis, Havelock, 353
Erikson, Erik, 248
Eros, 90, 120, 217-8, 278, 288
Esfinge, 259
Euclides, 86
Euler, Leonhard, 19-20
Eurídice, 330
Eurípides, 98
Eva, 291
Ey, Henri, 209

Fenichel, Otto, 168, 171
Feuerbach, Ludwig, 223
Fílon de Alexandria, 57
Florrie, 353
Foucault, Michel, 100
Frege, Gottlob, 23

ÍNDICE ONOMÁSTICO

Freud, Sigmund, 12, 21, 39, 43-4, 46, 51-3, 59-62, 70, 73, 84-5, 87-9, 96, 98, 100, 103-13, 117-23, 131, 133, 135-6, 139, 142, 148-50, 152-4, 160, 167, 169-72, 178-81, 188, 191, 193, 197-8, 211, 226, 230-1, 236, 253, 257, 260-1, 266-7, 269, 274, 296, 301, 312, 320, 323-8, 340, 342-4, 348, 351

Genet, Jean, 335
Glover, Edward, 343
Green, dr., 208, 211, 257
Grimm, Jacob e Wilhelm, 179

Hans, pequeno, 225
Hartmann, Heinz, 168, 171
Hegel, Georg Wilhelm Friedrich, 294, 296-9, 302, 305, 314
Heidegger, Martin, 111, 245-7, 257, 273
Heráclito, 247
Hércules, 275
Hippolyte, Jean, 21, 199
Hirsch-Hyacinthe, 106
Horus Apollo, 52

Isaac, 128
Isis, 318

Jacó, 128, 277
Jakobson, Roman, 138-40, 144-5
Jaspers, Karl, 325
Jesus Cristo, 161
Jocasta, 260, 301
Jones, Ernest, 271
Jung, Carl Gustave, 123, 169, 179

K., Fräulein, 121
Kahn, Gilbert, 246-7
Kant, Emmanuel, 73, 89, 107, 113, 332
Klein, Félix, 16, 67-9, 71, 157, 313
Kneale, William e Martha, 221, 350
Kollontai, Alexandra, 195
Koyré, Alexandre, 86
Kris, Ernst, 199-200, 204

Le Bidois, Robert, 261
Leclaire, Serge, 209
Leibniz, Gottfried Wilhem, 101
Lênin, Vladimir Ilitch, 195, 231
Lévi-Strauss, Claude, 133, 146, 224, 307
Lilith, 291
Lukasiewicz, Jan, 221

Mallarmé, Stéphane, 37
Maritain, Jacques, 54
Markov, Andreï, 31
Marx, Karl, 167, 215, 223-4, 226, 231, 296
Melman, Charles, 209
Menenius Agrippa, 308
Merleau-Ponty, Maurice, 331
Miller, Jacques-Alain, 41-2, 45, 47-9, 238
Moebius, 143, 157-8
Mozart, 14
Müller, Johannes Peter, 236

Parmênides, 247
Pascal, Blaise, 127, 142
Pênia, 90
Perelman, Chaïm, 24
Pichon, Édouard, 272
Píndaro, 106
Platão, 106, 246-7, 255
Plotino, 255
Poe, Edgard Allan, 46
Poincaré, Henri, 95
Poros, 90

Racine, Jean, 201
Reich, Wilhem, 334-5
Robbe-Grillet, Alain, 76, 315
Rothschild, Salomin de, 106
Russell, Bertrand, 26, 33-6, 54, 71, 114, 116, 275, 351

Sacher-Masoch, Leopold von, 232, 334-5
Sade, marquês de, 166, 332-4
Sartre, Jean-Paul, 49-50, 265
Saussure, Ferdinand de, 145
Schmideberg, Melitta, 200

ÍNDICE ONOMÁSTICO

Shitao, 253
Sipriot, Pierre, 44
Sócrates, 313, 331, 345
Sófocles, 260
Spinoza, Baruch, 19, 332
Stein, Conrad, 239

Tânatos, 218, 288
Terêncio, 315
Tito Lívio, 302

Tomás, São, 54, 162
Tricot, Jules, 97, 350

Ubu, 353
Ulisses, 354

Wahl, François, 45
Wanda, 334
Wittgenstein, Ludwig, 32, 116
Wolff, Caspar Friedrich, 236

CAMPO FREUDIANO NO BRASIL

- Os complexos familiares
- Nos confins do Seminário
- Escritos
- Estou falando com as paredes
- Meu ensino
- O mito individual do neurótico
- Nomes-do-Pai
- Outros escritos
- Primeiros escritos
- O Seminário

Livro 1: Os escritos técnicos de Freud

Livro 2: O eu na teoria de Freud e na técnica da psicanálise

Livro 3: As psicoses

Livro 4: A relação de objeto

Livro 5: As formações do inconsciente

Livro 6: O desejo e sua interpretação

Livro 7: A ética da psicanálise

Livro 8: A transferência

Livro 10: A angústia

Livro 11: Os quatro conceitos fundamentais da psicanálise

Livro 14: A lógica do fantasma

Livro 16: De um Outro ao outro

Livro 17: O avesso da psicanálise

Livro 18: De um discurso que não fosse semblante

Livro 19: ... ou pior

Livro 20: Mais, ainda

Livro 23: O sinthoma

- Televisão
- O triunfo da religião

Jacques Lacan

- A terceira | Teoria de lalíngua

Jacques Lacan | Jacques-Alain Miller

- A batalha do autismo

Éric Laurent

- Como terminam as análises
- Lacan elucidado
- Matemas I
- O osso de uma análise
- Percurso de Lacan
- Perspectivas do Seminário 23 de Lacan
- Perspectivas dos Escritos e Outros escritos de Lacan

Jacques-Alain Miller

- Lacan redivivus

Jacques-Alain Miller e Christiane Alberti

- A inibição intelectual na psicanálise

Ana Lydia Santiago

ESTA OBRA FOI COMPOSTA POR MARI TABOADA EM ADOBE GARAMOND PRO E
IMPRESSA EM OFSETE PELA GRÁFICA BARTIRA SOBRE PAPEL PÓLEN NATURAL
DA SUZANO S.A. PARA A EDITORA SCHWARCZ EM JULHO DE 2024

A marca FSC® é a garantia de que a madeira utilizada na fabricação do papel deste livro provém de florestas que foram gerenciadas de maneira ambientalmente correta, socialmente justa e economicamente viável, além de outras fontes de origem controlada.